Peter Paul Wiplinger: Schriftstellerbegegnungen

Peter Paul Wiplinger

SCHRIFTSTELLERBEGEGNUNGEN

1960 – 2010

kitab

Autor und Verleger danken dem Bundesministerium für Unterricht, Kunst und Kultur sowie dem Amt der Oö Landesregierung für die Unterstützung zur Herausgabe dieses Buches.

Auf ausdrücklichen Wunsch des Autors wurde als Bestandteil und Ausdruck seiner literarischen Authentizität die alte Rechtschreibung beibehalten.

Verschiedene sonst notwendige Akzente bei Namen und Orten konnten aus PC-technischen Gründen nicht berücksichtigt werden.

Recherche, Lektorat, Korrektur: Annemarie Susanne Nowak
Fotos: Peter Paul Wiplinger

© 2010 Kitab-Verlag Klagenfurt – Wien
www.kitab-verlag.com
ISBN: 978-3-902585-61-5
Layout: Michael Langer

Begegnungsorte

Unter „Begegnungsorte" verstehe ich nicht nur Orte im topographischen Sinn, sondern ich meine damit auch Orte und Gelegenheiten, die im Rahmen einer Gemeinschaft Begegnungen, Kontakte, Sich-Kennenlernen ermöglicht und oft Beziehungen oder sogar Freundschaften begründet haben. Solche Begegnungsorte können natürlich wie im ursprünglichen Sinn des Wortes einen Ortsnamen haben, aber ebenso den einer Institution, einer Einrichtung, einer Veranstaltung. Es waren und sind immer auch Gemeinschaften, zu denen ich gestoßen bin und in die ich dann bei Gemeinschaftsbereitschaft auch integriert wurde. Ein wesentliches Moment dabei ist die Kontinuität, die durch die regelmäßige Wiederholung der Begegnungen entsteht und Vertrautheit erzeugt. Man kennt einander schon und weiß, wer der oder die andere ist. Auch eine Gesinnungsgemeinschaft auf einer gemeinsamen Basis und das sich dadurch ergebende Einander-Verstehen auf einer einander verbindenden Ebene ist wichtig. Bei mir war all dies dadurch begünstigt, daß ich jemand bin, der nicht verschlossen und in sich eingesperrt ist, sondern der offen auf die Menschen zugeht und ihnen sowohl mit Interesse als auch mit Vertrauen begegnet. Das macht wirkliche, echte und tiefere Begegnungen überhaupt erst möglich. Aus solchen Begegnungen resultieren dann neue Begegnungsmöglichkeiten, sodaß sich daraus eine Kette von neuen Beziehungen bildet. Über Jahre und Jahrzehnte entsteht so eine Topographie, bei mir eine Liste, wann und wo ich mit wem gewesen bin. Auch meine dabei gemachten Fotos, oft Porträtfotografien, sind nicht nur Relikte von solchen Begegnungen, sondern ebenso wichtige Erinnerungszeugnisse, an denen ich schließlich meine Lebensepochen ablesen kann. Und aus all dem sind auch meine Bücher in den verschiedensten Sprachen entstanden. Es ist ein Netz, das sich über alles legt, mich und mein Leben mit eingeschlossen.
Meine topographischen Erinnerungsorte haben die Namen: Drosendorf, Ottenstein, Pulkau, Fresach, Bratislava, Presov, Kosice, Prag, Slovenj

Gradec, Maribor, Bled, Ljubljana, Zagreb, Dubrovnik, Hvar, Sarajevo, Mostar, Struga, Tetovo, Skopje, Sofia, Bukarest, St. Petersburg, Moskau, London, Paris, Brüssel, Rom, Hamburg, Magdeburg, Helsinki, Wroclaw/ Breslau, Warschau, Monasterevin, Dublin, Istanbul, Jerusalem, Budapest und immer wieder Wien. Davon zeugen die Publikationsorte meiner Gedichtbände und die Beschriftungen auf der Rückseite meiner Fotografien. Ausgebreitet liegen jetzt mit meinen siebzig Jahren die Ereignisse, Begegnungen, Erinnerungen an diese Orte, an Menschen, die ich dort getroffen habe und mit denen ich dort zusammengewesen bin, vor mir. Das ist schön, es bereichert mich, auch in meinen Erinnerungen, jetzt da ich älter geworden bin; und diese Landkarte zeigt mir, was einmal gewesen ist, was einmal mit mir war.

Begegnungsorte in diesem Sinne waren für mich der Österreichische P.E.N.-Club und der International PEN, denen ich von 1980-2010 angehörte, mit den vielen Veranstaltungen, Tagungen, Meetings, Konferenzen, Kongressen, die für mich eine wichtige Ebene waren, auf der ich mich bewegte und wo ich Kolleginnen und Kollegen aus vielen Ländern kennenlernte. Immer wieder kam es da zu neuen Kontakten, zu wichtigen Begegnungen, es entstanden Beziehungen, oft über viele Jahre hinweg, ja sogar echte Freundschaften, die mich mit manchen noch immer verbinden. Drehscheibe dieser Begegnungen war vor allem der slowenische, wunderschön am See gelegene Ort Bled, gleich südlich der Kärntner Karawankengrenze. In diesem Ambiente und in der entspannten Atmosphäre, in die ich auch das Politische miteinbeziehen möchte – Jugoslawien war ja ein blockfreier Staat und nicht beim Warschauer Pakt -, waren Begegnungen mit Personen möglich, die es woanders in der Form nicht gegeben hätte, nicht hätte geben können, jedenfalls nicht zu dieser Zeit. Ich ging auf alle meine KollegInnen stets mit offenen Armen zu, gleichsam sie umarmend, ausgenommen gewisse Schriftsteller, denen ich nicht traute, weil ich sie eher einem (geheimen) Funktionärskader als der Literatur zurechnete. Aber das nur so nebenbei. Da ich in den frühen Sechzigerjahren schon das Land Jugoslawien kreuz und quer bereist hatte, mich in dem Land – jedenfalls geographisch und was die Balkanmentalität betrifft – ganz gut auskannte und auch etwas Serbokroatisch gelernt hatte, konnte ich mich dort gut bewegen. Ich war auch schon 1961 sowohl in Kroatien, Montenegro sowie in Bosnien-Herzegowina, in Mostar und Sarajevo, gewesen, später dann auch in Serbien und Makedonien, sodaß mir vieles, was anderen noch fremd war, wenigstens in der Kenntnis davon vertraut war. Auch mit der Sprache tat ich mich nicht schwer. Und egal aus welchem Land ein Kollege oder eine Kollegin stammten und welcher Ideologie sie anhingen, so sah ich doch zuerst einmal den Menschen, nicht einmal so sehr den Schriftsteller oder Intellektuellen und das, was immer er tat. Das erleichterte vieles, machte es möglich. Und ein wichtiges Instrument meiner Kontakterschließung war auch mein Fotoapparat, den ich ständig bei mir hatte. Ich fotografierte alle, die ich traf und die es mir erlaubten; ich machte viele Porträts, die ich ihnen dann später schenkte. Dadurch bekam ich auch Namen und Adressen vieler. Und es entstanden Korrespondenzen zwischen uns. Bald war ich, egal ob bei PEN-Konferenzen in Dubrovnik, Helsinki, Prag oder Warschau, als Peter Paul, der Fotograf bekannt und als solcher gern gesehen und vielen vertraut. Man bedankte sich bei solchen Gelegenheiten auch gerne für die, wie sie alle sagten, wunderbaren Fotos, „die besten, die je von ihnen gemacht worden waren". Das freute mich und ermöglichte weitere Kontakte. Es ist immer das Bild und nicht das Wort, das uns als erstes trifft und etwas aussagt über einen Menschen. Denn, wie meine alte Mutter immer sagte: „Geredet ist leicht was". Das Gesicht aber verbirgt nichts, in und aus ihm kann man viel mehr herauslesen, als man aus allen Gesprächen heraushören kann und aus all den oft sowieso nur floskelhaft hingesagten Worten mitbekommt. So war und ist noch immer für mich der Fotoapparat ein Instrument nicht nur für das Abbilden, sondern auch für das damit verbundene intensive Schauen im Sinne eines Einblicks in eine Person; eine unvergleichliche Methode des Erkennens und der Erkenntnis. „Ein Bild sagt mehr als tausend Worte", heißt es im Volksmund. Und das stimmt auch.

Ein zweiter wichtiger Begegnungsort war der legendäre „Morgen-Kreis" (1980-1990), der sich, ohne daß er als solcher gegründet worden wäre, rund um den leider viel zu früh verstorbenen ungarisch-österreichischen Schriftsteller, Kulturwissenschafter, PEN-Präsidenten und Freimaurer Professor György Sebestyén und die von ihm als Chefredakteur redigierte Nö-Kulturzeitschrift „morgen" gebildet hatte. In diesem Morgen-Kreis und im Rahmen der alle zwei Jahre stattfindenden einwöchigen Symposien, zuerst in Drosendorf, dann in Ottenstein in NÖ, trafen einander Künstler und Wissenschafter aus den verschiedensten Sparten und Fachgebieten, Intellektuelle und Weltverbesserer, in einer wunderbaren, freundschaftlichen Verbundenheit zum Gedankenaustausch über Gegenwart und Zukunft. Dazu gehörte dann als Begegnungsmöglichkeit der von mir gegründete „Morgen-Kreis-Stammtisch" im geschichtsträchtigen Gasthaus „Zu den drei Hacken" in der Singerstraße in Wien, der an jedem Montag ab 19 Uhr stattfand und zu dem immer wieder neue Persönlichkeiten, auch aus dem Ausland, dazustießen und miteinbezogen wurden. Es war eine wunderbare Gemeinschaft von in einer Art Wertegemeinschaft miteinander freundschaftlich verbundenen Gesinnungsgefährten. Etwas, das es für alle, die daran teilnahmen, wahrscheinlich so in ihrem Leben noch nie gegeben hatte. Mit Sebestyéns Tod war dann alles zu Ende. Es gab keine gemeinsamen Treffen, keinen Gedankenaustausch, keine Beziehungen untereinander mehr; der Kreis der Freundschaft zerriß. Und jeder war wieder allein. Wenn man nachher irgendwo aufeinander traf, dann sprach man von „damals"; wehmütig und dankbar. Und der György Sebestyén, der es in unnachahmlicher Weise verstanden hatte, uns als „die richtigen Leute", zusammenzubringen, war dann im Gespräch plötzlich wieder da, man erinnerte sich seiner, manchmal sogar mit einer gewissen Wehmut und Traurigkeit, aber stets in einem Gedenken der Freundschaft und Dankbarkeit. Was vom Morgen-Kreis übriggeblieben war und in Freundschaft miteinander verbunden blieb, auch bis heute, das traf sich manchmal zu gewissen Anlässen, leider auch zu traurigen, wie zum Beispiel beim Begräbnis unserer Freunde Alexander Sixtus von Reden und Kurt Kramer. Manchmal begegne ich noch einem oder einer vom Morgen-Kreis. Dann stellen wir fest, daß seither zwar Jahrzehnte vergangen und wir älter geworden sind, daß aber diese Lebensverbundenheit in uns noch immer vorhanden ist.

Also, lieber Sebestyén, laß Dir dafür danken; in den Himmel hinauf oder wo immer Du sein magst. Auf jeden Fall bist und bleibst Du in unserer Erinnerung, solange wir leben.

Ein anderer Begegnungsort war für mich der „Literaturkreis Podium", in dem sowohl Mitglieder des PEN als auch der GAV friedlich beisammen waren. Das war zu der Zeit nicht selbstverständlich. Es gab sogar Momente, wo sich die beiden Lager und auch diverse Mitglieder prinzipiell mit Vorbehalten, ja sogar in einer gewissen Feindseligkeit, auf jeden Fall aber mit einem gewissen Mißtrauen gegenüber standen. Im „Podium" war das nicht so, da war alles ausgeglichen, da zählte eine Mitgliedschaft bei einem anderen Verein nicht. Das „Podium" waren wir Podium-Leute. Aus und Schluß! Und auch da versammelten wir uns um einige Personen, die nicht nur unsere Kollegen und Kolleginnen, sondern als Gründer des Vereins auch unsere Mentoren und manche sogar unsere Freunde waren. Ich nenne nur ein paar Namen: Wilhelm Szabo, Alfred Gesswein, Alois Vogel, Christine Busta, Doris Mühringer, Jeannie Ebner, Ilse Tielsch, Franz Richter, Albert Janetschek, Paul Wimmer, Hermann Jandl, Manfred Chobot, Peter Henisch, Helmut Peschina, Helmuth Niederle, Nils Jensen, Gottfried Stix. Ich bin seit dreißig Jahren Mitglied in diesem Verein. Wichtig waren vor allem die gleichnamige Zeitschrift, die Podium-Gedichtbände in der „Grasl-Reihe", später die „Podium-Porträts", waren die Lesungen, auch jene in der „Kleinen Galerie" in Wien, waren die Symposien in Pulkau, wo der Alois Vogel wohnte; und wichtig war auch nicht zuletzt die Bindung an Niederösterreich und die Unterstützung von dorther. Schön waren damals die Runden nach den Veranstaltungen in diversen Gasthäusern, wie zum Beispiel im „Koranda" in der Wollzeile, oder anderswo; in Gasthäusern, die es längst nicht mehr gibt. Eine Gruppe engagierter Kolleginnen und Kollegen aber führt den Literaturkreis weiter, im alten Sinn aber mit frischem Wind; und vor allem mit viel Engagement und großem persönlichem Einsatz; ohne den geht nämlich gar nichts!

Begegnungsorte waren auch die „Struga Poetry Evenings" in Makedonien, an denen ich dreimal teilnahm (1982/1983/1989), sowie die „Sarajevo Poetry Days" (1986/1989/1996) und die erste European Regional

PEN-Conference in Sarajevo nach dem Krieg und der Belagerung dann im Jahr 2000. Ebenso die vielen Meetings in Kroatien, in Zagreb, Split und Dubrovnik. Dazu kamen noch die Schriftstellertreffen auf Schloß Budmerice, in Trencianske Teplice oder in Bratislava, bei denen ich mit dabei war. Vor allem aber war immer wieder Slowenien (Bled) die Drehscheibe für meine Kontakte, Begegnungen, Beziehungen. Aber auch Prag spielte eine wichtige Rolle. Und nicht zuletzt waren es andere internationale Meetings und die Weltkongresse des International PEN in Städten wie Prag, Helsinki, Warschau und Wien. Von allen diesen Treffen gingen für mich Impulse aus. Viele der dort geknüpften Kontakte, manche noch vor der sogenannten „Wende", also dem Zusammenbruch des Kommunismus und seiner Regime in Europa, wurden insofern fruchtbar, als meine Freunde und KollegInnen eine Brückenfunktion in ihre Länder durch Einladungen zu Aufenthalten und Regionalveranstaltungen dort (z.B. Monasterevin und Dublin) übernahmen; auch in publizistischer Hinsicht, weil manche KollegInnen meine Gedichte übersetzten und wir daraus ein Buchprojekt realisierten. Daher erklären sich die vielen fremdsprachigen Publikationen meiner Lyrikbände. Für Österreich waren von Anfang an die internationalen Schriftstellertagungen in Fresach in Kärnten sowie die Morgen-Kreis-Treffen und die Podium Symposien in Pulkau in Niederösterreich für mich wichtig und ein Fenster zur (literarischen, zur künstlerischen) Außenwelt überhaupt. Meine Mitgliedschaften bei verschiedenen literarischen Vereinigungen wie dem Österreichischen P.E.N.-Club, dem Österreichischen Schriftstellerverband, dem Literaturkreis Podium, der europäischen Autorenvereinigung „Die Kogge" (Minden/Deutschland) gab es ja eigentlich erst relativ spät, also da ich schon jenseits der Vierzig war. Vorher verkehrte ich, sowie auch später lange noch und dies bis heute, viel mehr in Kreisen der Bildenden Kunst. Die Theaterwissenschaft und überhaupt meine Jahre an der Wiener Universität aber zählten gar nicht. Da war ich sowieso völlig isoliert und bewegte mich auf für mich falschem Terrain. Ich war nicht zum Wissenschafter geboren, der Umgang mit lebendigen Menschen entsprach mir viel mehr; und meine Gedichte waren sowieso eine „Rebellion gegen die Einsamkeit" (Sebestyén). Auch meine sieben Jahre als Leiter der Kleinen Galerie und Sekretär der Gesellschaft der Kunstfreunde in Wien, während der ich an die 150 Ausstellungen durchführte sowie die eigenen etwa hundert Fotoausstellungen im In- und Ausland waren im Grunde auch stets „Begegnungsorte" in dem Sinn, wie ich das meine. Immer war es der Kontakt mit den Menschen, der bei mir und in meinem Leben im Mittelpunkt stand, wobei es nicht so sehr um die Literatur ging, sondern um das Miteinander auf allen Gebieten, vor allem aber auf dem der menschlichen Begegnung.

Im Lauf der Jahre und Jahrzehnte habe ich auf diese Weise viele Kollegen und Kolleginnen aus verschiedenen Kunstbereichen kennengelernt. Diese Kontakte, Begegnungen und Beziehungen haben mir einerseits einen guten Überblick weit über regionale Begrenzungen hinaus gebracht, aber mich oft auch durch Freunde, denen ich heute noch herzlich dafür danken will, in Städte und Länder gebracht, in die ich sonst wahrscheinlich nicht gekommen wäre, jedenfalls nicht auf solche Weise. Ich denke da nur an meine Aufenthalte in Moskau, Dublin, Dubrovnik, in Oulu und Helsinki, in Paris und London, in Sofia und Prag, in Ljubljana und Zagreb, in Struga, Ochrid und Skopje. Und immer wieder in meinem geliebten Land Bosnien-Herzegowina, in dem ich schon 1961 zum ersten Mal war. Nach all diesen Aufenthalten kam nach den Jugoslawienkriegen dann noch Polen hinzu. Und ein Abstecher nach Jerusalem und Tel Aviv sowie in die Türkei, nach Istanbul, Izmir, Mersin. Immer wieder gab es auch Zusammentreffen in Wien. Wichtig waren für mich aber auch noch meine einmonatigen Stipendienaufenthalte in „meinem" geliebten Rom.

Wenn ich heute (mit mehr als siebzig Jahren) auf all dies zurückschaue, so begreife ich schließlich doch, was und daß dies mein Leben war und ist. Und ich bin allen dankbar, die mir das ermöglicht haben. Vor allem aber bin ich all jenen in Dankbarkeit verbunden, die mir in Offenheit begegnet sind und mich in herzlicher Freundschaft bei sich aufgenommen und mir das geschenkt haben, was für mich das Wichtigste im Leben ist: die menschliche Begegnung.

Peter Paul Wiplinger
Wien, März 2010

Wenn ich meine Korrespondenzliste durchsehe oder die Porträts der von mir im Laufe der Jahre fotografierten SchriftstellerkollegInnen betrachte, so will ich noch einige Freunde und KollegInnen nennen, die mich manchmal auch über längere Wegstrecken begleitet haben oder die mich bei der Begegnung mit ihnen so beeindruckt haben, daß sie mir in Erinnerung geblieben sind. Ich gehe dabei in alphabetischer Reihenfolge mit nur knappen Anmerkungen vor. Immer waren mir Begegnungen im sogenannten Ausland und mit nicht-österreichischen KollegInnen als Brücke von hier nach dort wichtig. Also das waren, wie folgt:

Adloff Gerd, deutscher Schriftsteller, geb. 1952, Schriftsteller und Fotograf, lebt in Berlin.
Wir sind einander in Struga/Makedonien bei den „Struga Poetry Evenings" begegnet. Das war noch vor der „Wende". Nach dem damals kommunistischen Jugoslawien durften ja bestimmte, vertrauenswürdige und von ihren jeweiligen Organisationen delegierte Personen aus den kommunistischen Staaten ausreisen und an solchen Verbrüderungsfestivals, wie ich sie nannte, die – außer den PEN-Treffen in Bled – sowieso inhaltsleer waren, teilnehmen. Der Gerd Adloff fiel auf, weil er ein „Rotschädl" war, also rote Haare und einen ebenso roten Ho Chi Minh-Bart hatte. Er war klein von Statur und untersetzt gebaut. Es dauerte eine ganze Weile, bis ich mit ihm ins Gespräch kam, er war – so wie viele aus den meisten kommunistischen Ländern – sehr zurückhaltend; „schaumgebremst" nannte ich das. Die hatten gelernt, sich zu ducken und das war zur ihrer Haltung geworden. Nur einige Ausnahmen gab es, die Revoluzzer, die im vertraulichen persönlichen Gespräch das System, die herrschende Struktur, die Parteibonzen, die Auswüchse, die Fehlentwicklungen kritisierten. Der Adloff gehörte nicht dazu. Man sprach nur über Belangloses. Natürlich hatte er wenig Geld, fast keine Devisen. Und so bezahlte ich ihm ein paar sowieso billige Eintritte in diverse Museen und andere Sehenswürdigkeiten. Dafür war er dankbar. Sollte ich einmal nach Berlin kommen, könne ich auf seine Gastfreundschaft zählen. Um-

gekehrt auch, sagte ich, aber das wird ja kaum der Fall sein. Aber es war dann doch der Fall. Ich kam nach der Wende nach Berlin, lebte bei der Familie in einer eher engen Behausung, aber im schönen ehemals jüdischen Scheunenviertel, in einem kleinen Zimmer voll mit Büchern. Und er kam nach Wien und logierte in meiner ebenerdigen „Atelierwohnung", blieb einige Tage und war von Wien begeistert. Das war's dann aber auch. Ein paarmal haben wir noch miteinander korrespondiert, dann versickerte diese Bekanntschaft im Sand der Zeit. Bei ihm in Berlin aber bekam ich einen Gedichtband des Dichters Gennadij Ajgi in die Hand, und die Gedichte – natürlich ins Deutsche übersetzt – faszinierten mich. Ich hatte Gennadij Ajgi als kettenrauchenden, stets schweigenden Menschen vorher einmal bei einer langen Autobusfahrt von Struga nach Skopje kennengelernt, soweit das möglich war. Beim PEN-World-Congress in Warschau 1999 bin ich ihm dann wiederbegegnet. Da war er völlig verändert, wirkte jugendlich, war auch so angezogen, sprach mit mir und den anderen und lachte. Ich habe ein paar schöne Porträts von ihm gemacht, die ich ihm nach Moskau geschickt habe. Und als Juror habe ihn für den Großen Österreichischen Staatspreis für Europäische Literatur vorgeschlagen. Niemand von der Jury, außer der Mayröcker, kannte ihn und seine Literatur. Ein Juror und sehr bekannter Verlagsmensch wippte nur mit seinen Beinen, verzog irgendwie Geringschätzung ausdrückend seinen Mund und sagte arrogant: „Muß man den Herrn kennen?!" Das zeigt eine Facette des österreichischen Literaturbetriebs und seiner oft geistlosen Provinzialität.

Aitmatow Tschingis, kirgisischer Schriftsteller und Botschafter in Brüssel. Geboren am 12. Dezember 1928 in Kirgisien, verstarb am 10. Juni 2008 im Alter von 79 Jahren.
Mit ihm war ich 1998 bei einer internationalen Konferenz in Trencianske Teplice/Slowakei zusammen. Wir hielten beide ein Referat. Nach meinem umarmte er mich beim anschließenden Essen, schüttelte mich kräftig, bestellte von seinen Begleitern zwei halbvolle Trinkgläser Wodka, wir

prosteten einander zu, wobei er immerzu laut „Karacho, Karacho, Kollega Wiplinger!" sagte. Einmal gingen wir Tagungsteilnehmer alle miteinander, Männlein wie Weiblein, ins alte Thermalbad von Trencianske Teplice. Wir waren aber nicht in einem Badekostüm, sondern alle bekamen einen weißen Kittel, mit dem man dann ins Wasser ging. Es war eine völlig skurrile Szenerie und ein Erlebnis, wie es sicher noch niemand von uns gehabt hatte. Vielleicht war es manchen Frauen ein wenig peinlich, so vor uns Männern zu stehen und im Wasser zu planschen. Aber das war bald vorbei und wir benahmen uns alle wie die Kinder. Ich erinnere mich noch gut daran, wie das Ganze den Tschingis Aitmatow amüsierte und er darüber in lautes Lachen ausbrach. Auch er planschte dann, als damals schon älterer Herr, wie ein kleines Kind herum. Es war ein lustiges Erlebnis, das wir gemeinsam hatten und das uns emotional verband. Jedenfalls klopfte mir Aitmatow immer wieder auf die Schultern und rief – absurderweise – „Towarisch Amigo!" Als ich dann später meinen 2. Gedichtband in Russisch – „Totschki Peresetschenija" – in Moskau publizierte, schrieb ich an Aitmatow nach Brüssel, wo er nun Kirgisischer Botschafter war, und fragte ihn, ob er bereit wäre, ein kurzes Vorwort für dieses Buch zu verfassen. Selbstverständlich schickte ich ihm die Gedichte in Russisch mit und schon wenige Tage später erhielt ich per Post ein mich sehr ehrendes und lobendes Vorwort. Ich bedankte mich, zunächst mit einem kurzen Antwortschreiben und dann mit der Übersendung eines Buchexemplares. Wenn ich die Fotos, die ich von Tschingis Aitmatow in Trencianske Teplice gemacht habe, anschaue, dann sehe ich ihn genau so vor mir, wie ich es hier beschrieben habe – mit einem herzlichen Lachen im Gesicht.

Ajgi Gennadij, Dichter aus Rußland.
Wir fuhren in einem alten, klapprigen, nach Diesel stinkenden Autobus, in dem wir vorher schon etwa eine halbe Stunde bei 40 Grad wegen irgendwem oder irgendwas (weswegen erfuhr man sowieso nie) in der Sonne gestanden waren, von Struga (Struga poezije veceri/Struga Poetry

Evenings) nach Skopje in Makedonien, damals noch in der föderativen sozialistischen Republik Jugoslawien. Nach etwa einer halben Stunde schrie jemand in irgendeiner slawischen Sprache „Ich habe meinen Paß vergessen im Hotel!" Der Bus hielt an, man wußte nicht, was tun, niemand war oder fühlte sich zuständig. Bis Izet Sarajlic, der geachtete Doyen der bosnischen Dichter das Kommando übernahm und uns die erste Lektion in der beginnenden Ostblock-Demokratisierung erteilte. Gemeinsam mit einem Übersetzer ins Englische stellte er uns folgende Alternativen zur Entscheidung vor: 1.) Wir alle fahren mit dem Bus zurück ins Hotel nach Struga, der Mann holt seinen Paß, und wir fahren dann die gleiche Strecke, die wir bisher gefahren waren, wieder zurück. Dauer etwa zwei Stunden. Das war die Alternative der „Solidarität", wie Izet das nannte. 2.) Wir fahren mit dem Bus weiter, ohne den Missetäter, und der solle dann mit Hilfe irgendwelcher Organisationsmaßnahmen schauen, wie er zu seinem Paß und rechtzeitig von Struga nach Skopje komme, wo wir uns ja nur einen Tag zu einer Gemeinschaftslesung aufhielten. Bewertung: Begrenzte, aber eigentlich schon ausgeschaltete Solidarität. „Ostblockchaos" (obwohl Jugoslawien ja nicht zum Warschauer Pakt und so auch nicht zum Ostblock gehörte) nannte ich das: Es konnte funktionieren oder auch nicht. 3.) Dritte Variante: Izet hält ein entgegenkommendes Auto an, die sollen ihn nach Struga mitnehmen, dort soll man den Mann mit seinem Paß wiederum in ein organisiertes Auto setzen und zu uns und zum auf ihn wartenden Bus zurückbringen. Dauer etwa eineinhalb Stunden. Nach dem ganzen, teilweise unverständlichen Palaver, weil alle durcheinander schrieen, war die „demokratische Abstimmung". Izet sagte: „Ich schlage Variante Drei zur Abstimmung vor." Fast alle Hände fuhren in die Höhe. Dann kamen die anderen beiden Varianten zur Abstimmung. Niemand, oder fast niemand, zeigte auf, man war das ja auch im Osten nicht gewohnt, nämlich eine Gegenstimme zu sein und sich so zu artikulieren und zu deklarieren. Also, alles klar. Der Bus fuhr auf einen provisorischen Parkplatz neben einer Lammbraterei (praktisch), das nächste Auto wurde aufgehalten, Izet agierte wie ein Hauptmann der Jugoslawischen Volksarmee, auf jeden Fall wie ein staatlicher Kulturfunktionär und sagte: „Fahrt ihr nach Struga? Wenn ja, dann nehmt diesen Mann, einen wichtigen Dichter, mit und am besten, ihr bringt ihn wieder hierher zurück!" Und so geschah es.

Nun aber zu Ajgi. Der saß die ganze Zeit über vor mir im Bus, rauchte ständig selbstgedrehte, fürchterlich stinkende Zigaretten, die mich an die Mahorka-Zigaretten der Soldaten der Sowjetarmee in meiner Kinderzeit erinnerten, bei denen man noch dazu Zeitungspapier verwendete; und er stank auch selber danach. Er war etwas nachlässig gekleidet, irgendwie ungewaschen und zerknittert, hatte aber ein gebügeltes weißes Ausschlaghemd an. Sein Gesicht war zerfurcht, eigentlich das eines alten Mannes. Aber sein Blick war durchdringend, auch oder gerade dann, wenn er einem freundschaftlich, besser: kollegial, begegnete. Ich sprach ihn nach dem ganzen Palaver und der Abstimmung an, wollte wissen, was wir jetzt machen sollten. Er deutete an, daß wir aussteigen und spazierengehen sollen; das machten wir dann. Zuerst probierte ich es auf Englisch. Er schüttelte den Kopf. Dann mit meinem Serbokroatisch. Er drehte sich um und sagte: „Njet!" Ich kannte das Wort (und ein paar andere Wörter in Russisch aus meiner Kindheit, aus der Russenbesatzungszeit). Ich fragte also: „Russia?" Und er antwortete mit „da, da!". Damit war der Bann gebrochen, der Kontakt hergestellt. Ich sagte ihm: „Moj otac Natschalnik in Sowjetskaja Zona, Komandantura in moja mjesto." „Ah!" entgegnete Gennadij. Dann gingen wir alle auf einem schmalen Weg in die Wiese daneben hinein, ich fotografierte eine kleine Gruppe, die sich um Izet und Gennadij gebildet hatte. Alle lachen auf dem Foto und sind fröhlich. Danach ging ich mit dem großen rumänischen Dichter Marin Sorescu zu einer nahen Hecke und wir pflückten dort Himbeeren, die sehr süß schmeckten. Ein paar Worte zwischen Sorescu und mir in Englisch, auf die er in Französisch antwortete, wovon ich nur einen kleinen Bruchteil verstand. Es war und ist ja immer so: Das Wichtigste, um mit jemandem in Kontakt zu kommen, ist, auf ihn sozusagen mit offenen Armen zuzugehen und ihn ansprechen. Was nützt es, wenn man zwar eine gemeinsame Sprache spricht, aber nicht miteinander redet oder einander nichts zu sagen hat. Das war – trotz meines heutzutage unbegreif-

lichen Fremdsprachen-Unvermögens (in der Russischen Zone, in der ich als Kind lebte, war es unmöglich, Englisch zu lernen; es war ja schon „der Kalte Krieg" zwischen den USA und der UdSSR) – immer meine Devise, die mein Verhalten bestimmt hat. Und ich bin damit ganz gut gefahren, habe im Lauf der Jahrzehnte viele, viele und eben auch all diese hier geschilderten Kontakte geknüpft und Beziehungen gebildet. Nachdem die Warterei vorbei und der Delinquent, den man aber nicht bös anschaute, wie es bei uns der Fall wäre, zurückgekommen war, ihm einige freundschaftlich und lachend auf die Schultern geklopft hatten, fuhren wir weiter. Eine Schnapsflasche kreiste in der Runde, natürlich hatte Izet sie organisiert. Die Fahrt nach Skopje in der ärgsten Mittagshitze dauerte stundenlang; am späten Nachmittag kamen wir endlich an.
Das nächste Mal begegnete ich Gennadij Ajgi viele Jahre später beim PEN-Weltkongreß in Warschau. Er war in der Zwischenzeit ein bekannter Dichter geworden. Gennadij war nun ordentlich gekleidet und schaute gepflegt aus, rauchte parfümierte Filterzigaretten und lachte fröhlich. Er umarmte mich gleich, nachdem er mich erkannt hatte. Sagte „Moja Poeta!" und freute sich anscheinend über unser Wiedersehen. Ich fotografierte ihn, jemand fotografierte uns beide. Wir halten einander umarmt, wie alte Freunde.
Wiederum einige Zeit später, als ich bei Gerd Adloff in Berlin zu Gast war, nahm ich aus dem Bücherregal das in der Zwischenzeit im Suhrkamp erschienene Gedichtbändchen von Gennadij Ajgi heraus und las seine Gedichte, tauchte ein in seine Gedanken- und Gefühlswelt und freute mich darüber, mit diesem Dichter und Freund Bekanntschaft geschlossen zu haben.

Albastru Gavril Matej, rumänischer Dichter und Übersetzer, Verleger, Bukarest.
Vor wenigen Tagen erst habe ich erfahren, daß er verstorben ist. Wir haben einander bei einer internationalen Fresacher Schriftstellertagung des Kärntner Schriftstellerverbandes kennengelernt. Dorthin kam er re-

gelmäßig, mit Franz Storch, dem Rumäniendeutschen, und mit Maria Banusch, der Ceausescu-Jubeldichterin, die immer von Humanismus und Humanität redete und dabei für den Diktator Ceausescu Verherrlichungsgedichte schrieb und diese in den Zeitungen publizierte. Auf einem Zeitungsfoto der Kärntner Volkszeitung vom 18. Mai 1980 mit einem Bericht von Dr. Gisela Hopfmüller über die Fresacher Schriftstellertagung sehe ich ihn neben seinem Kollegen Franz Storch sitzen. Ein junger Bursch mit schwarz gelocktem Haar und einem verträumten Blick. In Fresach haben wir auch vereinbart, von mir ein kleines Gedichtbändchen auf Rumänisch zu machen. Gavril sollte meine Gedichte übersetzen. Er tat dies – wie sich nachher herausstellte – leider sehr schlecht. Er ließ sich von mir als Autor nichts sagen, alle Korrekturgespräche waren sinnlos. Und dem entsprach das miserable Ergebnis; ein sehr schmales, vielleicht nur in Fotokopiertechnik und minimaler Auflage publiziertes Bändchen mit dem Titel „Semn de viata", das nirgendwo Verbreitung fand. Die Subvention für Übersetzung und Herausgabe waren – umgerechnet auf rumänische Verhältnisse damals – jedenfalls mehr als großzügig. Und dafür hatte ich mir eigentlich auch ein besseres Ergebnis erwartet. Aber wie sagt man: „De mortuis nihil nisi bene...!"

Altmann René, österreichischer Dichter. Lebte als Bundesbeamter in Wien. Geboren am 9. Juli 1929 in Luzern (Schweiz), gestorben am 3. April 1978 in Wien.
Wir begegneten einander, glaube ich, bei der Jugendkulturwoche 1963 in Innsbruck. Ich mochte seine Zurückhaltung, seine fast schüchterne Art. Und so nahm ich im Speisesaal des Gasthauses „Zum braunen Bären", wo wir untergebracht waren, an seinem Tisch gerne Platz. Er redete nicht viel, erzählte nichts von sich, hörte mir als um zehn Jahre jüngerem Kollegen aber sehr höflich und aufmerksam zu. Wir sprachen über den Expressionismus und über Georg Trakl. Erst später erfuhr ich, daß er damals schon ein bedeutender Dichter der österreichischen Avantgarde und der Nachkriegsliteratur war, der heute längst fast ganz dem Vergessen

anheimgefallen ist und dessen Name kaum in einer Literaturgeschichte oder in einem Lexikon auftaucht.

Amanshauser Gerhard, österreichischer Schriftsteller, Salzburg. Geboren am 2. Jänner 1928 in Salzburg, gestorben am 2. September 2006.
Eine Fresacher Schriftstellertagung in den Siebzigerjahren. Nach einer Nacht mit Wein und Gesprächen sind wir in einer kleinen Gruppe den Weg von Fresach noch auf eine Anhöhe hinaufgegangen. Es war noch früher Morgen, alles diesig und grau. Dann ist die Sonne aufgegangen. Wir haben noch immer geredet. Der Amanshauser war ein lieber, sehr sanfter Mensch, der oft milde und humorvoll lächelte. Man konnte gut mit ihm reden. Er provozierte nicht, es gab keine hitzigen Debatten, man wurde in seiner Nähe fast selbst sanft. Er trug einen schwarzen Pullover, das weiße Hemd darüber ausgeschlagen. Er sah fast wie ein Priester aus; oder wie Paul Celan, wie man ihn von einem Foto her kennt. Jedenfalls sieht der Amanshauser auf einem Porträtfoto, das ich von ihm gemacht habe, ebenso aus.

Amsel Sam, Schriftsteller, (vielleicht) jüdischer Emigrant, aus Rio de Janeiro.
Im Internet finde ich nichts über ihn, aber in meiner Erinnerung sind noch immer die Vorstellungsbilder abrufbar. Ich sehe uns auf dem Deck der „Liburnia", mit der wir von Venedig nach Hvar und Dubrovnik zum PEN-World-Congress 1993 fuhren. Wir waren, wie man so sagt, „eine gute Partie": Der Petar/Peter Tyran, Burgenlandkroate, also unser Verbindungsmann als Übersetzer für alle slawischen Sprachen; der Tayo Olafioye aus Nigeria bzw. San Diego in Kalifornien, mit dem ich eine Kabine und ein Hotelzimmer teilte, wir waren befreundet, kannten uns schon länger; einige andere, die kurz dazukamen; und eben der Sam Amsel, der sehr witzig und humorvoll war, ein in Bruchstücken jüdisches Deutsch – so man das so sagen kann und darf – sprach und immer

wieder ein paar Wiener- bzw. Operettenlieder auf Deutsch sang, ein paar Brocken davon, an die er sich erinnerte. Ich hatte den Verdacht, daß er aus Wien stammte, daß er (vielleicht mit seiner Familie) noch rechtzeitig vor dem Holocaust flüchten konnte. Man sprach aber nicht darüber. Wir redeten viel über alles Mögliche, immer durcheinander, einer schnitt dem anderen das Wort ab, wir alle waren gut aufgelegt, sprudelten vor Lebenslust. Mit dem Sam standen wir an der Reling oben auf dem Deck, fotografierten einander, lachten und freuten uns des Lebens und unserer Gemeinschaft. Was der Sam jetzt wohl machen wird, ob er noch lebt? Das fragte ich mich immer wieder in all den Jahren seither. Gerne hätte ich Näheres von seinem Lebensschicksal erfahren und gewußt, aber trotz unserer gemeinsamen Freundschaft und Fröhlichkeit war doch eine gewisse Distanz bei und zu Sam immer wieder spürbar. Vielleicht hat er ein schweres Lebensschicksal, nämlich Flucht und Exil, mit seiner Fröhlichkeit, mit seinem Humor und Witz, mit seinem Lachen überdeckt. Das könnte so gewesen sein, ich weiß es aber nicht.

Andric Branko, serbisch-österreichischer Schriftsteller und bildender Künstler, lebte und arbeitete seit den frühen 1970er Jahren in Wien und Novi Sad. Geboren am 9. April 1942 in Novi Sad, tödlich verunglückt am 20. Oktober 2005 in Ungarn.
Mein Brief an ihn ist zurückgekommen, aufgegeben von mir am 5.10.2004, an seine alte Adresse im 16. Bezirk, zurückgekommen an mich am 24.12.2004. Auf einem roten Pickerl am Kuvert ist bei einem Kasterl „verzogen" angekreuzt. Ich hatte dann lange keine Adresse mehr von ihm, wußte nicht, wo er mit seiner Frau und seinem Sohn wohnte. Bis ich seine Frau zufällig irgendwo traf. Meine Frage nach dem Branko und warum ich ihn so lange nicht gesehen hatte beantwortete sie mit: „Der Branko ist verstorben, mit seinem Auto auf der Fahrt von seinem Heimatort Novi Sad zurück nach Wien, auf der Autobahn in Ungarn, tödlich verunglückt, frontal ist ein betrunkener Lastwagenfahrer in ihn hineingefahren." Es war, als hätte ich einen Stich ins Herz bekommen. Wir haben

uns seit langem gekannt, woher weiß ich nicht mehr. Jedenfalls waren Branko und seine Frau mit ihrem damals kleinen Sohn einmal bei mir im Atelier zu Besuch. Ich mochte den Branko, seine einfache, bescheidene Art. Sie hatten es sicher nicht leicht in Wien, in ihrer „neuen Heimat". Sie wohnten in einer kleinen Wohnung in einem alten Gemeindebau. Den Branko traf ich des öfteren zufällig vor der Post hier im 3. Bezirk, wenn wir beide Briefe aufzugeben hatten. Er arbeitete als Galeriearbeiter in der neuen Kleinen Galerie in der Kundmanngasse, gleich um die Ecke. Immer haben wir ein paar Worte gewechselt, wenn wir uns begegnet sind. Und ich erinnere mich noch gut, wie ich ihn einmal in Sarajevo getroffen habe; er saß im Finstern auf dem Trottoir und rauchte. „Bist es Du, Branko?" fragte ich erstaunt. Und er darauf: „Ja, Paul, ich bin's, der Branko. Ich bin auch bei den Sarajevski dani poezije, so wie du und die anderen." Das war vor fast dreißig Jahren. Und wenn ich jetzt zur Post gehe, um meine Briefe aufzugeben, dann kommt mir manchmal der Branko in den Sinn und es ist als hörte ich wieder seinen Gruß „Servus, Paul!"

Arbes Rotraud, österreichische Schriftstellerin, lebte in Ottensheim und später in Linz. Geboren am 8. Dezember 1942 in Linz, gestorben im Juli 2007. Wir mochten einander, nicht nur weil wir beide Oberösterreicher waren und den gleichen Dialekt sprachen. Wir hatten keinen engeren Kontakt, aber wenn wir einander sahen, war immer eine warme Herzlichkeit zwischen uns, eine Vertrautheit einfach so, weil man zueinander diese Nähe empfand. Ich wußte, daß es ihr in ihrem Leben nicht gerade gutging. Daß sie dann auch noch so früh und so jung verstorben ist, hat mich betrübt. Wenn ich im Stifter-Haus in Linz bin, dann denke ich manchmal an sie und erinnere mich daran, wie wir dort des öfteren im Kaffeeraum ein Achterl miteinander getrunken und geplaudert haben.

Artmann, H.C., Poet, Schriftsteller und Übersetzer. Geboren am 12. Juni 1921 in Wien-Breitensee, gestorben am 4. Dezember 2000 in Wien.

Den Artmann braucht man nicht vorzustellen, dürfte das auch gar nicht müssen, jedes Schulkind müßte eigentlich ihn und seine Gedichte kennen, zumindest am Ende der Schulzeit; aber das ist bei unserem Bildungs- und Gesellschaftssystem und dessen Werten leider nicht der Fall. Ich traf nur ein paar Mal privat auf den Artmann. Das erste Mal bei einer Art Spontantheateraufführung in der Galerie Basilisk von Lingens und Kettner in der Schönlaterngasse in Wien. Worum es da genau ging, weiß ich nicht mehr. Jedenfalls spielten „die alten Hasen" – der Konrad Bayer, der Gerhard Rühm und der H.C. Artmann – auf einer provisorischen Bühne vor ausgewähltem Publikum so etwas wie einen Sketch. Alle lachten, auch die Schauspieler-Dichter. Es war eine Hetz. Am meisten lachte der Doderer, der in der ersten Reihe saß und immer wieder begeistert klatschte. Das muß so um 1960 gewesen sein, als ich gerade nach Wien gekommen war. Das zweite Mal trafen wir bei einem Morgen-Kreis-Symposium in Ottenstein aufeinander. Ich fotografierte ihn, weil er ein so lustiges Kappel auf seinem Kopf hatte. Er war, glaub ich, nur auf einen ganz kurzen Besuch da, zum Mittagessen, dann verschwand er wieder. Das dritte Mal traf ich auf ihn im Foyer des „Ronacher", als sich die beiden Roth-Zwillingsschwestern um ihn drängelten und von mir mit dem Artmann fotografiert werden wollten. Ich glaube, der Artmann wußte gar nicht, wer die beiden Damen waren, aber die waren sehr attraktiv, und das gefiel ihm. Und so gestattete er mir, diese Szene zu fotografieren. Das war bei „Fest für H.C.Artmann"; wann genau weiß ich nicht mehr. Die vierte und letzte „Begegnung" war bei seiner Verabschiedungsfeier in der Feuerbestattungshalle am Wiener Zentralfriedhof. Ich stand seitlich am Rand der Halle, hörte die Reden, dachte an das Artmann-Gedicht mit dem „Wiener Zentral" und verabschiedete mich auch von diesem großen Dichter und Poeten und gebildeten Menschen H.C.Artmann, als der Sarg langsam durch eine Öffnung im Boden wie in ein Niemandsland hinabglitt und sich dann die beiden Türen wieder schlossen. Was übrig blieb, war eine Trauergemeinde, Familie, Freunde, Kollegen, von denen dann viele ins nahe Wirtshaus gingen; ganz im Sinne von H.C.Artmann; denn er hätte das in einem solchen Fall wahrscheinlich auch getan.

Gerhard Amanshauser

H. C. Artmann

Wladyslaw Bartozewski

Christine Buster

Bächler Wolfgang, deutscher Lyriker und Prosaschriftsteller. Pseudonym: Wolfgang Born. Geboren am 22. März 1925 in Augsburg, gestorben am 24. Mai 2007 in München.

„Sein Antlitz/ war mit Träumen/ ganz beladen./ Der Mund/ war stumm./ Er schien zu trauern." — Dieser Vers aus einem sehr frühen Gedicht von mir aus den Sechzigerjahren, noch ganz in der Hofmannsthal-Tradition, paßt/e ganz auf diesen Dichter. Stets lagen in seinem Gesichtsausdruck etwas Schmerzhaftes, etwas an dem er litt, lebenslang, und eine unsagbare melancholische Traurigkeit und doch zugleich eine unendliche Güte und Gelassenheit, mit einem Hauch von völliger Resignation. Lebendiger, personifizierter Ausdruck der Idee der griechischen Stoiker in der Antike. Auch seine Bewegungen waren langsam, bedächtig. Genauso ging er auf einem schmalen Weg durch eine der blühenden Löwenzahnwiesen in Fresach im Mai. Eine der Tagungen des Kärntner Schriftstellerverbandes in den frühen Siebzigerjahren in Fresach in Kärnten war unser Begegnungsort. Wahrscheinlich habe ich den Bächler angesprochen, denn er hätte sicherlich mit niemanden von sich aus geredet. Ich wiederum spreche jeden gerne an, vor allem Menschen, die mich interessieren; außer mir wird von einem solchen Menschen signalisiert, daß er ungestört sein möchte. Dann respektiere ich das selbstverständlich. Also der Wolfgang Bächler und ich kamen irgendwie in Kontakt und ins Gespräch. Und dies, so wie bei den meisten anderen KollegInnen und wie das eben seit Jahrzehnten immer der Fall war: durchs Fotografieren. Ich mache gerne Porträts von Menschen. Mich interessieren Gesichter, Menschen überhaupt. Und beim Fotografieren entsteht eine gewisse Nähe, ein Zusammengehen und sogar für einen Augenblick ein Zusammengehörigkeitsgefühl. Da ist dann das Wort nicht weit weg vom Schweigen. Man redet miteinander. Und ich fragte, soweit ich mich erinnere, ob er nicht ein wenig lächeln könnte. Und auf sein Gesicht kam diese Sanftheit und Milde, die in ihm war. Was er denn schreibe, ist oder war natürlich in den damaligen Jahren (jetzt interessiert mich das nicht mehr, jetzt interessiert mich mehr, was einer denkt und wie er sich und die Welt sieht und was er davon hält) gleich die Frage. Und er antwortete zu meiner totalen Verblüffung: „Ich schreibe meine Träume auf." Was sollte ich damit anfangen. Ich war sprachlos und ratlos, fragte weiter: „Warum tun Sie das?" Und er antwortete: „Weil Träume wahr sind." Sogleich entstand ein Hin und Her in unserem Gespräch. Ich vertrat ja, jedenfalls damals, eine ganz andere Position. Der Schriftsteller und die Literatur sollten die Welt zum Positiven hin verändern, eingreifen wo sie nur können und wo es wirksam ist. Realität schildern, sich mit ihr auseinandersetzten, sie aufzeigen, eben im Hinblick auf die Veränderung von Mensch, Gesellschaft, Politik und Welt. Wieder dieses Lächeln der Milde in Bächlers Gesicht, als bitte er schon vorher um Verzeihung für das, was er mir antworten würde. Und dann sagte er: „Mir geht es nicht um die Realität, mir geht es um die Wahrheit. Und das ist etwas ganz anderes als die Wirklichkeit. Die Wahrheit ist etwas Wesentliches. Und die Wahrheit gibt es auch in den Träumen. Und diese Träume bewirken auch etwas, sie verändern den Tag darauf oder sogar überhaupt etwas, z.B. meine Sicht auf die Dinge. Hochinteressant, dachte ich, aber „nicht meins". Mit jedem anderen Kollegen, mit jeder anderen Kollegin hätte ich sicherlich bald gestritten, womöglich leidenschaftlich und heftig, ja sogar wutentbrannt; wir hätten uns zerstritten. Nicht so mit dem Wolfgang Bächler. Mit dem konnte man nicht streiten. Er war jenseits aller vorzubringenden Argumente. Und er sagte etwas ganz Einfaches, etwas ganz Privates, Persönliches, ohne daraus irgend etwas abzuleiten, eine Ideologie daraus zu machen, wie das damals Mode war. Nein, der Wolfgang Bächler lächelte milde und nachsichtig; und das war's. Nie werde ich ihn vergessen. Und es ist jetzt, da ich dies schreibe, so, als wäre diese Begegnung erst gestern gewesen. Und bis heute denke ich immer wieder an seinen Satz zurück: „Die Wahrheit ist etwas anderes als die Wirklichkeit." Dieser Satz, dieser Gedanke, diese Überzeugung, ja fast möchte ich sagen: dieser Glaube, ist in seinem Ansatz und zugleich in seiner Allumfassendheit zu einem Bestandteil meines Lebens, zu etwas Selbstverständlichem, weil Einsichtigem geworden. Und schon seit langem vertrete auch ich diese Erkenntnis, die ich überall – ich jedoch leidenschaftlich – einbringe, in Auseinandersetzungen jedweder Art, wenn ich den Satz vom Bächler nun als meinen Satz, als meinen Glaubensgrundsatz sage: „Die Wahrheit ist etwas anderes als die

Wirklichkeit!" Dieser Gedanke, die Wahrheit dieser Erkenntnis ist zu einem wichtigen Grundsatz, zu einem Kriterium, zu einem Prüfstein, zu einem bestimmenden Bestandteil in meinem Leben geworden. Und das verdanke ich diesem milden alten Mann.

Bachmann Ingeborg, Dichterin, Kärnten-Wien-Rom. Geboren am 25. Juni 1926 in Klagenfurt, gestorben am 17. Oktober 1973 in Rom.
Im Palais Palffy fand am 10. Mai 1965 die Lesung von Ingeborg Bachmann statt. Der Saal war zum Bersten voll. Ich ergatterte gerade noch einen Stehplatz vorne am Rand. Dann setzte ich mich seitlich auf das Podium, auf dem die Dichterin stand und ihre Gedichte vorlas. Nein, sie rezitierte nicht, sondern sie las sie wie die Abfolge eines Zugfahrplanes völlig emotionslos, mit immer derselben Stimmlage und Modulierung vor, fast wie teilnahmslos. Keine Emotionalität sollte stören. Das einzige, was zählte, war das dichterische Wort, das reine Gedicht, sonst nichts. Groß und schlank und mit glattem blondem Haar, das sie immer wieder in gleichmäßigen Bewegungen aus ihrem Gesicht zurückstreifte, stand sie aufrecht da und las ihre Gedichte. Und diese ertönten wie in einem Singsang, wie in einem Lied. Eigenartig und ungewöhnlich war all dies. Etwas völlig Neues, Unbekanntes; auch die Subjektivität, das eigene Ich in ihren Gedichten und die Widerspiegelung ihres Ichs in ihrem Gedicht, in ihrer poetischen Sprache, in diesem Strom an Worten, in dcr Strömung einer neuen Sprache und Bildhaftigkeit, die man nicht sogleich verstand, die man erst entschlüsseln mußte, um zu begreifen, wovon die Rede war. „Und Böhmen liegt am Meer...": Dieser Satz hat mich seither als etwas geheimnisvolles und zugleich Geoffenbartes begleitet und ich weiß, er wird nie mehr aus meinem Gedächtnis, aus meinem Leben verschwinden.

Bartoszewski Wladyslaw, polnischer Historiker, Schriftsteller und Intellektueller, Widerstandskämpfer im Warschauer Aufstand gegen die Na-

zis, Außenminister Polens, Botschafter in Österreich. Geboren am 19. Februar 1922 in Warschau.
Das Markanteste an ihm ist seine Stimme; die habe ich sogleich im Ohr, wenn ich an ihn denke. Sein Sprechen, wenn er in deutscher Sprache eine Erklärung abgibt, seine Position in einem Interview oder in einer Versammlung klarstellt. Mit ihm verbinde ich Begriffe wie Eindeutigkeit, Unbeugsamkeit, moralische Instanz. Wir hatten kaum jemals einen wirklichen persönlichen Kontakt, außer einmal, als ich ihn durch das Objektiv meiner Kamera sah und ein gutes Porträt von ihm beim PEN-World-Congress in Warschau machte und er sich auf meine Bitte hin bereitwillig an jene Stelle und in der Weise stellte, wie ich ihn darum gebeten hatte. Ich ließ das Bild auf 30 x 40 cm vergrößern, rahmte es ein und brachte es für ihn in die Polnische Botschaft in Wien. Er ließ mir herzlich danken. Immer wenn ich in Warschau war, entweder beim Warschauer Poesieherbst oder zu Lesungen und Ausstellungen, und durch das ehemalige jüdische Viertel ging oder am Rynek, am Platz in der wieder aufgebauten Altstadt, bei einem Glas Bier, Wein oder Kaffee saß und in die Runde blickte, kam mir der Widerstands- und Freiheitskämpfer Bartoszewski in den Sinn, und ich sah und sehe ihn noch immer als ein Vorbild, sowohl in seiner Haltung und mit seinem Handeln als Freiheitskämpfer als auch als moralische Instanz in der Politik.

Beetz Dietmar, DDR-Schriftsteller, Arzt mit Angolaeinsatz, Erfurt/Deutschland. Geboren am 6. Dezember 1939 in Neustadt am Rennsteig.
Wir waren 1984 bei den internationalen Dichtertagen, den Sarajevski dani poezije, in Sarajevo und Mostar zusammen, teilten auch ein Zimmer. Er war zuerst mir gegenüber ziemlich verschlossen, dann aber erzählte er mir von DDR-Verhältnissen und dem Bürgerkrieg in Angola. Wir gingen gemeinsam über die Brücke von Mostar, die später im Kampf zwischen Kroaten und Bosniaken von der kroatischen Armee zerstört worden und nun als Replik wiederaufgebaut ist. Mein Statement „Der Weg der Vernunft gegen den Irrweg der Unvernunft", Manuskript ver-

schollen, war davon beeinflußt. Auf meine Briefe an ihn in der damaligen DDR bekam ich keine Antwort.

Bekric Ismet, bosnischer Schriftsteller, lebt in Banska Bistrica in Slowenien. Geboren am 26. Mai 1943 in Banja Luka.
Wir kannten uns aus Sarajevo. In Bled haben wir einander während der Jugoslawienkriege wiedergetroffen. Er saß bei einer Autobusfahrt vor mir. Wir versuchten miteinander zu sprechen; mit meinen paar Brocken Serbokroatisch, die ich mir vor Jahrzehnten angeeignet hatte. Wie es ihm denn gehe, wo er im Exil lebe fragte ich ihn. In „Ilirska Bistrica, Slovenija", sagte er. Dort behandle er etwa siebzig vom Krieg traumatisierte Kinder, die in einem Kinderheim lebten, mit Mal- und Poesie-Therapie. Die Kinder sollten alles aufzeichnen und dichten, was in ihnen ist, meinte er. Das war interessant: Kunst oder jedenfalls Kreativität als Psychotherapie! Ich fragte ihn, was sie denn brauchen würden. Der Staat Slowenien sorge für sie, sie hätten das Nötigste, entgegnete er. Was sie sich am meisten wünschen würden, fragte ich nach. Und bekam die überraschende Antwort: „Mozartkugeln!" Ich versprach dafür zu sorgen, daß die Kinder welche bekämen. In Wien wandte ich mich dann an zwei Firmen, die Mozartkugeln herstellten. Ich erwähnte, daß es auch ein Ausschuß sein könnte, den sie mir für die Kinder spenden sollten. Was bekam ich? Nein, keine Mozartkugeln, sondern eine beschämende, eigentlich widerliche Antwort; in der Art: solche „Dinge" seien in ihrer Firma und deren Produktionsstätten nicht vorgesehen. Ich wandte mich in einer Vorstandssitzung an den Österreichischen PEN, erzählte von meinem Anliegen. Ja, was sollen wir denn da tun, war der Tenor. Für Kinder seien wir vom PEN doch nicht „zuständig". Darauf nahm ich einfach meinen Hut und ging, nachdem ich einen größeren Geldschein hineingeworfen hatte, mit dem Hut um Spenden bittend von Kollegen zu Kollegen. Alle gaben was. Ein paar Spenden von persönlichen Freunden kamen noch hinzu. Und es gelang mir, eine Unmenge Mozartkugeln billiger als sonst in einem Geschäft zu erwerben. Als ich zur nächsten PEN-Tagung mit meinem

Auto nach Bled fuhr, brachte ich dem Ismet in zwei großen Kühltaschen etwa 12 kg Mozartkugeln mit. Beide freuten wir uns sehr, als wir uns die Freude der Kinder vorstellten. „Hvala lijepa!", sagte er und wir schüttelten einander die Hände. Und ich dachte: Endlich einmal Mozartkugeln nicht als phantasieloses Mitbringsel für Leute, die sowieso alles haben, sondern zur Freude von Kindern, von diesen armen, vom Krieg betroffenen, schwer gezeichneten Kriegskindern.

Benes Jan, tschechischer Schriftsteller, Übersetzer, Publizist und Drehbuchautor, im Gefängnis und dann im Exil in den USA. Geboren am 26. März 1936, gestorben am 1. Juni 2007.
Ein verrückter Hund, der einen immer fest anpackte, sein Auftreten im Militarylook samt Fallschirmspringerstiefeln hatte etwas Martialisches. Jedenfalls war der Jan jederzeit wie ein auf einen Angriff lauernder Wachsoldat sprungbereit. Mich mochte er anscheinend irgendwie, mir war er zu anstrengend; aber ich erfuhr von ihm – in unser beider miserablem Englisch – etwas von der auf Dubcek folgenden Husak-KP-Diktatur und den Zuständen in damaligen tschechischen Gefängnissen, was lehrreich für mich war, auch in dem Sinne, daß ich im Vergleich beider Länder dann weniger auf „unser Österreich" (diese Bezeichnung sowieso nur im Ausland als Irgendwie-auch-Patriot verwendet) schimpfte.

Berger Joe, österreichischer Lyriker, Dramatiker, Erzähler, Journalist, Schauspieler und Aktionist, Wiener Faktotum. Geboren am 22. Oktober 1939 in Kaltenleutgeben, gestorben am 30. Mai 1991 in Wien.
Ein Zeitgenosse aus dem legendären „Café Sport" der Sechzigerjahre in Wien war der Joe Berger, der mit dem einen Auge; d.h. er hatte schon zwei Augen im Kopf, aber eines war ganz zusammengekniffen und mit dem sah er fast nichts. Mit dem anderen und mit seinen inneren Augen jedoch sah er alles ganz genau und auch sofort. Er sah sogleich jede schöne Frau, die bei der Tür hereinkam; genauso wie jeden „Schweinehund", den er

nicht mochte. Die feineren Herren, „die feinen Pinkel" betitelte man sie im „Sport", die kamen sowieso nicht zu uns nach hinten, zu den dreckigen, stinkenden Tischen, wo wir in zusammengehörenden Gruppen, zwischen denen es oft genug Streit gab, hingelümmelt an den Tischen saßen. Diese „feinen Pinkel" hatten ihre Plätze vorne beim Ausschank, wo die Frau Chefin, die Frau Reichmann, saß und wie ein Wachhund über alles wachte. Diese feinen Pinkel saßen dort auf manchen Polstersesseln, bekamen zu ihrem Bier ein Glas – wir natürlich nicht, außer man verlangte extra eines, dann schaute einen die Paula verwundert an und schüttelte den Kopf, als wollte sie sagen „der spinnt aber jetzt ganz schön" – also die feinen Pinkel saßen vorne beim Billardtisch, am anderen Ende des Saales. Und die redeten auch anders miteinander, nämlich reserviert und höflich, und hatten überhaupt ein anderes – sie meinten: ein besseres – Benehmen als wir. Also, der Joe Berger erkannte einen „feinen Pinkel" sofort. Und der hatte nichts bei uns verloren. Falls er sich bei uns sich anbiedern und niedersetzen wollte, wurde er gleich mit einem „Verschwind!" aus unserem Bereich verwiesen. Der Joe Berger war ein Weiberheld. Er vögelte alles, was wer kriegen konnte. Und er konnte viele kriegen, trotz seiner vermeintlichen Häßlichkeit, weil er ja ausschaute wie der „Quasimodo" aus dem „Glöckner von Notre Dame" in der Verfilmung mit Anthony Quinn. Der Joe Berger pflegte noch dazu diese Häßlichkeit, indem er gerne Grimassen schnitt, auch sein kaputtes Auge dabei einsetzte, selber sogar schrie: „Ich bin der Quasimodo!" Aber die „Weiber", wie die „Damen" genannt wurden, mochten das und mochten ihn, sie waren „spitz auf ihn", er „hatte ein Leiberl" bei Ihnen, er konnte sie aufreißen und abschleppen; wohin, das wußte niemand, er fragte aber manchmal gleich und sehr direkt: „Heast, scheene Frau, willst mit mir vögeln?" Und er hatte damit oft einen überraschenden Erfolg. Was und wo er schrieb, wußte niemand. Er publizierte erst sehr spät, in irgendwelchen obskuren Zeitschriften oder Verlagen. Ich kenne nichts Literarisches von ihm. Ich erinnere mich nur an seinen oft emphatisch hinausgeschrienen Slogan: "Huatela, huatela!". Was das bedeutete, ob allgemein oder nur für ihn, habe ich nie in Erfahrung gebracht, weiß ich also bis heute nicht. Hätte ich blöd gefragt, hätte ich mir vielleicht eine Watschen oder einen Boxer eingefangen. Also ließ ich das bleiben, ließ ich den Ausruf „Huatela, huatela!" wie den „Hoppauf-hoppauf"-Anfeuerungsruf im Sport gelten und so im Gedächtnis. Der Joe Berger hatte ein frohes Gemüt. Er lachte oft, laut und gern. Für ihn war es das Selbstverständlichste der Welt, daß er, der Joe Berger, wenn er da war, Mittelpunkt in „seiner Runde" war. Der Schürrer-Tisch war daneben. Dazwischen war eine unsichtbare Kluft. Der Schürrer war abgründig und eine tragische Figur, der Joe Berger war laut und dominant, ein Inbegriff von Lebenslust und Begeisterung. Er hatte auch ein mitfühlendes Herz, ja, ich würde sogar so weit gehen zu sagen, er hatte ein kindliches, ein sanftes Gemüt. Bei seinem Begräbnis in Kaltenleutgeben, Jahrzehnte nachdem das Café Sport geschlossen hatte und die ganzen Gruppen auseinandergefallen und ins Niemandsland verstreut worden waren, sah man viele alte Kumpel aus der damaligen Zeit des Café Sport. Man begrüßte sich mit „Seavas!", fragte aber sonst nach nichts, auch nicht mit dem formelhaften „Wie geht's", sondern nahm den anderen als selbstverständlich, so wie es schon immer und damals gewesen war. Schweigend gingen wir nebeneinander – eine große Menschenmenge – den Friedhofsberg hinauf. Keine Zeremonie. Genauso wie beim Schürrer-Begräbnis. Aber der Wolfi Bauer hielt eine phantastische, würdigende und sogar würdige Grabrede auf den „Joe". Dann sank der Sarg in die Grube. Joe Bergers Lebensgefährtin oder Witwe weinte, man kondolierte ihr, so man sie kannte. Dann gingen wir alle in ein Wirtshaus unten im Ort. Ich saß mit Elisabeth Wäger, die ich nur aus dem Café Sport von damals her kannte und Jahrzehnte nicht gesehen hatte, und mit dem Jazz-Saxophonisten Uzzi Förster, ebenfalls eine Legendenfigur, zusammen. Wir tranken einige Gläser Wein, Schnaps oder Bier auf den „Joe", der uns nun verlassen hatte, und dann ging wieder jeder seines dem andern unbekannten Weges. Das nächste Mal war ich dann beim Begräbnis vom Uzzi, mit dem ich dort zusammengesessen war; auch einem „Sportler" von damals, einer längst vergangenen, aber nie vergessenen Zeit.

Berkensträter Bert, deutscher Journalist und Reiseschriftsteller, verfaßte Werbetexte und Aphorismen. Geboren am 14. April 1941 in Neuwied am Rhein, gestorben am 12. April 2008 in Wien.

Wir kannten einander seit Mitte der Sechzigerjahre, als Bert Berkensträter, von seiner Frau Heidi und seinen Freunden „Happy" genannt, nach seiner Wehrdienstverweigerung aus Deutschland sozusagen flüchten mußte. Pikant dabei war noch, daß der Vater seiner Frau Berufsoffizier mit einen hohen Rang bei der Bundeswehr war. Die beiden bewohnten ein Holzhaus draußen in der Amselgasse in der Siedlung Schwarzlackenau, wo sich nach dem Krieg viele Zugereiste, darunter sowohl Täter als auch Opfer des Naziregimes auf billigen Pachtgründen einfache Hütten bauten, in denen sie dann jahrelang hausten, bis sie sich eine bessere Bleibe leisten konnten. Die Siedlung war im damaligen Überschwemmungsgebiet der Donau und von ihr nur durch den Hubertusdamm getrennt. Bei Hochwasser der Donau aber stand das Grundwasser oft mehr als einen halben Meter tief in den Kellern, so diese Hütten überhaupt einen Keller hatten. „Die Amselgasse" war ein Treffpunkt für unseren bunt zusammengewürfelten Freundes- und Kumpelkreis, darunter Maler, Bildhauer, Musiker, StudentInnen und Personen mit anderen Berufen oder ohne Job, von denen einige auch in umliegenden Schrebergarten-Häuschen wohnten.

Wir alle waren jung und unbeschwert. Wir trafen einander oft, ohne uns vorher groß anzumelden oder zu verabreden; wer kam war einfach da. Oft trafen wir uns auch bei den Berkensträters, weil wir dort immer herzlich empfangen und bewirtet wurden. Brot und Wein, Wurst und Käse waren jedenfalls zur Verfügung. Ich glaube, der Berkensträter war der einzige von der Runde, der durch seine Werbetextertätigkeit wenigstens etwas Geld hatte. Wir anderen waren abwechselnd immer wieder pleite und liehen uns dann Geld von den Freunden, so diese etwas hatten und entbehren konnten. Nächtelang saßen wir bei den Berkensträters, manchmal bis spät in die Nacht hinein oder gar bis zum frühen Morgen. Ein paarmal schlief ich auch dort. Denn ich war damals mit meinem Moped unterwegs und natürlich nach unseren stundenlangen „Sessions" meist zu betrunken, um noch nach Hause fahren zu dürfen oder zu können. Mit dem Happy redete ich über alles, über Politik, über die („Scheiß"-) Gesellschaft, über die Idioten da oder dort; und manchmal auch über Literatur, das aber nur so am Rande. Wir beide machten gerade die ersten Gehversuche hin zu unserer eigenen Literatur und zu einem Schriftstellerdasein. Der Happy verfaßte witzige, bissige Aphorismen. Ich schrieb noch in der Trakl-Nachfolge epigonale expressionistisch-pathetische Gedichte, weil ich keine Ahnung davon hatte, wo die moderne zeitgenössische Lyrik stand. Erst der Fritz Schneider, der auch einige Zeit in einem Haus in der Amselgasse vis-à-vis von den Berkensträters ein Dachkammerl bewohnte, machte mich, obwohl Naturwissenschafter, auf die italienische, spanische und südamerikanische Lyrik sowie auf die amerikanische Beat-Lyrik aufmerksam. Der Tiroler Maler Fritz Schottkowski, „Schotti" genannt, der auch poetische autographische Schriftbilder machte, bewohnte später dann mit Frau und Sohn das ganze Haus. Der polnisch-deutsche Geiger „Jascha" war für das Musikalische und für die Damen zuständig. Der Walter Angerer war Werbegrafiker und Bildhauer. „Die Kirchers" waren mit ihrem Studium in der Endphase, Heinz in Medizin, Monika studierte aufs Lehramt für Philosophie und Kunsterziehung. Das also war die Partie von der „Amselgasse". Keiner war schon etwas, aber alle wollten wir etwas werden. Happy und ich haben uns dem Literarischen und gleichfalls dem Fotografischen zugewandt. Der Schneider Fritz ist in einem Wahnanfall von einem Felsen hinuntergesprungen und war auf der Stelle tot. Der Schotti ist ganz armselig im Irrenhaus, beschönigend „Psychiatrisches Krankenhaus" genannt, am Steinhof in Wien verstorben. Der Berkensträter verstarb im Herbst 2008 in Wien. Einige Wochen vor seinem Tod haben wir noch miteinander telefoniert. Es schaute aus, als könnte er es schaffen. Trotzdem war mir bange um ihn. Und da ich von seinem neuerlichen Spitalsaufenthalt und seinem schlechten Befinden informiert war, hat mich die Todesnachricht zwar nicht überrascht, aber doch sehr betrübt. In meinem Bücherschrank steht ein schmales Heftchen mit Aphorismen von ihm. Ein paar Worte und ein paar Erinnerungen, denke ich, ist alles, was von uns für eine Weile noch bleibt.

Berwanger Nikolaus, deutsch-rumänischer Schriftsteller und Journalist. Geboren am 5. Juli 1935 in Freidorf/Rumänien, gestorben am 1. April 1989 in Ludwigsburg/Deutschland.
Unser Zusammentreffen war bei der Slowenischen Kulturwoche mit Schriftstellern in Kärnten im Juni 1985. Gemeinsamer Besuch des Slowenischen Widerstandsmuseums in „Persman" in Leppen bei Eisenkappel. Im Krieg wurde dort bei der Partisanen-Banditenbekämpfung von einer Sondereinheit der Deutschen Wehrmacht eine ganze Familie, samt Frauen und Kindern, erschlagen. Wir hatten alle hatten eine Gemeinschaftslesung, darunter auch Marie-Thérèse Kerschbaumer und O.P.Zier. Dem „Niki" gefielen anscheinend meine Gedichte. Jedenfalls schob er mir noch spät am Abend einen kleinen Zettel unter der Tür durch, auf dem das draufstand. Am nächsten Morgen war der Niki schon weg, abgereist nach New York. Später hörte ich, daß er dort ist. Die Ausreise aus Rumänien hatte er geschafft, seine Krankheit nicht.

Bisinger Gerald, österreichischer Schriftsteller, Lyriker. 1962 bis 1970 Lyrik-Redaktion der Wiener Zeitschrift „Neue Wege". Lebte in Wien und Berlin. Geboren 1936 in Wien, gestorben im Februar 1999 in Wien.
In den Sechzigerjahren redigierte er die Kulturzeitschrift „Neue Wege" in Wien. Dort plazierte er auch immer wieder Gedichte von jungen österreichischen Dichtern, oft als Erstabdruck; so auch bei mir. Das war sehr wichtig, sowohl für die jungen Autoren als auch für die vorwiegend jungen Leser. Mit ihm und der Elfriede Gerstl war ich 1963 bei der „Jugendkulturwoche in Innsbruck". Das war ein Treffen von Künstlern aus verschiedenen Kunstsparten: Malern, Musikern, Dichtern, etc. Ich teilte ein Doppelzimmer mit dem auch längst verstorbenen Schriftsteller Peter von Tramin-Tschugguell, einem „Förderkind" von Heimito von Doderer. Das Treffen erfolgte aufgrund von Einladungen und diese erfolgten wiederum aufgrund eines Juryentscheides über die Einsendungen. Es gab Wettbewerbe und Preise. Mit dem Bisinger und der Gerstl waren wir in der Schindler-Bar tanzen. Einige Jahrzehnte später haben Bisinger und

ich miteinander in der Stadtbibliothek in Bratislava gelesen; auch Robert Menasse und Walter Pilar waren damals mit dabei.

Blaha Paul, österreichischer Schriftsteller, Theaterkritiker „Volkstheater"-Direktor, Wien. Geboren am 17. April 1925 in Maribor/Slowenien; gestorben am 30. September 2002 in Wien.
Markantestes Zeichen an ihm war, daß er nur einen Arm hatte, den anderen hatte er im Krieg verloren. Ich bewunderte ihn, wie er damit zu leben gelernt hatte; ebenso wie der Kärntner Maler Giselbert Hoke. Paul Blaha saß nach den Theateraufführungen in den frühen Siebzigerjahren des öfteren in einer Runde im Zwölfapostelkeller in der Schönlaterngasse. Beim PEN habe ich ihn dann näher kennengelernt. Er wohnte auch im dritten Bezirk. Und so begegnete man sich immer wieder. Wir grüßten einander und wechselten ein paar Worte. Er war ein besonnener, geradliniger Mann und stand der SPÖ nahe. Da hatten wir wiederum etwas Gemeinsames. Am 22. Mai 1990 eröffnete er meine Fotoausstellung über das Werk des slowenischen Bildhauers Tone Svetina im Jugoslawischen Kulturinstitut in der Invalidenstraße in Wien. Etwa 1992, nach dem Abgang des Präsidenten Alexander Giese, begann meine Kontroverse mit dem Österreichischen P.E.N.-Club. Grund war die unverständliche und unkritische Haltung und Politik der neuen Führung gegenüber der Schwarzblauen Regierung sowie der Kombination Haider-FPÖ und P.E.N.-Club-Mitglied Dr. Peter Sichrovsky, der Generalsekretär dieser Haider-FPÖ wurde, worin ich eine völlige Inkompatibilität seiner Funktion mit der internationalen P.E.N.-Charta sah. Die aufgezeigte Problematik hatte zur Folge, daß die Vizepräsidentin und zehn andere PEN-Mitglieder aus dem Ö-PEN austraten. Ich erstellte damals eine Gegenkandidatenliste für eine Wahl. In diesem Zusammenhang kontaktierte ich auch Paul Blaha. Er wollte allerdings keine Funktion übernehmen, sagte mir jedoch seine „moralische Unterstützung" zu, was andere auch taten, was aber nichts brachte und mir nicht wirklich half. Jedenfalls folgte ich Blahas Einladung, mit ihm im Gasthaus Ohrfandl ein Glas Wein

zu trinken und über den Ö-PEN und was wir tun können zu reden. Es wurden mehrere Gläser Rotwein, bei mir sicher drei oder vier, und der Blaha trank auch kräftig, wenn auch etwas bedächtiger mit. Wir stellten fest, daß wir eigentlich wenig Handlungsspielraum hatten, weil wir uns ja im Rahmen der Regeln bewegen mußten und dies auch taten. Das Gespräch, das dann in eine persönliche Unterhaltung überging, dauerte sicher 2-3 Stunden; ein Weingespräch, wie ich das liebe und anscheinend der Paul Blaha das auch mochte. Dann sah ich ihn eine längere Zeit nicht mehr. Und schließlich erhielt ich auf meine Anfrage hin die Nachricht, daß er verstorben sei.

Blandiana Ana, rumänische Schriftstellerin, Publizistin, PEN-Präsidentin, Politikerin. Geboren 15. März 1942 in Timisoara/Rumänien.
Eine schwarzhaarige, sehr schöne, stilvoll gekleidete Frau, in einem grauen Kostüm am Rednerpult im Palais Palffy bei einer internationalen PEN-Konferenz, etwa 1990. So habe ich sie in Erinnerung und auf dem Foto, das ich von ihr gemacht habe. Sie stammt aus Temesvar, wo ich auch einmal war und im dortigen Nikolaus-Lenau-Gymnasium vor den SchülerInnen gelesen und mit ihnen diskutiert habe. Als Tochter eines Staatsfeindes, der im Gefängnis war, wuchs Ana Blandiana schon in jungen Jahren mit einer inneren Distanz zum kommunistischen System auf. Nach der Revolution in Rumänien spielte sie als Intellektuelle und politisch engagierte Schriftstellerin eine entscheidende, mitgestaltende Rolle bei der Aufarbeitung der kommunistischen Vergangenheit Rumäniens. Später trafen wir einander wieder bei Tagungen und Kongressen, wechselten höflich ein paar Worte miteinander. Ich habe sie auch einmal auf einem Ausflug – ich weiß nicht mehr, wo das war – fotografiert. Da trug sie eine bunt-gemusterte Sommerbluse und einen weiten Rock und stand vor einer steinernen Mauer in einem Hof vor einem Brunnen. Sie sah direkt ins Objektiv der Kamera und somit in meine Augen und lachte mich an.

Blokh Alexandre, russisch-französischer Schriftsteller, Essayist, Generalsekretär des International PEN. Pseudonym: Jean Blot. Geboren in Moskau, lebt in Paris.

Er liebte alles, was gut und teuer war; nein, mehr noch mußte es sein: exklusiv, repräsentativ, außergewöhnlich eben, weil er sich selbst so empfand und theatralisch darstellte. Schwarze elegante Schuhe, Seidensocken, schwarze Hose, wie gerade gebügelt, dunkle Krawatte, elegantdezent, weißes Hemd, weißes Woll- oder Mohairsakko, Stecktuch in der gleichen Farbe und im selben Dessin wie die Krawatte, eine Blume – Nelke oder Rose – im Knopfloch. Dementsprechendes Auftreten, breites verbindliches, manchmal zu einem Grinsen ausartendes Lächeln. Selbstverständlich beanspruchte er den ersten Platz und daß aller Augen auf ihn gerichtet waren. Das war neben den mausgrauen PEN-Präsidenten György Konrád oder Rene Tavernier leicht möglich. Seine Frau war zwar auch elegant gekleidet, wirkte zurückhaltend, ja etwas älter, als sie vielleicht eigentlich war, jedenfalls im Vergleich zu ihrem von ihr bewunderten Mann doch etwas ältlich, um nicht zu sagen alt. Blokh war ihr gegenüber von einer herablassenden Höflichkeit, während er seine Geliebte(n) umschwärmte und sich beim Balzen wie ein Gockel benahm. Ich erinnere mich an Bled, habe ein Bild vor Augen: Da sitzen diese PEN-Honoratioren an einem runden Tisch, haben andere Gläser als wir, haben Stoffservietten, bekommen die Suppe in einem schönen Suppentopf serviert, alles andere auf (silbernen/metallenen) Platten – und in der Mitte steht ein Kerzenleuchter mit brennenden Kerzen. Selbstverständlich der beste Tisch im Restaurant, mit Blick auf den Bleder See hinaus. Lächerlich fand ich das, miserabel. Aber so ist es halt mit den Hierarchien im PEN. Schließlich war er ja als Club in England gegründet worden. Und so benahmen sich dementsprechend auch diese Herren. Damen gab es ja nur als Begleitung. Jedenfalls damals war das noch so.
Erbärmlich, geradezu degoutant war dafür der Auftritt und waren die Reden des damaligen PEN-Präsidenten György Konrad und eben des Generalsekretärs, Herrn Alexandre Blokh, vor dem internationalen Auditorium im Logentheater von Hvar. Es war Krieg. Und den haben nicht die

bösen Slowenen oder die aufsässigen Zivilisten, denen dieser Krieg das Leben, zumindest die Ehre (Vergewaltigungen), Hab und Gut genommen haben, angefangen, sondern der ging von Kriegshetzern und Kriegstreibern à la Milosevic aus. Und die Ausführenden waren die Jugoslawische Volksarmee und Sondereinheiten, die mordend und plündernd durchs Land zogen, die Dörfer überfielen, „ethnische Säuberungen" vorantrieben und den Staat Jugoslawien retten wollten. Und was sagten diese beiden Herren auf der Bühne in ihren Reden? Gar nichts! Nur Floskeln über Floskeln und Gemeinplätze und Phrasen. Und: jede der beiden Kriegsparteien sei schuld und es sei nicht so wichtig – deshalb wurde das auch nicht angesprochen – wer denn mit dem Krieg angefangen habe. Nein: Alle sind böse, momentan; aber das wird sich legen. Nein, die werden zur Vernunft zurückkehren oder aufgeben, wenn sie ausgeblutet, d.h. ihre Reserven an Kampfmitteln verbraucht und ihre Ziele erreicht sind. Ein miserables (PEN-)Theater in einem Theater, dem ältesten Logentheater Europas. Von Menschenrechten wurde nicht geredet. Am Ende kam noch Staatspräsident und Kollege Franjo Tudjman in einem Schnellboot der kroatischen Armee, von Bewachungspersonal mit Maschinenpistolen geschützt (vor wem?) und wollte uns allen im Refektorium des Franziskanerklosters die Welt(situation) und seine Sicht der Dinge (als Historiker) erklären. Aber der französische Philosoph Alain Finkielkraut schnitt ihm seine salbungsvolle Litanei-Herunterbeterei ab und stellte die Dinge objektivierend so klar, wie sie trotz aller Kompliziertheit waren. Es gab und gibt eben einen Aggressor und auf der anderen Seite genauso unmenschliche Gegenmaßnahmen. Unterrichtsstunde in Patriotismus beendet; jedenfalls für mich, für uns: „Komm!", sagte ich zu meinem Freund Milos Mikeln, „gehen wir hinaus, mir wird sonst noch schlecht, ja das ist mir schon; und draußen im wunderschönen Garten unter Palmen und inmitten alter Sträucher und mit phantastischem Blick auf das Meer wartet auf uns schon das Büffet. Und wir eröffnen es jetzt!" Und so nahmen wir jeder einen Suppenteller zur Hand und schöpften aus dem Kessel mit der herrlichsten Fischsuppe, die ich je gegessen habe, nahmen Brot, gossen uns Bier ein und sagten: „Prost! Laß dir's schmecken!" Dann sah ich die-

se nichtssagenden PEN-Honoratioren wieder, wie sie um den Tudjman scharwenzelten, Blokh seinen Charme spielen ließ, der György Konrad ob der doch gefährdeten Moral traurig dreinschaute und ich dachte: „Das ist doch ein elender Verein; aber die Suppe schmeckt wenigstens gut." Ergänzung: Ich entwarf eine Resolution, die es ja gar nicht geben durfte, also auch keine war, sie war nur ein Papier mit ein paar Sätzen drauf, und hielt im Saal des Hotels mit meinem miserablen Englisch, dafür aber wütend, mit Petar Tyran eine Pressekonferenz ab, in der ich meinen Standpunkt darlegte und diese PEN-Führung kritisierte, was mir einen Verweis meines PEN-Präsidenten und seiner Frau (Giese) einbrachte. Einige von der Österreichischen Delegation unterzeichneten das Papier, andere nicht. So wußte man zumindest, wie man dran war; auch im Österreichischen PEN. Natürlich galt ich als „Unruhestifter"; aber das war ich immer schon und gedenke ich auch zu bleiben.
Am Abend steckte sich der Monsieur Generalsecretair eine neue Blume ins Knopfloch seines Sakkos, speiste wiederum mit den anderen vornehm an einem Mitteltisch und tat so, als sei nichts gewesen. Und so war es auch in Dubrovnik. Die jugoslawische Volksarmee, die Belagerer und Zerstörer der wunderbaren Stadt Dubrovnik, aber saßen oben in den Bergen, nur 6-10 km weiter entfernt und zerschossen die Dörfer rundum. Der Herr Blokh aber fand das Essen fein, wie er es eben gewohnt war, und den Wein gut gekühlt.

Bochénski Jacek, polnischer Schriftsteller und Journalist aus Warschau, Ex-Präsident des polnischen PEN-Clubs (1997-1999), Organisator des PEN-World-Congress 1999 in Warschau. Pseudonym: Adam Hosper, Teodor Ursyn. Geboren am 29. Juli 1926 in Lemberg.
Wir kennen uns seit einer der PEN-Konferenzen in Bled/Slowenien. Dorthin durften Schriftsteller(funktionäre) aus den kommunistischen Ländern hinfahren und an den Tagungen teilnehmen. Natürlich ergaben sich dann auch persönliche Kontakte, die in vorsichtig geführten Gesprächen mündeten, aus denen man aber doch, wenn auch verklausuliert, einiges erfuhr.

Offene politische Diskussionen oder Stellungnahmen gab es zu der Zeit noch nicht, jedenfalls nicht von den KollegInnen aus dem Osten. Politik fand statt, darüber aber öffentlich zu reden war verpönt. Eigenartig bei PEN-Mitgliedern, denen das höchste Gut und die wichtigste Verpflichtung laut PEN-Charta die Meinungsfreiheit und die ungehinderte Meinungsäußerung ist, jedenfalls sein sollte. Also, der Bochénski war ein solcher Mann. Er war immer höflich, ja sogar mehr als das, er war zu allen sehr freundlich, umgänglich, aber ich habe von ihm nie eine klare Stellungnahme zu politischen oder gesellschaftlichen Fragen gehört; da hielt er sich jahrelang zurück, vielleicht tut er das heute noch. Jahrzehntelange Diktaturdressur prägt. Ich fragte und frage mich oft, wie das wohl mit mir gewesen wäre, in einem solchen Staat, unter einem solchen Regime. Gedient hätte ich den Unterdrückern sicherlich nicht, aber ob ich den Mut zur offenen Konfrontation mit den damals noch schlimmen Folgen gehabt hätte, weiß ich nicht. Ein Mitläufer wäre ich, glaube ich, nicht gewesen. Wahrscheinlich hätte ich mich so wie viele andere auch in die sogenannte „innere Emigration" zurückgezogen. Vielleicht hätte ich nichts geschrieben, sondern wäre meinen botanischen Neigungen nachgegangen oder meiner Liebe zur Musik. Immer, wenn ich an Jacek Bochénski denke oder seine Porträtfotos, die ich von ihm da und dort gemachte habe, anschaue, sehe ich das rundliche Gesicht, sein leichtes Kopfnicken als Zeichen von freundlicher Zustimmung, auch wenn er anderer Meinung war als ein Gesprächspartner. Immer war eine unsichtbare Grenze um ihn gezogen, die er vielleicht aufgrund der Jahrzehnte lang herrschenden politisch-gesellschaftlichen Verhältnisse selbst und zu seinem Selbstschutz irgendwann installiert hatte. Zuletzt trafen wir aufeinander im Oktober 2005 während meines längeren Aufenthaltes zusammen mit meinem Freund (seit 1961), dem kärntnerslowenischen Maler Valentin Oman, bei der Eröffnung meiner Fotoausstellung „Wiener Wahrzeichen" und einer Oman-Ausstellung, mit einer zweisprachigen Lesung von mir und Arletta Szmorhun im Österreichischen Kulturforum in Warschau.

Brainin Fritz, österreichisch-jüdischer Dichter, Schriftsteller, Journalist, Übersetzer. Lebte von 1938 bis zu seinem Tod im Exil in den USA. Geboren am 22. August 1913 in Wien, gestorben am 3. Mai 1992 in New York.

Als Sohn eines aus Litauen stammenden Juden wuchs Brainin in der Leopoldstadt in Wien auf, konnte 1938 gerade noch rechtzeitig emigrieren, kehrte nie mehr aus dem Exil „in seine Heimat" zurück. Im Krieg kämpfte er in der amerikanischen Armee, wurde verwundet, bewachte nach Kriegsende österreichische Kriegsgefangene; hatte den ersten Schub einer psychischen Erkrankung. 1949 heiratete er eine gebürtige Russin, 1959 kam der gemeinsame Sohn Perry Isak zur Welt, der 1981 von einem Puertoricaner ermordet wurde. Brainins Frau wurde wahnsinnig, kam in eine Heilanstalt, blieb dort für immer. Fritz Brainins Welt war neuerlich zusammengebrochen. Auch er wurde wieder psychisch krank. In den Jahren 1950, 1988, 1995 kam er zu Besuch nach Wien zu seinem jüngeren Bruder und dessen Frau, die heute noch hochbetagt hier leben, und die ich manchmal noch bei jüdischen Veranstaltungen treffe. Aus Wien vertrieben ließ Brainin jedoch seine „Vaterstadt", wie er es nannte, Zeit seines Lebens nicht mehr los. Immer wieder kam er in seinen Gedichten darauf zu sprechen, kreisten sein Denken und seine Gefühle, kreisten seine Erinnerungen um diese Stadt. Im Jahr 1989 erschien ein Band mit Gedichten von ihm unter dem Titel „Das siebente Wien". Das Buch wurde mit einer Lesung im Literarischen Quartier der Alten Schmiede am 12. Mai 1990 vorgestellt. Ich hielt den von mir erbetenen Einleitungsvortrag „Sprache und Exil – Der österreichische Lyriker Fritz/Frederick Brainin". Es ist ein langer, ausführlicher, auf Brainin und sein Schicksal und seine Literatur eingehender tiefgreifender Text, der später in verschiedenen Zeitschriften publiziert wurde, darunter als großformatige Doppelseite im jüdisch-österreichischen Journal „Neue illustrierte Welt". Fritz Brainin saß bei der Buchpräsentation in der ersten Reihe, er wirkte jedoch völlig teilnahmslos; es gab keine Regung im seinem Gesicht, er war in sich zusammengesunken, eine schmale Gestalt, ein alter müder Mensch. Nach der Lesung signierte er mühsam einige Bücher. Zu mir sagte er ohne irgendeine Gefühlsregung: „Thank you!" Bei einem anschließenden Empfang in der Wohnung seines Bruders in der Wohllebgasse saß Fritz/Frederick allein und wie geistesabwesend mit dem Gesicht zur Wand, aber mit einem möglichen Blick aus einem der Fenster. Er ließ anscheinend niemanden mehr an sich heran. Mir gab er auf meinen Kontaktversuch und mein Ihn-Ansprechen, so als würde er mich nicht kennen, keine Antwort. Ein von seinem Schicksal zerbrochener Mensch!

Brandstetter Alois, Schriftsteller, Philologe, Universitätsprofessor für Germanistik/Altes Fach. Geboren am 5. Dezember 1938 in Aichmühl bei Pichl/Oberösterreich.
Wir waren im selben Gymnasium und Internat, im Kollegium Petrinum in Linz-Urfahr. Allerdings besuchten wir nur ein paar Klassen dort. Denn dann sind wir beide aus der Anstalt hinausgeflogen. Ich ging nachher nach Dachsberg, das keine Eliteschule war wie das Petrinum, sondern eine Art Auffanglager für viele woanders Gescheiterte, von denen auch ich einer war. Der Alois ging zu den Salesianern auf den Freinberg in Linz. Später studierte er Germanistik in Wien. Er wohnte im katholischen Studentenheim in der Ebendorferstraße. Dort besuchte ich ihn einmal. Da hat er mir ein Bild geschenkt: „Die toten Seelen" nach Gogol; schemenhafte Totengesichter ähnlich wie auf dem Turiner Leichentuch. Das habe ich heute noch in meiner Sammlung. Nach seiner Promotion zum Dr. phil. war der Alois einige Zeit an einer Uni in Saarbrücken, glaub ich. Von Zeit zu Zeit hatten wir einen kurzen Briefwechsel. Dann ging der Alois als Uniprofessor nach Klagenfurt, schrieb und publizierte jedes Jahr fleißig und regelmäßig ein Buch und wurde so ein viel gelesener Autor. Einmal, bei einer Lesung von mir in der Landhausbuchhandlung in Klagenfurt, hat er zu meiner Lesung eine Einleitung gemacht. Da hat er auch von meinem Elternhaus gesprochen. Also muß er es gekannt haben. Vielleicht hat er mich einmal dort besucht, ich weiß es nicht mehr. Wenn ich früher manchmal auf dem Nachhauseweg von Wien nach Haslach über Pichl bei Wels gefahren bin, habe ich an den Alois Brandstätter gedacht; denn dort hatte er sein Elternhaus, das er zu seinem Refugium

gemacht hat. Jetzt sind wir beide Siebzig. Er hatte eine große Geburtstagsfeier mit Bischof, Landeshauptmann, Honoratioren. Ich habe meinen auch in meiner Heimat, im Mühlviertel, „gefeiert". Ich bin dort spazierengegangen, über die schmalen Wege durch die Wiesen und durch den Wald in meiner von mir so sehr geliebten Landschaft, was mir lieber ist als jede Feier.

Breuer Heide, Keramikerin, Autorin, Wien. Geboren in Baden bei Wien.
Heide war von Anfang an beim „Morgen-Kreis" mit dabei, immer bei den Symposien im Sommer in Ottenstein anzutreffen. Der „Morgen-Kreis" war eine Gemeinschaft von kreativen Menschen, aufgebaut auf gemeinsamen Werten, den Fragen der Kunst, der Philosophie, der Wissenschaft, dem Leben überhaupt Zugewandtem. So kannten wir einander nicht nur gut, auf einer solchen Ebene, sondern es verband uns auch ein inneres Verständnis von Mensch, Kultur und Welt. Einmal hatte Heide, als ich die Kleine Galerie in der Neudeggergasse in Wien noch leitete, dort eine Ausstellung ihrer Keramiken, zusammen mit der leider auch schon verstorbenen Malerin Pia Leisching-Montecuccoli. Diese Ausstellung hat unser gemeinsamer Freund György Sebestyén mit einer seiner einfühlsamen Reden eröffnet. Gegen Ende seines Lebens war Sebestyén mit der Heide Breuer liiert. Sie hat ihn auch hingebungsvoll und bewundernswert bis zu seinem frühen Tod mit 59 Jahren begleitet. Mit dem Hinscheiden von György Sebestyén hatte der „Morgen-Kreis" schlagartig aufgehört, zu existieren. Dadurch ist die Heide auch aus meinem Blickfeld verschwunden, hat am Stadtrand von Wien ein Haus gekauft und nun dort ihre Werkstätte. Sie hat dann auch angefangen, sich literarisch zu betätigen und hat inzwischen einige Bücher publiziert.

Britz Helmut, deutsch-rumänischer Dichter, Übersetzer, Redakteur aus Bukarest. Geboren am 28. Januar 1956 in Timisoara/Rumänien.
Er stammte aus Temesvar/Timisoara, einer Stadt im Südwesten Rumäniens, nahe der Grenze zu Ungarn und Serbien, mit altösterreichischem

Flair, jedenfalls was das Stadtbild und die Architektur sowie das Bevölkerungsmischmasch aus Ungarn, Serben, Deutschen und Rumänen betrifft. Nur Juden gibt es keine mehr dort; die hat man alle im Holocaust umgebracht. Ich kenne die Stadt, weil ich dort am Nikolaus Lenau-Lyzeum eine Schullesung mit Gespräch hatte und in meiner Freizeit dort ein wenig herumspaziert bin. Den Britz habe ich 1990 auf der PEN-Pentagonale in Dubrovnik kennengelernt. Er war das, was man „ein Schlitzohr" nennt. Er kannte alle Winkel, wo man sich Geld beschaffen konnte. Dann trafen wir beim Weltkongreß des Internationalen PEN 1991 in Wien wieder aufeinander, nachdem ich mit Hilfe einer großzügigen Subvention des damaligen Ostfonds, heute KulturKontakt Austria, der sechsköpfigen rumänischen Delegation die Reise und Taschengeld für den Aufenthalt in Wien ermöglichen konnte. Von den Rumänen sah und hörte man aber nichts auf diesem Kongreß, sie genossen lieber Wien; der Petre Stojka die Wirtshäuser. Das Geld war bald verjuxt. Die Rumäniendeutschen wurden ja – jedenfalls für den Westen – immer kostbarer, weil sie in Massen auswanderten, Häuser und Dörfer leer wurden, deren Kultur mit den Alten, die bald sterben werden, untergeht; wieder eine weniger auf diesem Kontinent und überhaupt in der Welt. Alles macht ja der internationalen Gleichmacherei Platz: von der Wirtschaft, der Gesellschaft bis hin zum Kulturverlust und somit Identitätsverlust. Der Britz erzählte mir damals von Schikanen auf der Österreichischen Botschaft für ein Visum zur Einreise nach Österreich. Das empörte mich. Ähnliches hatte ich schon von anderen österreichischen Botschaften und deren Visaabteilungen in Ost(block)ländern gehört. Also schrieben der Britz und ich auf Briefpapier des Hotels Argentina in Dubrovnik per Hand einen Informations- und Protestbrief sowie einen Appell zur Änderung der österreichischen Gepflogenheiten an solchen österreichischen Botschaften an den damaligen Außenminister Dr. Alois Mock. Natürlich kam von dort nie eine Antwort zurück, vielleicht ist der Brief gar nicht bis zu ihm gekommen. Später haben der Britz und ich einander in Wien wiedergetroffen. Ich hatte ihm auf seine Bitte hin ein Zimmer in einer kleinen, diskreten, preiswerten Pension neben dem „Café Hawelka" besorgt, für ihn und seine (neue) Geliebte. Am Abend sind wir dann einmal ausgegangen, ich glaube zu dritt oder viert. Zum Schluß landeten wir alle im „Café Alt-Wien". Wir haben über Belanglosigkeiten geredet; über Politik war mit den Rumänen sowieso nicht zu reden. Die, welche ausreisen durften, waren wahrscheinlich regimetreu oder hielten wenigstens den Mund, wofür ich Verständnis habe, denn die Securitate und der Verrat unter „Freunden" war (wie in der ehemaligen DDR) überall. Irgendwie kam es dann zu einem Eklat. Es stellte sich heraus, daß „die alte Geliebte" und „die neue Geliebte" gleichzeitig mit am Tisch saßen. Plötzlich heulte „die alte Geliebte", die extra aus Bonn wegen dem Britz angereist war, ungebremst los und stürmte hinaus. Der Britz zuckte nur die Schultern. Ich ging der Dame, die wirklich eine Dame war, nach, holte sie ein und fragte sie, was denn los sei. Sie heulte laut los und erzählte mir unter Tränen ihre unglückselige Liebesgeschichte mit dem Britz. Ich begleitete sie bis zu einem Haus in der Gonzagagasse, wo sie sich am Tor, mich unter Tränen umarmend, verabschiedete. So ein gemeiner Kerl, dachte ich damals. Aber so war der Britz nun einmal: eben ein Schlitzohr!

Busta Christine, österreichische Dichterin. Geboren am 23. April 1915 in Wien, gestorben am 3. Dezember 1987 in Wien.
Einmal waren wir mit der Doris Mühringer, dem Alfred Gesswein samt Tochter, der Ilse Tielsch mit ihrem Mann Rudi und der Christine Busta bei einem von uns selbst veranstalteten Faschingsheurigen. Alle außer der Busta und mir hatten irgendwelche Hütchen auf oder Pappnasen drübergestülpt. Sie fanden das lustig. Für Christine Busta und mich hielt sich die Belustigung in Grenzen. Wir waren beide nicht dafür geboren. Ein paar Briefe sowie Fotos vom damaligen Heurigen und meine Erinnerung daran sind mir geblieben.

Canetti Elias, Schriftsteller, Literatur-Nobelpreisträger 1981, Wien-London-Zürich. Geboren am 25. Juli 1905 in Ruse/Rustschuk, Bulgarien, gestorben am 14. August 1994 in Zürich.

Beobachtet hatte ich ihn schon oft und eindringlich. Wenn er in Wien war, saß er im Café Hawelka, meist an dem runden Säulentisch gleich beim Eingang, wo auf einem Nebentisch die Zeitungen lagen, in denen er eifrig las. Und immer aß er ein Paar Frankfurter, diese aber mit Messer und Gabel, so auf die feine englische Art. War er fertig, zündete er sich eine Zigarette an, die er vorher in seinen Zigarettenspitz gesteckt hatte; er rauchte immer „mit Spitz"; und, soweit ich das beobachten konnte, stets die gleiche Marke: Muratti. Er zog in langen Zügen genußvoll an seiner Zigarette, blätterte in den Zeitungen, sah manchmal von seiner Lektüre auf und sich um. Aber nichts schien ihn im Lokal zu interessieren, es war als ob er sich selber vergewissern würde, ob er noch am selben Ort und an derselben Stelle war. Wenn ich im Hawelka war, beobachtete ich ihn immer wieder. Das merkte er, ließ sich das aber nicht anmerken. Mich interessierte dieser Canetti, obwohl ich damals kaum etwas von ihm wußte, und er auch noch keine Weltberühmtheit, weil noch kein Nobelpreisträger war. Dieses Beobachtungsspiel ging einige Jahre so dahin. Von Zeit zu Zeit, aber eher selten, war Canetti zu Besuch in Wien und dann auch im Hawelka. Es muß so um 1965 gewesen sein, als er in der Österreichischen Gesellschaft für Literatur aus seinen Schriften las, u.a. die Erzählung „Die Stimmen von Marrakesch". Ich saß im Publikum. Kurze Zeit darauf las Canetti in einem Saal des Wiener Musikvereins aus seinem Drama „Die Hochzeit". Ich glaube, er selbst genoß am meisten seine Lesung. Er war sich seiner Bedeutung bewußt und das kam auch in seinem Habitus und in seinem Verhalten zum Ausdruck. Canetti las fürchterlich, outriert und manieriert; nach der Manier von seinem Vorbild Karl Kraus, dessen Lesungen er, wie ich später erfuhr, oft und begeistert besucht hatte. Canetti hätte dem Stil des Alten Burgtheaters (Kainz/Moissi) durchaus alle Ehre gemacht. Bei seiner Lesung damals empfand ich die Art und Weise wie er seinen Text rezitierte als affektiert und unangenehm. Die Lesung dauerte ziemlich lange. Der Saal war ganz voll. Canetti bekam Applaus und er genoß ihn; verbeugte sich mehrmals, nicht wie ein Autor, sondern wie ein großer Schauspieler, der eben mit Bravour seine Rolle gespielt und das Publikum ganz in seinen Bann gezogen und begeistert hatte. Natürlich ging ich nach der Lesung ins Hawelka. Als dieses Sperrstunde hatte, schaute ich noch ins „Chattanooga" am Wiener Graben vis-à-vis von der Dorotheergasse hinein. Und da saß zu meinem Erstaunen der Elias Canetti und aß ein Paar Würstel. Ich blickte ihn kurz an, wir nickten einander zu, als Hawelka-Stammgäste, die sich von daher kannten, und wie das damals noch der Brauch war. Ich überlegte, ob ich ihn vielleicht kurz ansprechen sollte und könnte, empfand dies aber als möglicherweise unpassend, weil zu aufdringlich. Also der Canetti sitzt nach seiner großen Lesung allein im „Chattanooga" und ißt dort um zwei Uhr nachts seine Würstel! Das ging mir als eine mich verwundernde Seltsamkeit durch den Kopf. Ich ging vor dem Lokal draußen auf und ab. Der Canetti saß direkt am ersten Fenstertisch, konnte mich also sehen, wenn ich am Eingang vorbeiging. Ich überlegte. Dann betrat ich wieder das Lokal, unschlüssig, ob ich an einem etwas von Canetti entfernteren Tisch etwas trinken sollte; vielleicht daß sich beim Weggehen eine Gelegenheit ergäbe, Canetti anzusprechen, dachte ich beim Eintritt ins Lokal. Wieder ein Blickwechsel zwischen uns. Und dann sagte der Canetti sehr höflich, ja fast freundlich und jovial: „Sie möchten mich sprechen! Wollen Sie Platz nehmen?" Ich war überrascht und verwirrt, stammelte etwas von „ ich warte lieber draußen, wenn ich darf" und verließ gleich wieder das Lokal. Draußen ging ich auf und ab. Dann kam der Canetti, sagte: „Wollen Sie mich vielleicht zum Taxi auf den Stephansplatz begleiten?" Ich nickte, brachte fast kein Wort heraus. Ich stellte mich ihm vor. Sagte ihm, daß ich auch nicht gewußt hätte, warum ich ihn immer wieder beobachtet hätte und entschuldigte mich dafür, wenn es ihn gestört haben sollte. „Vielleicht", sagte ich, „habe ich Sie auch beobachtet, weil Sie meinem Vater so ähnlich sehen und mir manchmal war, als säße mein Vater neben mir im Hawelka und würde auch mich beobachten." Das schien Canetti zu interessieren. Er fragte nach meinem Vater. Ich sagte: „Gleiche Statur, Schnauzbart; und er raucht, wenn er raucht, genauso wie Sie." Das war die Brücke zu einem Gespräch, das nun folgte. Wir waren am Stock-im-Eisen-Platz angelangt. Canetti fragte mich, in welchem Bezirk ich wohnte. Ich erklärte ihm, daß ich zum sogenannten Jonas-Reindl zur Straßenbahn müßte; obwohl längst keine mehr fuhr. „Gehen wir noch ein wenig spazieren", schlug Canetti vor, "ein paarmal auf und ab; das tut gut." Und so gingen wir am Graben ein wenig auf und ab. Ich begleitete ihn sozusagen in Richtung Taxi zum Stephansdom, er begleitete mich in Richtung Graben-Ende/Naglergasse. Wir sprachen über „Die Blendung", die ich gerade gelesen hatte. „Ich mag diesen Peter Kien nicht", platzte ich heraus, „das ist so ein negativer Mensch, ein passiver Held; und wie er am Schluß seine Bibliothek anzündet, einfach absurd; und unsympathisch!" An den genauen Wortlaut von Canettis Antwort kann ich mich nicht mehr erinnern, aber ich glaube, er sagte so etwas wie: „Aber dieser Peter Kien bin doch ich!" Oder lege ich ihm das jetzt im nachhinein in den Mund? Ist die Wirklichkeit etwas Tatsächliches oder existiert sie – natürlich oft verfälscht und in falscher Erinnerung – in unserem Gedächtnis? Das frage ich mich oft und auch jetzt. Wir gingen also mehrere Male vor dem Mosesbrunnen am Graben auf und ab, jeweils eine Wegstrecke von etwa hundert Metern. Es hatte zu schneien begonnen. Es war ein sehr schönes Erlebnis und ist in meiner Erinnerung ein ebenso schönes Erlebnisbild. Dann begleitete ich Canetti wirklich und endgültig zum Taxistandplatz am Stephansplatz. Er stieg in eine schwarze Mercedes-Limousine und gab mir als er einstieg zum Abschied die Hand. Als der Wagen anfuhr, winkte mir Elias Canetti durch das Seitenfenster des Wagens noch einmal freundlich zu.

Carlbom Terry, schwedischer Schriftsteller, Kulturattache an der Schwedischen Botschaft in London (1979-1983), Generalsekretär des International PEN in London (1998-2004). Geboren am 22. Dezember 1936 in Fulstow, Lincs/England. Lebt in Schweden.
Bei den diversen PEN-Weltkongressen sind wir einander immer wieder begegnet. Wichtig und effizient aber war ein Gespräch, das ich mit ihm im Jahr 2000 bei der European P.E.N. Conference des Bosnischen PEN in Sarajewo führen konnte und in dem ich ihn über die damalige Führung des Österreichischen PEN und seinen Umgang mit der Tatsache informierte, daß zu der Zeit unser PEN-Kollege Peter Sichrovsky der Generalsekretär der rechten FPÖ-Haider-Partei war und ich sowie an-

dere dies nicht für kompatibel mit der PEN-Charta hielten. Carlbom informierte davon London. Der Österreichische PEN wurde dann von dort aus kontaktiert. Getan aber wurde im Österreichischen PEN nichts. Das öffentliche Hearing mit Peter Sichrovsky, bei dem er, wie ich es verlangte, zu der Angelegenheit Stellung nehmen sollte, wurde nicht abgehalten. Damals sind zehn PEN-Mitglieder, darunter auch die Vizepräsidentin Uta Roy-Seifert und das Vorstandsmitglied Alois Vogel, aus dem Österreichischen PEN ausgetreten.

Chobot Manfred, österreichischer Dialektdichter, Schriftsteller, Wien. Geboren am 3.5.1947 in Wien.
Breitester Wiener Vorstadtdialekt der „Gewöhnlichen Leute", von denen er gern und viel erzählt, breitet sich aus, wenn er spricht. Und das tut er gern, wenn er etwas zu sagen hat. Manche seiner Sätze fangen mit „Heast..." an; gerade, daß er nicht auch noch „Oida" dazu sagt, bei mir jedenfalls nicht. Der Chobot ist immer und überall, könnte man sagen. Er hat eine Unmenge geschrieben. Er schreibt in der Nacht, hat er mir gesagt, deshalb darf man ihn auch ja nicht vor 11 Uhr anrufen.
Wir waren im August 1999 in Monasterevin, etwa drei Autostunden von Dublin entfernt, bei einem internationalen Dichtertreffen. Der Chobot hat nur geschimpft. Da konnte auch schon mal das Wort „Oaschloch" fallen. Das ist dann durchaus ernst und als prägnanteste Bezeichnung für jemanden gemeint. Wir übernachteten nach der Rückkehr aus Monasterevin in Dublin in einem Gasthaus in der Nähe des Busbahnhofes. Manfred rauchte ständig seine Zigarren und verpestete überall die Luft. Er fuhr am nächsten Tag ab, ich blieb noch eine Woche. Im November waren wir dann noch einmal in Dublin, hatten dort eine Lesung im Writers Club und an der Universität. Anschließend an eine der beiden Lesungen waren wir zu einem Cocktail in der Residenz des Österreichischen Kulturattachés eingeladen. Im Jahr darauf waren wir dann noch einmal bei diesem internationalen Poetentreffen in Monasterevin, dieses Mal mit unseren Frauen. Der Chobot schimpfte genauso wie im Vorjahr. Aber Irland gefiel ihm. Und so beschlossen wir, uns Irland

wenigstens für einige Tage ein wenig anzuschauen. Der Manfred und ich fuhren mit dem Bus nach Dublin, dort mieteten wir einen großen Volvo – „Heast, des brauchst bei de Stroßn do!" (Chobot) – holten unsere Frauen in Monasterevin ab und fuhren dann eine Woche lang durch Irland. Manfred chauffierte, perfekt, trotz Linksverkehr. Neben ihm saß seine Frau Dagmar, ich saß mit Susanne hinten im Fond des Wagens. Alles war super. Am Abend suchten wir uns irgendeine Bed & Breakfast-Pension. Vorher hatten wir uns stets unterwegs in irgendeinem Supermarkt mit Brot, Wein, Wurst, Käse und Tomaten, eingedeckt. Nach der Ankunft auf die Zimmer zum Frischmachen, anschließend gemeinsames Abendessen, manchmal sogar draußen in einem Garten. Wir besichtigten Schlösser und Burgen, kleine Kirchen und Kathedralen, Städte und Dörfer und waren vor allem von der wunderbaren Landschaft angetan. Wir schauten von den Cliffs of Moher auf das tief unter uns liegende weite Meer, das von einem traumhaften Sonnenuntergang rötlich schimmernd überstrahlt wurde. Nach einer Woche Abflug nach Wien. In Dublin noch ein Abschiedsspaziergang und ein letztes Guinness. Im Rückblick eine meiner schönsten Reisen; auch wegen der gut funktionierenden Gemeinschaft mit den Chobots.

Coric Simun Sito, bosnischer Schriftsteller, Franziskanerpater (aus der Ordensprovinz Mostar). Geboren 1949 in Herzegowina.
Ein Franziskanerpater in Jeans und mit Polohemd, den als solchen niemand erkennen oder vermuten würde, ein „Bild von einem Mann", wie Frauen das nennen, deren angehimmelter Liebling er war/ist. Mit ihm traf ich oft zusammen, bei verschiedenen PEN-Kongressen und PEN-Konferenzen, im ehemaligen Jugoslawien (Zagreb, Dubrovnik, Sarajevo), in Helsinki, in Warschau, bei der gemeinsamen Zugfahrt und dem Besuch der KZ-Gedenkstätte Auschwitz-Birkenau, beim internationalen Symposium „Macht und Ohnmacht des Geistes" in Schwarzenberg am Böhmerwald (1993). Zur Überraschung aller erschien er dort plötzlich in der Franziskanerkutte und dann in der Kirche im Priesterornat. Er las die Sonntagsmesse und hielt in perfektem Deutsch eine ausgezeichnete

Predigt. Er lachte gern, war offen und herzlich. Nur seine Verehrung für den kroatischen Kardinal Stepinac und sein Verhalten unter dem faschistischen Ustascha-Regime, in seinem Buch als religiöser Patriot dargestellt, von anderer Seite jedoch, ich denke: zu Recht, als Kollaborateur angesehen, kann ich weder verstehen noch akzeptieren; das ist eine Trennungslinie in unserer Freundschaft.

Cosic Dobrica, serbischer Schriftsteller, führendes Mitglied der Serbischen Akademie der Wissenschaften, serbischer Nationalist und Programmator, unter Milosevic 1992/93 erster Präsident von Rest-Jugoslawien (Serbien-Montenegro). Geboren am 9. Dezember 1921 in Velika Drenova, Serbien.
Daß er sogar „Vater der Nation" genannt wurde und ein glühender Nationalist (Patriot) sowie ein Theoretiker und Programmator der Jugoslawien-Politik Milosevics war, erfuhr ich erst später. Daß er ein erfolgreicher Schriftsteller war, wußte ich. Ansonsten war er eine eher unauffällige Erscheinung, ein älterer Herr, der nicht viel redete, keine Aussagen machte, schon gar nicht in der Öffentlichkeit. Ein typischer kommunistischer Funktionärs-Schriftsteller, dachte ich damals. Ein paarmal saßen wir, weil es sich ergab, beim Frühstück beisammen. Er war freundlich-höflich, aber distanziert, nicht mitteilsam. Die Kommunikation zwischen uns war auch schwierig, weil er fast kein Englisch und ich kein Französisch sprach. Also unterhielten wir uns über Banalitäten. Wir trafen einander bei einer Unesco-Tagung in Slovenj Gradec (1985) und bei PEN-Konferenzen in Bled (1990). Mir fiel auf, daß er fast kaum mit jemandem sprach, es hatte den Anschein, daß er umgekehrt auch von vielen KollegInnen gemieden wurde.
Bei einer Lesung nach dem Zerfall des kommunistischen Jugoslawiens zeichnete Milo Dor den Dobrica Cosic in einer Erzählung als einen einsamen Mann, der am Ende eines langen Flurs in einem Zimmer saß, kaum was zu sagen, geschweige denn etwas zu entscheiden hatte, daß er vom wahren Machthaber Milosevic manipuliert und instrumentali-

siert, fast ein Opfer davon war. Ich widersprach dem Kollegen Dor nach seiner Lesung in einem SPÖ-Bildungshaus vehement, indem ich seine Darstellung als einseitig bezeichnete. Zum Manipulieren gehören immer zwei, und das Manipulations- „Opfer" ist genauso Mittäter wie der Manipulator und Instrumentalisierer. Und man werde in einer vehement nationalistisch orientierten Staatspolitik nicht Staatspräsident mit einer divergenten Gesinnung zur Staatsideologie. Milo Dor wischte meine Aussagen vom Tisch, relativierte sie, meinte und sagte, was ich denn wohl von den Verhältnissen in Jugoslawien wisse, jedenfalls sei mein Nicht-Wissen keine Grundlage für meine Aussagen, worauf ich ihm erneut heftig und öffentlich widersprach. Wieder einmal hatte ich eine „Unstimmigkeit" hervorgerufen, dieses Mal in der so gläubigen und unkritischen SPÖ-Funktionärsschicht und ihrer Anhänger. Aber so ist das nun mal hierzulande, quer durch alle Parteien hindurch: Hinterfrager und Kritiker sind „Nestbeschmutzer" und werden bald zu Außenseitern (gemacht).

Day Peter, britischer Schriftsteller, Sekretär und Redakteur des International PEN in London.
Wir haben einander fast auf allen PEN-Tagungen, Konferenzen und Kongressen getroffen, weil er als Vertreter der Zentrale in London da meist anwesend war; besonders eine Begegnung bei einer der alljährlich in Bled stattfindenden PEN-Konferenzen des Slowenischen PEN ist mir in Erinnerung. Da habe ich mit ihm gesprochen und ihn auch fotografiert. Er hat einige Fotos von mir für das Cover des „PEN-International"-Journals verwendet, worüber ich mich sehr gefreut habe, weil so meine Fotografien in alle PEN-Zentren in der Welt transportiert wurden. Peter Day ist leider sehr früh verstorben. Er hatte in Aussehen und Benehmen stets etwas von einem schmächtigen, scheuen Jugendlichen an sich, was irgendwie rührend war.

Dericum Christa, deutsche Schriftstellerin, 1993 bis 1995 Generalsekretärin des PEN, Deutschland. Geboren am 21. Mai 1932 in Rheinberg am Niederrhein. Lebt in Heidelberg.
Wir haben uns regelmäßig im slowenischen Bled getroffen, bei den internationalen PEN-Konferenzen des slowenischen PEN-Zentrums. Die Frau Dericum war eine sehr schöne, aber zurückhaltende schwarzhaarige Frau und stets in Begleitung eines älteren, weißhaarigen Mannes, der Philipp Warmbold, so glaube ich, hieß. Sie waren ein Paar, was insofern etwas Besonderes war, als der Herr Warmbold, wie er mir anvertraute, einmal ein Ordenspriester in einem Kloster oder Stift im Böhmischen war. Ein feiner Herr! Ich habe mich gut mit ihm verstanden. In Laibach habe ich ihn fotografiert, ich weiß noch genau, wo das war: oben bei der Nationalbibliothek im Vorhof eines Museums oder einer Kirche. Die Frau Dericum hat sich mit Spurensuche auf den Friedhöfen in Berlin beschäftigt und ein Buch darüber geschrieben, zu dem Isolde Ohlbaum die Fotos gemacht hat. Da haben wir etwas gemeinsam, denn auch mich faszinieren Friedhöfe mit ihren Zeichen vergangenen Lebens und ich habe auf meinen Reisen auf vielen Friedhöfen die Grabdenkmäler fotografiert. Die Frau Dericum hat auch ein Buch über das Leben der Ingeborg Bachmann geschrieben. Seit vielen Jahren aber habe ich die beiden nicht mehr gesehen. Ich glaube kaum, daß ihr damaliger Lebensgefährte noch lebt, der war ja um einiges älter als sie. Ich sehe sie aber in meiner Erinnerung noch immer: ineinander eingehängt und verliebt miteinander gehend, als ein sehr ausdrucksstarkes Bild der Liebe und einer harmonischen, glücklichen Lebensgemeinschaft.

D'Este Jessica, amerikanisch-britische Poetin und Performerin, stammt aus einer alten venezianischen Familie, geboren in New York, lebt seit ca. 1970 in London.
Sie war und ist wahrscheinlich immer noch eine auffallende Erscheinung: ganz in Schwarz, Umhangmantel, schwarzer, breitkrempiger Hut mit einer großen Feder als Schmuck. Elegante Bewegungen. Keine Leut-

seligkeit, nein, vornehme Distanz; darauf stets achtend. Als würde sie ausdrücken wollen: Ich bin ich und in mir und rundherum ist nur Poesie; für etwas anderes ist da nicht Platz. Trotzdem freundlich, auf Etikette bedacht, britisch eben. Irgendwo, bei irgendeinem internationalen Dichtertreffen muß ich sie kennengelernt und einen Kontakt hergestellt haben; vor langer Zeit. Ansonsten wäre es nicht möglich gewesen, daß ich mich ihrer erinnerte und sie wiederum kontaktierte, als ich mit meiner Lebensgefährtin Susanne Nowak wieder einmal London besuchte. Ich erkundigte mich bei Jessica nach einer günstigen Unterkunft. Sie bot mir sogleich ein Gästezimmer an, weil sie für ihren Lebensunterhalt zwei oder drei Zimmer in ihrer großen Wohnung vermietete. Eigentlich war unser Zimmer ein Zimmerchen mit einem ganz schmalen Bett darin, das man nicht als übliches Doppelbett bezeichnen konnte. Es war nur 120 cm breit und wir mußten wie die Sardinen in der Dose geschlichtet schlafen. Aber die Wohnung war ganz zentral, zu Fuß nur 5-7 Minuten zur Westminster Abbey, und in einer ruhigen, vornehmen Gegend. Vom Balkon aus, auf dem wir mit unseren Weingläsern und Imbiß Platz nehmen durften, sah man hinüber auf die gleich gegenüber liegende Westminster Cathedral. Es war schön, und wir fühlten uns wohl. Der eigentliche Grund für unseren Londonbesuch war meine Teilnahme an den Poesietagen in Swindon, etwa drei Autostunden von London entfernt. Jessica hatte alles perfekt organisiert, wir wurden im Auto hin- und wieder zurückgebracht; natürlich las auch sie eine Auswahl aus ihren Gedichten. Und wie sie las! Eine Burgschauspielerin vom alten Schlag war nichts dagegen. Pathos, Sprachmelodie, Rezitation, Bedeutungsvolles, Metaphernüberfluß – all das floß in dieser theatralischen Selbstdarstellung von Jessica zusammen und aus ihr heraus. Es war – je nachdem, unter welchem Blickwinkel man das betrachtete und mit welcher Bereitschaft man geneigt war, dies zu erleben – entweder entsetzlich oder großartig; oder eine Mischung aus beidem und noch viel mehr. Das Wort „Ekstase" fällt mir dazu ein. Nämlich in eine solche Ekstase der Selbstentrückung, in der man selber mit seinem eigenen Ich ganz Poesie, ganz Poetin wird, in einem Ereignis einer Metamorphose, fiel Jessica d' Este hinein. Die Darstellung fand großen Beifall. Dabei muß aber gesagt werden: Trotz Metaphern- und Pathos-Überladung waren diese Gedichte nicht hohl, sondern bedeutungsschwanger. Nur ich konnte damit wenig bis gar nichts anfangen, ich schreibe eine völlig andere, ja entgegengesetzte „Poesie", d.h. ganz einfache, protokollarische Gedichte, mit klaren, sparsamen Linien in ihrer Struktur; und nichts Barockes, Bombastisches. Ich mag das weder bei Gedichten noch sonstwo, nicht einmal bei Kirchen; ich liebe die Romanik. Einmal noch durften wir eine Privatvorstellung, nur für uns allein, von Jessica genießen. Sie wollte uns eines ihrer wichtigsten, d.h. schönsten Gedichte vortragen. Sie verschwand aus dem Zimmer, in dem eine große, reichhaltige Bibliothek war, und kam zehn Minuten später wie für einen großen Theaterauftritt kostümiert, in langem schwarzen Seidenkleid mit Schleppe, schwarzem Hut und natürlich stark geschminkt, wieder. Und dann trug sie vor: mit einer Theatralik, wie sie entweder unglaublich beeindruckend oder völlig lächerlich war. Aufgrund meines schlechten Englisch verstand ich sowieso nicht viel. Natürlich applaudierten Susanne und ich am Ende, machten ihr Komplimente; und Jessica strahlte. Sie hatte sich gerade selbst wieder einmal bewiesen, daß sie eine Weltpoetin, eine grande poetessa war, deren Gedichte weit über ihre Sterblichkeit hinausreichten. Und wir hatten eine Performance erlebt, die wir wohl auch nie vergessen werden, auch weil sie trotz aller Theatralik doch rührend und berührend, einfach etwas Besonderes war.

Detela Lev/Leo slowenisch-österreichischer Schriftsteller, Lyriker, Dramatiker, Übersetzer und Kulturberichterstatter in slowenischer und deutscher Sprache. Herausgeber und Redakteur der internationalen Literaturzeitschrift LOG. Gestaltet Beiträge für die Rundfunkanstalten Deutsche Welle in Köln, RAI – Radio Trieste A, ORF (Kärnten und Wien) und seit 1990 für Radio Slovenija. Mit seiner Frau, der verstorbenen Dichterin Milena Merlak, unter dem kommunistischen Tito-Regime 1960 aus Jugoslawien (Ljubljana) nach Österreich geflüchtet. Geboren am 2. April 1939 in Maribor/Slowenien. Lebt in Wien.

Ein engagierter und wortgewaltiger Kämpfer für Humanität, Gerechtigkeit, Intellektualität, Künstlersein. Wir kennen uns seit den frühen Siebzigerjahren (Fresach), wir sind befreundet und darüber hinaus wirkliche Weggefährten. Keiner hat sich schon so früh und so tiefgreifend mit meiner literarischen Arbeit beschäftigt. Er hat das erste ausführliche Personenporträt über mich geschrieben, das ganzseitig in der katholischen Wochenzeitschrift *Die Furche* erschienen ist. Ein ebensolches Porträt hat er für den Hörfunk gemacht, das im slowenischen Rundfunk in Laibach und Triest gesendet wurde.

Der Lev Detela ist einer der eifrigsten und konsequentesten Vermittler zwischen den Literaturen, vor allem zwischen der slowenischen und der österreichischen. In seinem ganzen Dasein geht es ihm nicht nur um die Literatur, sondern immer auch um die ethische und moralische Integrität des Menschen überhaupt. Darüber kann er in einem Gespräch sich so ereifern, daß er gleich einen ganzen Vortrag hält und man gar nicht mehr zu Wort kommt. Detela begeistert sich an der sich selbst gestellten Aufgabe, für alle positiven Grundkonditionen des Menschseins zu kämpfen; er tut das aber nicht verbissen, sondern verbindet das durchaus auch mit Lachen und Humor.

Der Freund Detela ist fast gleich alt wie ich, aber er hat sich in seinem Wesen und Aussehen seine Jugendlichkeit bewahrt. Als er mit seiner Frau Milena jenseits der Donau wohnte, ging er noch im Oktober bei 12 Grad Wassertemperatur in der Alten Donau schwimmen. Er sagte einmal zu mir: „Weißt du, das hält jung!"

Djuric Rajko, serbischer Soziologe, Schriftsteller, Ex-Präsident der Romani Union, des Weltrates der Roma und Sinti, Generalsekretär des Roma- P.E.N.-Clubs. Geboren am 3. Oktober 1947 in Belgrad. Oktober 1991 Flucht aus Serbien, 1993 Asyl in Deutschland.

Keine Ahnung, wo wir einander kennengelernt haben; wahrscheinlich in Wien, über seine Nichte, die aus Berlin hierher gezogen war. Rajko kam dann aus Berlin nach, wo er sich seit 1991 aufhielt. Seine Schwester lebt auch in Wien, betreibt einen kleinen Videokassetten-Laden in der Nähe der Hütteldorferstraße. Dort sind wir auch manchmal gesessen und haben miteinander Kaffee getrunken, das war aber nun schon wieder vor vielen Jahren. Dann ging Rajko zurück nach Belgrad, ob für kurze, für längere Zeit oder für immer, weiß ich nicht. Da ist dann unser Kontakt abgerissen. Ein paarmal sind Rajko und ich in ein dem Laden nahes Kaffeehaus gegangen und haben miteinander geredet; über die Situation der Roma und anderes. Er hat sein Leben lang für die Roma, für sein Volk gekämpft. Mit zunehmendem Alter scheint er müde geworden zu sein – entgegen dem Titel seines Buches „Zigeuner – Ein Volk aus Feuer und Wind". Ein wunderbarer Bildband über die Roma und Sinti, der einen Einblick gibt in die Lebenskultur dieses uralten Volkes, die immer mehr durch die Assimilierung zu verschwinden droht. Wenn man vom Holocaust spricht, denkt man nur an die Juden, nicht aber an die Zigeuner – ich sage jetzt bewußt dieses Wort -, die der Massenvernichtung ebenso zum Opfer gefallen sind; allein aus Österreich waren es an die 9.000 Roma und Sinti. Etwa 220.000 bis 500.000 europäische Roma wurden im Holocaust vernichtet. Die Angaben dazu differieren stark. Nur etwa 10% der Roma haben den Holocaust überlebt. Und die lebten danach wiederum nur im Verborgenen (Ceija Stojka: „Wir leben im Verborgenen"). „Lustig ist das Zigeunerleben..." hat man auch bei uns nach dem Holocaust und der Ermordung der Zigeuner gesungen, beim Kirchtagstanz und Wunschkonzert im Radio. Aber niemand hat über diesen Völkermord an ihnen gesprochen und auch nicht darüber nachgedacht. Kein Mensch hat die Frage gestellt: Wohin sind die verschwunden? Und auch heute leben viele wieder und noch immer in allen Ländern Europas als Ausgestoßene unter fürchterlichen Lebensbedingungen ohne Chancen auf ein besseres und menschenwürdigeres Leben!

Dolar Jaro, slowenischer Schriftsteller, Übersetzer, Kulturpublizist, Bibliothekar, Direktor der Slowenischen Nationalbibliothek und der Universitätsbibliothek in Ljubljana/Laibach. Geboren am 23. Juni 1911 in Maribor, gestorben am 17. April 1999.

Wenn man den Jaro Dolar sah, so konnte man sicher sein, daß auch sein und mein Freund France Filipic nicht weit weg war; und umgekehrt galt das auch. Beide waren sie oft bei den internationalen Schriftstellertagungen in Fresach in Kärnten, einem Begegnungsort zwischen Ost und West, vertreten. Manchmal war auch der Joze Smit dabei. Dann war das Dreigestirn vollständig. Mit allen dreien hatte ich eine gute Beziehung. Alle sprachen ja perfekt Deutsch. Sie waren feine Männer, mit guten, altösterreichischen Umgangsformen. Manieren eben; wie das heutzutage schon selten geworden ist. Sie waren Persönlichkeiten. Und für mich war es eine Ehre und Auszeichnung, bisweilen in dieses Dreigestirn aufgenommen zu werden. Ich erinnere mich an eine solche Begegnung. Das war im Kreuzgang des Klosters Ossiach. Es gab dort für die SchriftstellerInnen aus Fresach ein Konzert und nachher einen Empfang. Es war schon dunkel. Eine herrliche Mainacht. Sternenklar und angenehm warm. Da standen wir mit dem Weinglas in der Hand miteinander so da und genossen diesen Augenblick. Es sind ja stets die Augenblicke, die so kostbar sind und an die man sich später, oft noch lange, erinnert. Auf einmal fing einer von den dreien zu singen an, und die anderen stimmten mit ein. Es war ein schwermütiges slowenisches Volkslied, eines von denen, die ich sowohl kenne als auch liebe und manchmal mit meinem Lebensfreund, dem kärntnerslowenischen Maler Valentin Oman gesungen habe. Ein wenig konnte ich auch den Text; die Melodie sowieso. Der France hatte einen Baß, der Dolar einen Bariton, der Joze einen sehr hohen Tenor. Wir sangen dieses Lied in die Nacht hinein, zum Himmel und seinen Sternen hinauf. Wir sangen es voller Inbrunst und mit der Sehnsucht und Wehmut, die in diesem Lied liegt: „Kje so tisde sdezice..." – Wo sind die Stege, die einst waren, jetzt wachsen dort Sträucher und Gras...

Domin Hilde, deutsche Schriftstellerin, Lyrikerin, Heidelberg. Geboren am 27. Juli 1909 in Köln, gestorben am 22. Februar 2006 in Heidelberg.

Wir waren 1980 in einem Arbeitskreis beim „Literarischen Café" im Katholischen Bildungshaus Schloß Puchberg bei Wels in Oberösterreich. Wir waren absolut kontroversieller Meinung bezüglich der Thematik „Stellung und Aufgabe der Lyrik in der Gegenwart". Ich war und bin heute noch für das gesellschaftspolitische Engagement, ob als Schriftsteller oder als Staatsbürger, ob in der Literatur oder außerhalb der Literatur. Ich war und bin jedenfalls dieser Meinung und habe eine entsprechende Haltung, die meine Lyrik charakterisiert und auszeichnet, sodaß viele meiner Gedichte gesellschaftskritisch sind. Domin war für „das schöne Gedicht" und vertrat die Meinung, daß es nicht Aufgabe des Dichters sei, für irgend etwas Partei zu ergreifen. Bei der Gemeinschaftslesung las sie ihre „schönen Gedichte" und ich las aus „Borders/Grenzen", meinem ersten Gedichtband, der 1978 in New York erschienenen ist und in dem auch die Thematik des Holocaust literarisch behandelt wird.

Dor Milo, serbisch-österreichischer Schriftsteller, Publizist, Übersetzer, Pseudonyme: Alex Lutin und Alexander Dormann; Präsident der IG Autorinnen Autoren, im Vorstand des Österreichischen PEN, Wien. Geboren am 7. März 1923 in Budapest, gestorben am 5. Dezember 2005 in Wien. Wir verdanken ihm viel und haben ihm sehr zu danken. Er hat den Sozialfonds der Literar-Mechana begründet.
Den Milo Dor – fast niemand kennt seinen „wirklichen" Namen Milutin Doroslovac – braucht man in der Österreichischen Literaturszene nicht vorzustellen. Jeder weiß, wer der Milo Dor war und immer noch ist: in seiner Literatur, in seinem Einsatz zum Wohle der Kollegenschaft, in seiner Brückenfunktion zum Balkan, in seinem Kampf um Humanismus und Aufklärung. Wenn ich mich jetzt an den Milo Dor erinnere, so sehe ich ihn vor mir als einen stets sehr sorgfältig, ja fast elegant gekleideten Herrn, immer mit Zigarre und einem Glas Wein, die Augen prüfend aber ruhig auf sein Gegenüber gerichtet, konzentriert auf das, worum es geht; aber auch in fröhlicher Runde, mit seiner Frau, an einem Tisch in Rauris oder anderswo, in angeregtem Gespräch. Oder wie er mit György Sebestyén, Hans

Weigel, Franz Leo Popp, dem jungen Gerhard Ruiss und dem Vertreter der Austro Mechana bei einer Demonstration der gesamten Künstlerschaft – das gab es damals noch – in einem hellen Sarg das Österreichische Urheberrecht zu Grabe trug. Ich kann mich noch gut daran erinnern, sehe diesen Augenblick vor der Oper in Wien vor mir.

Wir standen einander nicht sehr nahe, es gab kaum eine wirkliche Begegnung, die zu einer engeren Beziehung hätte führen können. Aber es gab den gegenseitigen Respekt. Und auch, daß uns beide sozusagen „der Balkan", nämlich Jugoslawien, irgendwie miteinander verband. Er wußte, daß ich viel „da unten" war und dort meine Kontakte, Bezugspersonen, Freunde hatte. Milo Dor verbrachte bis 1942 seine Jugend in Belgrad, wo er dann nach dem Einmarsch der Nazitruppen verhaftet, gefangengenommen, gefoltert und schließlich zur Zwangsarbeit nach Wien abgeschoben worden war, wo er nach dem Krieg bis zu seinem Tod verblieb.

Das erste Mal, daß ich den Namen Milo Dor hörte, war, als ich die großartige Verfilmung seiner Romantrilogie „Die Raikow Saga" im TV gesehen habe; das muß so in den frühen Sechzigerjahren gewesen sein. Und dieser Film hat mich nicht nur sehr beeindruckt, sondern auch beeinflußt, in meiner Stellung(nahme) zum Nationalsozialismus, der ja meine Kinderzeit begleitet hat. Zwei Brüder von mir (Max/Sepp) waren ja bei dieser „Deutschen Wehrmacht", dann „vermißt" und in Gefangenschaft. Irgendwann nachdem ich den Film, den ich später dann noch einige Male sah, gesehen hatte, griff ich zu den Büchern der „Raikow Saga", und die faszinierten mich genauso, indem sie mich in eine Welt führten, deren Geographie ich zumindest kannte. Wenn ich heute in mein Wohnzimmer gehe, dann blickt mir aus dem Bücherschrank hinter der Glastür das Gesicht von Milo Dor auf dem Umschlag seines Buches „Grenzüberschreitungen – Positionen eines kämpferischen Humanisten" entgegen. Da sieht man einen freundlich dreinblickenden alten Herrn mit Hut und Brille und einem fast zaghaften Lächeln um seinen Mund. Die Augen blicken direkt in das Objektiv der Kamera und somit den Betrachter des Bildes an, direkt in seine Augen. Das war der Milo Dor nämlich wirklich: Einer, der auf das Wesentliche sah und viel Verlogenes und Gefährliches in seiner Gegebenheit und Entwicklung, worum er sich auch Sorgen machte, durchschaute. Der Titel des Buches ist absolut richtig; denn dieser Milo Dor war nicht nur selber ein von und in seiner Haltung geprägter kämpferischer Humanist, sondern auch einer, der glaubte, jedenfalls dafür kämpfte, daß dieser Humanismus nicht einfach so verschwindet und untergeht. Und er wußte: Dieser Humanismus und als Folge davon die Humanität werden einem nicht einfach geschenkt, weder dem Einzelnen, noch der Gesellschaft, noch dem Staat, weder der Politik, noch der Demokratie, nein, den gilt es, täglich von neuem zu erkämpfen. Das tat der Milo Dor. Und das ist weit über seine Literatur hinaus sein Vermächtnis an uns.

Dyczek Ernst, polnischer Dichter, Schriftsteller und Übersetzer. Geboren am 6. Dezember 1935 in Bielsko Biala/Polen, lebt in Wroclaw/Breslau. Wieder einmal war eine der Tagungen in Fresach in Kärnten unser Begegnungsort. Ernst Dyczek war nur ein paar Jahre älter als ich, aber sein Bart war gegen unten hin schon weiß. Er trug stets große dunkle Brillen, sodaß ich mich fragte, ob er augenkrank sei, ihn aber nicht darauf ansprach. Wir hatten nicht viel Kontakt miteinander, er saß stets ruhig im Plenum, manchmal meldete er sich zu Wort und sagte Kluges, brachte da und dort eine Korrektur oder eine Ergänzung an, immer mit jener Vorsichtigkeit, die mir bei „denen aus dem Osten" schon bekannt war. Imponiert hat mir, daß er Thomas Bernhard ins Polnische übersetzte. Ich las damals die Bücher von Bernhard, dessen Wiederholungs-Stil, der ja viele Epigonen hatte, mir zwar manchmal auf den Nerv ging, den ich aber – vor allem als Österreich-Kritiker und als scharfen, sarkastischen, manchmal sogar zynischen Polemiker in der langweiligen österreichischen Intellektuellenszene – sehr schätzte. Jahrzehnte später, als ich des öfteren in Wroclaw/Breslau war und dort viel herumging, versuchte ich vorher, brieflich einen Kontakt zu Ernst Dyczek herzustellen, um ein Treffen arrangieren zu können, aber der Brief kam als unzustellbar wieder zurück an meine Wiener Adresse. Schade, ich hätte gerne in seiner Stadt über Thomas Bernhard und dessen Literatur mit ihm geredet.

Ebner Jeannie, österreichische Dichterin, Schriftstellerin, Übersetzerin, Redakteurin von „Wort in der Zeit", Mitherausgeberin und Redakteurin bei der Zeitschrift „Literatur und Kritik" (1968-78). Geboren am 17. November 1918 in Sydney/Australien, gestorben am 16. März 2004 in Wien.

Die Jeannie Ebner war eine Dame. Und sie war eine sehr schöne Frau, vor allem in jungen Jahren. Da verkehrte sie im legendären „Strohkoffer", einem Künstlertreff, vor allem der Maler und Bildhauer. Sie hatte ja selbst Bildhauerei studiert und zählte sich zuerst auch zu den bildenden Künstlern. Erst etwas später verschrieb sie sich ganz der Literatur. Sie war hochgebildet, stets von einer Aura der Würde umgeben, obwohl sie auch heiter und locker sein konnte; frivol war sie – trotz ihrer vielen Abenteuer (wie sie mir einmal in einem Vertrauensgespräch bekannt hatte) – nie. Nein, ihr lag vielmehr das Einfache, das ihr – auch literarisch – viel bedeutete; im wahrsten Sinn des Wortes. Ich erinnere mich an unser gemeinsames Leberblümchen-Pflücken im Frühling beim Stift Heiligenkreuz, in späteren Jahren, nicht lange nachdem ihr geliebter „Ernstl" verstorben war. Eigentlich hieß die Jeannie mit bürgerlichem Namen nach ihrer Heirat mit dem Ernstl ja Allinger. Den Künstlernamen Ebner hatte sie in Anlehnung an ihren Onkel, den österreichischen Philosophen Ferdinand Ebner, angenommen. Die Jeannie Ebner betrieb während des Krieges in Wiener Neustadt ein von der Familie ererbtes Transportunternehmen. Als dieses zusammenbrach, studierte sie in Wien Bildhauerei, hielt sich mit Übersetzungen über Wasser, bis sie sich eben der Literatur zuwandte und Romane und Lyrik schrieb. Lange Zeit war sie auch Redakteurin der Literaturzeitschrift „Wort in der Zeit" tätig. Zuhause, in einer kleinen alten Gemeindewohnung am Mittersteig im fünften Bezirk, die mit Büchern vollgerammelt war, lebte sie mit ihrem Mann, der Chemiker war. Beide tschickten sie, was das Zeug hält; die Jeannie immer „Austria drei", die stärkste und billigste Zigarette, natürlich filterlos, ein „Barabertschick". Kochen lag ihr nicht, sagte sie mir einmal – „Aber ich muß es tun, der Ernstl braucht doch schließlich was zum Essen". Sie selber war mehr als genügsam. Am Achterl Wein nippte sie – ich möchte fast sagen: stundenlang. Dazwischen rauchte sie Unmengen Zigaretten, oft auch mit einem Zigarettenspitz. Die Jeannie hat, wie sie mir einmal mitteilte, viele Jahre hindurch ihre vom Schlaganfall gelähmte Mutter gepflegt. Das stand ganz im Gegensatz zu ihrer zierlichen Erscheinung. Gekleidet und gepflegt war sie immer tipptopp. Meine Lebensgefährtin Susanne liebte sie ganz besonders. „Sei froh, daß du sie hast", sagte Jeannie immer wieder zu mir, „die schaut auf dich!" Ihre Gedichte mag ich. Sie sind trotz der oft großen Themen von einer solchen Einfachheit und Schlichtheit, daß sie mich berühren und mein Innerstes erreichen. Dafür und für die Begegnung mit ihr überhaupt bin ich sehr dankbar.

Ebner Peter, österreichischer Schriftsteller. Geboren 1932 in Wien.
Ich glaube, wir haben uns bei einer PEN-Veranstaltung in den frühen Achtzigerjahren kennengelernt. Eine Zeit lang hatten wir engeren Kontakte, trafen einander öfter bei verschiedenen Veranstaltungen. Er hat viele Romane geschrieben und publiziert. Dem Roman „Schnee im November", in dem er Schubert in den letzten Tagen vor seinem Tod beschreibt, habe ich eine ausführliche essayistische Rezension gewidmet, die in der Kulturzeitschrift „Morgen" publiziert worden ist. Ich habe ja eine große Affinität zu Schuberts Musik, seine „Winterreise" gehört zum Standartrepertoire meines Musikhörens. So konnte ich mich auch gut in diesen Roman von Peter Ebner einlesen und einfühlen. Und das Buch hat mich auch auf meinem Weg zum Verständnis von Schuberts Persönlichkeit, seiner Schicksalhaftigkeit und seiner Musik ein Stück näher gebracht.

Egan Desmond, irischer Schriftsteller, Dichter, künstlerischer Leiter des Poesiefestivals der Gerard Mainley Hopkins Society in Monasterevin/Irland. Geboren am 15. Juli 1936 in Athlone, Co Westmeath/Irland.
Zweimal nahm ich im Sommer mit österreichischen KollegInnen an den Poesiefestivals in Monasterevin teil und wir hatten einen gemeinsamen

„Austrian Afternoon" mit einer zweisprachigen Lesung. Teilgenommen haben daran Heidi Pataki, Gerhard Kofler, Manfred Chobot und ich. Wir hatten dort einen guten Kontakt miteinander und auch mit einigen Freunden und Bekannten, denn der Teilnehmerkreis war nicht zu groß. Ich erinnere mich an einen gemeinsamen Spaziergang mit Desmond durch die wunderschöne Wiesenlandschaft entlang eines Kanals, an dem seltene Blumen wuchsen. Ich fotografierte sie. Desmond und ich sprachen über das Wunder der Natur. Endlich keine Politisiererei wie sonst. Es war einfach ein Nebeneinander-Hergehen ohne großartige intellektuelle Diskussion. Erholsam. Ich spürte, wie nahe Desmond allem Natürlich-Kreatürlichen war und fand das später auch in seinen Gedichten bestätigt. Noch heute kommt von ihm alljährlich eine Einladung zu diesem Poesiefestival in Monasterevin. Ich habe 1999 alle TeilnehmerInnen fotografisch porträtiert und die Bilder dann im darauffolgenden Jahr in einer Ausstellung dort präsentiert und sie dann den Porträtierten geschenkt; als meinen kleinen Beitrag zu dieser wohltuenden herzlichen Gemeinschaft, die es in Monasterevin gab. Mit Manfred Chobot, seiner Frau Dagmar und mit meiner Susanne haben wir dann anschließend mit einem Leihauto auch eine Irlandrundreise gemacht. Auch das eine unvergeßliche Erinnerung und ein Erlebnis, die ich letztendlich dem lieben Desmond Egan zu verdanken habe, weil ich ihn zuvor bei einer Tagung in Zagreb kennengelernt und dann von ihm die Einladung nach Monasterevin bekommen habe.

Eibel Erzberg Stephan, österreichischer Dichter, lebt als freier Schriftsteller in Wien. Geboren 1953 in Eisenerz/Steiermark.
„Da Stephan Eibel / reißt ka Leibl / mocht ständig an Bahö und gibt ka Ruah / er is da Stephan Eibel und nennt si „Erzberg" no dazua!" – So müßte man den Stephan Eibel in seiner „Sproch" andichten. Wie soll man diesem Burschen gerecht werden, wenn er zwar ständig nach Gerechtigkeit strebt, aber dabei auch oft „über die Stränge haut", wie man so sagt. Egal! Er ist jedenfalls – in seiner Diktion – „koa Oaschkriacha"!

Nein, das ist er bestimmt nicht. Der biedert sich nirgendwo an, der dienert nicht, der pfeift auf alles oder haut ihnen (wer die genau sind, das weiß man nicht recht, „olle holt!" – würde er sagen) eine in die Goschen. Das heißt: Er sagt ihnen, denen, wem auch immer, die Wahrheit ins Gesicht; oder das, was er eben für die Wahrheit hält. Jetzt könnte der hochgebildete Herr Dr. Stephan Eibel natürlich sofort einen Disput mit mir anfangen über das, was Wahrheit ist (subjektive Erlebniswahrheit?!) oder ob es so etwas wie „Wahrheit" überhaupt gibt. Aber darauf lassen wir uns beide nicht ein. Lieber hält jeder von uns beiden ein Glasl Wein in der Hand und wir sagen einander: „Prost! Sollst leben!" Womit alles gesagt ist, was man meint oder meinen könnte. Ich mag ihn, diesen „Rüpel", hätte ich beinahe gesagt; nein, ich mag diesen Menschen, und über den Dichter lache ich, weil der einen einfachen, handgestrickten Humor hat, der jederzeit ins Ironische, ins Sarkastische, ins Zynische, ins Beschimpfende umschlagen kann. Und dann wehe dem, den es trifft. Mich hat es so auch einmal getroffen, vor vielen Jahren. Damals beim Symposium „Was schreiben – was tun?" der GAV in der Alten Schmiede, wozu ich als PEN-Mitglied eingeladen war (ein Kuriosum und eine Ehre zugleich!), vielleicht weil man doch einiges von mir gelesen und zur Kenntnis genommen hatte, eben auch das Politische in meinen Gedichten, das Angriffslustige, ja das Aggressive in mir, das ich auch literarisch ausdrücke. Ich habe damals ein langes Gedicht gelesen zu dieser Problematik, eines der wenigen langen Gedichte, die ich in meinem literarischen Leben wirklich geschrieben habe. Ausgedacht hatte ich mir das Ganze auf den Spaziergängen am Meer der Istrianischen Küste. Ich war mir nicht ganz sicher, ob diese Botschaft, diese „Message" würde man es heutzutage nennen, überhaupt in ein so ein langatmiges Gedicht hineingeht, ob das, was ich sagen wollte – altmodisch gesagt „auf dem Herzen hatte" – überhaupt so ausgedrückt werden konnte; aber das bezog sich nur auf das Formale, auf die balladenhafte Form dieses Prosagedichtes. Mir war auch der Inhalt wichtiger. Also, ich las dieses Gedicht in einer Dichterrunde im kleinen „Saal" des Amerlinghauses oben. Und als ich endlich damit fertig war, platzte einer, den ich gar nicht kannte, laut heraus mit: „A so a Schaß!"

Das war der Stephan Eibel-Erzberg. Ich bekam eine Mordswut und fuhr ihn an, etwa so ähnlich: „Du Trottel, schau doch einmal hinter Dich und um Dich an die Wände, da hängen die Bilder von der Ceija Stojka, einer österreichischen Romni, die mit ihrer ganzen Familie im KZ war und Gott sei Dank überlebt hat und jetzt solche KZ-Schreckensbilder malt. Da geht es auch nicht um die Ästhetik, sondern um das, was sie erzählt, dokumentarisch wiedergibt und vermittelt. Hör mir doch auf mit Deinem Scheiß-Ästhetik-Schmarren!" Und da schaute der Stephan Eibel wirklich an die Wände und auf die Bilder. Und dann war er auf einmal ganz ruhig. In all den Jahren nachher und wohin ich überall kam, vor allem im Ausland, und dort wo dieser Stephan Eibel-Erzberg schon vor mir dagewesen war, erinnerte man sich an ihn, wenn man seinen Namen aussprach, als an einen „Verrückten", der „nur Wirbel" gemacht hatte, wie man das nannte. Also war er einer, der immer irgendwo anstieß, womit auch immer, mit seiner Unkonventionalität auf jeden Fall. Er war gegenteilig von dem, was man da und dort von einem Dichter erwartete; vor allem im sogenannten damals noch existierenden „Ostblock", in Ländern des real-existierenden Sozialismus, womit ich ganz einfach die kommunistischen Staats- und Parteidiktaturen meine. Jetzt würde der Dr. Eibel schon wieder nachhaken wollen mit dem Sager: „Aber da muß man doch differenzieren!" Und ich würde ihm antworten: „Einen Schaß muß man da tun, Eibel!" So ist unsere Gesprächsebene, jetzt; nachdem wir einander respektierende Dichter-Freunde geworden sind, die in einer gewissen Lebensdistanz zueinander, aber in einer engen, ja fast vertrauten Gedankenverwandtschaft, es „Seelenverwandtschaft" zu nennen wäre übertrieben, sind und uns von Zeit zu Zeit per e-mail „austauschen", wie das so schön modisch und nichtssagend heißt. Unser Verhältnis zueinander und der Umgang miteinander ist so geworden, weil der Stephan Eibel gerade in dem Augenblick in der Atelierwohnung des Bundesministeriums mit den wechselnden Bezeichnungen – woanders nennt man es einfach „Kulturministerium" – in Rom auftauchte, als ich gerade im Begriff war abzureisen. Er kam aus dem Nachtzug, war also übernächtig und mächtig erstaunt, mich als seinen Vorgänger in dieser Wohnung anzutreffen. Wir tranken einen Mokka zusammen; ich war unter Zeitdruck. Und dann sagte der Stephan Eibel-Erzberg einen für ihn monumentalen, eigentlich ungehörigen Satz, nämlich: „Du, Wiplinger, eigentlich wollte ich mich in all den Jahren seit damals, seit unserer Kontroverse im Amerlinghaus, bei Dir entschuldigen, aber ich hab mich nicht getraut, wenn ich Dich wo gesehen habe. Aber jetzt tue ich es." Und feierlich: „Ich entschuldige mich, Kollege Wiplinger, für mein damaliges Verhalten!" Und ich darauf: „OK, paßt!" Das war's dann. Ich zeigte ihm noch die Wohnung, die Tücken in der Küche, dieses und jenes. Dann reiste ich ab. Der Stephan Eibel blieb dann als Stipendiat in Rom zurück, in jenem Zimmer, in dem ich vorher gehaust und gearbeitet hatte. Bei einem Wiedersehen in Wien, im Hof des Esterhazykellers, im Durchgang von der Naglergasse zur Herrengasse, tranken wir dann ein paar Achterln miteinander und schlossen auch emotional Frieden und Freundschaft. Das war, das ist also die Geschichte mit dem steirisch-österreichischen, in Wien lebenden Doktor-Dichter Stephan Eibel-Erzberg, der einem gleich einmal mit dem Arsch ins Gesicht fährt, es aber bestimmt nicht so meint. Oder doch? Manchmal ja. Und warum er das dann tut, ist einerseits eine Sache seines Temperamentes, andererseits das Ergebnis seiner Sensibilität und seines Gerechtigkeitssinns, auf jeden Fall aber immer Ausdruck seiner Souveränität, seiner Unabhängigkeit. Denn „den Stephan Eibel verarscht niemand", könnte er in seiner Diktion sagen. Und das finde ich gut.

Eisenreich Herbert, österreichischer Schriftsteller aus Linz. Lebte in Wien. Geboren am 7. Februar 1925 in Linz/Oberösterreich, gestorben am 6. Juni 1986 in Wien.
Wir saßen in einem Wirtshaus an der Prager Straße, draußen in Floridsdorf, am Stadtrand. Ich glaube, er lebte damals in einem der neuen Betonwohnblöcke in der nahen Autokaderstraße, wo auch ich für einige Zeit bei einem damaligen Freund Unterschlupf gefunden hatte. Wir waren nur wenige Personen am Tisch; mir hatte man als jungem unbekannten Dichter erlaubt, zu diesem wöchentlichen Stammtisch dazu zu

kommen. Eisenreich und ich haben über das Mühlviertel gesprochen. Ihn interessierte, daß ich von dorther kam. Wir waren ja beide Oberösterreicher. Eisenreich selbst hatte lange Zeit in Sandl bei Freistadt, das durch die Hinterglasmalerei bekannt ist, gelebt. Ich sehe uns noch in meiner Erinnerung in diesem Vorstadtwirtshaus sitzen, einer Art von Espresso, mit einer Musikbox, die laut irgendwelche Schlager spielte. Nichts paßte zusammen. Aber dem Eisenreich war das wurscht.

Elperin Juri L., russischer Schriftsteller und Übersetzer aus Moskau. Geboren 1917 als Sohn russisch-jüdischer Eltern in Davos.
Ich traf ihn jeweils bei den beiden Kogge-Tagungen in Minden. Da haben wir auch miteinander gesprochen. Mich interessiert ja alles Russische, weil ich mich überhaupt allem Slawischen näher fühle, eben mehr im Gefühl verankert bin als in der Intellektualität. Er hat mir erzählt, daß Mitglieder der russischen rechtsnationalen „Pamjat"-Bewegung seine Datscha angezündet haben und das ganze Haus samt einer großen Bibliothek und allen sonstigen persönlichen Habseligkeiten dabei verbrannt ist. Das hat mich empört, und Elperin hat mir sehr leid getan, aber ich konnte ihn nicht trösten. Ich konnte nur meiner Entrüstung über das von niemandem behelligte Agieren dieser faschistoiden Nationalisten und Rechtsradikalen mit ihrem Ausländerhaß und ihrem Antisemitismus Ausdruck geben.

Enzinck Willem, niederländischer Dichter, Essayist, Übersetzer und Verleger in Lahnstein-Oostburg in den Niederlanden. Geboren am 31. Oktober 1920, gestorben am 12. August 2001 in Oostburg/NL.
Er war von großer Gestalt, mit weißem Haar und Bart, oft auch weiß gekleidet, mit einer schwarzen Sonnenbrille, die seine Augen schützen sollte. Ein älterer Mann, würdevoll in seinem ganzen Gehabe. Wir haben einander bei den beiden Podium-Symposien 1989 und 1990 in Pulkau getroffen. Enzinck war ein Freund unseres Freundes, des Podium-Mitbe-

Milo Dor

Jeannie Ebner

France Filipic

Anton Fuchs

gründers Alois Vogel. Den Willem Enzinck habe ich in Pulkau fotografiert. Ein paarmal haben wir heraußen im Schanigarten des Gasthauses beim Lindenbaum am Hauptplatz von Pulkau miteinander ein Bier oder ein Glas Wein getrunken und geplaudert. Näher habe ich ihn nicht gekannt. Aber an seine Stimme und Redeweise mit dem niederländischen Akzent erinnere ich mich noch gut. Zu seinem 70. Geburtstag hat seine Frau, die mit ihm den kleinen Verlag „Calatra Press" führte, ein sehr schönes, schlichtes Buch, ein „liber amicorum", gemacht, in dem viele seiner Dichterfreunde mit einem Beitrag vertreten waren. Ganz vorne ist groß mein Porträtfoto von ihm und auf der gegenüber liegenden Seite mein Gedicht „Das letzte Licht" als Autograph. Das Buch ist würdig und schön. So wie der Dichter Willem Enzinck selber war.

Erdem Hüseyin, kurdisch-türkischer Schriftsteller, Initiator und Gründungsvorsitzender des kurdischen PEN-Zentrums (1988), lebt im Exil in Köln. Geboren 1949 in Yayladere, Provinz Bingöl/Türkei.
Wir kannten einander aus Bled und trafen uns beim PEN-Weltkongreß in Helsinki 1998 wieder. Da war er mit anderen Kollegen vom Kurdischen PEN-Zentrum, das dem Deutschen PEN angeschlossen war, anwesend. Sie wollten im Plenum eine Resolution für einen kurdischen Friedenskongreß durchbringen. Unglücklicherweise hatten sie aber in dem Resolutionsantrag das Wort „Kurdistan" drinnen, also ein Ausdruck, der einen direkten politischen Anspruch auf einen eigenen Staat Kurdistan signalisieren konnte. Das war natürlich inakzeptabel, und die Resolution fiel durch. Aber anstatt daß man ihnen höflich und kameradschaftlich gesagt hätte: „Bitte beseitigt diesen Begriff aus dem Resolutionsantrag, denn das geht so nicht, und reicht ihn im Text modifiziert, noch einmal ein!" – stimmte man dagegen und lehnte ihn einfach ab. Die Kurden waren niedergeschmettert. Sie hatten sich vom PEN das Eintreten für die Kurden als Zwölfmillionenvolk und Minderheiten in verschiedenen Staaten (Türkei, Iran, Irak, Syrien) erwartet; hätten sich das zu Recht erwarten dürfen, wie ich meine. Als erste stimmte die deutsche PEN-Delegation

dagegen, bei der sich besonders ein Mitglied des ehemaligen DDR-PEN hervortat; und dann auch die Österreich-Delegation unter ihrem damaligen Präsidenten Dr. Wolfgang Fischer. Nachher traf ich meinen Kollegen Fischer im Foyer. Er sagte: „Wir haben ja gar nichts gegen eine Autonomie einer solchen Volksgruppe – ja, dieses Wort verwendete er – nach dem Muster der Schweiz oder wie bei Südtirol; mit eigenen Schulen, Zeitungen, Rundfunksendungen." Ich entgegnete ihm wütend: „Wovon redest du denn eigentlich?! Ist dir nicht klar, daß es hier um jahrelangen militärischen Staatsterrorismus, um Krieg und Genozid geht? Dreitausend kurdische Dörfer sind schon zerstört worden, unzählige Menschen sind getötet worden, sind im Gefängnis oder im Exil. Die extreme kommunistische Partei PKK unter ihrem Führer Özalan hat die Opposition fest im Griff. Und du sprichst von einer Autonomie für Menschen und ein Volk, dem sogar die Sprache verboten ist, die ins Gefängnis geworfen, gefoltert und ermordet werden! Wie blauäugig bist du denn eigentlich; das ist ja alles absurd!" Der Herr Präsident drehte sich um mit den Worten: „... Wie du glaubst, aber was regst du dich denn so auf, du bist ja gar nicht bei der Österreichischen PEN-Delegation." Das war ich tatsächlich nicht. Ich war zuvor schon ein Monat lang in Finnland und hatte mich, um am Kongreß teilnehmen zu können, schon lange vorher als Journalist – ich bin seit vielen Jahren Mitglied des „Presseclubs Concordia" – akkreditieren lassen. Beim Mittagsessen sprachen mich die Kurden, darunter auch einer vom Exilparlament aus Paris, an. Ein Vertreter, Dr. Hajo Zaradachet, Kurde aus Syrien, in der BRD lebend, sagte zu mir, er habe einen Tip bekommen, daß ich für ihre Anliegen offen sei. Er hatte recht. Ich war schon in den Siebzigerjahren im kurdischen Siedlungsgebiet nach der Grenze zum Iran und hatte dort in einem Keller in der Stadt Kars eine geheime Unterredung mit kurdischen Aktivisten, wobei übrigens ein Germanist, der über Rilke dissertiert hatte, dolmetschte. Also sagte ich zu, mich der Sache anzunehmen und zu helfen, wenn und wo und wie ich konnte. Als erstes kontaktierten wir die Schweden, dann den PEN-Präsidenten aus Costa Rica und Leute von PEN-Delegationen aus anderen Ländern, wie z.B. Portugal. Ich sagte den kurdischen Kollegen: „Ihr müßt unbedingt den Begriff, das Wort „Kurdistan" aus der Resolution herausnehmen! Und überhaupt sollte der Antrag neu formuliert werden." Ich erklärte mich bereit mitzuhelfen, riet aber aus gewissen Gründen, dies nicht in den öffentlichen Hotelräumen, wo die Tagung stattfand, zu tun. Also gingen wir am nächsten Tag zur orthodoxen Kirche, die auf einem Hügel in Helsinki steht, hinauf. Die Kurden hatten mit diesem Treffpunkt kein Problem. Ich zündete zuvor noch eine Kerze vor einer Muttergottes-Ikone an. Und dann formulierten wir hinten in der Kirche sitzend den Text neu. „Den bringt ihr hier bei diesem Kongreß sowieso nicht mehr durch, die lassen ihn Euch nicht einmal einreichen, den Antrag auf keine Tagesordnung mehr setzen", sagte ich. „Also macht das bitte bei einem der nächsten PEN-Weltkongresse!" Und so geschah es dann auch. Der Antrag wurde ziemlich viel später (1999) dann beim PEN-Weltkongreß in Warschau eingereicht und angenommen. Vorher aber kamen die kurdischen Freunde einmal nach Wien. Haydar Isik, der in Helsinki mit dabei gewesen war und der in Bayern lebt, wo in seiner Abwesenheit die dortige Staatspolizei sein Haus durchsucht hatte, rief mich an. Wir trafen uns vor der Portierloge drinnen im Parlament. Sie hatten einen Termin beim damaligen Nationalratspräsidenten und jetzigen Staatspräsidenten, Herrn Dr. Heinz Fischer, bekommen, um mit ihm über „die Kurdenfrage" zu sprechen. Vorher hatte ich unseren EU-Parlamentarier, den Fraktionsführer der SPÖ in Brüssel, Hannes Swoboda, kontaktiert, der solchen Fragen und Problemen gegenüber stets sehr aufgeschlossen war und ist; jedenfalls, so habe ich meine Lektion gelernt, mehr als so manche, nein, als zu viele PEN-Mitglieder und PEN-Honoratioren, auch des International PEN, wo die Devise zu lauten und zu gelten scheint: Bloß keine Unruhe, bloß keine Unstimmigkeiten, nein, Frieden und Harmonie! Aber zu welchem Preis, frage ich mich immer. Und weiß die Antwort schon längst. Nur keine Konfrontationen, denen geht man lieber aus dem Weg. Mentalität oder Diplomatie, oder einfach Charakterlosigkeit. Man kann sich die Antwort darauf aussuchen. Aber die Wahrheit ist in manchem und oft vielfältiger und läßt so einfache Antworten nicht zu. Vielleicht ist die sogenannte „Wahrheit" in allen Fragen und Fällen eine undurchschaubare Mischung aus all dem, was es gibt.

Fabrio Nedjeljko, Akademie-Professor, kroatischer Schriftsteller und Übersetzer. Geboren am 14. November 1937 in Split.
Geboren ist er in Split, ist also aus Dalmatien, und spricht selbstverständlich, so wie sein Name es andeutet, auch Italienisch. Er war bzw. ist ein in sich zurückgezogener Mann. Ein typischer Intellektueller. Er überlegte gut und genau, bevor er etwas sagte. Er schrieb intensiv und publizierte viel. „Das Haar der Berenice" ist einer seiner bedeutendsten Romane. Einige seiner Werke sind auf Deutsch im Wieser Verlag erschienen. Er hat auch in Wien gelesen. Ich traf ihn immer wieder da oder dort. Näheren Kontakt hatten wir keinen. Ich glaube, er war beim PEN-Kongreß in Dubrovnik und bei einigen Tagungen in Zagreb. Wiedergesehen haben wir einander überraschend bei einer Lesung von verschiedenen AutorInnen, darunter auch Gerhard Rühm, in Hainburg, oben auf der Burg. Mein Foto von ihm muß ihm gefallen haben, denn es steht im Internet.

Ferk Janko, kärntnerslowenischer Schriftsteller und Jurist (Richter), Ludmannsdorf/Bilcovs. Geboren am 11. Dezember 1958 in Sankt Kanzian am Klopeiner See/Kärnten.
Er schreibt zweisprachig, hat zahlreiche Gedichtbände publiziert und viele Preise bekommen. Er studierte noch in Wien an der Uni, wohnte im Internationalen Studentenheim in Döbling, als wir einander kennenlernten; wo und wie weiß ich nicht mehr. Er war aber schon damals ein junger, aufstrebender Dichter. Da ich mich für Volksgruppen interessierte, zur damaligen Zeit waren es besonders die Kärntnerslowenen, und ich mich auch mit deren Literatur beschäftigte, kam ich dabei auch auf Janko Ferk. Er schrieb für das von Harald Irnberger herausgegebene kritische Journal „Extrablatt" damals einen zweiseitigen Artikel über mich, ein treffendes Porträt von mir als zeit- und gesellschaftskritischer Schrift-

steller. Später trafen wir einander noch ein paarmal bei verschiedenen Veranstaltungen, einmal bei einer der PEN-Konferenzen in Bled. Dann endeten irgendwann einmal unsere Kontakte.

Filipic France, slowenischer Zeithistoriker, Dichter und Schriftsteller; KZ-Häftling in Dachau und Mauthausen. Geboren am 21. Juli 1919 in Maribor, gestorben am 6. April 2009.
France Filipic lebte sehr zurückgezogen mit seiner lieben Frau Nada, die ihn, obwohl selbst schon alt, bis zum Schluß liebevoll umsorgte. Mit den beiden bin ich vom Steinbruch unten in Mauthausen bei der Befreiungsfeier am 8. Mai die Stufen hinaufgegangen zum ehemaligen KZ-Lager-Platz und zu den Baracken. Schweigend. Arm in Arm. Unvergeßlich! France und Nada haben mit ihrem Sohn auch ein paarmal bei mir über 1-2 Wochen gewohnt, als er im Mauthausen-Archiv des Innenministeriums für sein Buch über die slowenischen Widerstandskämpfer, über die KZ-ler und Ermordeten gearbeitet hat. Das Buch ist in Slowenisch und Deutsch erschienen, alle Daten sind in jahrzehntelanger Arbeit peinlich genau recherchiert. In sein Haus am Bachern in Slowenien sind wir mit meinem Auto hinaufkutschiert, haben dort zwei Tage verbracht, sind abends im Freien bis spät in die Nacht bei Wein und Gespräch gesessen; ebenso wie früher in der Wohnung in Ljubljana, wo ich auch übernachtet habe. Sein Vater war Europameister im Trabrennen, damals in der Krieau in Wien. Der liebe France, ein Altösterreicher, ein Widerstandskämpfer, ein KZ-Häftling, dann ein begeisterter Jugoslawe, ein Tito-Kommunist. Eine Augenblicks-Erinnerung: Ich sitze mit France und dem Dichter Alois Hergouth in einem Lokal bei Laibach/Ljubljana; Hergouth raucht und bläst Rauchringe in die Luft. Wir unterhalten uns sehr gut. Hergouth geht früher, verläßt uns, muß zum Auto. Er sagt „Grüß Euch!" Und winkt von der Tür her zurück. Zum letzten Mal. Dann die Todesnachricht. France und ich haben ihn betrauert. Auch das gemeinsame Trauern verbindet.

Foresti Traute, österreichische Lyrikerin, Schauspielerin, Rezitatorin. Geboren am 15. März 1915 in Küb am Semmering, lebt in Baden bei Wien.
Sie schreibt selbst Lyrik und veröffentlichte einige Gedichtbände. Aber bekannter wurde und war sie als Rezitatorin von Gedichten, als es im ORF noch Lyriksendungen von zeitgenössischen österreichischen AutorInnen gab. Ich mochte diese Dame recht gern, die immer elegant gekleidet und stets gut, aber dezent geschminkt war und ein wenig, auch wenn sie nicht auf einer Bühne stand, schauspielerte. Sie war sensibel und einfühlsam bei ihren Rezitationen von Gedichten, aber sie hatte einen leichten Hang zum Gefühlsüberschwang, der stets mit Pathetik verbunden ist. Einmal fragte sie mich vor einer Lesung meiner Gedichte im Rundfunk: „Herr Wiplinger, wie soll ich Ihre neuen Gedichte denn lesen?" Ich schluckte und wußte nicht recht, was ich ihr auf diese Frage antworten sollte. Dann platzte ich auf Mühlviertlerisch heraus und erwiderte: „Mit weniger Butter auf dem Brot, mit weniger Schmalz, Frau Foresti!" Da war sie etwas indigniert über meine Antwort und Ruppigkeit. Das habe ich ihr angesehen und ich fand meine Bemerkung zwar ganz bildhaft prägnant, aber eigentlich dieser Dame gegenüber doch eher unangebracht und als einen Fauxpas. Sie hat mir aber, wie sie mir später einmal einbekannte, verziehen.

Franzobel (Franz Stefan Griebl), österreichischer Schriftsteller. Geboren am 1. März 1967 in Vöcklabruck/Oberösterreich.
Der Franzobel, die Kollegen Martin Auer und Evelyn Grill und ich hatten für einige Oberstufenklassen des Gymnasiums Rohrbach im Mühlviertel, dem Nachbarort von meinem Heimatort Haslach, am 23.10.2000 eine Lesung. Natürlich war das ein großes Trara und die Erwartungshaltung der SchülerInnen war wegen dem Franzobel sehr groß. Die Kollegen und ich waren sozusagen nur das „Beiwagerl" für die Franzobel-Lesung. Die Lesung fand im Kinosaal statt, der voll mit Schülern war, sicher an die 150 Personen samt den LehrerInnen. Wir saßen oben auf einer Bühne an

einem wackeligen Tisch, bei der Lesung jeder für sich allein, rundherum schwarze Vorhänge, wie in einem Kellertheater. Ich glaube der Franzobel war der zweite, vor ihm war der Kollege Auer. Zuerst die jedem Autor von Schullesungen her bekannte Unruhe, die Späße und Faxen, welche die Halberwachsenen jedes Mal machen, auch um zu provozieren und um zu zeigen, daß sie das Ganze da nichts anginge. Das war aber dem Franzobel dann ganz recht für seinen Einstieg. Als erstes schob er die Wasserflasche weg, griff in seinen Rucksack, nahm mit bedeutungsvollem Blick zum jungen Publikum eine Dose Bier heraus, öffnete diese mit einem Flutsch-Geräusch, das Bier spritze heraus auf den Boden, er trank, machte laut „Ah!" und ein wahrer Lachsturm brach los. Er hatte damit die SchülerInnen auf seiner Seite. Es folgten witzige Texte, dazwischen schwadronierte er, machte seine Show. Es war ein voller Erfolg. Ich kam nach dem Franzobel, las Gedichte, sogenannte „politische", brachte das Thema „Holocaust" mit meinen Gedichten zur Sprache, las meine Mauthausen-Gedichte, anschließend auch ein paar Gedichte mit leiseren Tönen. Es war im Saal ziemlich still geworden, eine gewisse Bedrückung, die von den Gedichten und meinen Zwischenbemerkungen ausgingen, legte sich wie ein schweres Tuch über den Saal. Das entsprach meinen Gedichten, meiner Intention. Die Kollegin nach mir las, glaube ich, sensible Lyrik und Prosa, sozusagen zum Ausklang. Dann hatten wir ein gemeinsames Mittagessen im Gasthaus Dorfner. Der Franzobel war charmant, liebenswürdig, lebhaft, witzig und ohne jede Starallüren, ein wirklicher Kollege. Er stieg auch bei uns ins Auto ein und ich chauffierte ihn nach Linz. Wir haben die eine Stunde Autofahrt ständig geredet, beim Franzobel sprudelte es nur so heraus, und ich bin ja auch nicht gerade ein schweigsamer Mensch. Also habe ich an unsere gemeinsame Lesung und überhaupt an unser Zusammensein nur die beste Erinnerung.

Fried Erich, österreichischer Lyriker, Übersetzer und Essayist, Wien-London. Geboren am 6. Mai 1921 in Wien, gestorben am 22. November 1988 in Baden-Baden.

Unvergeßlich ist mir das Zusammentreffen mit Erich Fried am 16. September 1987 in Wien. Wir hatten das Treffen telefonisch vereinbart. Es ging um meinen Fotogedichtband „Farbenlehre", in dem ich mich mit dem Thema des Holocaust und mit dem ehemaligen KZ Mauthausen befaßte und dem ich den Untertitel „Gedichte gegen das Vergessen" geben hatte wollte. Doch genau diesen Untertitel fand ich auf einem Gedichtband von Erich Fried. Also konnte ich diesen Untertitel nicht mehr verwenden. Daher schrieb ich an Erich Fried nach London, auch mit der Frage, was ich jetzt tun solle und ob er mir vielleicht einen Vorschlag machen könnte, diesen Untertitel so zu formulieren, daß er zwar die gleiche Aussage beinhalte, aber kein Plagiat darstelle. Fried ließ mir über den Alekto Verlag in Klagenfurt ausrichten, ich solle ihn in London anrufen, was ich dann auch vom Postamt in Treibach-Althofen, wo ich gerade zur Kur war, tat. Ich wählte die mir übermittelte Nummer, es tutete eine Weile, dann meldete sich eine dunkle Stimme mit „Fried". Ich nannte meinen Namen, er wußte sogleich Bescheid. Wir kannten einander von der Begegnung beim Ersten Österreichischen Schriftstellerkongreß 1981 in Wien.

In der Wohnung eines Freundes von Erich Fried, in einem Haus am Wiener Naschmarkt, sollte ich ihn zum vereinbarten Termin nach vorherigem Anruf aufsuchen. Fried war damals schon sehr krank und sichtbar schlecht beisammen. Trotzdem nahm er sich nicht nur Zeit für mich, sondern ging in einer mehr als einstündigen Sitzung mit mir das Manuskript „Farbenlehre" durch. Ich bin – wenn man das ausnahmsweise so sagen darf – stolz darauf, daß ihm das Manuskript, daß ihm meine Gedichte und Fotos von Mauthausen gefallen haben, ja daß er davon sogar beeindruckt war, wie er mir versicherte. Mit der Vorgangsweise einer poetischen Textanalyse gingen wir gemeinsam Gedicht für Gedicht durch. Er machte ein paar Vorschläge bezüglich Wortwahl, die wir gemeinsam besprachen. In einem Gedicht heißt es „warte noch ein weilchen/ in diesem chaos/ in diesem kinderspiel/ von leben und tod". Er schlug anstatt des Wortes „Weilchen" die Formulierung „warte noch eine Zeitlang" vor. Ich erklärte ihm aber, daß es sich bei meiner Wortwahl um eine assoziative Version des volkstümlichen Spruches „Warte noch ein Weilchen, bald kommt er mit dem Hackebeilchen und macht Schabefleisch aus dir!". Ich weiß gar nicht, in welchem Zusammenhang – vielleicht eines Sprichwortes – das vorkommt, jedenfalls mußte meine Formulierung davon bestimmt gewesen sein; also das Unbewußte oder Unterbewußte im eigenen Gedicht. Natürlich war und ist das in diesem Textzusammenhang und in dieser Assoziation eine Metapher für den Tod. Darauf wies ich Erich Fried hin, und das interessierte ihn auch. Er dachte eine Weile nach und sagte schließlich: „Dann lassen wir das, es ist gut so." Gegen Ende unserer Sitzung nickte Fried, als ich ihm einige Gedichte vorlas, für einen Augenblick ein, war aber sogleich wieder wach, als ich mit dem Lesen aufhörte. Er rief seine Begleiterin, eine junge Frau, herbei und bat sie aufzuschreiben, was er formulieren würde. Und ohne daß ich ihn darum gebeten hatte, diktierte er sein Vorwort für meinen Fotogedichtband „Farbenlehre", autorisierte das Diktierte auch noch mit seiner Unterschrift.

So habe ich Erich Fried in Erinnerung: bedachtsam, ruhig, entschieden, aber auch ob seiner Empörung über etwas erregt protestierend; wie zum Beispiel beim Ersten Österreichischen Schriftstellerkongreß in Wien, als er davon sprach, was ihn all die Jahrzehnte hindurch daran gehindert habe, nach Österreich zurückzukehren. Nämlich daß Österreich und die meisten Österreicher, vor allem die Regierungen und die Politik sich immer noch auf jene tradierte kollektive Geschichtslüge ausredeten, daß Österreich nur ein Opfer des Hitler-Nazitums gewesen sei, und sich nicht zur Verantwortung auch als Täter oder begeisterte Anhänger des Nationalsozialismus bekannten. Eben daß Österreich seine eigene Geschichte aus jener Zeit nicht aufgearbeitet hatte, sich auch in den Achtzigerjahren noch davor drückte, ja gar nicht bereit war, endlich sein eigenes Beteiligtsein und seine eigene Geschichte aufzudecken und aufzuarbeiten. Damals gab es einen erregten Tumult im Rathaussaal. Davon gibt es ein Foto, auf dem ich mit Erich Fried in unserer gemeinsamen Empörung zu sehen bin.

Immer wenn ich ein Buch von Erich Fried sehe oder an seinem ehemaligen Gymnasium in Wien vorbeigehe oder wenn ich mit etwas Wesentlichem nicht zurechtkomme, denke ich an sein wunderbares Liebesgedicht mit den Sätzen: „Es ist was es ist...". Dieser Satz ist für mich zu einer Chiffre geworden, sowohl für die Infragestellung als auch für die Akzeptanz von Wirklichkeit.

Fritzke Hannelore, deutsche Schriftstellerin, Altenweddingen bei Magdeburg in der damaligen DDR. Geboren am 11. November 1941 in Senftenberg/Niederlausitz.

Wir trafen einander in Fresach bei den alljährlich stattfindenden internationalen Tagungen der Kärntner Schriftstellerverbandes. Hannelore Fritzke war zusammen mit meinem Freund Jurij Koch, einem Sorben aus der Lausitz, dort. Alle diese „Ostler" waren damals stets zurückhaltend, sagten kaum eine Meinung, nahmen zu nichts Stellung, sondern nahmen nur ihren Platz im Auditorium ein. Das war typisch. Und so lernte ich die Hannelore Fritzke auch nicht wirklich in Fresach kennen, sondern erst sehr viel später; eigentlich dann, als ich bei ihr und ihrer Familie in Altenweddingen, das als kleines Dorf ca. 30 km entfernt von Magdeburg liegt, zu Gast war. Von dort aus fuhren wir gemeinsam zu einigen Lesungen, darunter in Magdeburg. Aber lange vorher hatte ich sie und den Jurij Koch mit meinem kleinen Puch 500 aus Fresach nach Wien mitgenommen. Wir warteten in meiner Wohnung auf ihren Zug zurück in die DDR. Der fuhr erst am nächsten Morgen. Also übernachteten sie bei mir, schliefen auf meinen Sofas und einer Ausziehcouch. Zuvor aber machte ich einen kleinen Imbiß für uns, wir tranken eine Flasche Wein und kamen zum ersten Mal miteinander ins Gespräch. Hannelore legte sich dann irgendwann müde auf die Couch, ich deckte sie zu. Mit Jurij aber diskutierte ich weiter, jetzt offener, über Politik, System und Gesellschaft in der DDR. Immer im Vergleich mit dem Westen, den er ja gar nicht wirklich kannte. Seine Kenntnis beruhte auf der Grundlage der staatlichen DDR-Propaganda der kommunistischen Einheitspartei unter dem Vorsitzenden Walter Ulbricht. Wir erhitzten uns emotional bei unserer Diskussion, tranken eine Unmenge Cognac bis zur Besoffenheit. Irgendwann legten wir uns auch noch für ein paar wenige Stunden Schlaf hin. Am nächsten Tag brachte ich die beiden zum Bahnhof und sie fuhren ab. Mit Hannelore blieb ich in brieflichem Kontakt. Was sie wirklich dachte, konnte ich nur „zwischen den Zeilen" lesen. Erst nach der Wiedervereinigung trafen wir einander in Magdeburg wieder. An einen Sonntagsspaziergang erinnere ich mich noch und an unser Gespräch über das brennende Magdeburg nach einem Bombardement im Krieg. Im Inneren des Domes betrachtete ich lange die verkohlte Statue der Madonna mit dem Jesuskind, dachte an die vielen Toten von damals. Und das war das eigentliche Erlebnis von mir in Magdeburg: eine verkohlte Madonnenstatue mit dem Jesuskind auf dem Arm als Zeichen und Zeugnis sinnlos zerstörerischer Gewalt. Zurückgesehnt habe ich mich nach Magdeburg nie. Und irgendwann riß auch der Kontakt zwischen Hannelore und mir ab.

Fuchs Anton, österreichischer Schriftsteller, lebte in Klagenfurt. Geboren am 29. Jänner 1920 in Wien, gestorben am 24. August 1995 in Klagenfurt. Er war regelmäßig bei den internationalen Schriftstellertagungen in Kärnten, wo ich ihn auch Mitte der Siebzigerjahre kennengelernt habe. Wir waren stets Kontrahenten, „Streithähne" könnte man auch sagen, sowohl bei öffentlichen Foren und Veranstaltungen als auch wenn wir in einem kleineren Kreis, wie z.B. dem Literaturkreis Podium, zusammentrafen. Stets prallten unsere Meinungen aufeinander. Und der Fuchs hatte mir gegenüber fast immer einen sarkastischen Unterton, den ich mir eigentlich nicht erklären konnte, weil wir einander doch schätzten, auch wenn wir in vielem oft nicht derselben Meinung waren. Sowohl er als auch ich waren aufbrausend und schnell sowie lautstark mit unseren Wortwaffen zur Hand, obwohl er dann schlußendlich doch immer wieder eine alle Gegensätze nivellierende Harmonie anstrebte und haben wollte, ich jedoch nicht. Ich hatte immer das Gefühl, daß er der Auffassung war, mir stehe meine Radikalität und Konfrontationsbereitschaft eigentlich nicht zu, weil ich in seinen Augen noch nicht jene Lebenserfahrung und Reife hatte, die er als Voraussetzung für die wahre Erkenntnis der Dinge voraussetzte. Dieses charakteristische Harmoniebestreben mag wie in anderen mir bekannten Fällen aufgrund seiner Zugehörigkeit zu einer bestimmten Vereinigung gegeben gewesen sein. Harmonie als übergeordnetes grundlegendes Prinzip, als Weisheit und Tugend und nicht als Ergebnis von Übereinstimmung. Damit konnte ich mich nie anfreunden. Trotz allem aber gab es den Respekt zwischen uns so wie zwischen gleich starken Gegnern. Als ich endlich seinen autobiographischen protokollarischen Roman „Der Deserteur" gelesen hatte, imponierte mir nicht nur seine Haltung als Deserteur aus der Deutschen Wehrmacht und seine Überlebenslist als solcher, sondern ich begriff auch, wodurch der Anton Fuchs bestimmt und geprägt war. Da war eine innere Revolte in ihm angelegt, die mit seinem Harmoniebestreben, mit diesem ihm zugeordneten Auftrag nicht in Einklang zu bringen war. Daraus resultierte eine gewisse Zerrissenheit, obwohl er sie durch Schlauheit, Diplomatie und eine wie mir schien oft nicht ganz einwandfreie Elastizität übertünchte und somit versteckte. Das war es wahrscheinlich, was meinen emotionalen Widerspruch und Widerstand hervorrief. Unser letztes Zusammensein in Fresach war dadurch geprägt, daß Fuchs, als ich mich von ihm vor meiner Abreise verabschieden wollte, zu mir sagte: „Komm, Wiplinger, setz dich noch auf ein Glas Wein an unseren Tisch und trink mit mir; und vergessen wir unsere Divergenzen. Im Grunde kämpfen wir ja für das Gleiche!" Das war unser Abschied. 1995 verstarb Anton Fuchs.

Fussenegger Gertrud, österreichische Schriftstellerin, Leonding. Geboren am 8. Mai 1912 in Pilsen/Böhmen, gestorben am 19. März 2009 in Linz/Oberösterreich.
Ich hatte von ihr schon 1958 gehört und sie auch gesehen, als ich das Franziskanergymnasium in Hall in Tirol besuchte und beim Zahnarzt Dr. Gruber wohnte. Ihr Haus nämlich war das Nachbarhaus. Und manchmal sah ich sie und ihre Kinder im Garten. Erst Jahrzehnte später begegneten wir einander. Sie gab sich immer als Grande Dame der Österreichischen Literatur, obwohl ich nicht weiß, ob sie außerhalb Österreichs bekannt ist. Sie war sehr katholisch, repräsentierte jedenfalls „das Katholische" in der literarischen Öffentlichkeit. Eine gewisse Nähe damals zum Nationalsozialismus, belegbar durch Gedichte aus dieser Zeit, störte da nicht und (fast) niemanden; mich schon. Sie hatte in Linz und Oberösterreich, meinem Herkunftsland, immer eine Nähe zu kirchlichen und politischen Instanzen und Repräsentanten. Einmal habe ich für die Kulturzeitschrift

„morgen" auf György Sebestyéns Bitte hin eine Rezension über ein Buch von ihr geschrieben. In einem Brief an mich hat sie Freundliches über meine Gedichte formuliert. Ob das ehrlich war oder nicht, das weiß ich nicht. Meine kritische Haltung dem Katholizismus und einer daraus abgeleiteten Weltanschauung und dementsprechender Politik gegenüber, hat ihr nicht gefallen, das weiß ich.

Daß sie schon 1933 der österreichischen NSDAP beigetreten, bei einer Demonstration in Innsbruck das Horst Wessel-Lied mitgesungen und dabei den Hitlergruß dargeboten und den Führer, Adolf Hitler, auch als Idol verehrt hatte, und auch über ihre Nazi-Aussprüche über „die Juden" und den Alten Jüdischen Friedhof in Prag – darüber breitete man später vornehm den Mantel des Verschweigens. Und das tat auch dem bürgerlichen Katholizismus, dem sie sich verpflichtet fühlte und den sie dann geradezu repräsentierte, sodaß man sie als Vertreterin des katholischen Schrifttums – es gibt ja auch einen „Katholischen Schriftstellerverband" in Österreich – bezeichnen kann und muß, keinen Abbruch. Die Grande Dame der Österreichischen Literatur, als die sie sich gerne sah und bezeichnen ließ, residierte an ihrem Lebensabend in Leonding bei Linz. Manchmal, aber sehr selten, traf ich sie auch dort, im Stifterhaus oder im Ursulinenhof oder sonstwo. Auch in Wien und anderswo hat sie an Konferenzen und Tagungen teilgenommen, stets das Wort ergriffen und mit ihrem besonderen Sprachgesang ihre Meinung und ihren Standpunkt, wozu auch immer, dargelegt. Ich kann mich daran noch gut erinnern. Ich sehe sie noch vor mir: mit ihrem schlohweißen Haar, mit ihrem schmalen, asketisch wirkenden Gesicht, ihren langsamen Bewegungen, ihrer bedächtigen Ausdrucksweise, ihrer (scheinbaren?) Emotionslosigkeit. Zwischen ihr und „den Jungen" gab es keine Verbindung. Wir hielten Abstand von ihr. Für sie existierten wir sowieso (fast) nicht; mit wenigen Ausnahmen. Alles was irgendwie „links" war und nach „Revoluzzertum" roch oder die „Ordnung" in Frage stellte, verabscheute sie. Katholizismus und Konservativität – „reaktionär" nannten wir diese Mischung – paßten da gut bei ihr zusammen. Auch wenn man in jungen Jahren für die neue Bewegung, die NSDAP und den Führer war. Aber das durfte man damals und darf man heutzutage ja nicht mehr sagen.

Jedenfalls war Gertrud Fussenegger ein langes Leben geschenkt; sie ist fast 100 Jahre alt geworden. Und natürlich gebührt ihr Respekt und Pietät; die Wahrheit aber auch.

Gail Hermann, österreichischer Dichter, Schriftsteller, Kleinverleger („David-Presse"), Wien. Geboren am 8. September 1939 in Pöggstall/Niederösterreich.
Der Hermann Gail hat/te kein leichtes Lebensschicksal. Dies ist seinem Roman „Gitter. Die Aufzeichnungen des Hermann Gail", S. Fischer Verlag 1973, zu entnehmen. Das hat ihn geprägt. Vielleicht auch zum Außenseiter gemacht, jedenfalls im österreichischen Literaturbetrieb. Nur selten, daß man auf den Gail irgendwo antrifft. Wenn dem so ist, dann lächelt er irgendwie verlegen, spricht ein paar knappe Sätze und entfernt sich wieder von einem. Er ist nie in Gesellschaft. Er scheint keinen wirklichen Freundeskreis zu haben. Er ist ein Einzelgänger, der allein ist und vielleicht auch allein sein will. Ein- oder zweimal war er bei einem Morgen-Kreis-Symposium mit dabei, ich glaube, auch bei einer Gemeinschaftslesung irgendwo. Er ist Mitglied beim Literaturkreis Podium; ob noch woanders, weiß ich nicht. Der Hermann Gail ist scheu. Wenn ich ihn treffe und er „Servus, Wiplinger" sagt, dann antworte ich ihm auch mit „Servus, Gail" und füge vielleicht noch hinzu: „Wie geht's Dir denn?" Mehr nicht.

Gerstinger Heinz, österreichischer Schriftsteller, Dramaturg, Historiker, Wien. Geboren am 13. Oktober 1919 in Wien.
Wir kennen einander seit langem. Und ich bewundere ihn; denn sein hohes Alter sieht man diesem sich jugendlich Bewegenden und kräftig Sprechenden absolut nicht an. Jeder würde ihn um mindestens ein Jahrzehnt jünger schätzen, als er eigentlich ist. Beim Morgen-Kreis, im PEN und im Österreichischen Schriftstellerverband, bei diversen Veranstaltungen, Lesungen etc. haben wir einander immer wieder getroffen, Jahrzehnte

hindurch. Seine Frau war oder ist noch immer Schauspielerin, rezitiert und liest manchmal. Der Heinz Gerstinger war es auch, der mich auf die Strindberg-Aufenthalte in Saxen und Klam in Oberösterreich aufmerksam gemacht hat; und daß Strindberg mit der Oberösterreicherin Frida Uhl verheiratet war, was kaum jemand weiß. Daraufhin habe ich auf einer Fahrt ins Mühlviertel das Strindberg-Museum in Saxen bei Perg einmal besucht. Jetzt sehen wir einander kaum noch, wahrscheinlich gehen wir beide nicht mehr so häufig aus wie früher. Na ja, der Gerstinger ist ja auch schon im 91. Lebensjahr. Aber wenn ich an ihn denke, so ist er in meiner Erinnerung und Vorstellung sofort präsent und lebendig vor mir.

Gerstl Elfriede, österreichische Schriftstellerin, Dichterin, Wien. Geboren am 16. Juni 1932 in Wien, gestorben am 9. April 2009 in Wien.
Dünn, zerbrechlich, zart; mit langsamen, eleganten Bewegungen, einem Lächeln im Gesicht, freundlich und höflich, kollegial. Dabei voller Wortwitz, Ironie, aber nie mit einem Sarkasmus, der verletzen hätte können. Alles so hinterfragen, skizzieren, sichtbar machen, darstellen. Gedichte wie aus hellgrauer, schwebender Seide, die innerlichen, die nach innen gewandt sind oder von dorther kommen. Ansonsten scharfer Intellekt, hellwacher Verstand, allem zugewandt, was betrachtenswert ist, was nur auf den ersten Blick so zu sein scheint, wie es erscheint, aber nicht so ist. Extravagant gekleidet. Eine „Erscheinung". Eine Persönlichkeit. Emanzipiert, als Frau und als Mensch. Als jüdisches Kind hat sie, von HelferInnen und Rettern versteckt, in verschiedenen Unterkünften in Wien überlebt. Man denkt unwillkürlich an Anne Frank. Die Elfriede Gerstl hatte Glück; oder mehr und anderes: eben Retter, mutige, gewissenhafte Menschen. Prägung für ein ganzes Leben.
Wir sitzen im schummrigen Dunkel, das von kleinen Tischlämpchen und buntem Neonlicht spärlich erhellt wird, an einem kleinen Tisch an der Tanzfläche in der „Schindler-Bar" in Innsbruck. Alles ist teuer, aber gut. Eine angenehme Atmosphäre. Dezente Musik einer Combo. Blues, Pat Boone-Songs; dann Boogie-Woogie, Charleston, Rumba, Cha-Cha-Cha und andere Rhythmen. Wir tanzen. Zuerst die Gerstl mit ihrem damaligen Mann Gerald

Bisinger, dann ich mit der Gerstl. Wir waren jung, fröhlich, unbeschwert; für alles und für andere offen. Das war in Innsbruck, bei der Jugendkulturwoche 1963.

Später sind wir uns immer wieder da und dort begegnet. Stets hat sie freundlich gegrüßt, mir zugenickt oder sogar die Hand gereicht, die ich vorsichtig genommen habe, als sei sie aus dünnem Porzellan. „Wie geht es Dir?" hat sie manchmal gefragt; vor allem nachdem sie gehört hatte, daß es mir nicht so gut gegangen war.

In Rom habe ich erfahren, daß sie verstorben ist; für mich völlig überraschend. Ich war traurig. Habe ein Gedicht über sie zu ihrem Tod geschrieben. Habe an sie gedacht, als ich am Tiberufer spazierenging. Und die von mir geliebten Platanen ihre ersten grünen Blätter hatten.

Gesswein Alfred, österreichischer Lyriker, Hörspielautor und Grafiker, Mitbegründer des Literaturkreises „Podium", lebte in Wien. Geboren am 6. Januar 1911 in Ungarisch-Altenburg, gestorben am 13. Mai 1983 in Wien.

Der Alfred ist schon lange tot. Aber ich erinnere mich noch sehr gut an ihn und an Gemeinsames. Wir sind immer im Rahmen von Podium-Veranstaltungen zusammengetroffen, seit etwa 1980. Und wir sind nachher oft in einem Restaurant oder Wirtshaus zusammengesessen und haben geplaudert. Tiefschürfendes war nicht angesagt. Der Gesswein, der „Fredl", wie ihn seine Freunde genannt haben, liebte Gesellschaft, hat gern seine Vierterln Weißwein getrunken. Oft war er in Begleitung seiner Frau und seiner Tochter, sie gehörten mit zum Podium-Inventar; sie waren „die Alten": der Wilhelm Szabo, die Doris Mühringer, die Ilse Tielsch und ihr Rudi, der Alois Vogel und seine Trude, der Albert Janetschek und eben der Gesswein. Oft sind wir früher so im Freundeskreis zusammengesessen, im Müllerbeisl auf der Seilerstätte, beim Koranda in der Wollzeile oder anderswo. Seine Gedichtbände stehen bei mir neben denen von Alois Vogel und den anderen Podium-DichterInnen, deren es ja viele gibt.

Giese Alexander, österreichischer Schriftsteller, Abteilungsleiter beim Österreichischen Rundfunk, Präsident des Österreichischen P.E.N.-Clubs (1990-1997), Wien. Geboren am 21. November 1921 in Wien.

Der PEN war Brücke und Beziehungsebene. In den Jahren seiner Präsidentschaft gehörte ich so wie schon viele Jahre vorher und noch kurz danach dem Vorstand des Österreichischen PEN an; insgesamt etwa zwanzig Jahre lang. Wir respektierten und verstanden einander, kooperierten in manchem auch ganz gut, vor allem was die internationale Agenda betraf. Ich hatte ja meine Kontakte, vor allem zum jugoslawischen Raum. Eingeweiht und zugelassen in das innerste (Macht) Zentrum wurde ich allerdings nie, ich wollte das auch nicht. Stets war ich in einer gewissen Opposition zur Führung des Österreichischen PEN; und das hatte seine Gründe. Im Lauf der Jahre entwickelte sich zwischen Giese und mir sogar ein freundschaftliches Verhältnis. Dazu trugen gemeinsame Aufenthalte bei PEN-Kongressen und PEN-Konferenzen auf internationaler Ebene bei. An ein solches Zusammensein in Bled und in Prag sowie in Dubrovnik und auf der Insel Hvar erinnere ich mich besonders gut und auch gern. Beim PEN-Welt-Kongreß 1992 in Dubrovnik, der aus Sicherheitsgründen (Jugoslawienkrieg) auch auf der Insel Hvar stattfand, war es aber auch, daß eine Initiative von mir die auch von Giese so gern angestrebte Harmonie störte; seither war eine zwar nicht sichtbare, jedoch spürbare Barriere zwischen uns. Ich hatte mir nämlich erlaubt, mit dem Gerede von Führungsfunktionären des Internationalen PEN zum Jugoslawienkrieg und der für den PEN geforderten „Äquidistanz" zu beiden Kriegsparteien (Serben/Kroaten) und der proklamierten Neutralität nicht einverstanden zu sein. Mit meiner Meinung und Haltung, daß es selbstverständlich einen zu benennenden Aggressor (Serbien) gäbe, stand ich nicht allein da. Ich empfand die sogenannte Diplomatie des International PEN nicht nur als beschämend, sondern auch als Feigheit und als einen Affront. Ich wollte das nicht widerspruchslos und widerstandslos hinnehmen. Und so startete ich die Initiative für eine Gegenoffensive. Und das, so meinte Giese, hätte ich auf keinen Fall tun dürfen. Ich hole aber bei solchen Angelegenheiten keine Erlaubnis ein, sondern begreife mich als souveräne, selbstverantwortliche Persönlichkeit. Ich suchte noch ein paar Gleichgesinnte, versicherte mich ihrer Unterstützung und verfaßte zusammen mit meinem burgenländischkroatischen Freund Petar/Peter Tyran eine Resolution, in der ich mich von der vom Internationalen PEN angenommenen Resolution über die „Nichteinmischung in regionale Angelegenheiten" distanzierte und auf die – auch politische – Verantwortung des Schriftstellers hinwies und diese einforderte. Die Pressekonferenz mit Verlesung unserer Resolution organisierten wir im Speisesaal eines Hotels. Unsere Ausführungen hielten wir auf Deutsch, Englisch und in Serbokroatisch. Viele KollegInnen aus anderen PEN-Zentren waren anwesend, ebenso Journalisten. Den Mitgliedern der österreichischen PEN-Delegation gab ich vorher die Möglichkeit, unsere „Resolution" zu unterschreiben, manche taten dies auch, Präsident Giese lehnte empört ab. Seiner Meinung nach hatten wir nicht das Recht, unsere oppositionelle Meinung öffentlich kundzutun. Ich fand eine solche Einstellung nicht kompatibel mit der PEN-Charta, welche die Mitglieder des PEN verpflichtet, für die freie Meinungsäußerung einzutreten und zu kämpfen.

Gilevski Paskal, makedonischer Dichter, Schriftsteller, Essayist und Übersetzer. Geboren am 1. Juli 1939 in Setoma, Kostur/Makedonien.
Er ist in meiner Erinnerung untrennbar mit dem Aufenthalt einer österreichischen Dichter-Delegation, der auch Gert Jonke angehörte, beim „Struga Poetry Evenings"-Festival in Makedonien verbunden. Das war 1982. Wir Österreicher standen damals im Mittelpunkt der literarischen Länder-Präsentation, mit einer eigenen, ins Makedonische übersetzten Anthologie, die bei einem Österreich-Abend mit Lesungen der Autoren vorgestellt wurde. Der Paskal Gilevski war eigentlich, wie sein Name schon darauf hinweist, ein Grieche in Makedonien. Er sprach natürlich Griechisch, perfekt Französisch, ebenso Englisch und ein paar Brocken Deutsch. Er hatte Philologie studiert. Und er managte damals das Festival. Paskal war ein stets fröhlicher und gern lachender Mensch, sehr jugend-

lich und vital, geradezu überschäumend vor Lebenskraft und Lebenslust. Schnell und wendig in allen seinen Bewegungen war er fast gleichzeitig immer und überall präsent. Man verstand sich gut und behandelte einander als Freunde: immer zuvorkommend, freundlich, hilfsbereit, herzlich, in Offenheit und Verbundenheit. Immer mit dem Ausdruck: Ich mag Dich! Ein Foto von damals zeigt mich mit meinem Freund Petar/Peter Tyran, dem Burgenlandkroaten, der sprachlich immer eine Brücke zu den anderen war, und unserem Freund Paskal Gilevski, wobei ich beide an den Schultern halte, ausnahmsweise ebenfalls einmal fröhlich und lachend, so als ob ich und die Welt in Ordnung wären.

Giordano Ralph, deutscher Schriftsteller, Journalist und Regisseur, Köln. Geboren am 20. März 1923 in Hamburg.
Seit ich vor längerer Zeit sein Buch „Die Bertinis", cinen Wälzer mit 783 Seiten Umfang gekauft habe, nehme ich mir immer wieder vor aber nie die Zeit dazu, dieses Buch auch zu lesen. Begegnet sind wir einander 1994 bei der P.E.N.-Tagung zum Thema „Wege aus dem Haß" in Schaan-Vaduz in Liechtenstein, an der ich als Vertreter des Österreichischen P.E.N.-Clubs teilnahm. Ich hatte eine heftige öffentliche Kontroverse mit dem bekannten Verhaltensforscher Eibl-Eibelsfeldt nach seinen Ausführungen, in denen er es als „Naturgesetz" ansah, daß der Stärkere über den Schwächeren siege (Diktion!). Meine Frage, ob sich das auch auf den Menschen übertragen lasse, bejahte er „im Prinzip", worauf ich eine solche Transposition auf den Menschen als in der Nähe der NS-Ideologie stehend bezeichnete. Nach meiner Wortmeldung gab es einen kleinen Tumult im Saal. Irgendein Mann, von dem ich nachher erfuhr, daß er der Junior-Fürst von und zu Liechtenstein war, glaubte, mich mit den Worten „Bedenken Sie, daß Sie sich als Gast auf Liechtensteinischem Boden befinden" zurechtweisen zu müssen und zu dürfen, worauf ich ihm entgegnete: „Das mag sein, daß ich mich als Gast auf Liechtensteinschem Boden (Diktion!) befinde, aber ich stehe zu allererst auf dem Boden der Meinungsfreiheit!" Ralph Giordano drückte mir anschließend seine Zu-

stimmung und Sympathie aus. Und so ergab sich zwischen uns nicht nur ein Gespräch, sondern es gab auch ein gemeinsames Einverständnis darüber, daß ein im Tierreich geltendes Naturgesetz nicht einfach auf den Menschen übertragen werden kann und darf und daß hier Natur gegen Zivilisation und Kultur steht. Und wehe man spricht dann auch noch vom „Recht des Stärkeren", dann ist man bereits mitten in der NS-Rassen-Ideologie. Und deshalb fanden wir die Aussagen und die Position vom Herrn Prof. Dr. Eibl-Eibelsfeldt, dem Konrad Lorenz-Schüler, als absolut inakzeptabel. Später sah ich Ralph Giordano noch einige Male im Fernsehen, als Teilnehmer an Gesprächsrunden und bei Interviews. Er gefiel mir, dieser entschiedene Kämpfer gegen jede faschistoide Regung in Gesellschaft und Politik.

Görgey Gábor, ungarischer Dramatiker, Schriftsteller, Theaterregisseur, Theaterdirektor, TV-Kulturchef, Kultusminister der Republik Ungarn (2002 bis 2003). Geboren am 22. November 1929 in Budapest.
Aus einer alten Offiziersfamilie stammend, von den Kommunisten als Bourgeois dementsprechend behandelt (Publikationsverbot), spricht perfekt Deutsch. Kurzzeitig nach der „Wende" in der Regierung der Sozialisten Kulturminister. Wir kennen einander seit den Siebziger Jahren von den für uns wichtigen internationalen Schriftstellertagungen in Fresach. Er machte die Einführung zu meiner zweisprachigen Lesung im Budapester Journalistenclub. Lebt mit seiner um dreißig Jahre jüngeren Frau, einer Sängerin, in Solymar bei Budapest. Ist viel glücklicher als Privatier denn als Kulturminister, wie er mir in Wien sagte.

Gotovac Vlado, kroatischer Schriftsteller, Dissident während der kommunistischen Titozeit, liberaler Politiker. Geboren am 18. September 1930 in Imotski/Kroatien, gestorben am 7. Dezember 2000 in Rom.
Gotovac war Dissident in der kommunistischen Tito-Zeit und deshalb als „Nationalist" mehrere Jahre im Gefängnis; später war er politischer

Oppositioneller in der HDZ-Tudjman-Zeit, in der er mehr demokratische Freiheit forderte. Bei einem mysteriösen Attentat wurde er am Kopf schwer verletzt. Er war dann in Rom und heiratete seine ihn dort im Spital behandelnde Ärztin. Mit ihm und ihr fuhr ich in einer Limousine mit Chauffeur vom Flughafen zur ehemaligen Tito-Residenz in Split, wo wir 1992 an einer internationalen PEN-Tagung des Kroatischen PEN-Zentrums teilnahmen. Beim PEN-World-Congress in Hvar und Dubrovnik 1997 trafen wir einander wieder; da war er schon schwer krank. Wir gingen am Kai spazieren und er erzählte mir, wie wehleidig der Nationalheld Tudjman im Gefängnis war, auch darüber jammerte, daß er kein warmes Wasser zum Rasieren hatte. Ich fand diese Anekdote sehr bezeichnend für diesen Popanz Franjo Tudjman, der sich gerne in Phantasieuniformen kleidete, selbstherrlich auftrat und auch als ein eitler Potentat regierte und eigentlich ständig nur in einer miserablen Weise den großen Partisanenführer und späteren Staatsmann Tito kopierte. Ich werde nie vergessen, wie dieser Tudjman dann – als PEN-Mitglied – zu einer Sitzung des PEN-World-Congress nach Hvar kam. Ich ging gerade am Kai bei unserem Schiff Liburnia, mit der wir von Venedig hierher gefahren waren, spazieren, als sich in rasanter Fahrt ein Militärboot näherte und anlegte. Am Bug standen zwei martialisch aussehende und mit Maschinenpistolen bewaffnete Marinesoldaten. Dann entstieg Tudjman dem Boot, ein paar Einheimische klatschten, und er ging – nein: schritt – unter Bewachung zum Konferenzraum im Franziskanerkloster, wo die schon versammelten PEN-KollegInnen sehr überrascht waren, daß auf einmal der PEN-Kollege und Präsident Franjo Tudjman, der von seinen Leuten die politisch Oppositionellen im eigenen PEN bespitzeln, Kampagnen gegen einige anzetteln ließ und manche dann auch aus Kroatien vertrieb (Univ.-Prof. Dr. Slobodan Novak), auf dieser PEN-Konferenz auftauchte und glaubte, dort den Großen Zampano spielen zu können. Dem war aber nicht so, wie ich das selber erlebte, denn der französische Philosoph Alain Finkielkraut las ihm ziemlich die Leviten und auch Kollege Tudjman hatte sich an die vorgegebene Beschränkung der Redezeit zu halten. Trotzdem hatte ich von seinem Auftritt genug und verließ mit Milos Mikeln den Saal mit den

Worten: „Milos, das ist unerträglich, gehen wir, draußen im Klostergarten gibt es schon das Buffet." Und wir aßen dann dort eine wunderbare Fischsuppe in der Sonne unter Palmen mit einem phantastischen Blick auf die Meeresbucht von Hvar. Für mich war dieser Tudjman-Auftritt wieder einmal die Bestätigung dafür, daß eine solche Inszenierung als Zeichen von Selbstherrlichkeit nahe der Lächerlichkeit liegt. Immer und überall, denke ich, egal aus welchem politischen Lager diese Leute kommen, hat ihr Auftritt eine Mischung aus Martialität und Lächerlichkeit, auf jeden Fall etwas von Verlogenheit und Verblendung an sich, sowie ihr ganzes (staats-) politisches Dasein.

Die Nachricht vom Tod des Freundes Gotovac im Dezember 2000 in Rom betrübte mich. Aber ich wußte, daß er vor seinem Tod noch eine schöne, erfüllende Liebe in seinem doch schon vorgeschrittenen Alter erleben hatte dürfen, denn er und seine Frau saßen damals bei der gemeinsamen Autofahrt vom Flughafen in Split zur Tito-Residenz wie zwei Jungverliebte Händchen-haltend hinter mir. Ein schönes Erinnerungsbild. Und manchmal nehme ich auch einen Gedichtband von ihm zur Hand und lese ein Gedicht. Dann denke ich an die Begegnung mit diesem lieben, sanftmütigen, aber auch mutigen und für die Freiheit lebenslang kämpfenden Freund.

Gratzer Robert, österreichischer Schriftsteller, Journalist, Dramaturg und Verleger, Wien/Istanbul. Geboren am 9. Juli 1948 in Mariahof/Steiermark, gestorben am 6. Mai 2004 in Istanbul/Türkei.

Wie so oft war Fresach in Kärnten der Begegnungsort. Gratzer teilte mir seinen Plan mit, einen Verlag gründen zu wollen und fragte mich, ob ich nicht Lust hätte, dann bei ihm einen Gedichtband, noch lieber: einen Fotogedichtband zu machen. Als der Alekto-Verlag dann von ihm gegründet war und seinen Betrieb aufgenommen hatte, publizierte ich dort die beiden Fotogedichtbände „Farbenlehre" und „Bildersprache"; die „Farbenlehre" 1987 mit dem Schwerpunkt auf das ehemalige KZ-Mauthausen, die „Bildersprache" 1988 zum Thema Vergänglichkeit, Sterben und Tod.

Alle Gedichte und Fotografien waren aus dem Zeitraum 1967-1987. Ich legte mein ganzes Engagement und alle meine Energie in die Publikation der beiden für mich sehr wichtigen Bücher. Die Zusammenarbeit mit dem Verlag war gut, die private Beziehung mit Gratzer wurde immer konfliktreicher und schwieriger. Ich war für eine mir notwendig erscheinende gesellschaftskritische Auseinandersetzung und für ein politisches Engagement, er hingegen war „gegen die Linken" und für „das gesunde Naturburschentum", eine Einstellung, die mir wegen ihrer Nähe zu einer, wie ich glaubte, längst vergangenen (Nazi-) Zeit und ihrer Ideale und Idole (wie z. B. Louis Trenker) nicht nur als bedenklich erschien, sondern darüber hinaus mir eigentlich zutiefst verhaßt war. Das paßte also überhaupt nicht zusammen. Und so vermied ich es, mit ihm „auf ein Bier zu gehen", weil eine solche Sitzung nur in Streit ausartete. Jahrzehnte später traf ich den Robert Gratzer bei meiner Lesung in Istanbul. Er war vor vielen Jahren mit seiner Frau hierher gezogen. Das hatte anscheinend Gratzers Horizont erweitert. Denn jetzt kamen wir miteinander besser zurecht als in der damals schon nationalistischen Enklave Klagenfurt. Wir schrieben uns sogar einige Briefe. Gratzer fand meine Geschichte von unserer Köchin „Fanni" – wie er mir schrieb – „zum Niederknien und zum Weinen rührend und schön". Diese Aussage und daß ich ihn mit meiner Literatur erreicht hatte, war eine nachträgliche Befriedigung für mich. Ich wußte, daß Gratzer meine Gedichte, weder die Themen noch den Stil, nicht gemocht hatte, weil er überhaupt Gedichte nicht mochte. Mag sein, daß es ihm auf dem Gebiet der Lyrik an Einsicht und Sensibilität gemangelt hat. Gratzer schickte mir dann ein Foto von der Aussicht aus seinem Haus am Bosporus und lud mich sogar ein, dort einmal sein Gast zu sein. Dazu kam es aber nicht mehr. Wenig später erhielt ich die Todesanzeige. Robert Gratzer war in Istanbul verstorben. Sollte ich jemals wieder nach Istanbul kommen, werde ich sein Grab wie das eines Freundes besuchen.

Gruber Karl, südtiroler Priester und Schriftsteller aus Meran. Das Österreichische Kulturinstitut in Mailand, Mario Erschen, hatte mich zu zwei Lesungen in Südtirol eingeladen: eine in Bozen, die andere in Meran. Organisiert und betreut hat mich damals der Kollege Gruber, der auch die Lesungen einleitete. Bei beiden Lesungen – vorher, während und danach – haben wir beide, ich etwas mehr, dem guten Rotwein unsere Reverenz erwiesen, indem wir ihn genußvoll und zügig tranken, bis wir rauschig waren. In Meran war das schlimmer als in Bozen. Und der Gruber fuhr mich dann – Gott sei Dank hatte er weniger getrunken als ich, aber fürs Autofahren doch zuviel – von Meran nach Bozen nachhause. Im Auto unterhielten wir uns über dies und das, vor allem aber über das Südtirolproblem und wie weit es mit der Autonomie nun wirklich sei. Der Gruber war ein umgänglicher, offener Mensch, lachte gerne und laut, war ein fröhlicher Bursche, obwohl er über dieses Alter schon längst hinaus war. Nebenbei erwähnte er auch noch etwas Persönliches, das er mir sozusagen anvertraute: „Weißt", sagte er, „ich schreibe nur so, verstehst? Weil eigentlich bin ich Pfarrer, ein Priester, verstehst?!" Ich war ein wenig verwundert und weil wir ca. gleich alt und per Du waren, antwortete ich ihm darauf: „Aber dafür kannst ganz schön saufen, Herr Pfarrer." Und er darauf: „Ja, jeder hat so seine Laster. Ein jeder ist ein sündhafter Mensch, der eine weniger, der andere mehr. Aber glauben muß man, am besten natürlich an Jesus Christus und die Auferstehung; glauben muß man, auf jeden Fall, an irgend etwas. Das ist wichtig für das und im Leben, verstehst?!" „Ja" sagte ich, „ich glaube an den Heiligen Geist und an den im Wein!"- „Verhöhn mich nicht, sonst straft Dich Gott!" meinte er etwas ernst darauf. „Aber nein, ich verhöhn Dich doch nicht und auch nicht Deinen Gott." – „Ich weiß nicht", entgegnete ich ihm, „ob er noch mein Gott ist, ob ich überhaupt noch an einen Gott glaube oder glauben kann; ich will nicht gerade sagen: nach Auschwitz." Auf solche Grundfragen spitzte sich unser Gespräch zu je näher wir Bozen kamen. Nebenbei gingen wir einmal kurz pinkeln. „Auch der Körper verlangt sein Recht", meinte der Gruber. „No, na", sagte ich, „aber nicht nur fürs Pinkeln." Der Gruber verstand mich und sagte: „Na ja, ich versteh Dich schon, Wiplinger." So ähnlich läuft nun in meiner Erinnerung unser Gespräch ab. Ob es wirklich so oder nur so ähnlich war, weiß ich nicht; aber auf jeden Fall hat es zu uns gepaßt. In Bozen stieg ich gegen Mitternacht aus dem VW, verabschiedete mich vom Kollegen Gruber, dankte ihm für alles, was er für mich getan hatte. Danach sah ich ihn nie wieder.

Guttenbrunner Michael, österreichischer Dichter und Schriftsteller, lebte in Wien. Geboren am 7. September 1919 in Althofen/Kärnten, gestorben am 12. Mai 2004 in Wien.
Wenn er seine metaphernreichen Gedichte rezitierte, glaubte ich, ein vergangenes Jahrhundert oder zumindest eine längst vergangene Zeit und Literatur sei über mich/uns mit Getöse hereingebrochen. Mit tiefer, sonorer Stimme und dramatischer Diktion, für die als Metapher „die geballte Faust" zur Charakteristik angebracht wäre, und mit einer unerschütterlichen Überzeugung von seiner Botschaft an alle rezitierte er seine Gedichte. Mir kamen und kommen diese aber ziemlich schwülstig vor. Trotzdem hat er aber viel Anerkennung und viele Preise bekommen. Mich mochte er nicht, ich ihn auch nicht. In einem Gedicht, das ich unter dem Eindruck unserer Begegnung und seines Auftretens (gegen mich) bei einem Künstlersymposium im Bildhauerhaus des Steinbruchs St. Margareten im Burgenland 1980 geschrieben habe, heißt es: „die wahrheit / mit der faust / auf den tisch / geknallt / sagen / so ist es / sich berufen / auf gültige werte / auf ein gesetz / auf ein ich / den anderen / mit so viel / wahrheit / überschütten / daß er / daran erstickt". Dem ist nichts hinzuzufügen. Ich mag Messianismus nicht, weder bei Menschen noch in Gedichten.

Hackermüller Rotraut, österreichische Dichterin und Schriftstellerin, Wien. Geboren 1943 in Wien.
Wir haben einander im legendären Morgen-Kreis kennengelernt, näher bei den alle zwei Jahre stattfindenden einwöchigen Symposien in Drosendorf und dann in Ottenstein im Waldviertel. Wir empfanden uns nicht nur als Kollegen, sondern waren freundschaftlich miteinander verbunden, so wie viele aus dem Morgen-Kreis. In Ottenstein war sie mit ihrer da-

mals kleinen Tochter; ich habe beide fotografiert. Literarisch aufgefallen ist sie mir durch ihr wunderbares Buch „Das Leben, das mich stört", eine genaue Dokumentation über die letzten Lebensjahre von Franz Kafka, 1917-1924, der im Sanatorium in Kierling bei Wien verstorben ist. Das Buch ist nicht nur ein Kompendium, das genau recherchierte Informationen übermittelt, sondern eines, in das man sich auch einfühlen kann und das in einem selbst ein Mitgefühl hervorruft, das eine Art von Anteilnahme am Schicksal Franz Kafkas ermöglicht, die weit über ein intellektuelles Zur-Kenntnis-Nehmen und Verstehen hinausgeht. Dazu trägt besonders auch der Fototeil in diesem Buch bei. Der Bildteil des Buches widerspiegelt eine Welt, die das Tragisch-Schicksalhafte im Leben Franz Kafkas nicht nur vermittelt, sondern von der man in einer Weise berührt wird, die bis in den Bereich der persönlichen Erschütterung geht.

Hafner Fabjan, kärntnerslowenischer Lyriker und Übersetzer, Literaturwissenschaftler, Feistritz im Rosental. Geboren am 8. Juni 1966 in Klagenfurt/Celovec, lebt in Feistritz im Rosental/Bistrica v Rozu (Südkärnten).
Ich habe ihn kennengelernt, als er noch ein ganz schmächtiges Bürschchen war und studiert hat. Er war damals schon ein hellwacher Geist mit einem sensiblen Wesen, also mit einer guten Voraussetzung für einen Lyriker und einfühlsamen Übersetzer. Bei einer Autobusfahrt von Ljubljana/Laibach nach Bled hatten wir ein gutes Gespräch; an Einzelheiten kann ich mich nicht mehr erinnern, aber ich weiß, daß er ein angenehmer Gesprächspartner war, der gut zuhören und sich mit sparsamen, aber treffenden Worten ausdrücken konnte. Leider sind wir einander nach diesen PEN-Tagungen in Bled kaum mehr begegnet.

Hakobyan Viktoria, armenisch-russische Autorin und Publizistin in Moskau.
Der Tisch war, wie in Rußland üblich, mit allem gedeckt, was man nur aufzubieten hatte: Brot, Käse, Wurst, Gurken, Mehlspeisen, Süßigkei-

ten, Obst und Blumen. Und alles war wie in einem Dorf in einer alten Bauernstube. An den Wänden Teppiche, Bilder und Teller; und überall Bücher. Viktoria war und ist sicher noch eine schöne Frau. Ihr Mann war sehr früh und plötzlich an einem Herzinfarkt verstorben, in ihren Armen. Sie ist mit ihren drei Kindern zurückgeblieben und hat sie allein aufgezogen. Kein leichtes Leben, schon gar nicht in Rußland, damals in den frühen Neunzigerjahren, in Moskau. Das Haus, in dem sie wohnte, war sehr zentral, es befand sich in einer kleinen Nebengasse am Alten Arbat, einer wunderschönen Fußgängerzone in der Altstadt von Moskau. Ein Touristenzentrum – viele Stände mit Tourismuskitsch, natürlich auch mit den bekannten „Matrjoschkas", den ineinander geschachtelten bunt bemalten Puppen. An einer Mauer einer Kaserne dort die ersten Graffiti, für ein verstorbenes russisches Popidol, aber auch mit ersten Parolen, die Widerspenstigkeit der Jugend aufzeigten. So jedenfalls erklärte mir das Larissa Pavlova, meine Dolmetscherin und Betreuerin, die mir von der Österreichischen Botschaft in Moskau zur Verfügung gestellt worden war. Später einmal kam sie dann mit einem Stipendium für drei Wochen nach Wien. Mit Larissa also besuchte ich Viktoria. Sie würde mir gefallen, meinte sie; und sie hatte recht. Viktoria war eine intellektuelle, interessante Frau, sprach auch sehr gut Deutsch; später haben wir einige Zeit hindurch miteinander korrespondiert. Viktoria schrieb Gedichte in ihrer Muttersprache Armenisch, in einer wunderschönen Schrift. Sie arbeitete bei einem großen Verlag und war auch in der Kulturredaktion bei einer großen Zeitschrift publizistisch tätig. Natürlich brachte ich ihr Blumen mit. Ich durfte für ein paar Stunden diese absolut großzügige und unglaubliche Gastfreundschaft sowie unser interessantes Gespräch und überhaupt unser Zusammensein genießen. Wenn ich heute an meine Moskau-Aufenthalte zurückdenke, dann nicht nur an den Kreml oder an die berüchtigte „Lubjanka" und an das Fest zur Einweihung der von Stalin abgerissenen und nun wiederaufgebauten Erlöserkirche mit dem großen, beeindruckenden Konzert auf dem Platz davor, sondern dann denke ich auch an die Viktoria, an ihre Gastfreundschaft, an die Stunden mit ihr.

Harwood Ronald, britischer Schriftsteller, Dramatiker, Drehbuchautor, Filmproduzent und Theaterschauspieler; Oscar-Preisträger („Der Pianist", 2003), Präsident des International PEN (1993-1997). Geboren am 9. November 1934 in Kapstadt, Südafrika. Lebt in London.
Wir trafen einander bei verschiedenen internationalen PEN-Veranstaltungen. Zufällig begegneten wir uns in Jerusalem bei der dortigen internationalen Buchwoche, bei der auch mein zweisprachiger Gedichtband „Simane Chaim/Lebenszeichen" vorgestellt wurde. Dann trafen wir aufeinander in Yad Vashem und gingen gemeinsam alle Gedenkstätten ab. Ich habe Ron Harwood mit seiner Frau auch dort fotografiert. Im Valley of the Communities, das alphabetisch nach Ländern und deren Orten geordnet ist, blieb er mit seiner Gattin bei Litauen stehen, sah die Ortsnamenslisten durch, sagte dann einen Namen, worauf er tief ergriffen schwieg. Dort waren sein Vater und ein Teil seiner Familie als Juden von den Nazis ermordet worden. Harwood hat sich später aus dem PEN zurückgezogen. Wir sind uns nie mehr begegnet.

Hashizume Bun, japanische Schriftstellerin, Hiroshima-Überlebende. Geboren 1931 in Hiroshima.
Bei fast allen PEN-Kongressen und PEN-Konferenzen, vor allem in Bled in Slowenien, trafen wir aufeinander. Und fast jedes Mal habe ich sie fotografiert. Eine sehr zerbrechliche Gestalt, große dunkle Augen hinter getönten Brillen. Wir plauderten über dies und jenes, auch über die Verschiedenheit der Kulturen. Sie gab mir ein schmales Bändchen mit einem Text, dem ich entnahm, daß sie den Atombombenabwurf von Hiroshima wie durch ein Wunder überlebt hat, während ihr kleiner Bruder damals gestorben ist.

Hatala Marián, slowakischer Schriftsteller, Verleger, Senica/Bratislava/Slowakei. Geboren am 11. September 1958 in Holic/Slowakei.
Bei der Lesung 1991 in der Stadtbibliothek in Bratislava lernten wir uns

kennen. Wir kamen ins Gespräch und auf die Idee, einen Gedichtband von mir auf Slowakisch zu machen. Er gründete zusammen mit einem Freund einen Verlag in seinem Heimatort Senica. Wir trafen uns dort mit Milan Richter, der meine Gedichte ins Slowakische übersetzte. Bald darauf erschien mein Gedichtband „Znamky zivota" (Lebenszeichen), sowohl in Slowakisch wie in Tschechisch. Beide Bücher wurden 1995 mit zweisprachigen Lesungen präsentiert, das eine in der Stadtbibliothek in Bratislava, das andere in Prag im legendären Café Viola.

Haugova Mila, ungarisch-slowakische Dichterin und Übersetzerin. Geboren am 14. Juni 1942 in Budapest, lebt in Bratislava.
Wir sind uns immer wieder begegnet, schon in der noch kommunistischen Ära der damaligen Tschechoslowakei, im SchriftstellerInnenhaus in der Laurinska ulica Nr. 2 in Bratislava, wo wir unten in der Mensa zusammen gegessen sind und Kaffee getrunken haben; und dann auf Schloß Budmerice, bei bilateralen Konferenzen. Da fiel mir auf, wie in sich zurückgezogen und still auf einmal die vordem stets fröhlich lachende, große, schlanke, blonde Frau geworden war. Sie erzählte mir, daß ihr Lebensgefährte auf tragische Weise ums Leben gekommen war. Gemeinsam fuhren wir später einmal auch mit dem Schiff Liburnia von Venedig nach Dubrovnik und zur Insel Hvar zum International PEN-Congress. Die Mila ist ein so sanftmütiger Mensch, still und leise; ich bin genau das Gegenteil von ihr.

Haulot Arthur, belgischer Schriftsteller, Dichter und Journalist. Widerstandskämpfer im NS-Regime, Häftling und Überlebender der KZ Dachau und Mauthausen. Geboren am 15. November 1913 in Angleur bei Lüttich, gestorben am 24. Mai 2005 in Brüssel.
Wir lernten einander in Liège kennen. Er sprach als Belgier aus Brüssel meist Französisch, nur mit mir sprach er Deutsch, in der Sprache seiner ehemaligen Peiniger. Ich sagte ihm, daß mir das unangenehm sei

Gertrud Fussenegger

Fabjan Hafner

Carry Hauser

Peter Henisch

und er quittierte diese Aussage mit seiner freundlichen Zuneigung. Ich sehe ihn noch vor mir, wie er, dieser große, stets aufrecht und mit großen Schritten gehende Intellektuelle als Generalsekretär des „Maison Internationale de la Poésie" souverän agierte. Ein bewundernswerter Mensch; einer von jenen, die trotz ihrer KZ-Erlebnisse weder verbittert noch gebrochen waren. Nein, ganz im Gegenteil, der war wie viele andere ein Kämpfer, weiterhin, sein Leben lang; für Humanität, Menschenrechte, Freiheit.

Hauser Carry, österreichischer Schriftsteller, Maler, Bühnenbildner; PEN-Generalsekretär (ab 1952), später Vizepräsident des Österreichischen PEN-Clubs (bis 1972). Wien. Geboren am 16. Februar 1895 in Wien, gestorben am 28. Oktober 1985 in Rekawinkel.
Unsere Begegnung war 1981 beim Sechzig-Jahres-Jubiläum des Österreichischen P.E.N.-Clubs, wo ich auf Ersuchen von György Sebestyén den Vortrag „Der PEN und die jungen Autoren" hielt. Nach dem offiziellen Teil der Veranstaltung gab es – wie im PEN üblich – einen Empfang. Carry Hauser sprach mich an und sagte, daß ihm mein Vortrag gefallen habe und daß er in vielem, was meine PEN-Problematik-Analyse und Kritik betrifft, mit mir übereinstimme. Das freute mich und ich fühlte mich akzeptiert. Es war ja mein erstes öffentliches Auftreten im Österreichischen PEN. Wir hatten eine angenehme Unterhaltung, an der dann auch Hugo Huppert teilnahm. Von diesem Zusammentreffen gibt es auch ein Foto, das ich noch habe. Carry Hauser war damals schon in hohem Alter. Sein Gesicht war schmal wie bei den Menschen auf seinen Bildern und sein Haar war glatt und schlohweiß. Er war ein liebenswürdiger, alter Herr. Wenn ich auf dem Hietzinger Friedhof bin, besuche ich auch fast jedes Mal das schlichte Grab vom Carry Hauser. Dann erinnere ich mich an ihn und an unsere Begegnung, die schon so lang zurückliegt, als wäre sie in einem anderen Leben gewesen.

Havryliv Timofej, ukrainischer Dichter und Übersetzer aus Lemberg/ Lviv. Geboren 1971 in Ivano-Frankivsk.

„Das Schnitzel schmeckt sehr gut!" sagte er, als er mit seiner Freundin bei uns in Wien zum Mittagessen am Tisch saß. Das muß an einem Tag während des Übersetzersymposiums im Wiener Literaturhaus so um 1992 gewesen sein. Wir sprachen über die Ukraine, über Kiew und Lemberg, über Charkow und Czernowitz; und daß alle diese Städte Ziele meiner Reisesehnsucht seien. Ich ließ mir Lemberg beschreiben. Er gab mir später dann auch noch Namen und Adressen von Personen und Institutionen, an die ich mich wegen einer Lesung wenden sollte. In Charkow erschien 1996 mein Gedichtband „Znaki zittja" (Lebenszeichen). Die Übersetzung und Publikation vermittelte mir die liebe Freundin Marina Postojewa, die mir schon bei meinen Lesungen in Moskau als Dolmetscherin liebenswürdigerweise zur Verfügung gestanden war. Auch nach Ivano-Frankivsk hatte ich eine Einladung zu einer Lesung, zu der ich von Presov aus, der letzten Stadt vor der ukrainischen Grenze, reisen wollte; aber es kam dann doch nicht dazu. Der Kollege Havryliv, der weniger künstlerisch als vielmehr universitär-wissenschaftlich in seiner Geisteshaltung und in seinem Gehabe war und der von politischen Themen anscheinend nichts wissen wollte, zählte mir auch auf, was er schon alles aus dem Deutschen ins Ukrainische übersetzt hatte; es war eine Unmenge, eine beachtliche Leistung. Nach dem Essen verabschiedeten wir uns voneinander, sahen uns noch kurz beim Symposium. Wir blieben aber brieflich in lockerem Kontakt miteinander. Viele Jahre später, vor nicht allzu langer Zeit, sahen wir uns im Rahmen einer Lesung von ukrainischen Dichtern in der Österreichischen Gesellschaft für Literatur in Wien wieder. Wenn ich mich recht erinnere, so hörte ich damals nur so etwas wie „schöngeistige Metaphernichtung", etwas das mich so gar nicht interessierte, auch weil es in krassem Gegensatz zur politischen Lage (Orangene Revolution), zu den politischen und gesellschaftlichen Verhältnissen im eigenen Land stand und diese überhaupt nicht widerspiegelte. Im Auditorium saßen auch Vertreter der Ukrainischen Botschaft in Wien. Alles hatte diesen Anstrich, den ich aus solchen Ländern längst kannte. Ich aber war und bin gegen die „Konsolidierung der Verhältnisse", sondern für einen Aufbruch auf der politischen und gesellschaftlichen Ebene in Richtung gelebter Demokratie, damit die Menschen dieser Länder endlich frei werden. Aber dies war meinerseits ohnehin wieder einmal eine Illusion, denn diese Gesellschaft teilte sich im Turbokapitalismus und dem sich darin und daraus gebildeten System sowieso wiederum in eine neue Klassengesellschaft, in Arm und Reich. Aber auch da hat der Schriftsteller sich einzumischen und die Zusammenhänge und somit die Wahrheit aufzuzeigen. Oder man verbleibt bequemerweise im „Elfenbeinturm", in dem einem nichts passieren kann.

Heer Friedrich, österreichischer Kulturhistoriker, Schriftsteller und Publizist. Geboren am 10. April 1916 in Wien, gestorben am 18. September 1983 in Wien.
Jeder Intellektuelle kannte schon in den Sechzigerjahren den Friedrich Heer, den Provokateur, diesen ungewöhnlichen Menschen. Ich erinnere mich an das erste Zusammentreffen mit ihm bei einer Veranstaltung zum Thema Holocaust im Hörsaal 1 des Neuen Institutsgebäudes der Universität Wien in der Liebiggasse. Unter den Rednern und Diskutanten am Podium waren Hermann Langbein, Viktor Frankl und Friedrich Heer. Nach der Podiumsdiskussion konnte man sich auch aus dem Publikum zu Wort melden. Ich tat das mit der kritischen Bemerkung, daß sich dieses Österreich noch immer nur als Opfer der Nazidiktatur sehe und sein Beteiligtsein auf der Täterseite verleugne und verdränge und seine eigene Geschichte nicht aufarbeite, ja dazu auch gar nicht bereit sei; vor allem was das Offizielle Österreich beträfe. Friedrich Herr griff meine Bemerkung auf und stimmte mir zu. Nach der Veranstaltung sprach er mich an und fragte mich nach meinem Namen. Ob ich der Bruder des Philosophen Wiplinger sei, fragte er mich hierauf. Ich bejahte dies. Friedrich Heer kannte meinen Bruder noch von der Katholischen Hochschuljugend in der Ebendorferstraße, gleich um die Ecke des Institutsgebäudes. Dort hatten sie sich in den Fünfzigerjahren mit anderen kritischen Geistern regelmäßig beim Studentenseelsorger Dr. Strobl getroffen. Beim Ersten

Österreichischen Schriftstellerkongreß im Wiener Rathaus 1981 trafen wir wieder aufeinander. Auf meine Höflichkeits-Frage wie es ihm gehe, antwortete er auf seinen etwas aufgeschwollenen Bauch zeigend: „Wie soll es mir schon gehen? Da sitzt der Krebs im Bauch und arbeitet!" Friedrich Heer hatte mir schon 1980 ein paar handschriftliche Zeilen zur Charakteristik meiner Haltung und meiner Gedichte geschrieben, die er aus dem 1978 in New York erschienenen Gedichtband „Broders/ Grenzen" kannte. Ich habe sie als Zitat auf die Rückseite meines Fotogedichtbandes „Farbenlehre – Gedichte 1967-1987" gegeben. Und sie lauten: " Peter Paul Wiplinger ist ein österreichischer Dichter, der sich dem Ganzen stellt; dem täglich möglichen Fortschritt von der Endlösung der Judenfrage zu einer Endlösung der Menschenfrage. Das Ganze ist: der Mensch, eine offene, nie heilende Wunde. Das Ganze ist: das Sterben, im täglichen Sterben wachsen. Das Ganze ist: auch die Liebe. Früher nannte man das Gott." Für eine solche Erkenntnis meiner Gedichte und meiner Intention bin ich zutiefst dankbar.

Heide Heidi, österreichische Fotografin, Lyrikerin. Geboren am 16. Juni 1943 in Amstetten/Niederösterreich.
Kennengelernt haben wir einander beim Ersten Österreichischen Schriftstellerkongreß 1981 in Wien. Da strolchte eine bohemienhaft gekleidete Frau herum, der man ihre Extravaganz schon von weitem ansah, und jeder – außer mir – schien sie zu kennen. Sie hatte zwei große Fotoapparate umgehängt, natürlich Spiegelreflexkameras, und fotografierte alles und jeden, vor allem Autorinnen und Autoren, aber auch die Politiker und andere, die vorne auf dem Podium saßen und diskutierten. Ich beobachtete diese Fotografin, und da ich selber damals auch schon fotografierte und die ersten Ausstellungen hatte, bemerkte ich, daß sie stets im richtigen Augenblick abdrückte, um eine Person oder eine Szene einzufangen. Die Frau wußte genau, was sie tat; instinktiv, wie mir schien, aber durchaus auch erfahrungsgemäß und professionell. Das gefiel mir. Und als sie, obwohl sie glaubte, ich würde sie nicht bemerken, weil ich mir diesen

Anschein gab, auch mich fotografierte, sprach ich sie an. Wir redeten über das Fotografieren, mit welcher Kamera sie unterwegs sei, welchen Film sie verwende usw. So lernten wir einander kennen und vertieften diese kollegiale Beziehung, wenn wir uns bei verschiedenen Anlässen trafen. Sie war damals eine „kämpferische Emanze", wie wir „Chauvis" (Chauvinisten/Machos) diese „Emanzen-Weiber" nannten (Frauenverlag). „Schnipp-schnapp-Schwanz-ab!" konnte man als Graffito und Parole an mancher Hausmauer lesen. Das war sicherlich nicht nach meinem Geschmack. Sie war und ist nicht nur eine hervorragende (Personen-) Fotografin, sondern sie begegnete mir, als ich Juror für irgend ein Nachwuchs- oder Staatsstipendium des Ministeriums war, plötzlich auch als Lyrikerin; und zwar als unkonventionelle, sehr persönlich im Sprachausdruck, mit einer bildhaften Gedankenwelt. Mir gefielen ihre Gedichte, auch wenn ich manches nicht verstand. Ich schlug sie jedenfalls für ein solches Stipendium vor und sie bekam eines. Das freute mich. Hier ging es (ihr) ja nicht um Sprachexperimentelles, sondern um eine sehr persönliche Gedicht-entsprechende Ausdruckweise und Mitteilungssprache individuellster Prägung. Wenn ich an die Heide denke, ich wähle immer den Familiennamen, dann denke ich sofort an ihre von den vielen Zigaretten verrauchte Stimme. Ich sehe aber auch ihr Lächeln, das Verständnis ausstrahlte und einfach aus der Seele kam. Ich mag die Heidi Heide. Jetzt sind wir beide doch schon älter geworden. Wenn wir uns jetzt, was selten ist, weil sie anscheinend kaum mehr fotografiert, irgendwo treffen, begrüßen wir uns kumpelhaft-herzlich. Und man kann sicher sein, daß im Verlaufe eines solchen Begrüßungsgesprächs irgendwann einmal das Wort „damals" fällt.

Heinze de Lorenzo Ursula, deutsch-galizianische Dichterin, Schriftstellerin, Übersetzerin, Mitbegründerin und Ex-Präsidentin des Galizianischen PEN in Santiago de Compostela. Geboren am 18. Juni 1941 in Köln, lebt in Santiago de Compostela/Spanien.
Wir kennen einander seit Jahrzehnten und sind noch immer miteinander

in Kontakt. Sie war auch in Wien, hat im Restaurant auf dem Kahlenberg eine Dichterlesung gehalten, an der ich teilnahm. Die Ursula hat sich immer etwas Mädchenhaftes behalten. Getanzt hat sie wie verrückt und wie eine junge Wilde. Und gelacht hat sie dabei! Ein fröhlicher Mensch, eine stille, sensible Dichterin. Immer sind wir uns bei den PEN-Konferenzen in Bled und bei PEN-Kongressen begegnet; sie war eine von unserer Gruppe, von unserem Freundeskreis. Jetzt hat sie sich genauso wie ich vom PEN und all dem wichtigtuerischen Getue zurückgezogen. Also bleiben uns nur kurze schriftliche Kontakte, von Zeit zu Zeit. Dabei schickt sie immer ein von ihr übersetztes und meist auch publiziertes Gedicht von mir mit. Den „Mühlviertler" nannte sie mich immer und lachte dabei. Und das gefiel mir.

Henisch Peter, österreichischer Dichter, Schriftsteller, Wien. Geboren am 27. August 1943 in Wien.
In den frühen Siebzigerjahren war ich einmal bei einer Podium-Veranstaltung in der Kleinen Galerie in der Neudeggergasse in Wien. Da hat ein junger Schriftsteller mit schwarzem Wuschelkopf Gitarre gespielt und dazu gesungen; auch gelesen hat er, Gedichte und anderes. Das war der Peter Henisch. Später, als ich diese Galerie leitete und Peter Henisch im Nebenhaus logierte, wo man im Sommer durch ein offenes Fenster manchmal Schreibmaschinengeklapper hören konnte, das vom Henisch kam, sahen wir uns manchmal zufällig, wenn ich eine Grafikerin besuchte, die ihr Atelier ebenerdig im Hoftrakt dieses Hauses hatte. Auch sonst sind wir einander manchmal begegnet, etwa wenn er in der Trafik bei mir um die Ecke etwas einkaufte. Bei Veranstaltungen habe ich ihn kaum gesehen. Peter Henisch lebt nicht nur sehr zurückgezogen, er scheint auch ein in sich zurückgezogener Mensch zu sein. Das Wort „Innerlichkeit" fällt mir ein, wenn ich an ihn denke. Stets grüßt er freundlich und hat dabei ein Lächeln im Gesicht. Zurückhaltung, Sanftmut, ja sogar Güte und einen feinen Humor strahlt er aus. Diesen Eindruck macht er jedenfalls auf mich. Am Strand von Cavallino habe ich damals sein Buch „Die

kleine Figur meines Vaters" gelesen. Das Buch und die Art des Erzählens haben mir gut gefallen. Der kleine Vater vom Peter Henisch war Fotograf. Der Peter Henisch hat eine Unmenge von Büchern geschrieben. Deshalb seine Zurückgezogenheit, denke ich mir manchmal; der arbeitet einfach sehr fleißig. Ich habe mir vorgenommen, bald sein neues Buch „Eine sehr kleine Frau" (2007) zu lesen, das auf dem Nachttisch meiner Lebensgefährtin liegt, die viel mehr Bücher liest als ich.

Hergouth Alois, österreichischer Schriftsteller, Dichter und Übersetzer, Graz. Geboren am 31. Mai 1925 in Graz, gestorben am 17. Jänner 2002 in Graz.
In meiner Erinnerung sehe ich uns beisammen sitzen: den Alois Hergouth, den Jean Charles Lombard, den France Filipic und mich, nach einer Veranstaltung des Alpenländischen Schriftstellerkongresses in Radkersburg/Radenci, in irgendeinem Gasthaus, bei Wein und Zigaretten und im Gespräch. Alle drei sind sie schon tot. Der Alois Hergouth hat ständig geraucht und die Luft verpestet, auch seine Stimme und überhaupt seine Gesundheit waren angegriffen. Ein schweres Leben hat er gehabt. Aber er hat sich hinaufgearbeitet − fleißig, zäh und zielbewußt. Soldat war er noch gewesen im Zweiten Weltkrieg. Dann hat er studiert und promoviert und wissenschaftlich gearbeitet, aber auch schon Gedichte geschrieben. Als elftes Kind eines Maurers war er geboren. Arbeitermilieu. Armeleutekind! Das hat er sein Leben lang nicht vergessen, das hat ihn geprägt, das konnte man spüren. Nie war er überheblich, stets bescheiden und etwas (in sich) zurückgezogen. Dabei hatte er einen feinen Humor. Er machte aber keine Witze, nur sparsame Bemerkungen, so beiläufig hingesagt, die Ausdruck seines kritischen Verstandes und der aus seinem Leben gewonnenen Einsicht waren. Er hat nie laut gelacht, nein, der Alois Hergouth hatte ein Lächeln, er konnte sich auch über etwas amüsieren. Und er hatte, wie man sagt, eine „tiefe Seele", etwas ganz Innerliches. „Zum Niederknien sind diese Gedichte!" sagte ich einmal, als ich sie im Radio hörte und gar nicht wußte, von wem sie waren.

„Das ist ein großer Dichter, wer ist das?" fragte ich und wartete auf die Schlußansage der Sendung. Und dann fiel der Name Alois Hergouth als Verfasser dieser Gedichte. „Aber den kenne ich doch!" sagte ich, „das ist ja der Alois Hergouth, mit dem ich in einem Gasthaus zusammen mit anderen Freunden Wein getrunken habe, irgendwo an der Grenze, im Steirischen." Er lebte ja – wie ich gehört hatte – in Sladka Gora, auf der anderen Seite, im Slowenischen, in einer bescheidenen Hütte, aber inmitten der Weinberge. Ich habe Hergouth nach diesem Abend in Radkersburg nie mehr gesehen. Nur einmal begegnete er mir noch indirekt in den von ihm aus dem Slowenischen übertragenen Gedichten des mir ebenfalls bekannten Dichters Kajetan Kovic bei einer Lesung im jugoslawischen Kulturinstitut in der Invalidenstraße in Wien. Auch von seinem Tod habe ich erst später und nur nebenbei erfahren. Ich habe um ihn getrauert, um diesen großen Dichter und um diesen lieben, bescheidenen Menschen.

Herzele Margarethe, österreichische Dichterin. Geboren am 2. August 1931 in St. Veit an der Glan/Kärnten.
Unverwechselbar ihre Sprechweise mit dem Kärntner Dialekt, den sie auch in jahrzehntelangen Wien-Aufenthalten nicht abgelegt hat. Sie schreibt Gedichte, Lyrik; fast ausschließlich. Ihre Gedichte sind bildhaft, auch mit Metaphern, gleichnishaft. Es gibt darin keine Banalitäten, sondern sehr viel Innerlichkeit, auch und vor allem eine vom eigenen Ich. Sie mißt langsam und bedächtig und vorsichtig die Dimensionen des Lebens und das Leben selbst aus. Es sind leise Töne, die da hörbar werden; fast wie hingehaucht. Manchmal aber ist es auch wie Glockenläuten hinaus in die weite Landschaft. In einer solchen Landschaft oberhalb der zur Drau abfallenden Hügellandschaft haben wir uns auch zum ersten Mal getroffen und kennengelernt. Wieder war es in Fresach, wieder war es bei den internationalen, stets Beziehungen stiftenden Schriftstellertagungen des Kärntner Schriftstellerverbandes unter seinem damaligen Präsidenten Walther Nowotny und seines Generalsekretärs Theo Pressien samt Helfern und Mitgliedern dieses Regionalverbandes in der österreichischen Literaturszene.

Hruby Josef, tschechischer Dichter und Übersetzer in Pilsen/Plzen. Geboren am 10.Mai 1932 in 1932 in Cernetice/Südböhmen.

Wir sind einander in den späten Achtzigerjahren oder in den frühen Neunzigerjahren bei einer von Alois Vogel und dem Literaturkreis Podium veranstalteten Lesung im Niederösterreichischen Landhaus in der Herrengasse in Wien begegnet, später dann auch bei einer der PEN-Konferenzen in Bled, von wo wir zusammen mit Viktor Suchy mit meinem Puch 500 nach Wien zurückgefahren sind. Später haben wir uns noch oft bei verschiedenen Anlässen gesehen. Fast jedes Mal haben wir uns gegenseitig fotografiert. So gibt es von uns ein Foto – Josef Hruby mit seiner Frau, der österreichische Dichter Albert Janetschek mit seiner Frau und ich mit dabei, wie wir auf der Karlsbrücke in Prag stehen. Ich glaube, mein Freund Milos Mikeln hat uns damals fotografiert. Wir waren alle zusammen beim PEN-World-Congress 1994 in Prag. Der Hruby war ein stiller, feiner Mensch. Ich erinnere mich an seine zarten, lyrischen Gedichte, an eines, das von einer Geige erzählt. Das gefiel mir besonders gut. Ich hatte ja als Bub auch Geige gelernt und ein wenig gespielt, ebenso wie später auf unserem Klavier und Harmonium. Natürlich sprach Hruby perfekt Deutsch. Vielleicht hat er da Wurzeln, ich weiß es nicht. Jedenfalls hat er ein kurzes, aber einfühlsames Vorwort zu meinem tschechischen Gedichtband „Znamky zivota" (Lebenszeichen) geschrieben. Er hat mir auch den Übersetzer vermittelt, Frantisek Fabian aus Pilsen/Plzen. Bei meinem Besuch in Pilsen sind wir bei der Stadtbesichtigung auf meinen Wunsch hin auch in die große, wieder schön renovierte Synagoge gegangen. Traurig, aber wahr: Es gab damals in dieser Stadt kaum jemals mehr die vorgeschriebene Gebetsgemeinschaft von zehn männlichen Juden für ein Gebet im Tempel. Ergriffen ging ich damals von einem Gebetsstuhl zum andern und las die vielen Namen jener Personen, die einmal hier ihren Gebetsplatz hatten. Namen, Namen, Namen. Und alle diese Menschen sind ohne Nachkommen verschwunden – ermordet in Auschwitz, in Sobibor, Treblinka, Bergen-Belsen, Mauthausen. Immer wenn ich meinen tschechischen Gedichtband zur Hand nehme, erinnere ich mich an den Josef Hruby und an Frantisek Fabian. Und ich sehe mich dann wie im Traum in der Synagoge von Pilsen/Plzen sitzen, eingehüllt in Schweigen und Trauer.

Hubay Miklós, ungarischer Schriftsteller, Dramatiker, Übersetzer, Professor an der Filmschule, Vorsitzender des Ungarischen Schriftstellerverbandes sowie Präsident des Ungarischen PEN. Geboren am 3. April 1918 in Großwardein (heute: Oradea in Rumänien).
Täglich zwischen sieben und acht Uhr in der Früh waren wir drei im Park Hotel oben im Hallenschwimmbad und schwammen unsere Längen: der Miklós Hubay aus Budapest, der Freund Mirko Markovic aus Zagreb und ich. Der Hubay war ein zaundürrer ausgemergelter alter Mann von unschätzbarem Alter. Er hatte eine altmodische Badehose an, die um seinen Körper schlotterte, und auf dem Kopf trug er, so wie Mirko, eine Badehaube; der Mirko trug auch darüber hinaus immer eine Taucherbrille; und sprang sogar noch vom Beckenrand kopfüber ins Bassin. Wir drei schwammen also unsere 10-20 Längen: Der Hubay im Brustschwimmstil langsam und bedächtig, der Mirko kraulte zügig, und ich machte Rückenschwimmen wegen meiner Kreuzschmerzen. Natürlich grüßte man sich, wir waren als verläßliche Schwimmer sozusagen so etwas wie geheime Verbündete. Beide Kollegen konnten Deutsch, man sprach also miteinander; mit dem Hubay meist nur „Guten Morgen!", mit dem Mirko war ich befreundet, wir sprachen ausführlicher. Wenn wir schon mehrere Längen geschwommen waren und zufällig am Beckenrand zusammentrafen, lächelten wir einander zu, mit dem Ausdruck stolzer Selbstbestätigung über unsere Leistung. Miklós Hubay stieg meist als erster aus dem Wasser, verabschiedete sich, winkte zurück. Dann ging meistens der Mirko, meist sagte er zu mir noch: „Paul, jetzt hab' ich genug, es reicht!". Dieses Miteinander-Schwimmen war so etwas wie die Basis unserer freundschaftlichen Vertrautheit miteinander. Ich interessierte mich damals kaum für die Literatur der Kollegen oder was sie beruflich machten. Wir waren eben alle Schriftsteller. Jetzt entnehme ich dem Internet die ersten Informationen, rechne nach, wie alt wir drei damals waren, und bin überrascht. Irgend-

wie waren mir die beiden Kollegen bezüglich körperlicher Ertüchtigung, obwohl ich diese nie mochte und nicht mag, immer ein Vorbild. Jetzt weiß ich: Miklós Hubay muß damals schon an oder sogar über die Achtzig gewesen sein. Und der Mirko war auch nicht viel jünger. Denn er schrieb mir vor kurzem: „Weißt du, Paul, jetzt, nachdem ich in der Wohnung gestürzt bin, fällt mir auch manches schon sehr schwer; schließlich bin ich im 96. (!) Lebensjahr". Mein Gott, denke ich, was waren das für Kerle! Und wie dankbar muß ich sein, daß ich sie kennenlernen und mit ihnen sogar gemeinsam schwimmen durfte. Und dem Mirko habe ich das bei unserem letzten Zusammentreffen in Zagreb auch gesagt. Da hat er gelächelt.

Hudecek Joze, slowenischer Dichter, Schriftsteller, Journalist, Übersetzer, TV-Redakteur in Ljubljana. Geboren am 24. Februar 1937 in Ljubljana.
Wir trafen regelmäßig bei den PEN-Konferenzen in Bled in Slowenien aufeinander, wo er als Mitarbeiter des Slowenischen Fernsehens zusammen mit Petar Kuchar immer Berichte machte. Auch mit mir hat er dort einige Interviews gemacht. Er kann perfekt Deutsch, sodaß wir uns gut unterhalten konnten. Auch wenn ich in Laibach/Ljubljana war, dort eine Lesung oder eine Fotoausstellung hatte, berichtete er stets darüber. Einmal waren wir in Erinnerung an seine Bubenzeit – „Wiplinger, das mußt du unbedingt probieren" – in einem Gasthaus frittierte Froschschenkel essen; mir grauste davor, denn ich hatte andauernd diese schlitzigen hüpfenden Viecher vor mir und wie ihnen die Schenkeln ausgerissen worden waren in meiner Vorstellung, sodaß ich das Zeug kaum hinunterbrachte, es aber trotzdem mit Todesverachtung hinunterwürgte. „Und hat es dir geschmeckt?" fragte er mich. Ich sagte: „Schau mir mal ins Gesicht, dann hast du die Antwort!" Jedenfalls hatte ich davon für mein ganzes Leben genug. „Das nächste Mal laß uns ein ordentliches Stück Fleisch, etwas von der ganz gewöhnlichen slowenischen Hausmannskost essen!" sagte ich. Das taten wir dann später auch einmal in einem Gasthaus am Stadtrand von Ljubljana/Laibach. Das Essen sowie der Wein schmeck-

ten dort ausgezeichnet. Es sind immer die einfachen Dinge, die ich mag, egal worum es geht. Immer ist noch der Mühlviertler, der von Bauern abstammende Bub in mir. Nachdem das Slowenische Studentenheim in der Albertgasse in Wien vom slowenischen Architekten Boris Podrecca gebaut und auch als Kulturzentrum für Ausstellungen und Lesungen und zur Präsentation der (kärntner-)slowenischen Kunst und Künstlerschaft genutzt wurde, trafen wir einander auch in Wien, wo wir manchmal ins Café Hummel einkehrten. Später hat dann Hudecek ziemlich viele Gedichte von mir für eine Lesung in Ljubljana/Laibach übersetzt. Ich las dann die Gedichte auf Deutsch und die Frau von Hudecek, eine Schauspielerin, rezitierte sie auf Slowenisch. Dann hatten wir den Plan, einen Gedichtband zu machen. Die Finanzierung war schwierig. Ich sagte ihm damals 10.000,- Schilling Honorar fürs Übersetzen zu, garantierte ihm diese Summe, aber das war ihm zu wenig, und so wurde aus dem Vorhaben nichts; eigentlich schade. Das teilweise übersetzte Manuskript liegt noch immer bei mir. Ich war damals ziemlich enttäuscht, und das Ganze hat uns auch auseinandergebracht. Seither haben wir voneinander nichts mehr gehört.

Huppert Hugo, österreichischer Dichter, Schriftsteller, Kritiker und Übersetzer, Wien. Geboren am 5. Juni 1902 in Bielitz/Schlesien, gestorben am 25. März 1982 in Wien.
Hugo Huppert lebte lange Zeit in Moskau im Exil. Er war Offizier der Sowjetarmee und kam als solcher wieder zurück nach Wien. Er wurde aber aufgrund eines konstruierten Verdachtes und einer Beschuldigung wegen Spionage – seine Schuld bestand darin, daß er eine jugoslawische Haushälterin hatte, mit der er ins Kino ging oder intim war – als „Titoistischer Konterrevolutionär und Spion" von den eigenen Leuten, den Sowjets, vom Hauptquartier in Baden bei Wien nach Moskau ausgeflogen. Dort wurde er aus der Kommunistischen Partei ausgeschlossen, dann in Gewahrsam genommen und verhört. Ein befreundeter General, den er zufällig traf, rettete ihm mit einem Auftrag das Leben. Huppert

sollte für Stalin das georgische Nationalepos ins Russische übersetzen, was er auch auf der Insel Jalta in einer Zweijahresarbeit tat. „Eine Wahnsinnsarbeit!" sagte Huppert zu mir, „Weil ich doch kein Wort Georgisch konnte. Trotzdem war ich froh, den stalinistischen Schergen und dem Gulag entronnen zu sein." Das alles erzählte mir der Hugo Huppert – „der Hupperl", wie er von manchen respektlos hinter seinem Rücken genannt wurde – in einer zweistündigen Sitzung in einem saukalten Zimmer seines kleinen Hauses in der Jagdschloßgasse in Wien; seine ganze Lebensgeschichte. Dabei ging er vor mir ständig auf und ab, ich aber mußte ohne Schuhe und frierend stillsitzen, zwei endlose Stunden lang. Dann zeigte er mir einen schmalen Ring, wie ein Ehering, in dem auf der Innenseite das Datum seines Rücktransportes nach Wien nach der Unterzeichnung des Österreichischen Staatsvertrages 1956 eingraviert war. Kennengelernt habe ich den Hugo Huppert 1980 irgendwie irgendwo. Dann quälte er mich mit seinen endlosen Anrufen, als ich Redakteur der Wiener Kunsthefte war; er hatte immer irgendeinen wichtigen Artikel extra für uns, die Gesellschaft der Kunstfreunde – Kleine Galerie in Wien, geschrieben, sagte er jedenfalls. Ich entschuldigte mich oft nach einigen Gesprächsminuten mit Hinweis auf eine dringende Arbeit oder einen unaufschiebbaren Termin und bat ihn, mit „meiner" Buchhalterin, der Frau Gruber, alles weitere zu besprechen, was er dann meist in einem mehr als halbstündigen Telefongespräch auch tat. Dabei kam er vom Hundertsten ins Tausendste und auch auf alle Krankheiten zu sprechen, die er angeblich schon hatte; er war ein echter Hypochonder. Mir ging er damit auf die Nerven. Aber er war einer, der seinen Platz suchen und erkämpfen wollte. Daß er ihn nicht fand bzw. ihm ein solcher verweigert wurde, war sein „tragisches Schicksal". Bei einer PEN-Veranstaltung – er war der einzige Kommunist im Österreichischen P.E.N.-Club! – als er mir wiederum einmal wortreich sein Leid klagte und mir die Ungerechtigkeit vor Augen führen wollte, sagte ich zu ihm: „Herr Dr. Huppert, lieber Kollege, es ist alles ganz einfach! Sie sind einfach auf der falschen Seite in der falschen Uniform wieder nach Österreich zurückgekommen. Sie hätten es so machen sollen wie der Häussermann oder der

Torberg zum Beispiel, die sind auf der (jetzt) richtigen Seite – mit den Amerikanern – einmarschiert." Der Huppert aber war ein Idealist und unerschütterlich in seinem Glauben an den die Menschheit erlösenden Kommunismus. Das hätte ihm zwar fast das Leben gekostet, aber darüber hörte ich nie eine Klage. Jene die ihm nach dem Leben getrachtet hatten, waren eben für ihn „keine echten Kommunisten". Der Huppert war einer der ersten, wenn nicht überhaupt der erste Schriftsteller, der zwei eingehende, lange Artikel, eigentlich literarische Porträts und keine Buchrezensionen, über mich verfaßt hat, die in der Kulturzeitschrift „Pannonia – Magazin für europäische Zusammenarbeit" von György Sebestyén 1980/1982 veröffentlich wurden. Doch dieser kleine, eitle, hypochondrische Mann mit den schwarz gefärbten Haaren war nicht nur ein ausgezeichneter Literaturkenner – vor allem der russischen Literatur – sondern er hat mich aus meinen frühen Gedichten heraus schon richtig erkannt und verstanden und in seinen beiden Artikeln treffend charakterisiert, mir eine Bedeutung zugemessen, die ich weder damals noch später hatte, jedenfalls nicht im österreichischen Literaturbetrieb. Unter anderem charakterisierte er mich und meine Dichtung in seiner Rezension meines zweisprachigen Gedichtbandes „Borders/Grenzen" New York 1977 so: „Wiplingers politische Diagnose zeugt allenthalben von seiner Empfindung für die akute Daseinswirklichkeit der Dichtkunst. ... Jede der kurzen Zeilen bebt und schwebt gleichsam im Ausstrahlungskreis humanistischen Mitgefühls, Mitleidens, Teilnehmens, Nachempfindens." Hupperts Begräbnis war mehr als eigenartig und ist mir unvergeßlich. Ich fuhr zum Friedhof mit dem ehemaligen kommunistischen Stadtrat Dr. Viktor Matejka, der mit dem ersten Transport ins KZ-Dachau eingeliefert worden war, und mit dem mich eine seltsame Freundschaft verband. Er hatte mich in einem Telefonanruf aufgefordert „Wiplinger, hol mich ab, wir fahren zum Begräbnis vom Hupperl!" Dort stand die Abordnung des Zentralkomitees der Kommunistischen Partei Österreich mit einem Kranz mit roter Schleife wie bei einer Parade aufgereiht. Viele Menschen waren da, sodaß wir gar nicht alle in der Aufbahrungshalle Platz hatten. Trotzdem drängten wir uns hinein. Alles war still. Dann ein Glockenton. Und ein Priester im violetten Bußornat kam mit Ministranten herein und segnete den Huppert nach katholischem Ritus ein. Dann sprach der Präsident des Österreichischen P.E.N.-Clubs, György Sebestyén; danach Kurt Diemann, der Mann von Ruth Mayenburg („Blaues Blut und rote Fahnen"), der Exgattin von Ernst Fischer, dem ersten kommunistischen Kulturminister in Österreich nach dem Krieg, der bei der SPÖ vergeblich politisch Fuß fassen hatte wollen. Anschließend kam einer von den kommunistischen Genossen, der über Hupperts antifaschistischen Widerstandskampf in der Roten Armee sprach. Dann war es wieder still. Ich wartete darauf, ob vielleicht um das absurde Sammelsurium abzurunden, die Internationale, womöglich auf Russisch, erklingen würde, aber es kam nichts. Es kamen nur die Bediensteten der Städtischen Bestattung und sie nahmen die Blumenkränze vom Sarg, den sie auf ein Wägelchen stellten und auf dem Weg zum Grab voranschoben. Am offenen Grab rezitierte dann irgendein Schauspieler mit unerträglichem Pathos ein paar Gedichte vom Huppert. Ich stellte mir vor, wie wohl das Begräbnis von Majakowski gewesen sein mußte, an dem der Huppert sicherlich als sein Übersetzer und Freund teilgenommen hatte, nachdem Majakovskij Selbstmord verübt hatte. In meine Gedanken versunken, rempelte mich plötzlich der Matejka, der vor mir zum Grab ging, um ein Schauferl Erde auf den bereits in der Grube sich befindenden Sarg hinunterrieseln zu lassen, an und sagte: „Wiplinger, gib ma an Zehner!" Ich darauf verständnislos: „Wofür denn?" Und der Matejka herrschte mich an und sagte: „Na was, wofür denn, für die Pomp-füneberer, das gehört sich so." Und ich kramte mein Geldbörsel aus dem Hosensack und gab ihm eine Zehn-Schilling-Münze. Der Matejka stand jetzt am Grab, schaufelte Erde hinunter, gab dem, der ihm das Schauferl gegeben hatte, seinen bzw. meinen Zehner und ging auf den Holzlatten auf der anderen Seite des Grabes wieder hinunter. Hinter ihm war ich, machte das Gleiche wie er, gab keinen Zehner, ich hatte keinen mehr, der Schauferlmann sah mich indigniert an, ich ging dem Matejka nach. Ohne ein Wort gingen wir zum Friedhofsausgang und dann zu meinem alten 2 CV. Plötzlich sagte der Viktor Matejka mehr zu sich selbst als zu mir: „So ein Theater! Aber das paßt eben zum Hupperl." Und jetzt lese ich ein paar Zeilen aus Hupperts Ausführungen über mich. Eine Rezension steht unter dem von ihm gewählten Titel, der ein Zitat aus einem meiner Gedichte von damals ist. Und da steht als Überschrift: „Das Licht trifft jeden". Möge es so sein!

Ioannidou-Adamidou Irena, griechisch-zypriotische Schriftstellerin und Übersetzerin. Geboren am 5. Februar 1939 in Famagusta, Zypern.
Sie sah aus wie eine Darstellerin aus dem bekannten Film „Alexis Sorbas". Wir begegneten einander in Bled. Sie faszinierte mich. Wir kamen ins Gespräch, blieben in Kontakt, lange Zeit hindurch. Sie übersetzte viele meiner Gedichte ins Griechische, die dann in Zeitungen publiziert wurden. Wir hatten auch den Plan, ein zweisprachiges Gedichtbädchen herauszugeben, aber dazu ist es nicht gekommen. Irgendwann muß sie umgezogen sein, denn mein letzter Brief kam mit dem Vermerk auf Griechisch „Adressat unbekannt" zurück.

Isik Haydar, kurdischer Lehrer, Schriftsteller und Übersetzer aus dem kurdisch-alevitischen Dersim in der Türkei, Gründer und Ex-Präsident des Kurdischen PEN-Zentrums in Deutschland, Mitglied des Kurdischen Nationalkongresses, des Volkskongreß Kurdistans. Geboren am 1. September 1937 in Tunceli, lebt seit 1974 in Deutschland und ist deutscher Staatsbürger.
Kennengelernt haben wir einander beim PEN-World-Congress in Helsinki, bei dem der Antrag des Kurdischen PEN-Zentrums in Deutschland auf einen „Friedenskongreß Kurdistan" schroff abgelehnt wurde, und ich daraufhin mit der kurdischen Delegation in dieser Frage zusammenarbeitete. Später haben wir einander noch einmal in Wien getroffen, als ich die kurdischen Freunde zu einem Treffen mit dem damaligen Nationalratspräsidenten und jetzigen Bundespräsidenten Dr. Heinz Fischer ins Parlament begleitete. Zwischendurch standen wir in brieflichem und telefonischem Kontakt. Haydar Isik ist ein Kämpfer für die Rechte des

kurdischen Volkes in der Türkei. Dafür hat er auch viel an Repressalien und Einschränkungen der Freiheit seiner eigenen Person hinnehmen müssen. In der Türkei wurde er nach dem großen Kurdenaufstand und dem Militärputsch von 1973 ausgebürgert, sein ganzer Besitz und seine Habe wurden konfisziert. Er fand dann in Deutschland Zuflucht. Aber auch hier wurde er später verfolgt, sein Haus wurde von der Staatspolizei durchsucht, er selbst wurde als verdächtiger PKK-Angehöriger verhaftet und inhaftiert, verbrachte fast zwei Wochen im Gefängnis Stadelheim bei München, wurde dann aber wieder entlassen. Sein Buch über das Massaker des türkischen Militärs an 70.000 Einwohnern von Dersim 1938 wurde in der Türkei sogleich verboten. Weder davon noch vom Völkermord an den Armeniern darf man im umworbenen EU-Werber-Staat und Nato-Mitgliedsland reden, ohne sich der Gefahr von massiven Repressalien, von Verfolgung, Folter und Mord auszusetzen. In Zufluchtsländern werden Menschenrechtskämpfer dann aus Staatsinteressen oft ebenfalls weiterhin verfolgt. Eine gute Partnerschaft mit der Türkei ist der EU, den Regierungen und den Politikern wichtiger als Menschenrecht. Das sollte – gerade von uns Schriftstellern – immer wieder laut, deutlich und in aller Öffentlichkeit gesagt werden; auch damit das Wort „Solidarität" nicht zu einer leeren Worthülse verkommt und wir nicht nur verantwortungslose Schönschreiber sind.

Jackson Richard, amerikanischer Lyriker und Dichtkunst-Lehrer an der University of Tennessee at Chattanooga. Geboren 1946, lebt in den USA.
Bei fast jeder PEN-Tagung in Bled war er mit einem Begleiter, vielleicht ebenso ein Dichter, und einer Schülergruppe mit dabei. Das war eine Art Ausflugsprogramm und Dichter-Originalbesichtigung für die Studenten seiner Dichterschule, die er irgendwo an einem College leitete. Er selber schrieb langatmige und langweilige Endlos-Lyrik im Stil einer längst vergangenen Beat Generation nach dem Idol Allan Ginsberg. Alles und jedes kam vor in solchen Gedichten, jeder Kleinkram in unendlich breiter

Ausführung hatte in einem solchen „Gedicht" seine Berechtigung und somit seinen Platz. Ich fand das schrecklich. Privat war der Richard umgänglich, kumpelhaft; er klopfte mir lachend auf die Schulter und fragte: „How are you, Peter?" Und ich antwortete höflich, aber nicht so kumpelhaft: „Thank you, Richard, it's all ok, I'm fine!"

Jancar Drago, slowenischer Schriftsteller, Ex-Präsident des Slowenischen PEN-Zentrums, Ljubljana. 1974 wegen „feindlicher Propaganda" und „publizistischen Ungehorsams" inhaftiert. Geboren am 13. April 1948 in Maribor.
Einer der bedeutendsten zeitgenössischen slowenischen Schriftsteller. – Immer wieder trafen wir einander in Bled bei den PEN-Konferenzen und auch anderswo, Jahre hindurch. Er war ja auch einmal in der nach-kommunistischen Ära für kurze Zeit Präsident des Slowenischen PEN-Zentrums. Diese Funktion aber hat er bald abgegeben, an Boris Novak oder an Marko Kravos. Er hat sich jedenfalls zurückgezogen und sich ganz auf sein Schreiben konzentriert. Und er hat sich in wenigen Jahren zu einem der bedeutendsten slowenischen, auch international beachteten Gegenwartsautoren hochgeschrieben. Er war für mich so ein „wilder Hund"; einer der sich nicht duckte, der einer Konfrontation nicht aus dem Wege ging, der widersprach, auch mit geistreichen, spöttischen, sarkastischen Bemerkungen; einer der nicht nur seine Mißbilligung von etwas oder einer Person gegenüber ausdrückte, sondern auch seine Verachtung zeigte. Das schätzte und schätze ich an ihm. Dabei blieb er immer auf einer gewissen Distanz. Er war nicht so wie ich, der ich mich immer gleich kopfüber, blind und kampfeswütig in irgend etwas hineinstürze. Nein, der Drago Jancar von damals war auch durchaus berechnend. Ich hatte immer den Eindruck: Der läßt sich nur auf Konfrontationen ein, in denen er gewinnt. Der war und ist kein Verlierertyp. Der wollte und will auf der Siegerstraße bleiben. Er kannte ja auch die andere Seite ganz gut. In den Siebzigerjahren wurde er wegen „feindlicher Propaganda" und „publizistischen Ungehorsams", so die Anklage, inhaftiert. Jancar hinterfragte

den Partisanen-Mythos, die offizielle Geschichtsschreibung, legte sich mit den Kommunisten an. Mein Freund France Filipic sagte einmal etwas verächtlich über ihn: „Aber was, der war nur ein Provokateur!" Auch nicht schlecht, dachte ich, in einem Diktaturstaat. Ich aber schätzte und schätze ihn; auch deshalb. Ausgesehen hat er auch wild, wie ein Zigeuner, dachte ich mir oft. Mit seinem damaligen schwarzen Schnauzbart und den langen, glatten Haaren. Der Filipic und er waren nicht nur verschiedenen Generationen zugehörig, Filipic war ein Altösterreicher aus Maribor, sein Vater war Europameister im Trabrennfahren in der Wiener Krieau und hatte eine Fleischhauerei; der Drago Jancar, geboren ebenfalls in Maribor, im Jahr 1948, aber war in Tito-Jugoslawien aufgewachsen. Sein Vater war ein Partisanen-General. Drago Jancar hat schon die größten Preise, darunter den France-Preseren-Preis sowie den Kresnik Preis, den Preis für europäische Kurzprosa und den Jean Amery-Preis für Essayistik erhalten. Die Gedichte von France Filipic sind in Vergessenheit geraten, obwohl die auch gut sind. Also zwei grundverschiedene Typen, die aus derselben Stadt stammten, aber zwei ganz unterschiedlichen Geschichtsauffassungen und Systemen zugehörig waren. Der Drago Jancar war und ist einer, der sich auflehnt, ein Widerständler, auch einer, der hinterfragt, einer der nicht alles glaubt, der eigentlich gar nichts glaubt, was man ihm so vormacht, sondern einer, der sich sein eigenes Menschen- und Weltbild gemacht hat und noch immer Fragen stellt, auch Ungewußtes und Verdrängtes ans Licht bringt, so wie die brutale kommunistische Partisanen-Tito-Diktatur im ehemaligen Jugoslawien, die von vielen verherrlicht wurde, darunter auch von mir, weil ich einfach von der Wirklichkeit und dem Ablauf der Geschichte dort nicht oder zu wenig oder nur einseitig etwas wußte. Einmal waren wir irgendwo in der Nähe von Bled in den Bergen in einem Gasthaus und hatten dort das „Picknick", mit dem die Bled-Tagungen immer ausklangen. Wir waren, wie so oft, die letzten, die noch immer tranken und redeten. Dann haben wir in allen möglichen Sprachen gesungen, meist slowenische Volkslieder. Zwei Kollegen standen bzw. saßen etwas abseits und sangen nicht mit: Drago Jancar und Ibrahim Rugova, der Pazifist, spätere Präsident des Kosovo; daran kann ich mich noch erinnern. Später trafen wir einander auch ein paarmal in Österreich, darunter in Wien, wo er in der Stadtbibliothek am Gürtel eine Lesung hatte. Eines seiner Dramen heißt „Hallstatt". Die Erzählung „Sonntag in Mitterau" ist im Handpresse-Verlag von Christian Thanhäuser in Ottensheim an der Donau in Oberösterreich erschienen. Die Erzählung „Der Sprung von der Liburnia" erinnert mich an die gemeinsame Schiffsreise mit dem Schiff gleichen Namens von Venedig nach Dubrovnik und Hvar 1992 zum dortigen PEN-Kongreß. Und in einem Bücherregal bei mir steht auch sein für mich wichtiges Buch mit dem Essay „Kurzer Bericht über eine lange belagerte Stadt. Gerechtigkeit für Sarajevo". Dieses Buch war eine kontroversielle Antwort auf das Propaganda-Buch „Winterliche Reise nach Serbien". Als Handke aus diesem Buch im Österreichischen Parlament las, empfand ich das als eine einseitige propagandistische Aufwertung und als Schande für das Parlament der Republik Österreich. Unter dem Titel „So ein Affentheater" nahm ich dazu in einem halbseitigen Interview in der Zeitung „Der Standard" Stellung. Am gleichen und am nächsten Tag Anrufe über Anrufe, auch unzumutbare, weil mit der absolut inakzeptablen Zumutung eines hohen Kulturbeamten vom Außenministerium, ich hätte das doch vorher mit ihnen „abstimmen" können. Ich verwies auf Meinungs- und Pressefreiheit und ließ an den damaligen Präsidenten des Nationalrats und jetzigen Bundespräsidenten ausrichten: „Wenn schon der Handke aus seinem Buch liest, dann aber bitte schön auch der Drago Jancar aus seinem mit der Antwort auf Handke." Und so geschah es auch. Jancar las dann ebenfalls aus seinem Buch im Parlament. Wie hieß es doch im römischen Recht, das noch immer an der Juridischen Fakultät der Uni gelehrt wird? „Audiatur altera pars!", glaube ich. Und das sollte überhaupt ein Grundsatz sein, in jedem und allem! Der Drago Jancar, der immer „der Wiplinger" sagte, ist um fast zehn Jahre jünger als ich. Also hat er, wie ich hoffe und ihm und uns wünsche, noch viele Schaffensjahre vor sich. Ich weiß, er wird diese intensiv nützen. Und er soll so ein Widerspruchsgeist und ein Widerständler bleiben, wie er es bisher war. Denn wir brauchen solche Menschen, eine solche kritische Gesinnung und Haltung; und das immer mehr.

Jandl Hermann, österreichischer Lyriker, Schriftsteller, Wien. Geboren am 1. März 1932 in Wien.

Der Jandl Hermann ist ein Stiller, ein Unauffälliger, ein freundlicher Mensch; und ein Dichter mit leisen Tönen, manchmal mit Wortwitz in den Gedichten, mit einem Anflug von Humor. Er ist ganz anders als sein berühmter Bruder Ernst Jandl, den ja alle kennen. Den Hermann Jandl habe ich einmal in Stockerau lesen gehört; das hat mir gefallen. Bei seinem Bruder lacht man laut auf, beim Hermann Jandl wird oder bleibt man still. Das ist gut so, weil Nachdenken und Nachdenklichkeit gut sind; nicht nur Hintergründigkeit und Amüsement über auf der Hand liegende Platitüden, die man ausnützt für seinen Zweck. Ich hoffe, es ging und geht ihm nicht auch so wie mir, der ich immer gefragt worden bin, ob ich der Bruder meines Bruders, des Philosophen Wiplinger, bin. Schließlich möchte man doch auch gern nicht nur so registriert werden, sondern sich selber als eigenes Ich definieren, durch die eigenen Gedanken, durch das eigene Werk. Letzteres hat der Hermann Jandl sowieso geschafft. Umgekehrt ist es leider nie der Fall, daß der Berühmtere von zwei Brüdern gefragt wird, ob er der Bruder des Nicht-so-Berühmten ist. Aber was macht das schon? Nichts! Man ist, wer man ist; durch sich selbst!

Janetschek Albert, österreichischer Schriftsteller, Mundartdichter, Vizepräsident des Österreichischen P.E.N.-Clubs; Lehrer und Schuldirektor, Wiener Neustadt. Geboren am 27. September 1925 in Hochwolkersdorf/Niederösterreich, verstorben am 24.10.1997 in Wiener Neustadt.

Immer wenn ich den Albert Janetschek sah und jetzt, da ich mich seiner erinnere, sehe ich ihn als Weinbauern vor mir. Er hätte ein solcher sein können. Er liebte auch den Wein und das Beisammensitzen bei einem Glaserl Weißen. Das haben wir auch oft im Freundeskreis, vor allem beim Literaturkreis Podium in dessen frühen Jahren getan. Der Janetschek – nur manchmal nannte ich ihn Albert, er hingegen nannte mich stets bei meinem ersten Vornamen, Peter – war ein ganz und gar erdverbundener Mensch, das heißt: Er stand auf dem Boden; im Leben und in seinen

Gedichten. Er hatte das, was man einen „gesunden Humor" nennt, der einem das Leben ein bißl leichter macht, dann und wann. Er war das absolute Gegenteil eines Intellektuellen, er mochte die auch nicht, deren Denk- und Seinsweise war ihm fremd; und auch verdächtig. Einmal sagte er zu mir so etwas wie: „Die reden immer da oben umanand und kein Mensch versteht, was die meinen und sagen". Das Wort „Fachchinesisch" verwendete er oft, um das zu bezeichnen. Für ihn sollte alles einfach sein, vielleicht war es das auch mehr oder minder. Er war ein Gefühlsmensch und als solcher eher weich. Da war nichts Hartes, Schroffes oder gar Widersprüchliches in ihm. Er war auf seine Art und Weise liebenswürdig; und zu seiner lieben Frau, die er nur ganz selten zu einer Veranstaltung mitnahm, aber die ich gerne mochte, war er sehr fürsorglich und liebevoll. Nur aufbrausend konnte er manchmal schon sein, wenn ihn irgend etwas ärgerte und man ihm allzu schwierige Gedankengänge zumutete. Da bekam er dann einen roten Kopf und platzte irgendwas heraus; besser: es platzte aus ihm heraus. Das war auch zwischen uns ein paarmal der Fall. Ich sagte dann meistens: „Albert, beruhige dich doch; denk an deinen Blutdruck!" Der war nämlich ziemlich hoch, sodaß er – wie er mir einmal sagte – sich jedes Achterl Wein überlegen mußte, was ihn direkt schmerzte, für ihn eine harte, aber notwendige Beschränkung war. Beim Begräbnis in Wiener Neustadt gingen wir hinter seinem Sarg her. Die Begräbnisfeier war genauso einfach und schlicht wie der Albert Janetschek von seinem Wesen her und in seinem ganzen Leben war.

Jaschke Gerhard, österreichischer Schriftsteller, Mitbegründer, Herausgeber und Chefredakteur der avantgardistischen Literaturzeitschrift „Freibord", GAV-Generalsekretär. Geboren am 7. April 1949 in Wien.
Wir kennen einander vom Sehen und von flüchtigen Begegnungen bei diversen Veranstaltungen sicher schon sehr lange, vielleicht auch seit dem Ersten Österreichischen Schriftstellerkongreß 1981 in Wien. Aber erst in den letzten Jahren hat sich ein freundschaftliches Verhältnis zwischen uns entwickelt und ich habe Jaschke als einen sehr feinfühligen, sensiblen

und dabei hoch-intellektuellen Dichter und Menschen kennengelernt, als einen guten Kollegen. Was mir an ihm als sein Charakteristikum auch noch gefällt, ist sein Humor, der sich oft in witzig-ironischen Aperçus niederschlägt, mit denen er seine Meinung und Haltung zum Ausdruck bringt. Zwischen uns gab es – wie auch mit vielen anderen KollegInnen von der GAV – nie eine völlig unsinnige und auch anachronistische PEN-GAV-Konfrontation. Wir liegen in vielem auf einer gleichen Ebene, auch mit unseren (gesellschafts)politischen Einstellungen und Haltungen; hierin bin ich sogar der GAV näher als dem Österreichischen P.E.N.-Club, dessen elitäres, abgehobenes Gehabe und Bestreben, sich mit niemandem anzulegen, mir gewaltig auf die Nerven geht.

Den Gerhard Jaschke hat ein schwerer Schicksalsschlag getroffen; einer in des Wortes einschlägiger Bedeutung: nämlich ein Schlaganfall, ein schwerer; seither geht er am Stock. Dabei hat er nie geraucht, nichts getrunken, also kein „Lotterleben" geführt so wie ich und manche andere; nein, der Jaschke war immer anständig, gesittet, diszipliniert. Er selbst hat gerne mit der Sprache experimentell gearbeitet, abseits von allen Klischees, also mit einem eigenen Stil und einer sehr persönlichen Note. Als Herausgeber und Chefredakteur der wichtigen Literaturzeitschrift und des Verlages „Das Freibord" hat er der literarischen österreichischen Avantgarde Tür und Tor geöffnet und eine Publikationsmöglichkeit für solche Literatur und solche AutorInnen geschaffen. Manchmal hat er auch von mir etwas veröffentlicht. Er hat sich sehr um den chaotischen Außenseiterdichter Hermann Schürrer und den dazu ganz gegensätzlichen Enengl angenommen und diese nicht nur geschätzt, sondern auch gefördert. Einmal hatte ich zusammen mit dem Josef Enengl (gestorben 1993) eine Lesung in der Alten Schmiede. Nachher sind wir zu mir in die Weihburggasse gegangen; der Staudacher Hans, der Hubert Fabian Kulterer und der Enengl sowieso; vielleicht war auch der Gerhard Jaschke mit dabei. Der Staudacher hat beim legendären Wirtshaus „Koranda" (jetzt „Plachutta") in der Wollzeile noch einige Paar Würstel und einen Doppelliter Wein mitgenommen, und wir haben ein Festerl gefeiert bis lang nach Mitternacht. Der Enengl hat dann bei mir übernachtet. Der

Gerhard Jaschke ist mir immer wieder begegnet. Er hat einen feinen Humor und Wortwitz, versteht etwas von Poesie, ist geradezu ein Experte auf diesem Gebiet; er hat, glaube ich, auch Poetikvorlesungen an der Akademie der Bildenden Künste in Wien gehalten. Er ist ein Avantgardist und ein nicht-modischer Autor zugleich. Und das schätze ich an ihm; neben seinen menschlichen Qualitäten. Und so nehme ich Anteil an seinem Schicksal, auch aus Eigenerfahrung, und hoffe nur, daß er wieder genauso gesund wird wie ich; aber mich hat nur „ein Schlagerl gestreift" und nicht voll getroffen. Aber ich weiß, wie man sich fühlt, zuerst auf der Intensivstation, nachher und dann überhaupt.

Jávor Ottó, ungarischer Schriftsteller, Übersetzer. Geboren am 7. Oktober 1925, gestorben am 20. Oktober 1995.
Er hatte nicht nur ein Güte ausstrahlendes Gesicht, sondern er war auch gütig. Leise und gütig, mit einem Anflug von Lächeln und Humor. Ja, er lachte sogar gerne und oft, mit einem hellen fröhlichen Lachen. Wir kannten einander aus Fresach. Er war aber auch bei den beiden Podium-Symposien in Pulkau/NÖ um 1990 mit dabei; der Alois Vogel und er waren enger befreundet. Der Ottó Jávor war mir sympathisch. Er war einer jener Menschen, die es viel zu selten gibt, auf die man einfach zugehen konnte und die man schon mochte, wenn man sich die Hände reichte und ein wenig miteinander redete, egal worüber, am besten über ganz einfache, aber nicht banale „Dinge" und Ereignisse, wobei jeder den anderen bald erkannte, wer der war, wenn dieser seine Meinung nicht zurückhielt, sondern sie offen sagte. Bei mir war und ist das sowieso immer der Fall. Ich glaube, deswegen hatte ich damals auch so viele Begegnungen, Kontakte, freundschaftliche Beziehungen. Was der Ottó Jávor geschrieben oder übersetzt hatte, wußte ich damals nicht und weiß es auch bis heute nicht. Er könnte einer jener stillen Dichter gewesen sein, deren Bedeutung „nur" im Gedicht liegt und aus diesem herausgelesen und als bedeutungsvoll erkannt wird. Er war ein guter Kollege. Damals hatten die Dichter und Schriftsteller untereinander ja noch ein Zugehörigkeitsgefühl. Es war noch nicht so wie heute, da die meisten Autoren und Autorinnen eher

in sich selber eingeschlossen sind und sich selbst genügen. Der Ottó Jávor ist leider sehr schwer erkrankt und viel zu früh verstorben. Wieder ein Freund weniger, dachte ich damals, als ich durch Alois Vogel von seinem Tod erfuhr.

Jensen Nils, österreichischer Schriftsteller, „Podium"-Obmann, „Buchkultur"-Chefredakteur, Wien. Geboren 1947 in St. Pölten/Niederösterreich. Für das kleine Podium-Porträt-Bändchen Nr. 18 zu meinem Fünfundsechziger hat er unter dem Titel „Stellung beziehen!" ein absolut (zu)treffendes Vorwort mit Charakteristik von mir geschrieben, in dem er kurz und knapp, aber dafür äußerst präzise mich und mein Wesen, meinen Charakter, meine Haltung, meine Handlungsweise sowie meine daraus resultierende Literatur beschreibt. „Ein Schriftsteller, der den aktuellen Fragen nicht ausweicht, der aufzeigt, sie nicht aus seiner Literatur fernhält, der sich auseinandersetzt. Das ist seine deklarierte Position." So der Kollege und Freund Nils Jensen über mich. Bravo und danke, Nils! Wir haben nicht nur gemeinsam, daß wir beide seit vielen Jahren im Literaturkreis „Podium" sind, in dem er Obmann ist, oder daß wir seit vielen Jahren im Vorstand der IG Autorinnen Autoren arbeiten, daß wir einander verstehen, sondern es verbindet uns auch das Mühlviertel, mein Herkunftsland und meine Heimat und dem Nils seine Wahlheimat durch sein und seiner Familie Refugium, einem kleinen einfachen Haus am Flußufer der Großen Mühl in Aigen-Schlägl am Böhmerwald. Wenn ich im Mühlviertel oben bin, schaue ich meistens vorbei, ob er da ist. Trifft dies zu, dann plaudern wir und trinken einen Tee miteinander. Wenn nicht, stecke ich ihm einen Zettel an die Haustür mit einem Gruß und dem Hinweis, daß ich da war. Als ich mir das Rauchen nach mehr als 50 Jahren abgewöhnen mußte und zuerst reduzierte, war der Nils immer die Anlaufstation, an der ich die eine oder andere Zigarette schnorrte und bekam. Also, danke, lieber Nils, für die Zigaretten und die Freundschaft!

Jong Erica, amerikanische Schriftstellerin, Universitätslektorin, Frauenrechtlerin. Geboren am 26. März 1942 in New York City.

Es war eine Sensation, daß die damalige Bestsellerautorin auch einmal sogar zu einer der internationalen Schriftstellertagungen nach Fresach in Kärnten kam. Sie war damals eine Berühmtheit und in aller Munde. Durch ihren ersten Roman „Angst vorm Fliegen" (1973) war sie international bekannt geworden. Dabei ging es nicht so sehr um die literarische Qualität, wegen der sie so hochstilisiert wurde, sondern um die Freizügigkeit, mit der sie über Sexualität schrieb und diese auch lebte. Eine Frau im Kampf für die Emanzipation, für die Gleichberechtigung, auch im Bereich und in der Aktivität in der (eigenen) Sexualität. Die Emanzipationsbewegung vereinnahmte sie, so schien es mir. Alle emanzipierten Mädchen und Frauen und die, welche sich dafür hielten, und die welche für diese Emanzipation kämpften – oft genug leider mit leeren Platitüden! – hatten ein Buch von ihr gelesen oder gerade unter dem Arm; und sahen irgendwie fanatisch und verbissen kampfbereit aus. Die Frau Jong aber war eine schöne, fröhliche, lebenslustige, vitale, lachende Frau; also gar nicht das, wofür man sie in Besitz nahm. Jedenfalls fotografierte ich sie so in Fresach, nachdem ich vorher ein paar Worte mit ihr gewechselt hatte. Drei Jahrzehnte später kaufte ich mir dann ein Buch von ihr; es trug den Titel „Keine Angst vor 50". Ich las es während eines längeren Aufenthaltes in Warschau. Mir gefiel dieses Buch, die Offenheit der Autorin und daß sie es wagte, da und dort noch immer bestehende Tabus zu brechen und offen über „Dinge" zu reden, die man in der Gesellschaft nur allzu gern verdrängte und verschwieg. Mir schien, daß aus der ehemaligen „Königin der Erotik" der Siebzigerjahre eine reife, kluge, lebenserfahrene, ja sogar selbstkritische Frau geworden war, die mich mit dem, was sie dachte und wie sie dies aussprach und erzählte (aus ihrem Leben), durchaus beeindruckte. Eine Frau, die ihren Weg ging und nicht nur davon redete. Respekt!

Jonke Gert, österreichischer Lyriker, Dramatiker, Erzähler und Hörspielautor. Geboren am 8. Februar 1946 in Klagenfurt, gestorben am 4. Jänner 2009 in Wien.
Als ich Gert Jonke das erste Mal begegnet bin, war er gerade 16 Jahre alt. Das war im „Café Ingeborg" in Klagenfurt in den frühen Sechziger-

jahren. Jonke war ein schmächtiges Bürschchen, sehr schweigsam, sehr freundlich, sanftmütig. Bevor er in Wien an die Universität ging, logierte er für ein paar Tage bei mir in meiner Bude. Seine Mutter, die ausgebildete Pianistin war, kam damals nachschauen, wie es ihrem Buben in Wien geht. Als sie uns besuchen kam, hatte ich gerade ein Klavierkonzert von Tschaikowski am Plattenspieler laufen. „Ah! Sie hören klassische Musik – ein Tschaikowski Klavierkonzert", sagte sie, als sie das Zimmer betrat. „Ja, ich liebe klassische Musik", antwortete ich. „Fast alle meiner neun Geschwister spielen ein Instrument, ich habe Geige gelernt", fügte ich hinzu. Und sie sagte darauf: „Dann ist mein Bub bei Ihnen ja gut aufgehoben und ich brauche mir keine Sorgen um ihn zu machen". Ich versicherte ihr, daß ich mich um ihren Sohn auch sonst kümmern würde. Später, als Jonke hier an der Universität irgend etwas inskribiert hatte, trafen wir uns ein paarmal in Wien. Die meiste Zeit aber saß er zu Hause, d.h. in seinem Einbettzimmerchen im Internationalen Studentenhaus in Döbling, und schrieb; immer mit seiner Füllfeder in ein dickes Buch. Wir gingen ein paarmal miteinander spazieren, nicht in der Innenstadt, sondern meist am Stadtrand. Das Leben dort interessierte ihn, und zwar bis ins kleinste Detail. Wir waren in alten Zinshäusern mit den Bassenawohnungen, oft nur Zimmer-Küche oder Zimmer-Küche-Kabinett, Wasser und WC am Gang. Irgendwann brach Jonke sein Studium ab und kehrte nach Klagenfurt zurück. Da verloren wir uns aus den Augen, für viele Jahre.
Als ich 1982 vom Ministerium den Auftrag erhielt, eine österreichische Delegation von Schriftstellern für die Poesietage in Struga/Makedonien zusammenzustellen, wollte ich auch den Gert Jonke mit dabei haben. Er war aber gerade in Schottland oder Irland. Ich bekam von irgendwem seine Telefonnummer und rief ihn dort an. Zuerst wollte er nicht, aber dann sagte er mir, vielleicht doch aufgrund der alten Beziehungen, zu. Und er fuhr dann mit uns – also mit Peter Tyran, Harry Kuhner und mir – gemeinsam nach Struga, wo er am Österreich-Abend auch las. Ansonsten war er sehr schweigsam und in sich zurückgezogen, aber der Peter Tyran und ich brachten ihn mit unseren Späßen doch immer wieder zum Lachen. „Schau, der Jonke kann auch lachen!" sagte ich damals zum Tyran

Alois Hergouth

Drogo Jančar

Erica Jong

Gert Jonke

– und der Jonke lachte über diese Feststellung noch mehr als sonst. Später liefen wir uns manchmal über den Weg, wechselten ein paar belanglose Worte. Er schien sich irgendwie zu freuen, wenn wir uns zufällig trafen, da oder dort, aber es war immer eine gewisse Verlegenheit zwischen uns, die sich in einer uns trennenden Sprachlosigkeit ausdrückte. Das letzte Mal sah ich den G. F. Jonke am 28. Oktober letzten Jahres auf dem Bahnsteig der U 3 Richtung Simmering. Wir begrüßten uns, sprachen ein paar Worte und ich machte schnell ein Foto von ihm. Auf dem Foto hat der Jonke wiederum dieses sanftmütige, etwas verlegene Lächeln, das eine gewisse Friedfertigkeit ausdrückte, wie mir scheint; so wie damals, wenn wir uns im „Café Ingeborg" trafen. Der Jonke war aber schmal geworden. Er war von seiner Krankheit, von der ich nichts wußte, schon schwer gezeichnet. Wir fuhren zusammen vom Stephansplatz bis zur Landstraße, wo er ausstieg. Ein „Servus!" und ein Wink durch das Fenster war das Letzte zwischen dem Jonke und mir. Die Todesnachricht erfuhr ich von einem Freund. Sie machte mich traurig und stumm.

Jovanovic Ilija, serbisch-österreichischer Roma-Dichter, der seit fast 40 Jahren in Wien lebt. Geboren 1950 in Rumska bei Belgrad in Serbien.
Ein großer Dichter, der bedeutendste Roma-Dichter in Österreich. Ein liebenswerter, höchst bescheidener Mensch, aber ein totaler Chaot mit Problemen über Problemen im Privatbereich. Also helfe ich ihm, wo ich kann. Ich bespreche seine Bücher, suche für ihn um Stipendien an, weil er, wie er sagt „als Zigeuner so schlampig ist und sich nicht auskennt". Ein schönes Gedicht in Romanes schreiben, das kann er, ein Formular ausfüllen, das schafft er nicht. Den Ilija habe ich irgendwann irgendwo kennengelernt, als ich in der Roma-Szene auftauchte, vor vielen Jahren. Dann habe ich seine Gedichte, die er in Romanes oder Serbokroatisch verfaßt hatte, aus einer Rohübersetzung ins Deutsche übertragen; und zwar so, daß er immer neben mir gesessen ist, bei mir in meinem Arbeitszimmer, und ich ihn immer gefragt habe, ob meine Nachdichtung so paßt oder nicht. Das war für seinen ersten Gedichtband, für „Budzo/

Das Bündel". Jetzt liegt sein bei Drava erschienener zweiter Gedichtband vor. Der trägt den Titel „Vom Wegrand". Dieser Titel ist eine symptomatische Lebensmetapher für den Ilija: Er befand sich seit jeher und befindet sich noch immer irgendwo an irgendeinem Wegrand. Er ist ein Außenseiter, ein Alleinsein-Mensch, sowohl in seiner Existenz als (serbischer) Rom als auch als Dichter und darüber hinaus. Die Identitätsfrage und Identitätskrise ist zu einem lebenslangen existentiellen Stigma für ihn geworden. Das ist sein Aufenthaltsort: am Wegrand seines Weges irgendwohin.

Käfer Hahnrei Wolf, österreichischer Dichter, Schriftsteller, Wien. Geboren 1948 in Wien.
Wie würde ich den Hahnrei Wolf Käfer darstellen, wenn ich ihn beschreiben sollte oder müßte? – Als einen an sich gescheiten Menschen, der, wenn ihn das linke Ohrläppchen juckt, sich nicht mit der linken Hand dort kratzt, sondern mit der Rechten, den Arm über den Kopf gehoben; also möglichst kompliziert. Er ist einer, der alles, auch das Einfachste – die Philosophen haben in der Erkenntnistheorie seit Jahrhunderten den Begriff und das Wort „evident" dafür geprägt und sonst sagt man bei uns „des is jo eh kloar" – als kompliziert sehen, einstufen, darstellen und möglichst auch so darüber reden kann. Also aus allem ein Problem machen, könnte seine Devise sein. Das liegt natürlich nicht auf meiner Linie, den Menschen und das Leben möglichst einfach zu sehen – Geburt, Leben, Liebe, Abschied, Sterben, Tod – auch wenn das Leben da oder dort in seinen Bereichen kompliziert oder sehr kompliziert oder in seiner Problematik sogar un(auf)lösbar ist. So ist auch mein Schreiben: Es soll der Erhellung eines dunklen Lebensraumes und somit der Klarheit der Sicht dienen; alles andere interessiert mich da nicht. Leid ist Leid, Schmerz ist Schmerz, Verzweiflung ist Verzweiflung, Freude ist Freude, Lust ist Lust! Was und warum sollte ich da lange und kompliziert herumreden?! Vielleicht muß man das Leben oft einfach nur aushalten oder es leben, auch wenn man es nicht versteht oder verstehen kann.

Den Wolf Käfer treffe ich regelmäßig; immer bei den Sitzungen des Vorstandes der IG Autorinnen Autoren, dem wir beide seit vielen Jahren engagiert angehören. Immer wieder fällt er mir auch dort auf durch seine Einwendungen für oder gegen irgend etwas; einfach so: weil es noch etwas zu bedenken gibt.
Eines Tages ruft mich der Hahnrei Wolf Käfer an. Er hat einen Auftrag von der niederösterreichischen Kulturzeitschrift „morgen", zu meinem Sechziger ein „Porträt" über mich zu schreiben. Er macht viele solcher Porträts im „morgen", macht sie ganz gut. Er will mich besuchen, mit mir reden, mich fragen, mich interviewen. Oje, denke ich, warum soll ausgerechnet der Hahnrei Wolf Käfer über mich schreiben, der versteht mich und von mir doch gar nichts! Ich überlege, ob ich nicht die Marion Mauthe anrufen und sie fragen soll, ob das nicht jemand anderer machen könnte, jemand der meine Gedichte kennt und versteht; so wie der Erich Fried, der das Vorwort zu meinem Fotogedichtband „Farbenlehre" geschrieben hat, oder die Kollegin Elisabeth Schawerda, die an ein Gedicht mit Intellekt und Einfühlungsvermögen zugleich herangeht und versucht, den Autor, die Autorin zuerst einmal zu verstehen, dies auch tut und in einer wunderbar einfachen Sprache beschreibt und wiedergibt, was sie gefunden hat. Aber ich wische meine Bedenken, die vielleicht nur Vorurteile sind, weg und lade den Käfer ein, zu mir zu kommen. Wir reden kaum über meine Literatur. Er fragt nach dem „Hintergrund" von mir. Ich erzähle bereitwillig, vielleicht zu lange, zu ausführlich, absolut unnötig für ein solches Porträt von mir, das ja ein literarisches sein soll(te). Ich zeige ihm auch dies und jenes. Ich hätte das besser unterlassen sollen.
Der Artikel erscheint unter dem Titel: „Türhüter der Banalität?" Wieso ein Fragezeichen, denke ich, als ich das lese. Welche Banalität hüte ich denn; meine eigene? Hat der Hahnrei denn nicht festgestellt, an meinen Gedichten, an mir, wer ich bin? Jede/r weiß doch ziemlich schnell und genau, wer und wie ich bin. Ich halte mich da nicht zurück. Mich braucht keiner zu entdecken, irgendwelche unbekannte Seiten an mir. Den Eindruck, den ich vermittle, kann man leicht und in Kürze haben. Wieso also ein Fragezeichen; als Ausdruck des Mich-in-Frage-Stellens? Die

Antwort liegt im Artikel. Nennen wir das einfach „Reduktion", was da „geschehen" ist; nein: nicht Reduktion auf das Wesentliche, Darstellung des Dichters, der ich bin. Dafür nur Geschichterln-Wiedergabe und (falsche) Ableitungen davon. Vieles ist richtig erkannt und bezeichnet, sehr vieles aber auch ist überzeichnet, falsch eingeordnet und interpretiert, tendenziös gefärbt. Die verwendeten und verfälschenden Adjektiva sind es auch, die hier mitmischen und mich in eine Ecke schieben, wohin ich nicht gehöre und nicht bin. Absicht? Ich glaube: ja! Das ist für mich auch eine Form von mich verletzender Respektlosigkeit, in der Grundhaltung mir und meiner Literatur gegenüber. Mag sein, daß ich jemandem nicht sympathisch bin, aber das gibt niemandem das Recht und die Erlaubnis, mich – absichtlich oder nicht – falsch zu interpretieren und zu porträtieren, mich so darzustellen, wie ich gar nicht bin. Ich weiß, wovon ich rede. Ich bin ja auch Photograph und weiß als solcher, daß man ein Porträt so oder so machen kann. Die Grundhaltung aber muß stets der Respekt vor dem Menschen sein. Und den möchte ich (für mich) nicht nur einfordern (müssen), sondern der ist für mich eine Selbstverständlichkeit. Ich unterstelle hier nichts. Und verurteile meinen lieben Kollegen Hahnrei Wolf Käfer auch nicht. Ich lege nur dar, was ich damals empfunden habe. „Meiner würdig" fand ich diesen Artikel zu meinem Sechziger jedenfalls nicht und war etwas wütend und enttäuscht; auch über die vertane Chance, mich in einem so umfangreichen Artikel, gerade im „morgen", in einem solchen „Porträt" so darzustellen, wie ich wirklich bin.

Kafka Frantisek, tschechischer Schriftsteller, Prag. Geboren 1909, gestorben 1991.
Als wir einander – ich glaube in Fresach – zum ersten Mal begegneten, war meine Frage „Sind Sie mit dem Franz Kafka verwandt?" natürlich dumm und banal, weil der alte Herr diese Frage wahrscheinlich schon hunderte Male gehört und beantwortet hatte. Dieser Kafka aus Prag aber beantwortete meine Frage höflich, freundlich, lächelnd, aber ich weiß die Antwort nicht mehr. Sie ist ja auch nicht wichtig. Frantisek Kafka

war stets in einen dunkelblauen gestreiften Schurwolle-Zweireiher-Anzug gekleidet, mit weißem Hemd und einer dezenten Krawatte mit dem Windsor-Knoten. Er hatte immer schwarze Schuhe an, die so glänzten, daß man sich darin wahrscheinlich spiegeln hätte können. Seine noch volle Haartracht war üppig und weiß, mit einem Scheitel auf der linken Seite. An den Händen hatte er braune Altersflecken, im Gesicht ebenfalls ein paar. Stets war er in Begleitung seiner um viele Jahre jüngeren Frau, die ein wenig wie eine aufgedonnerte Filmdiva aussah, vielleicht war sie wirklich Schauspielerin (gewesen). Die Frau kümmerte sich fürsorglich um ihren Mann, half ihm behutsam über die Stufen der steilen Treppe im Gasthaus in Fresach zum Versammlungssaal hinauf und ebenso über die Steinstufen ins Freie.

Etwas gebeugt vom Alter war der Herr Kafka schon, aber sonst mit seinen vielleicht achtzig Jahren doch noch ganz rüstig. Er war bedächtig, zuvorkommend, freundlich. „Alte Schule" sagt man. Eben ein Kavalier; auch seiner Frau gegenüber. Man konnte sich vorstellen, daß er ihr rote Rosen schenkte. Der Herr Kafka fiel nie durch eine laute, ungestüme Wortmeldung auf – so wie meine Wortmeldungen und Zwischenrufe waren und wofür ich bekannt und nicht gerade beliebt war. „Du hast den Geist von Fresach gestört!" sagte ja einmal jemand zu mir, nachdem ich einem Kollegen aus der damaligen DDR nach seinem Vortrag zum Thema „Literatur an der Grenze" sagte, daß das alles nur Propaganda von ihm gewesen sei, und „Literatur an der Grenze" in der DDR mehr als sechzig Tote am Stacheldraht, wegen Republikflucht erschossene Menschen bedeute/e. Nein, so etwas hätte der Herr Kafka nie gesagt, auch nicht die anderen KollegInnen aus dem Osten (Ostblock); deshalb waren sie ja als Repräsentanten ihres Staates in Fresach und anderswo bei internationalen Treffen, und nicht die Dissidenten. Das war „der Geist von Fresach": die Beschwichtigung. Bloß keinen Konflikt und einen solchen schon gar nicht in einer Kontroverse austragen.

Aber zurück zu Herrn Frantisek Kafka und seiner Frau. Und zu ihrer großen, grauen Angorakatze, die sie anscheinend überallhin auf ihren Reisen mitnahmen, und die beide sehr liebten und verhätschelten. Auch in Wien, wo ich die Kafkas zu einem Höflichkeitsbesuch in einer Pension in der Stiftgasse traf, war diese Katze mit dabei. Nach Kafkas Tod besuchte ich einmal seine Witwe in Prag. Ich glaube, sie hatte eine kleine Buchhandlung, ein Antiquariat. Und da lag nun auch diese unsympathische, finster dreinblickende, große Katze auf einem kleinen Teppich auf einem Stuhl und schnarchte.

Immer wenn mir dieser Frantisek Kafka in den Sinn kommt, ob in Wien oder in Prag, dann sehe ich ihn vor mir als Bild: Er sitzt etwas vornübergebeugt an einem grünen Wirtshaustisch im Freien unter blühenden Bäumen in Fresach im Mai. Und er lächelt freundlich und still.

Kamber Emina (Emina Cabaravdic-Kamber), bosnische Dichterin und Malerin, lebt seit Jahrzehnten in Hamburg. Geboren 1947 in Kakanj/Zentralbosnien.

Mit ihrem leider schon verstorbenen Mann und den drei Kindern betrieb sie ein gemütliches bosnisches Folklore-Restaurant, in dem auch Ausstellungen und Lesungen stattfanden. Auch ich hatte dort eine Lesung und durfte bei meinen Aufenthalten die herzliche balkanesisch-muslimische Gastfreundschaft genießen. Wir waren bei den Struga Poetry Evenings des öfteren zusammen, auch in Skopje eine Wahnsinnsnacht mit Izet Sarajlic; bis 5 Uhr früh. Der Flieger startete um 7 Uhr. Beim International PEN-Congress in Wien wohnte Emina dafür bei uns. Sie schreibt seit einiger Zeit ihre Gedichte auf Deutsch und unterrichtet auch an der Volkshochschule.

Kampits Peter, österreichischer Philosophieprofessor an der Universität Wien, Autor. Geboren am 28. Juni 1942 in Wien.

Damals, in der frühen Sechzigerjahren: ein junger, wendiger Bursche, lässig-elegant gekleidet, mit schwarzem Lackmantel und auch sonst in Schwarz, dem Existentialisten-Markenzeichen der damaligen Zeit und Geistesrichtung, schwarze lange Haare, Haarsträhne übers Gesicht, lebendig, schnell und schlagfertig im Dialog, im Gespräch, das meistens ums Philosophische ging, oft im Gefolge meines verstorbenen Philosophenbruders Fridolin, in der Mensa der Katholischen Hochschuljugend in der Ebendorferstraße oder sonstwo, auch in meinem Heimatort Haslach, dort auch in meinem Elternhaus, als er zu Besuch meines Bruders da war. Der Existentialist Peter Kampits, der gerade aus Paris kam, wo er an der Sorbonne studiert hatte, der Sartre-Spezialist. Heute: Noch immer jugendlich, sein Alter sieht man ihm nicht an, Dekan der Philosophischen Fakultät, Philosophieprofessor, Philosoph, Vortragender mit gescheiten Beiträgen, noch immer infragestellendem Denken und daraus abgeleiteten möglichen Positionen, blendend im Explizieren dieser Gedankengänge, dieses Denkvollzuges und der daraus gewonnenen möglichen Ergebnisse und Einsichten. Eigenständigkeit im Fragenstellen, im Denken, in daraus gewonnenen Standpunkten und Haltungen. Der Kampits: eine Persönlichkeit! Und ein Freund, einer aus „alten Zeiten", auch aus dem Morgen-Kreis. Einer, der Besonderes bietet, wovon ich mich vor kurzem bei einem Vortrag über Kunst bei einer Auslandskulturtagung überzeugen konnte. Einer der Antworten sucht, sie nicht so schnell gibt, weil so nicht geben kann und nicht geben will, weil sich ihm das verbietet: Voreiligkeit, Beliebigkeit, Auswechselbarkeit. Also ein Intellektueller, wie es davon viel zu wenige gibt, bei uns und anderswo; denn er ist auch einer, der sich zu Wort meldet: in Büchern, Schriften oder auch mündlich, und zwar öffentlich. Also, lieber Peter Kampits, genug der Lobeshymne von mir. Wir haben unter manch anderem auch eines gemeinsam: die Erinnerung an meinen verstorbenen Bruder und Deinen Freund Fridolin Wiplinger, dem wir beide einiges verdanken. Und in dieser Erinnerung treffen wir manchmal vielleicht aufeinander, ohne es zu wissen. Aber eben auch das verbindet uns.

Karahasan Dzevad, bosnischer Schriftsteller und Dramaturg. Lebte während des Krieges in der belagerten Stadt Sarajevo, aus der ihm 1993 die Flucht gelang. Er wurde als österreichischer Stipendiat in der „Stadt der Zuflucht" in Graz aufgenommen. Er lernte schnell die deutsche Sprache,

die er heute perfekt beherrscht. Geboren am 25. Januar 1953 in Duvno/
Bosnien-Herzegowina.

Ein schmales Bändchen mit dem Titel „Tagebuch einer Aussiedlung", erschienen 1993 im Klagenfurter Wieser Verlag, liegt vor mir. Es handelt von seinem Aufenthalt und Überleben in der belagerten Stadt Sarajevo. Diese Stadt und unsere Erinnerungen an sie verbinden uns. Zum ersten Mal war ich 1961 in Sarajevo und Mostar, zuletzt im Jahr 2000 mit meinem Freund Miroslav Prstojevic, der eine Buchhandlung in der Burggasse in Wien hat und während des Krieges und der Belagerung in Sarajevo ausharrte. Dazwischen war ich immer wieder und sehr oft in dieser Stadt, habe viel Zeit dort verbracht, kenne diese Stadt gut, liebe sie. Wahrscheinlich sind Karahasan und ich einander auch in Sarajevo begegnet, bei den Sarajevski dani poezije (Poesietage in Sarajevo), in den frühen Achtzigerjahren. Jedenfalls kannten wir einander und begrüßten uns als alte Bekannte, als Dzevad nach dem Krieg auch zu Lesungen nach Österreich, darunter in Rauris und Wien, kam. Immer haben wir da ein paar freundliche Worte miteinander gewechselt und fühlten uns – auch durch die gemeinsame Erinnerung – verbunden. Sein Buch „Der östliche Diwan" steht ebenfalls in meiner Bibliothek, neben dem schmalen Gedichtbändchen von Abdullah Sidran, den ich später in Prag wiedergetroffen habe; er war leider fast ganz erblindet, hat sich aber auch an unsere Begegnungen erinnert. Neben Karahasans Büchern steht auch das wichtige Buch „Sarajevo – Chronik der verbrannten Illusionen" von Goran Todorovic. Der Dzevad Karahasan ist ein feiner, gebildeter Mann, geistreich, feinfühlig, ausgleichend, manchmal mit dem Anflug eines Lächelns in seinem Gesicht, das ihm etwas Gütiges verleiht. Im Leiden damals in Sarajevo ist er gereift. Er liebt die Literatur, er liebt sie sehr. „Sie hat mir Zuflucht gewährt...", steht in einem Buch von ihm. Er spricht heute perfekt Deutsch und ist seit unserem Kennenlernen in Sarajevo in der Zwischenzeit ein international anerkannter, in viele Sprachen übersetzter, berühmter Autor geworden.

Kebo Alija, Dichter aus Mostar in Bosnien-Herzegowina, Herausgeber der Zeitschrift „Most". Geboren am 18. April 1932, gestorben am 19. Januar 2008.

Dem Internet entnehme ich, daß Alija Kebo 2008 im 76. Lebensjahr verstorben ist. In meiner Erinnerung: Die wunderschöne Stadt Mostar vor dem Krieg und ihrer Zerstörung, in der ich schon 1961 war; dann die nicht wiederzuerkennende, nur aus Ruinen oder notdürftig wiederaufgebauten Häusern bestehende Ansammlung von Unterkünften, die berühmte jahrhundertealte Brücke zerstört, die Stadt geteilt in einen kroatischen und einen muslimischen Teil. Lange vor dem Krieg in Mostar eine Lesung, Alija Kebo kennengelernt, abends an der Neretva bis spät in die Nacht hinein geredet und Wein getrunken. Wiedersehen im Jahr 2000 in Sarajevo, Lesung in Mostar. Alles schrecklich! Alija sitzt mit mir an einem Tisch, ißt und raucht zugleich und trinkt Slibowitz dazu. Verständigung kaum möglich, nur über einen Dolmetsch; trotzdem Austausch von Gedanken, vor allem auch von Gefühlen, miteinander, füreinander. Was ist das für ein Leben, denke und frage ich. Und bekomme zur Antwort: „Vor dem Krieg war alles gut, jetzt ist alles kaputt; ich auch." Irgend jemand übersetzt eines meiner Sarajevo-Gedichte und das Mostar-Gedicht, Alija publiziert es in der literarischen Zeitschrift „Most". Brücke heißt das. Aber die ursprüngliche Brücke ist nicht mehr da. Wo sie einst war, worauf wir so oft gestanden waren, das gibt es nicht mehr. Der Wahnsinn hat alles vernichtet: Städte, Dörfer, Kirchen, Moscheen, Häuser, Brücken, Menschen. Traurig verabschieden wir uns voneinander. Und haben uns nie mehr wiedergesehen. Nur in meiner Erinnerung ist der Alija Kebo noch vorhanden: Ich sehe ihn mit mir am Tisch sitzen, ständig auf mich einredend, essend, Gabel und Messer oder den Löffel und zugleich die Zigarette in der Hand. Und im Internet steht unter „Most" noch immer mein Gedicht.

Kerschbaumer Marie-Thérèse, österreichische Schriftstellerin, Dichterin, Wien. Geboren am 31. August 1936 in Garches/Frankreich.

An jedem Dienstag Abend, oft bis spät in die Nacht hinein, war im Keller der Wiener Secession ein Künstlertreffen, quer durch alle Sparten, Maler, Dichter, Musiker. Lebenskünstler waren wir alle, weil die meisten von uns mit wenig Geld ihr Auslangen finden mußten. Bei diesem Treffen gab es Bier und billigen Wein sowie Würstel und Bohnen- oder Gulyassuppe. Was es gab und wer zu diesem Treffen herein durfte, das bestimmte der Galeriemitarbeiter Max, die eigentliche Autorität der Secession; wen er mochte, der durfte herein, wen er auf den ersten Blick nicht mochte oder nicht kannte, der durfte nicht herein, außer ein anderer Künstler „bürgte" für ihn oder für sie. Das alles war in den frühen Siebzigerjahren, als noch nicht alle Künstler so zurückgezogen waren wie heute und es noch Freundeskreise unter ihnen gab. Dort also, in diesem Secessionskeller lernte ich die Frau Dr. Marie-Thérèse Kerschbaumer kennen. Wir saßen zufällig an einem Tisch und kamen so ins Gespräch. Sie war schon eine bekannte Dichterin, ich war sozusagen noch niemand. Über die Frage „Was schreibst du?" kam man sich näher; manchmal entstand daraus ein gewisses Zusammengehörigkeitsgefühl. Ich erinnere mich jedenfalls gut an diese Begegnung. Die Dichterin war immer sehr stilvoll und fein, ja elegant gekleidet. Das war damals so, das ist bis heute so geblieben. Und sie drückte sich sehr gewählt aus, sprach Hochdeutsch mit einer leichten Färbung in ihrer Umgangssprache. Fasziniert hat mich, daß sie auch in Kuba aufgewachsen war. Ich empfand das als etwas Geheimnisvolles. Ich weiß bis heute nicht, was der Grund dafür war. Und ich belasse es bei diesem Nichtwissen, bei dem Geheimnis. Etwas von dem mußte sich auch auf ihre Person übertragen haben, auf ihr Auftreten, auf ihre Umgangsformen, auf ihren Lebensstil. Denn sie war und ist – obwohl „der Linken" zugehörig – keine von den üblichen ideologischen MitläuferInnen, sondern eine absolut kritische Intellektuelle und darüber hinaus eine Dame. Sie flößt/e Respekt ein; jedenfalls mir. Und so ist es für mich bis heute geblieben. Ich schätze sie sehr. Einige Zeit waren wir zusammen im Vorstand der IG Autorinnen Autoren und haben zusammen mit dem leider schon verstorbenen Arthur West und dem Hellmut Butterweck so manche Präambel oder Resolution formuliert. Da lernt man auch jemanden näher kennen. Und dann gab es einige auch private Telefonate. Aber stets war eine gewisse vornehme Distanz zwischen uns, etwas wie eine unsichtbare Grenze, die trotz weltanschaulicher Gemeinsamkeit und Kollegialität keiner von uns beiden je überschritten hätte. Und sie schreibt das, was man anderswo noch Poesie nennt; und was diese Bezeichnung auch zu Recht verdient. Sie ist eine wirkliche Dichterin, auch darin eine absolute Individualistin. Und sie steht – auch wenn sie irgendwo mitten drin ist und sich für dieses oder jenes engagiert – stets in einer gewissen Distanz über allem darüber.

Kiessling Franz, österreichischer Dichter, Wien. Geboren am 10. Jänner 1918 in Znaim, gestorben am 20. Februar 1979 in Korneuburg.
Einer, der ganz sicher nicht ins Café Sport gegangen wäre und so naturgemäß auch nic dort gesehen wurde, war der leider heute fast gänzlich vergessene Dichter und damalige Staatspreisträger Franz Kiessling. Der lebte nur in seinem Bezirk, eigentlich nur in seinem Grätzel, nämlich in der Neustiftgasse, Nähe Neubaugasse. Dort verkehrte er in drei Lokalen: Im Gasthaus Vyklicki, im Gasthaus Sinkovic – und wenn diese Sperrstunde hatten – dann noch auf ein Drüberstreuerachterl im Café Neustift vis-à-vis, das bis 2 Uhr nachts offen hatte; ein Espresso-artiges, eher ungemütliches Lokal mit Neonlicht und unpersönlicher Bedienung. Der Kiessling war immer in einen Anzug gekleidet, manchmal, im Sommer, trug er auch eine Kombination, wie man das zur damaligen Zeit nannte, nämlich eine Kombination aus verschiedenfarbiger Hose und Rock, genannt Sakko. Er trug stets Krawatte und ein gebügeltes Hemd. Seit einem Unfall war er im Kopf und „auch so", psychisch sagte man damals noch nicht, krank und hatte eine sehr kleine Pension. Er lebte von seiner Familie getrennt, hatte mit seiner Frau viele Kinder, jedenfalls mehr als fünf, er war sehr katholisch; jedes Freigeistertum war ihm nicht nur fremd, sondern auch verdächtig und nicht sympathisch. Trotzdem mochten wir uns. Das ist vielleicht zuviel gesagt. Wir trafen uns halt des öfteren. Erstens, weil auch ich ein Wirtshausgeher und kein Kaffeehaussitzer

war und nie geworden bin, und zweitens, weil der Kiessling der erste Dichter war, den ich persönlich kannte, der mir seine Gedichte vorlas und der sich meine anhörte und mir bezüglich dieser diverse Ratschläge gab, manchmal welche, die man beherzigen mochte, andere wiederum, die hoffnungslos in die literarische Stilvergangenheit zurückführten. Er gehörte der literarischen Nachkriegsgeneration an, seine Dichterkollegen, die er und die ihn kannten, ohne daß dies je zu Begegnungen geführt hätte, waren der Johann Gunert, die Christine Busta, die Jeannie Ebner, die Doris Mühringer, der Herbert Eisenreich, um nur einige Namen zu nennen. Er gehörte keiner Vereinigung an, ging zu keinerlei Veranstaltungen, so auch nicht zu Lesungen oder ähnlichem, er saß oder stand meistens stundenlang nur in den genannten Gasthäusern und trank, trank so vor sich hin. Um ihn bildete sich mit der Zeit eine kleine Runde von Lyrikfreunden: auch der Schneider Fritz war dabei, durch den ich die italienische (Ungaretti/Alberti) und die spanische Lyrik (Lorca), ja sogar südamerikanische Lyrik kennenlernte. Der Schneider Fritz war Naturwissenschaftler, arbeitete in Seibersdorf, kannte sich auch in der Musik gut aus, ich lernte viel von ihm. Er war – im Gegensatz zu mir – leider total verkrampft. „Fritz, wenn du so weitermachst, dann endet es noch einmal schlimm mit dir", sagte ich einmal zu ihm. Und so war es auch. Er ist in einem Anfall von Verwirrung von einem hohen Felsen hinuntergesprungen, hat noch kurz gelebt, hat angeblich nur mehr lateinisch gesprochen und ist so umnachtet gestorben. Das muß lange nach unserer gemeinsamen „Kiessling-Zeit" gewesen sein; denn die war in den sehr frühen Sechzigerjahren. Der Kiessling ist im Spital von Korneuburg gestorben. Freunde, nämlich der Mann der Schriftstellerin Ilse Tielsch, der an dem Krankenhaus Arzt war, und die Tielsch selber haben ihn dorthin gebracht. Ein wunderbares Gedicht vom Kiessling ist mir in Erinnerung und einen Satz daraus kenne ich seither auswendig. Das Gedicht heißt „Bäume". Daraus die folgenden Zeilen: Noch steht der Wald, den ich als Kind bewundert,/ und scheint nicht älter, als er damals schien./ Mich ändert jedes Jahr. Und dies Jahrhundert/ wird mich begraben irgendwo bei Wien. ...Wer bin ich dann? – Ich habe kein Vermächtnis,/ das meinen

Namen hier unsterblich macht./ Doch wär ich gern in eines Baums Gedächtnis,/ so wie ich seinesgleichen gern gedacht." Ein schönes Gedicht! Ein tiefer Sinn! Ein tragischer Mensch, dieser Franz Kiessling, der ein großer Dichter war, der heute vergessen ist.

Klima Ivan, tschechischer Schriftsteller und Dramatiker. Drei Jahre seiner Kindheit im KZ Theresienstadt. Nach seinem Studium als Journalist und Lektor tätig. 1967 wegen seiner kritischen Haltung Ausschluß aus der Kommunistischen Partei der Tschechoslowakei. Nach der Niederschlagung des Prager Frühlings 1968 Publikationsverbot. Nach einem Semester als Dozent an der Michigan University in Ann Arber/USA im Jahr 1970 Rückkehr nach Prag. Seine Theaterstücke und Romane durften wegen des Publikationsverbotes bis 1989 nur im Ausland erscheinen. Geboren am 14. September 1931 in Prag.

Wir sind einander beim PEN-Kongreß in Prag begegnet und mit Sicherheit dann auch noch später einige Male, wenn ich in Prag war, dort eine Fotoausstellung oder eine Lesung hatte. Ich wußte kaum etwas von ihm, außer daß er als Sohn jüdischer Eltern, die im Holocaust umgekommen, d.h. ermordet worden sind, als Kind im KZ-Theresienstadt war. Dann wurde er, obwohl Mitglied der kommunistischen Partei, in der stalinistischen Ära noch einmal verfolgt – so wie viele andere „Idealkommunisten", wie ich sie nenne – und natürlich aus der Partei ausgeschlossen. Er bekam 1969 Publikationsverbot, schlug sich, wie andere Schicksalsgenossen, ob Künstler, Intellektuelle oder „einfache Menschen", irgendwie in dieser Zeit durch und schrieb weiter. Dann begann seine Karriere, seine Bücher wurden jetzt publiziert, in viele Sprachen übersetzt. Er war plötzlich ein bedeutender, berühmter und auch geehrter Autor. 2002 bekam er den „Franz Kafka-Preis", den bedeutendsten tschechischen Literaturpreis. Ich las etwa 1990 sein Buch „Richter in eigener Sache", das ins Deutsche übersetzt worden war und das mich sehr beeindruckte. So nahm ich ihn 1998 als vom Ministerium bestellter Juror für den Österreichischen Staatspreis für europäische Literatur neben Imre Kertesz mit auf meine Kandidatenliste. Ein damals sehr bekannter und renommierter österreichischer Verleger des bedeutendsten österreichischen Verlages aus Salzburg, der neben Friederike Mayröcker u.a. mit uns in der Jury saß, sagte damals lässig und mit dem Fuß wippend: „Aber diesen Klima kennt doch niemand; und der Imre Kertesz ist ein alter Hut." Kertesz bekam später den Nobelpreis. Soviel nur zur zeitweiligen Qualifikation und den Umgang von Juroren mit den Schriftstellern und ihrer Literatur in Österreich.

Knebel Peter, international tätiger Facharzt mit zahlreichen wissenschaftlichen Publikationen im Bereich der Medizin und österreichischer Schriftsteller. Geboren am 3. Dezember 1941 in Linz/OÖ, gestorben am 5. Jänner 1994 in Zwettl/NÖ.
Von einem ganz besonderen Menschen muß ich noch erzählen, von einem, der erst sehr spät zum Schriftsteller geworden ist, weil er eigentlich Arzt und Wissenschaftler war, und seinen Beruf in fast 80 Ländern der Welt ausgeübt hat, nämlich von Dr. Peter Knebel. Wir waren von Jugend auf, seit unserem 15. Lebensjahr, befreundet. Wir waren zwei Jahre lang ins selbe klerikale Gymnasium der Oblaten des Hl. Franz von Sales, nämlich in die Missionsschule Dachsberg in Oberösterreich, gegangen. Dort waren wir unter den etwas grobschlächtigen Bauernbuben in unserer Klasse und überhaupt in der ganzen Schule die beiden Außenseiter. Der Peter war aus Linz gekommen, ich ebenfalls, vom dortigen Elitegymnasium, dem bischöflichen Knabenseminar Kollegium Petrinum, das schon mein Vater besucht hatte und meine beiden Brüder noch besuchten, und wo man mich hinausgeschmissen hatte. Der Knebel Peter hatte ebenso wie ich ein ganz anderes Benehmen, weil auch ein anderes Denken, als alle unsere übrigen Mitschüler. Noch dazu war seine Mutter eine elegante Dame, extrovertiert, elegant bis aufreizend gekleidet, mit Make-up und lackierten Finger- und Zehennägeln. Wenn sie ihre Sandalen richtete, indem sie ihre Füße auf einen Sessel stellte, ließen wir irgend etwas fallen, bückten uns danach und versuchten, unter ihren Rock zu schauen, um

etwas unglaublich Erotisches und Geheimnisvolles zu erspähen. Sie tat so, als bemerkte sie das nicht, in Wirklichkeit aber wußte sie das genau und es machte ihr Spaß. Ich sehe heute noch, nach mehr als fünf Jahrzehnten, diese Szenen vor mir. Ab der 5. Klasse ging jeder von uns beiden in ein anderes Gymnasium, ich zu den Franziskanern nach Hall in Tirol, Peter zu den Zisterzienser Chorherren ins Stiftsgymnasium nach Wilhering in der Nähe von Linz.
Wiedergesehen habe ich den Knebel Peter dann jahrelang nicht mehr, erst in Wien – und da auch nicht an der Hochschule, sondern im legendären Café Sport – sind wir einander wiederbegegnet. Das war Mitte der Sechzigerjahre. Der Knebel Peter hatte zwar sein Medizinstudium begonnen und auch zum Großteil schon absolviert, war aber dann irgendwie abgerutscht, auch in die Drogenszene, wo er mit allem Möglichen experimentierte. Er tauchte eigentlich stets unvermutet zu späten Stunden im Café Sport auf, trank etwas, blieb nie lange, begrüßte mich nur, wenn ich dort war, wechselte ein paar Worte und war schnell wieder weg. Er gehörte nicht zu den Stammgästen, zum Personeninventar dieses Lokals. Er war auch kaum jemals in Begleitung, dazu war er viel zu sehr Individualist. Er erzählte auch nichts von sich. Das Leben hat für manche – eben unverschuldet – diese Dramatik; fast wie in einer griechischen Tragödie von Aischylos oder Sophokles. Über Schicksalhaftigkeit, Tragik, Schuld, Gerechtigkeit und Ungerechtigkeit, über die sogenannte „Lebenswahrheit" habe ich dann später mit dem Knebel Peter bei unseren „Sitzungen" in meinem Atelier, wie wir diese Gespräche nannten, noch oft und eingehend gesprochen. Wir haben aber keine gültige Wahrheit gefunden, sondern sprachen immer nur von der Wirklichkeit, von der Seinswirklichkeit; ich jedenfalls. Peter war dem philosophischen Ideal und vielleicht sogar einer Religiosität näher als ich. Peter war ein Suchender, sein ganzes Leben lang. Ich war einer, der mit vielem abgeschlossen hatte und den bestimmte Infragestellungen nicht mehr interessierten, weil sie von der Lebensrealität nur – möglicherweise in Verlogenheit – ablenkten, Realität ignorierten oder negierten. Aber genau da begann wieder unser gemeinsames Fragen danach, was dann kommt. „Kafka" sagte ich oft,

Frantisek Kafka

Peter Kampits

Peter Kersche

Peter Knebel

und meinte „das Schloß". – „Türen, die du öffnest, gehen auf und wieder zu, du betrittst Räume und verläßt sie durch die nächste Tür wieder, und so durchschreitest du viele, viele Räume; und kommst nirgendwo hin und nirgendwo an." – „Ja" sagte Peter, „darauf können wir uns einigen, vielleicht ist das so."

Diese Gedanken gingen mir durch den Kopf, mit allen meinen Erinnerungen, als ich allein im Aufbahrungskammerl auf dem Friedhof von Großgerungs vor dem auf einem Podest stehenden Sarg saß, in dem der Leichnam meines lieben Freundes lag; in wenigen Minuten würde die Abschiedsfeier und die Bestattung sein. Auch hier noch so etwas wie ein Gespräch, ein Gespräch mit dem Freund, das aber ein Selbstgespräch war. Mein Gespräch war ohne Worte, war lautlos, und niemand hörte zu; oder doch? So viele Erinnerungen hatte ich an meinen Freund, so viele Bilder sah ich in meiner Vorstellung. Wie er ganz in Schwarz gekleidet, mit einem wehenden Umhang, einem schwarzen Hut, mit schwarzen Hosen, Reitstiefeln, Handschuhen auf einem schönen schwarzen Pferd über die Wiese galoppierte, eine Erscheinung wie Zorro im Film; so ritt der Peter auch zu seiner Arbeit im Spital in Zwettl im Waldviertel. Nach der Zwischenphase damals, als er manchmal im Café Sport auftauchte, hatte er sich zusammengerissen und sein Medizinstudium beendet, war zur Ausbildung zum Tropenarzt nach London gegangen, dann in Zwettl gelandet, wo er allein auf einem Bauernhof lebte. Er war ein engagierter Arzt geworden, immer etwas verrückt, aber die Leute mochten ihn, vielleicht mehr als die KollegInnen. Er machte alles. Einmal, so hatte er mir erzählt, hatte er einem Forstarbeiter, der sich mit der Kettensäge ein paar Finger abgeschnitten hatte, mit diesen aber im Plastiksackerl ins Spital kam, in einer sechs Stunden dauernden neurochirurgischen Operation die abgetrennten Finger mit Erfolg wieder an die Hand angenäht. Die Leute sprachen vom Herrn Doktor, der so ganz anders war als die anderen Ärzte, wie von einem Wunderarzt. Ich erinnere mich an unser gemeinsames Festessen auf arabische Art in seinem Haus dort, Couscous gab es und man aß mit den Fingern. Alles mußte authentisch sein bei ihm. Und so lernte er auch viele Sprachen, aber auch fremdländische Musikinstrumente, die rund um den Teppich, auf dem wir saßen, aufgestellt waren und auf denen er nach unserem Mahl dann spielte. Ich erinnere mich an meinen letzten Besuch bei ihm in seinem kleinen Bauernhaus in der absoluten Einöde nahe bei Großgerungs. „Alle diese Bäume habe ich gepflanzt", sagte er und deutete auf ein großes Grundstück den Abhang hinunter und dann den Hügel hinauf; es waren hunderte Bäume. Im Geäst eines Obstbaumes hing eine tibetanische Gebetsfahne und flatterte im Wind. Es war ein poetisches Bild. Spätsommer war es und man spürte schon den nahenden Herbst. Im Hauptraum des Hauses, von dem die Zwischendecke entfernt worden war, gab es eine umfangreiche Bibliothek mit einigen tausend Büchern; Fachliteratur ebenso wie Belletristik und selbstverständlich die Weltliteratur, meist in Originalsprachen. Der Peter Knebel sprach, glaube ich, insgesamt acht Sprachen; darunter auch Arabisch. Er hatte in fast achtzig Ländern am Gesundheitswesen mitgearbeitet, Spitalsabteilungen aufgebaut; und dies auf allen Kontinenten, in Asien ebenso wie in Afrika. Immer bekam ich von ihm aus allen möglichen Weltgegenden Karten zugesandt mit knappen Mitteilungen und seinen Grüßen. Er war ein Weltbürger, der ganze Globus war sein Terrain und das bestimmte seine Zugehörigkeit/en.

Im Hauptraum seines abgeschiedenen kleinen Hauses am Waldrand, zu dem keine Straße, sondern nur ein Traktorweg hinführte, lag der Peter, als ich ihn besuchte, völlig ermattet und kraftlos auf seinem Lager auf einer Bank beim großen Kachelofen. Wir wußten beide, daß dies mein letzter Besuch bei ihm und unser letztes Zusammentreffen sein würde. Es war ein Abschiednehmen; für immer. Vor nicht allzu langer Zeit hatte mich der Peter wieder einmal angerufen und dabei gesagt: „Du, bitte komm, wenn Du kannst, zu dem Gasthaus beim Juridikum, du weißt schon, das mit der grünen Tür und der schwarzen Innenausstattung aus Holz, ich lade dich auf ein Gulasch und auf ein Bier ein, bitte iß mit mir; ich muß dir etwas sagen." Ausgemacht war das Treffen für etwa zwei Uhr, wenn kein Mittagsgäste-Wirbel mehr war. Ich kam und der Peter begrüßte mich, herzlich aber ziemlich ernst. Nach dem Essen bestellte ich noch ein Achterl Weiß und zündete mir eine Zigarette an. „Also, was ist los, was willst du mir sagen?" fragte ich den Knebel Peter. Der schaute mich an und sagte ganz ruhig: „Du, Peter, ich werde bald sterben, ich habe Aids. Ich bitte dich nun als Freund, mich in dieser Zeit und bis zum Ende zu begleiten." Ich schluckte, die Nachricht war unfaßbar. Unsere Freundschaft und unser beider Einstellung verboten jedes unnötige Herumgerede. Jedes Wort wäre zuviel gewesen, war unangebracht. Der Peter sagte nur noch: „Du weißt, ich bin Arzt, ich war in Afrika, habe dort Aidskranke betreut, habe mir selber bei den Prostituierten dort Aids geholt, ich weiß am besten, wie es um mich steht. Mir bleiben noch ein paar Monate, vielleicht etwas mehr, wenn ich Glück habe." Pause. Der Peter schaute durch die dunklen Gläser seiner Pilotensonnenbrille irgendwohin in die Ferne, ich schaute an ihm vorbei ins Nichts. „Und wie soll ich das machen", fragte ich nach einer Weile, „ich habe doch keine Erfahrung und weiß überhaupt nicht, was ich da tun soll." – „Du kannst das schon", sagte der Peter ruhig und fügte hinzu: „Alles, was ich brauche, ist, daß du da bist und mich auf diesem Weg begleitest; und daß wir von Zeit zu Zeit ein paar Gespräche führen, die für mich wichtig sind; ich meine, dieses Mit-dir-Reden ist für mich wichtig." „Gut", sagte ich nach einer Weile, „du kannst mich jederzeit anrufen, ich bin immer für dich da, wenn du mich brauchst." Der Peter nickte. Dann sagte er: „Du, ich habe einen großen Wunsch, ich möchte meine Geschichte, die sich aus vielen Geschichten zusammensetzt, die ich aufgeschrieben habe, noch vor meinem Tod als Buch herausbringen. Und auch da bitte ich dich um deine Hilfe und Unterstützung; du kennst dich da besser aus als ich." Als ich das Manuskript hatte, habe ich es durchgesehen und wo notwendig korrigiert. Dann habe ich Fotokopien davon gemacht, einige mir bekannte Verleger angerufen, mit Sensibilität auf diesen besonderen Fall hingewiesen, und als endlich ein Verleger „angebissen" hatte, auch die nötigen Subventionen besorgt. Das Buch, ein autobiographischer Roman, in dem sich aber auch die abgründige Welt Afrikas widerspiegelt, erschien 1992 in der Edition S. unter dem Titel „Das Mädchen von Kinshasa". Der Peter hat sich über das noch rechtzeitige Erscheinen des Buches sehr gefreut. Er hatte auch eine Präsentation des Buches im Simmeringer Schlößl mit einer Lesung von ihm. Und mit dem Buch ist er doch noch das geworden, was er (auch) immer sein wollte: ein Schriftsteller.

Das alles ging mir damals durch den Kopf, und ich erinnere mich noch heute sehr gut daran, an unser Kennenlernen als Buben im Internat der Missionsschule Dachsberg in Oberösterreich, an unsere Wiederbegegnung im Café Sport der Sechzigerjahre, an seine vielen Karten aus so vielen Ländern, an meinen Besuch im Bauernhaus in Zwettl, an unsere Gespräche in meinem Atelier bei dieser Wegbegleitung, an die vielen, gegen Ende immer häufiger und in kürzeren Abständen stattfindenden Telefonate; an meinen letzten Besuch, den Abschiedsbesuch in seinem Haus in Oberrosenauerwald, wo ich auch die Nacht verbrachte, ihn noch einmal fotografierte, an unser behutsam geführtes letztes Gespräch, bis er nicht mehr konnte und einschlief, an die letzte Umarmung, als ich ihn verließ. Und in einem Gedicht von mir von jenem Tag heißt es: „im apfelbaum hängt nun dein tod / bald wird es herbst / silberfäden durchziehen die luft / der wind weht sie irgendwohin / und wir sitzen da und träumen / mit offenen augen / von einer anderen welt".

Kobalek Otto, österreichischer Arbeiterdichter, Kohlenhändler. Geboren 1930 in Wien, gestorben 1995. Eine treffende Charakterisierung des Wiener Originals ergeben Anekdoten, die im Internet unter Wikipedia zu finden sind.
Einer, der nie im Café Sport war, weil er wirklich nirgendwo dazugehörte und kaum mit jemandem sprach, sondern nur trank, war der Kobalek, „der letzte Arbeiterdichter Österreichs", wie er sich selbst bezeichnete. Er saß an jedem Abend an der Theke im „Bücke-dich", einem Lokal an der Zweierlinie bei der Stadion- und Josefstädterstraße, das, als das „Sport" geschlossen worden war und die Gäste ins „Savoy", ins „Café Alt Wien" oder anderswohin ausgewichen waren, bald auch zu einem Unterschlupf wurde, aber ohne feste Szene, sondern eben nur ein Lokal war für Einzelgänger, nicht mehr für Gruppen. Das Lokal hatte seinen Namen davon, daß man sich bücken mußte, wenn man es betreten wollte, da es im Souterrain war und nur einen kleinen schmalen Eingang hatte. Also, da saß jedes Mal dann der Kobalek auf einem Hocker an der Theke,

vor sich ein Achtelglas mit billigem, schlechtem Rotwein, starrte vor sich hin, schweigend, sagte nie ein Wort, deutete nur auf sein Glas, wenn das leer war und bestellte so ein neues. Mich interessierte dieser „letzte Arbeiterdichter", also suchte ich seine Nähe, setzte mich auf den Hocker neben ihm in der Hoffnung auf eine Gemeinsamkeit, auf ein Gespräch. Er aber sagte, soweit ich mich erinnern kann: „Loß mi in Ruah, red mi jo ned aun!" Und dann schwieg er wieder. Also mußte ich mich mit dem Mythos Kobalek-Arbeiterdichter aus Wien abfinden. Man sagte, er sei gebildet, er kenne die Arbeiterdichtung, die Proletarierdichter, die früher einmal in der legendären „AZ-Arbeiterzeitung" vor dem Krieg, als die Sozis noch auf Bildung wert legten, ihre Gedichte veröffentlichten und diese nicht nur mit Zustimmung und manchmal sogar mit Begeisterung aufgenommen, sondern sogar diskutiert und zeilenweise auswendig gelernt wurden und hergesagt werden konnten. Der Kobalek war einer von ihnen, er zählte sich jedenfalls dazu; „Ned zu dem Schmarrn, den 's heitzutog gibt", soll er einmal gesagt haben. Der Kobalek hatte immer blaue Lippen und eine blaue Zunge, vom Rotwein. Er hatte immer das gleiche verschmuddelte Gewand an, das er anscheinend ewig nicht gewaschen hatte, er stank etwas, aber der schweißige Körpergeruch wurde durch den von Kohle überdeckt und gab allem eine herbe Note. Kobalek lebte nämlich in einem Kohlenkeller, den er von seiner Mutter geerbt hatte und den er bedarfsweise betrieb. In den Kohlenkellern, die es damals noch gab, war meistens auch so eine Art Verschlag mit einem Büro drinnen und manchmal stand da auch noch eine alte dreckige Couch, auf der man sich ausruhen oder – wie der Kobalek – die Nacht verbringen konnte. In der Früh sperrte man sein Geschäft dann auf, wenn die ersten Leute kamen, um sich Kohlen und Brennholz zu holen. Das war also praktisch. Und obwohl der Kobalek also eigentlich ein Geschäftsmann war, weil er ja ein Geschäft hatte, war er doch „der einzige lebende österreichische Arbeiterdichter". Mit ihm und dem grundlegenden verderblichen Wandel der Sozis ist dieses Genre der Literatur ausgestorben. Angeblich hatte und hat der Kobalek einen ganz berühmten Bruder, einen weit über die Grenzen Österreichs hinaus bekannten bildenden Künstler, einen Maler, dessen Werke auf dem Internationalen Kunstmarkt preislich ganz oben rangieren. Jeder Kenner von zeitgenössischer Kunst kennt ihn, da die Werke dieses Künstlers bei großen Ausstellungen gezeigt werden und in allen Museen zu finden sind. Dieser Mann, der Halbbruder vom Arbeiterdichter Kobalek, heißt Franz West.

Koch Jurij, sorbisch-deutscher Schriftsteller und Umweltaktivist aus Cottbus in der Niederlausitz (ehem. DDR). Geboren am 15. September 1936 in Horka bei Kamenz.
Wir haben uns vor mehr als dreißig Jahren bei den internationalen Fresacher Schriftstellertagungen kennengelernt und sind dann zusammen mit seiner Kollegin Hannelore Fritzke in meinem alten Puch 500 nach Wien gefahren. Da haben wir eine halbe Nacht lang in meiner Bude geredet und getrunken, bis wir total müde und betrunken waren. Ich sagte zu den beiden, sie sollten nicht mehr in die DDR zurückgehen, sondern hierbleiben. Das war von mir zwar gut gemeint, aber in der Direktheit meiner Formulierung nicht gerade glücklich ausgedrückt. Über Politik konnte man sowieso nicht ehrlich reden; also haben wir über „das Leben überhaupt" geredet. Jahrzehnte später, erst vor kurzem, haben wir uns wiedergesehen, in Klagenfurt, als wir nach Ebriach/Obirsko zum Symposium unseres leider früh verstorbenen kärntnerslowenischen Dichterfreundes Valentin Polansek gefahren sind. Übernachtet haben wir in Klagenfurt. Am Sonntagmorgen haben wir gemeinsam einen kurzen Spaziergang gemacht, bei dem wir uns gegenseitig fotografiert haben. Er kämpft seit Jahrzehnten den nicht zu gewinnenden Kampf für den Erhalt der sorbischen Sprache und Kultur in der Lausitz. Da er um die Aussichtslosigkeit dieses Kampfes und um die ständige und zunehmend um sich greifende Kulturvernichtung weiß, ist er immer in einer gewissen Wehmut gefangen, in der sein Schmerz über diese Kultur- und Identitätsvernichtung zum Ausdruck kommt.

Kofler Werner, österreichischer Schriftsteller. Geboren am 23. Juli 1947 in Villach, Kärnten. Seit 1963 literarisch tätig; lebt in Wien.

Der jüngste Dichter, den ich kennengelernt habe, war der damals etwa fünfzehn Jahre alte Werner Kofler, ein widerspenstiger, rebellischer Schüler „aus gutem Haus" in Villach. Er hatte damals gerade die Schule „hingeschmissen"; wir haben über die Vernünftigkeit eines solchen Schrittes gestritten, und ich war natürlich fürs Fertigmachen. Mit ihm, dem damals sechzehnjährigen Gert Jonke und mit anderen sind wir manchmal im Café Ingeborg in Klagenfurt, unweit des Künstlerhauses, bis spät in die Nacht zusammengesessen. Später habe ich den Kofler immer wieder irgendwo in Wien getroffen, z. B. bei meinen Freunden Bert und Heidi Berkensträter, aber sonst haben wir uns nur gegrüßt, irgendwie in Erinnerung an alte Zeiten. Ein „Servus!" hat uns beiden genügt. Doch als dem Kofler das „Ehrenkreuz für Wissenschaft und Kunst" im Bundesministerium für Unterricht, Kunst und Kultur verliehen wurde, war ich auch mit dabei. Früher hätte der Kofler ja so etwas verachtet und alle, die eine solche Auszeichnung der Republik Österreich, einen Orden annahmen, beschimpft. Ich wollte also sehen, wie er selber jetzt das annimmt, wie er diese Zeremonie absolviert. Lässig, muß ich sagen, war sein Verhalten. Er hatte sich auch kein schöneres Gewand angezogen, er sah so aus wie immer, so als wäre er gerade mit dem Gewand aus dem Bett gestiegen. Aber ungeachtet all seiner Eigenheiten ist der Kofler Werner ein großer Dichter, ein wichtiger Schriftsteller und noch immer ein Rebell; der er von Anfang an war – und das schätze ich an ihm.

Kogler Leopold, österreichischer Maler und Lyriker. Geboren 1952 in St. Peter in der Au, wo er auch heute noch lebt.

Wenn ich mich vom Bildschirm des Computers in diesem Raum, in dem ich gerade bin und schreibe, abwende, mich umdrehe und an die Wand schaue, so sehe ich neben einigen anderen Bildern auch das große Acrylbild von Leopold Kogler, das er mir einmal geschenkt hat, als ich für ihn eine Ausstellung in der Kleinen Galerie in Wien ausgerichtet habe. Das Bild ist mit „Kogler

1984" signiert und datiert und trägt den Titel „Ende der Rätselfahrt des Herzens". Es ist ein farbenfrohes, fröhliches Bild, keinen Zwängen unterworfen, in keine Normen gepreßt, in nichts epigonal; nur Farben, Linien, Striche, Zeichen. Der Bildduktus vom Leopold Kogler. Ich habe dieses Bild sogleich gemocht, als ich mir ein Bild nach seiner Ausstellung aussuchen durfte. Seither erfreut es mich, und ich sehe es oft an. Später hat auch er einmal für mich meine Fotoausstellung „Bildersprache" im Alten Pfarrhof in Weistrach in Niederösterreich organisiert. Bei den Morgen-Kreis-Symposien in Ottenstein haben wir einander immer wieder getroffen. Dann ist der Kontakt abgerissen; die Entfernung, die örtliche Distanz zwischen uns. St. Peter in der Au, abzubiegen von der A1 bei Amstetten, liegt doch etwas weit von Wien entfernt. Aber durch sein Bild ist der Kogler bei mir noch immer präsent. Den Dichter Kogler kenne ich leider nicht.

Kokot Andrej, kärntnerslowenischer Schriftsteller, Lyriker und Übersetzer, jahrelang Kulturredakteur der slowenischen Wochenzeitschrift „Slovenski Vestnik" in Klagenfurt/Celovec. Geboren am 23. November 1936 in Oberdorf/Zgornja vas, Gemeinde Velden am Wörthersee/Kärnten.
Andrej Kokot hat meinen Gedichtband „Oporoka Casa" („Zeitvermächtnis") ins Slowenische übersetzt. Wir haben uns früher oft und immer wieder getroffen, auch zusammen mit unserem gemeinsamen Freund, dem kärntnerslowenischen Dichter und Chorleiter Valentin Polansek; oft auch in Slowenien bei den PEN-Tagungen in Bled. In Wien habe ich einmal einen Leseabend für ihn und mit ihm gemacht. Der Andrej Kokot ist ein ganz Stiller, in jeder Hinsicht. Er macht nicht viel Aufhebens um seine Literatur. Und wenn er liest und spricht, dann ganz leise, daß man ihn fast nicht versteht und um so konzentrierter zuhören muß. Mit ihm war ich beim Begräbnis unseres Dichterkollegen Herman Vogel, der auf tragische Weise in der Drau in Maribor ertrunken ist. Das Begräbnis war in einem kleinen Dorf unterhalb der Karawanken. Zum Abschied sang der Chor slowenische Volkslieder. Es war so berührend und zum Weinen. In seinem Buch „Das Kind, das ich war" beschreibt Kokot sei-

ne Zwangsaussiedlung und die seiner Familie sowie mehr als hundert anderer Kärntnerslowenen-Familien aus ihrer Heimat nach Deutschland unter der Naziherrschaft. Seinen Bruder hat man denunziert, er kam ins KZ-Mauthausen und wurde dort gehenkt. Und all das wurde später im Heimatort Köstenberg und in ganz Kärnten totgeschwiegen; so wie Ähnliches in ganz Österreich, weil das zum Österreichertum gehört.

Kosir Niko, slowenischer Schriftsteller, Essayist, Übersetzer, literarischer Historiker, Dichter und Partisan. Geboren am 29. November 1919 in Poljsica pri Gorjah, dort auch gestorben am 12. Dezember 2000.
Unser Zusammentreffen war im Kreis anderer slowenischer Freunde, wie z. B. Ivan Minatti und Milos Mikeln, stets in Bled. Da gingen wir dann miteinander spazieren und tranken zusammen Wein an irgendeinem schönen Ort. Diese Freunde waren die Jugoslawen unter den Slowenen. Sie standen dem Titoismus nahe, waren noch vom Partisanenkrieg und dem Kommunismus geprägt. Manche, wie z.B. der Theaterwissenschaftler Univ.-Prof. Dr. Kumbatovic, hatten auch noch in der Partisanenarmee gekämpft. Der Niko hatte schlohweißes dichtes, welliges Haar und war eine imposante Erscheinung. Er ging immer sehr aufrecht, so wie das ehemalige Militärs meist tun. Wenn wir auf einem schmalen Weg spazierend durch die Wiesen gingen, dann schlenderte ich so dahin, während „die Alten", wie ich sie nannte, immer sehr aufrecht und wie „Haltung" gingen. Diese Gangart entsprach auch ihrer Lebensführung, entsprang vielleicht daraus. Das waren „aufrechte Männer"; die hatten Haltung: beim Gehen, Stehen, Sitzen und überhaupt im Leben.

Kostewicz Danuta, polnische Dichterin, Publizistin, lebt in den USA.
Danuta kam aus Polen, lebte einige Jahre in Wien und lebt nun seit langer Zeit in den USA. Kennengelernt haben wir einander im „Morgen-Kreis", jener legendären Begegnungs- und Gesinnungsgemeinschaft rund um die Nö Kulturzeitschrift „morgen" und den leider viel zu früh verstorbenen

György Sebestyén, den wir alle noch immer sehr vermissen; und ebenso diesen „Morgen-Kreis" selbst, den es unter seinem Nachfolger leider nicht mehr gegeben hat. Der sah seine Aufgabe nur darin, Chefredakteur einer Kulturzeitschrift zu sein, mehr nicht. Wir AutorInnen interessierten ihn nicht. Also zur Zeit der Danuta, im Jahrzehnt 1980-1990, war alles ganz anders. Wir begegneten einander mit einem Zugehörigkeitsgefühl, mit Herzlichkeit und in freundschaftlicher Beziehung, wie es das heute gar nicht mehr gibt.

Die Danuta war eine schöne Frau, schlanke Erscheinung, fast zierlich, aber quicklebendig und voller Vitalität, mit schwarzen, etwas gekrausten Haaren, manchmal mit einer gewissen Theatralik, die sie aber nicht berechnend zur Schau trug, sondern die aus ihrem innersten Wesen heraus kam und also zu ihrer Persönlichkeit gehörte. Ihre Bewegungen waren schnell und geschmeidig. In der Gesprächsführung war sie überaus lebendig und dynamisch. Manchmal sprach sie ihre Sätze so schnell aus, daß man manches gar nicht verstand. Aber man wußte stets und sogleich, wie etwas von ihr gemeint war. Man kannte einander, weil man sich auf diese Begegnungen einließ, aneinander nicht vorüberging, sondern miteinander redete, auch Privates, und den anderen und sich selber bei solchen Begegnungen spürte, einander auch seelisch näherkam.

Was die Danuta schrieb, wußte ich eigentlich nicht; ich wußte nur, daß sie schrieb. Ich ordnete sie dem Gedichte-Schreiben zu. Und hatte damit recht. Denn erst vor einiger Zeit bekam ich aus New York bzw. aus einem Ort in der Umgebung dieser Stadt, ein schmales Gedichtbändchen mit dem knappen Titel „Punkt" in der Übersetzung von Paul Grenzler, den ich vor einigen Jahren in Warschau kennengelernt habe. Auf dem Cover ist ein schönes Foto, ein Ausschnitt aus einer steppenartigen Wiese mit hohen, bereits verblühten Blütenstauden. Ich habe jetzt das Buch vor mir liegen. Danuta steht auf bzw. in dieser Wiese, wahrscheinlich in einem Augenblick eines Spazierganges, sie liebt ja die Natur, ihre meist unbeachteten Schönheiten in deren Einfachheit und Schlichtheit, die aber für etwas eine Metapher sein und sogar etwas ausdrücken können, was wir selber sind. Danuta hat jetzt kurze Haare, die geglättet sind; die Haare sind blond oder weiß. Sie trägt einen Mantel, der leger offen ist, darunter eine schwarze Hose und ein langes weißes T-Shirt; und weiße Turnschuhe. Eine Hand ist lässig in die Manteltasche gesteckt, in der anderen hält sie das Etui der Sonnenbrille, die sie trägt. Eine Umhängtasche, wie sie die Griechen haben, trägt sie bei sich. Ich lese ihre Biographie, die ich bis jetzt gar nicht kannte. Lese, daß sie in Posen/Poznan geboren wurde, wo ich vor einigen Jahren auch eine Lesung hatte und die Stadt flüchtig kennengelernt habe. Ich lese, daß sie zweisprachig aufgewachsen ist und Musik und Filmtheorie studiert hat, dann als Kulturpublizistin tätig war und mehrere Bücher geschrieben hat. In dieser Kurzbiographie führt sie auch interessanterweise den „Morgen-Kreis" an mit den Worten: „10 Jahre lang nahm sie aktiv an der Arbeit der literarischen Gruppe Morgen-Kreis (Wien) teil." Also hat auch ihr der viel bedeutet. Er war, so schien es mir immer, eine Brücke für sie von Polen herüber zu uns. Ich blättere den Lyrikband jetzt durch, begegne einer anderen Danuta als der, welche ich kannte. In den Gedichten klingt Melancholie durch als Grundstimmung; auch Trauer, über die Welt, das Leben und die Menschen, daß sie so sind, wie sie eben (unveränderbar) sind. Aber immer auch das Wissen um das Geheimnis(volle), das nur der Dichter kennt und ausspricht.

Kramer Kurt, österreichischer Maler und Grafiker, Dichter, Schriftsteller, Wien. Geboren am 6. November 1945 in Freiland/Niederösterreich, gestorben am 16. April 2008 in Wien.
Das Buch „Ikarus bleibt oben – Vogelgesänge, Gedichte von Sehnsucht und Liebe" ist erst nach seinem plötzlichen Tod erschienen. Daß er malte, wußten wir vom Morgen-Kreis – dem er mit seinem ganzen Herzen angehörte – alle, daß er auch schrieb, Lyrik und anderes, wußte kaum jemand; er trat auch nie als Autor in Erscheinung. Das Schreiben war seine zweite Begabung und ein Ventil zu seinem Malen und zur bildnerischen Gestaltung. Der Kurt Kramer, von uns meist „der Kurtl (Kramer)" genannt, war einer der liebenswürdigsten, gütigsten Menschen, die mir im Leben begegnet sind. Er hatte ein Benehmen und Manieren von ausgesuchter Höflich-

Werner Kofler

Andrej Kokot

Wolfgang Kraus

Fabian Kulterer

keit. Der konnte auch schon einmal „Küß die Hand, Gnädige Frau!" sagen, ohne daß das peinlich war; es paßte einfach zu ihm. Seine Familie, seine Frau Maria und die Zwillingstöchter, die ich nie unterscheiden konnte, waren sein alles. Aber er mochte auch gerne Freunde und er hatte die auch gern um sich. So lud er oft zu einem Fest in sein Dachgarten-Atelier in der Engerthstraße im zweiten Bezirk ein. Dort sprach er, auf alles eingehend und mit freundlicher, ja freundschaftlicher Zuwendung mit jedem und jeder. Mit manchen unterhielt er sich länger. Meine Gespräche mit ihm drehten sich, neben der stets ernst gemeinten und Anteil nehmenden Frage, wie es einem denn gehe, sehr oft um Philosophisches, jedenfalls um Menschen- und Weltbildsicht. Ich mochte diese Gespräche. Und er war so ganz anders als ich. Er war gütig, ich aufbrausend. Er war milde, ich kantig und scharf, manchmal auch verletzend. Er versuchte, überall auszugleichen, ich trieb alles auf die Spitze. Er war ein Anhänger und Vertreter der Harmonie, des Harmonischen und Versöhnlichen, bei sich und anderen. Er sah stets alles als Ganzes, als Einheit, so wie das Weltall, der Kosmos, wie er einmal meinte. Ich brachte alles auf den Schnittpunkt, klammerte mir nebensächlich Erscheinendes aus, war und bin ein Mensch des Widerspruches und daraus einer, der zur Konfrontation neigt, schnell bei einer solchen landet, sie manchmal auch ganz gerne hat; was anderen oft auf die Nerven geht. So war also unsere Beziehung, aus unser beider Wesen heraus; grundverschieden waren wir. Und doch respektierte einer den anderen. Er erklärte mir hingebungsvoll seine Pflanzen auf dem Dachgarten, zeigte mir die Bewässerungsanlage, die er installiert hatte. Ich bewunderte das. Ich mag Pflanzen, hatte auch welche auf meiner Dachterrasse stehen, als ich vor langer Zeit im gleichen Häuserblock wohnte, aber nur ein Jahr; denn ich fand das Ganze inklusive Gegend dort schrecklich. Dem Kurtl schien das nichts auszumachen, er lebte sowieso in anderen Sphären. Seine Kunst, seine Gedanken, sein Dichten, seine Betrachtungen, seine Einsichten und der Himmel waren ihm wichtiger als Einzelheiten. Wiederum das Ganze, das er in allem sah, das er überall suchte und auch fand. Die Todesnachricht traf mich schmerzhaft. Beim Begräbnis war ich tief erschüttert. Ich stand abseits, ganz am Rande der um sein Grab Versammelten: seiner

Familie, seiner Verwandten, seiner Freunde und Bekannten. Und als der Sarg mit dem Kurtl in die Grube hinabgelassen wurde, sah ich mit Tränen in den Augen hinauf zum Himmel; so als suchte ich ihn bereits dort.

Kraus Wolfgang, österreichischer Theaterwissenschaftler, Literaturvermittler, Sachbuch-Autor, Literaturkritiker und Essayist. Gründer und langjähriger Leiter der Österreichischen Gesellschaft für Literatur in Wien. Geboren am 13. Jänner 1924 in Wien, gestorben am 19. September 1998 in Lienz/Osttirol.
Er war der Grand Seigneur, die Graue Eminenz, ohne ihn lief gar nichts in der damaligen österreichischen Literaturszene und im internationalen Literatur- und SchriftstellerInnen-Austausch. Bei ihm liefen alle Fäden zusammen. Er bestimmte, was Rang und Qualität in der Literatur hatte; dies neben den damaligen verstaubten Germanistikprofessoren an der Wiener Universität, von denen ich während meines Studiums niemals das Wort Kunst oder Künstler gehört habe. Herr Dr. Kraus betrachtete die von ihm gegründete Österreichische Gesellschaft für Literatur als „sein Eigentum". So jedenfalls sagte ich es frecherweise und nicht ungestraft in einem Interview, das ich dem damaligen Furche-Redakteur Dr. Harald Klauhs (heute „Presse") gab. Der Herr Dr. Kraus kannte sich bestens aus bezüglich aller Netzwerke in der Kultur und Kulturpolitik – so es eine solche überhaupt gab (Drimmel, Piffl-Percevic!) – und den Machtstrukturen und wußte diese auch zu nützen. Das hatte viel Positives als Ergebnis, aber natürlich damit verbunden einen nicht-legitimierten Autoritätsanspruch und eine Macht, die der Herr Dr. Kraus auch zu nützen verstand; für den einen zu dessen Vorteil, für andere zu deren Nachteil. Niemand wußte, oder wollte es „Österreichischem Charakter" zufolge wissen, geschweige denn sagen, wem diese Österreichische Gesellschaft für Literatur eigentlich gehörte, auf welcher rechtlichen Basis sie aufgebaut war und vor allem wie sie funktionierte. Sie war ein Verein, den eine einzige Person, nämlich Dr. Kraus, führte; wie sein eigenes Unternehmen. Welche (Vorstands-) Mitglieder, Rechnungsprüfer etc. es in diesem

Verein gab, und besonders von woher die sicherlich hohen Subventionen für diesen Verein kamen, das wußte niemand, davon sprach man nicht, da gab es keinerlei Transparenz. Wie schon gesagt: Die Österreichische Gesellschaft für Literatur war allein der Herr Dr. Kraus. Alles, was seinen Kriterien entsprach, hatte Chancen auf Repräsentanz (Lesungen/Einladungen), alles andere wurde ausgegrenzt. Das führte auch zur Gründung des Literarischen Quartiers in der Alten Schmiede, im Wiener Kunstverein, wo alle jene zu Wort kamen, die in der Österreichischen Gesellschaft für Literatur nicht zu Wort kamen; so wie auch ich nicht, in der Ära von Herrn Dr. Wolfgang Kraus.

Der Herr Dr. Kraus war ein Werte-Konservativer, ein Liberaler, wenn man so sagen will. Man konnte mit ihm über die damals noch (vor-)herrschenden verschiedenen Ideologien und Positionen reden, im TV diskutierte er, es war aber immer klar, welche Position Dr. Kraus in allem einnahm: nicht die der Hinterfragung, sondern jene der (Werte-) gesicherten Wahrheit. Oder was er für die Wahrheit hielt. Er war ein „Geisteswissenschaftler" im wahrsten Sinn des Wortes. Bei ihm ging alles weit über die Literatur hinaus und auch stets gleich ins Philosophische hinein. Alles war ein Diskurs. Immer dachte ich, wenn ich ihn reden hörte, an die Antike; an die Sophisten, an Platon und Sokrates, nicht an Aristoteles. Er konnte mit allen; so schien es jedenfalls. Warum, fragte ich mich manchmal. Und hatte schnell die – jedenfalls mir richtig erscheinende – Antwort: Es war seine Konzilianz, seine Freundlichkeit, seine Fähigkeit und Vorliebe dafür, nicht einen fest fixierten Standpunkt einzunehmen und diesen argumentativ vehement zu verteidigen, für dessen Akzeptanz womöglich noch zu kämpfen. Nein: Das Kämpfen, das war überhaupt nicht nach seiner Art, das entsprach nicht seinem Wesen und seinem Charakter; und auch nicht seinem Wollen. Er war verbindlich, ausgleichend, freundlich, entgegenkommend, unaufdringlich, vielleicht nicht gerade liebenswürdig, herzlich sowieso nicht, auch wenn er gern und oft lachte. Ein etwas skeptisch-ironisches, aber durchaus nicht gespieltes Lächeln war ohnedies meist über seinem Gedicht ausgebreitet, erhellte es und bedeutete so etwas wie eine Einladung dazu, mit ihm in

Beziehung zu treten. Beziehungen herzustellen, zu pflegen, dauerhaft zu verankern, auch in und mit der Österreichischen Literatur(szene), das konnte er perfekt. Und darin hat er auch enorm viel und Großes geleistet. Eben in diesem Brückenbauen zwischen (damals noch) Ost und West. Er holte viele AutorInnen aus dem Ostblock, noch in den Jahrzehnten des tiefsten Kommunismus, nach Wien und gab ihnen in der Österreichischen Gesellschaft für Literatur ein Podium und eine Plattform für ihre Gedanken und für ihre Aussagen, für ihre Literatur. Darunter waren auch viele Dissidenten. Wie er das schaffte, das war mir ein Rätsel. Eben: Netzwerke nützen! Das war wirklich sein Können und sein großes Verdienst. Er machte uns so mit der Literatur, jedenfalls mit einem Teil der Literatur bekannt, die jenseits des Eisernen Vorhanges geschrieben wurde. Aber auch die literarischen Leuchtfiguren aus anderen Ländern und nicht zuletzt auch aus Österreich gab es dort im Palais Palffy, das damals noch wirklich ein Österreichisches Kulturzentrum in Wien war. Ich denke nur an Lesungen von Elias Canetti, Manès Sperber, Vaclav Havel, Johannes Urzidil, Ingeborg Bachmann, Christine Lavant u.a. Fast jede Veranstaltung im Palais Palffy oder im Palais Wilczek in der Herrengasse war eine wirkliche Begegnung mit Literatur. Für mich jedenfalls waren diese Begegnungen Meilensteine auf meinem Weg zu meiner Literatur.
Noch eine persönliche Anekdote. Es war in der Dämmerung eines Abends 1961, glaube ich, als vor der Tankstelle am Ende der Laxenburgerstraße, wo ich als Tankwart arbeitete – oft mehr als 14 Stunden hindurch, mit Autowaschen, um mir mein Studium zu ermöglichen – ein Puch 600 vorfuhr. Ein schlanker Mann von hoher Gestalt stieg aus, er hatte einen Gabardinemantel an mit einem eleganten Schal und eine schwarze Baskenmütze auf dem Kopf. Durch seine randlosen Goldbrillen sah er mich freundlich an und bat um eine Tankfüllung sowie um Überprüfung von Wasser und Öl. Ich erledigte das alles zu seiner Zufriedenheit. Irgendwie kamen wir darauf zu sprechen, daß ich mir als Werkstudent so mein Studium der Theaterwissenschaft und Germanistik sowie Philosophie verdiente (dies 5 Jahre lang!). Nebenbei erwähnte ich, daß ich auch schreibe, Gedichte nämlich. Das schien den Mann zu interessieren. „Ich gründe

gerade eine Österreichische Gesellschaft für Literatur in Wien", sagte er. „Schauen Sie doch einmal da bei mir vorbei!" Das war mein Kennenlernen des Herrn Dr. Wolfgang Kraus, damals vor fünfzig Jahren.

Kravos Marko, slowenischer Schriftsteller, Dichter, Essayist und Übersetzer. Ex-PEN-Präsident des Slowenischen PEN-Centers. Er lebt – so wie sein slowenischer Kollege Boris Pahor – in Triest/Trst, Italien. Geboren am 16. Mai 1943.
Regelmäßig haben wir uns bei den PEN-Konferenzen in Bled und auch anderswo getroffen. In Bled immer oben im Schwimmbad im letzten Stock des Park-Hotels, in dem die Konferenzen stattfanden. Er war oft in Begleitung seines kleinen Sohnes, meist am Morgen schon vor dem Frühstück. Da saßen wir dann gemeinsam im Whirlpool. Der kleine Bub tollte herum und lachte, wir nickten uns freundlich zu, jeder sprach ein paar Worte in irgendeiner Sprache, in Slowenisch-Kroatisch-Italienisch-Englisch-Deutsch. So haben wir kommuniziert. Und die gemeinsame Sympathie für einander trug diese verbale und non-verbale Kommunikation. Marco war immer elegant-italienisch und somit stilvoll gekleidet, unterschied sich so auch äußerlich von seinen jugoslawisch-slowenischen KollegInnen.

Kronabitter Erika, österreichische Schriftstellerin, bildende Künstlerin, Video- und Konzeptkünstlerin. Geboren 1959 in Hartberg/Steiermark.
Die Erika Kronabitter nehme ich in dieses Buch auf, weil sie eine ganz liebe Kollegin und Freundin ist, die ein Vorbild sein kann für Warmherzigkeit und Kollegialität. Dabei legt sie durchaus klar und deutlich ihre Meinung dar und vertritt sie gut und verständlich formuliert. Sie ist, auch wenn es ob ihrer Zartheit etwas anders erscheinen könnte, nicht biegsam, wenn es darauf ankommt, eine Haltung zu haben und zu bewahren. Sie hat schon sehr viel gearbeitet und geschaffen, in vielen Sparten. Wir kennen einander erst seit der Zusammenarbeit im Vorstand der IG

Autorinnen Autoren, aber das ist nun auch schon wieder ein paar Jahre her. Sie reist immer weit von Vorarlberg her nach Wien, ist fast bei jeder Vorstandssitzung dabei. Es ist eine Freude, sie zu treffen. Ich mag ihre Herzlichkeit und schätze ihre Anteilnahme und Zuneigung, die sie besonders in einer Zeit mir gegenüber zeigte, als es mir nicht so gut ging.

Kühnelt Hans Friedrich, österreichischer Lyriker, Dramatiker, Schauspieler. Geboren am 20. März 1918 in Bozen/Südtirol, gestorben am 26. Februar 1997 in Wien.
Er ging, von frühen Altersgebrechen gebeugt, mühsam den schmalen Weg durch die Wiese den Hügel hinauf. Das war in Fresach, bei irgendeiner Schriftstellertagung. Kaum jemand kannte ihn und wußte, was er eigentlich schrieb. Man sagte, es seien Theaterstücke, eines davon sei sogar am Wiener Burgtheater aufgeführt worden, vor längerer Zeit schon. In der österreichischen Literaturszene von damals, in der Siebzigerjahren, hörte man jedenfalls von ihm nichts. Er war ein ganz Stiller, ein in sich Zurückgezogener, redete kaum mit jemandem, außer mit dem Walter Nowotny und älteren Kollegen wie Schönwiese oder Torberg. Aber ich erinnere mich noch an seine dunkle Stimme und seine langsame, bedächtige Sprechweise. Und so wie zu seinen Lebzeiten kaum jemand etwas von ihm etwas wußte, so war das auch nach seinem Tod. Heute ist er völlig vergessen.

Kuhner Harry, amerikanisch-jüdischer Schriftsteller und Übersetzer mit Wurzeln in Wien, wo er nach seiner Emigration in die USA und seiner Jugendzeit dort jetzt auch wieder seit langem lebt. Geboren 1935 in Wien.
Er ist der erste Übersetzer meiner Gedichte ins Englische bzw. Amerikanische, wir haben in gemeinsamer Arbeit meinen 1978 in New York erschienenen Gedichtband „Borders/Grenzen" publiziert. Ein Hauptthema des Buches war der Holocaust. Dieses Thema und die gemeinsame

Arbeit waren es auch, was uns verbunden hat; jedenfalls für einige Zeit. Wir waren 1979 zusammen in London, haben dort im gleichen billigen Hotel gewohnt, sind miteinander spazierengegangen, er hat mir einiges in London gezeigt, weil er ja als Kind längere Zeit dort war. Er hat immer wieder von Literatur, eigentlich mehr von den Literaten, diesen und jenen, gesprochen und davon, daß man ihn in Österreich als Dichter verhindere, weil, weil, weil … Ich habe ihm gesagt: „Harry, vergiß endlich den Schmarren! Wir sind eben nicht der Peter Handke oder was weiß ich wer, wir spielen nicht in der A-Liga, wir sind halt kleine Würsteln, vielleicht schaffen wir es in den Mittelbereich hinauf." Aber das hat er nicht akzeptiert. Für ihn war Handke ein schlechter Dichter und der Thomas Bernhard auch nicht gerade wahnsinnig gut. Jedenfalls hätte er, auch als jüdischer Emigrant und als einer von den (österreichischen) Nazis Vertriebener etwas anderes verdient, als er hier dann in Österreich vorgefunden und wo man ihm nur Prügel in den Weg gelegt und seine Karriere verhindert hat, weil ihn der Herr Dr. Wolfgang Kraus, der Chef der Österreichischen Gesellschaft für Literatur, nicht als österreichischen Dichter angesehen und nicht seinen literarischen Rang (den er noch gar nicht hatte) anerkannt und ihn nicht nach Adelaide in Australien zu einem Weltpoesietreffen geschickt hat. Jedenfalls hat mich seine diesbezügliche Lamentiererei in London ziemlich genervt, sodaß ich sogar aus dem Hotel ausgezogen bin, um meine Ruhe zu haben. Wir haben uns dann aber doch wieder soweit versöhnt, daß wir miteinander Silvester gefeiert haben. Aber auch da gab es wieder eine typischen Kuhner-Vorfall, an dem er selbstverständlich nicht schuld war. Ich hatte eine Einladung zu einer Party, zwei nette Mädels warteten dort auf uns, jedenfalls auf mich. Aber der Harry mußte wieder so lange und so viel und so langsam in irgendeinem Restaurant etwas essen, daß wir die Party und sogar den Mitternachtsrummel am Trafalgar Square versäumten. Da war ich dann wirklich sauer. Daß er, obwohl ich ihn als Teilnehmer für die Österreich-Delegation zu den „Struga Poetry Evenings" 1979, für die er aber fleißig (unbezahlte) Übersetzerarbeit geleistet hatte, beim Ministerium durchgeboxt hatte, mir das dann mit Schwierigkeiten-Machen dankte, weil er

Schmähschriften gegen Österreich dort verteilte, was ich ihm als Delegationsleiter untersagte (im Ausland werde ich zum Patrioten!), ist eine weitere Facette unserer Beziehung. Als ich später dann eine lange Passage in seinem autobiographischen Roman über mich las, in der alles dort über mich Angeführte „erstunken und erlogen" war, hatte ich endgültig genug. Aber daß Harry Kuhner für die österreichische Literatur, vor allem für die Lyrik und für die Dichter und Dichterinnen viel geleistet hat – wofür er in würdigender Anerkennung seiner Verdienste den „Professor"-Titel bekommen hat – das muß man hier nicht nur der Gerechtigkeit halber auch anmerken. Die Lyrikanthologie „Austrian Poetry Today" und viele übersetzte Gedichte österreichischer Dichterinnen und Dichter sind der Beweis dafür. Wenn wir einander zufällig – so wie kürzlich im Jüdischen Museum im Palais Eskeles in Wien – bei einer Veranstaltung begegnen, dann ist doch so etwas wie Freundschaft zwischen uns. Jedenfalls war er einmal einer der Wegbegleiter in meinem Leben.

Kulterer Fabian, ein Original im österreichischen Kunst- und Literaturbetrieb, Dichter und Aktionskünstler, Lebenskünstler. Geboren am 19. Dezember 1938 in Klagenfurt, gestorben am 24. April 2009 in Wien.
Die beiden eigenartigsten, um nicht zu sagen skurrilsten Dichter, die mir je begegnet sind, waren „der Kulterer" und der Zoltan Vér. Beide waren in der Szene bekannt. Kulterer als lebende Legendenfigur, der einmal die „Eröffnungen" herausgegeben, Ezra Pound besucht und sich im Dunstkreis des „Wiener Phantastischen Realismus" (Ernst Fuchs) bewegt hatte. Die Dissertation des Dr. Fabian Kulterer über die Haus- und Hofnamen des Jauntales in Kärnten, Umfang ca. 900 Seiten, habe ich einmal bei einem meiner vielen Aufenthalte in Kärnten querdurch gelesen. Die Dissertation ist ausgezeichnet, mit Details bis ins Kleinste überhäuft, von einer bald ermüdenden Endlosigkeit eines bienenfleißigen Feldforschers. Eine wissenschaftliche Karriere an irgendeinem Universitätsinstitut wäre ihm damit sicher offen gestanden. Aber so etwas verschmähte der Kulterer. Er hat sich lieber der Kunst, der Literatur zugewandt. Ich weiß nicht, ob

der Kulterer je etwas jobmäßig gearbeitet und wovon er also gelebt hat. Niemand weiß das. Jedenfalls tauchte der Kulterer überall in der Szene auf, auch bei Vernissagen, eine Zeitlang in Begleitung seines (auch schon längst verstorbenen) Freundes Werner Schneider. Geschrieben hat der Kulterer anscheinend nie etwas, vielleicht irgendwelche experimentelle Gedichte oder andere Texte, publiziert hat er in seinem ganzen Leben nichts, soweit ich informiert bin. Er hat mir aber einmal ein Buch von sich gezeigt, ein schmales Bändchen, in dem auf jeder Seite nur ein Satz bzw. der Teil eines Satzes stand; das ganze Büchl bestand also aus einem einzigen Satz. Skurril, so eine Publikation in seiner Bibliographie zu haben! Der Kulterer war absolut gescheit und gebildet, und zwar umfassend, und hatte ein großes fundiertes Wissen, auf dem Gebiet der Literatur ebenso wie auf dem der Malerei, der Kunst überhaupt, der Philosophie. Er war sowieso ein Lebensphilosoph. Gespräche mit ihm waren anregend, ein Hin und Her im Geben und Nehmen. Der prägnanteste Ausdruck eines abgesicherten Bekenntnisses von ihm war sein Spruch: „Heast, Jolly, das ist aber wirklich so und nicht so." Damit war alles gesagt; für ihn jedenfalls. Da gab es dann kein Nachfragen mehr, kein Infragestellen, das war so wie es war und aus. Was das mit dem „Jolly" auf sich hatte, weiß ich nicht, ich habe ihn nie danach gefragt. Wahrscheinlich hätte er sowieso nur gesagt: „Heast Jolly, des is halt mit dem Jolly so, wie es is!" Der Kulterer lebte mal da, mal dort. In Wien sah man ihn zuletzt ganz selten. Auffallend war sein Kleidungsstil, ein Mix aus längst vergangenen Stilrichtungen und Utensilien. Und er trug einen Schnauzbart, später dann einen langen weißen Bart, wie es sich für einen Gelehrten, einen Privatgelehrten des 19. Jahrhunderts oder der Zeitlosigkeit geziemt. Er war eine auffallende Erscheinung. Er tauchte immer irgendwo unvermutet und überraschend, meist zum Schluß einer Veranstaltung auf. Dann begann sein Vortrag für all jene Gesprächspartner, die seinen Weg zufällig kreuzten. Alte Bekannte und Freunde – so wie mich – begrüßte er herzlich, ja fast überschwenglich. Er fragte sofort, wie es einem geht. Er wußte alles und erinnerte sich an kleinste, längst der Vergessenheit anheimgefallene Details. Er vermittelte glaubwürdige Anteilnahme. Ein skurriler, aber von mir geschätzter Freund. Eine Persönlichkeit – von ganz besonderer Art.

Kumbatovic Filip Kalan, slowenischer Autor und Theaterwissenschaftler. 1910-1989.
Ich finde keine Angaben im Internet über ihn. Also nur die Erinnerung. Dem Kumbatovic hätte man, wenn man ihn so sah, nie zugetraut, daß er Universitätsprofessor für Theaterwissenschaft in Ljubljana/Laibach war. Er war damals, als wir einander in Bled trafen, sicher schon jenseits der Siebzig. Und er schaute immer irgendwie verknautscht aus, jedenfalls was seine Kleidung betraf: Schnürlsamthose und braune Jacke. Er schien auf sein Äußeres keinen großen Wert zu legen. Hinter dicken Brillen schaute er prüfend hervor. Er hätte genauso irgendein Gewerbetreibender sein können; aber solche gab es im damaligen Jugoslawien, wo fast alles verstaatlicht war, nicht. Er hatte – ich glaube an der Unterlippe – eine Blutschwamm-"Warze", oder wie man das nennt. Und er rauchte ständig und überall. Danach roch er auch. In Bled hatte er einen Kreis um sich, auf Zimmer 212, glaub ich. Es war eine Auszeichnung und ein Vertrauensbeweis, daß ich ab 22 Uhr dorthin eingeladen wurde. Da saßen dann der Kumbatovic, der Ivan Minatti, der Stephan Hermlin aus der DDR und andere. Es wurde laut geredet, diskutiert, durcheinandergeschrien, getrunken, ja gesoffen, bis spät in die Nacht hinein, einmal bis drei Uhr früh. Niemand legte sich einen Zwang an. Man erkannte die KollegInnen, meist ältere Semester, fast nicht wieder. Hier redeten sie alles, was sie im Plenum niemals gesagt hätten. Es gab Kritik, Wut und Zorn und Schimpfen auf das „System", auf die Bürokratie, wie sie das nannten. Einmal, am nächsten Morgen, fragte ich, vorsichtig formulierend, den Kumbatovic, der gut Deutsch konnte, ob das nicht gefährlich sei, so offen seine Meinung zu sagen; ob man denn wisse, ob man nicht abgehört oder von einem Spitzel verraten werden könnte. Es war ja noch tiefster Kommunismus, knapp nach Titos Tod, die Geheimpolizei unter Rankovic hatte mit der Überwachung alles fest im Griff. Der Kum-

batovic lachte und sagte: „Natürlich werden wir abgehört, oder sagen wir ‚wahrscheinlich' oder ‚vielleicht'. Aber das, was unten im Plenum der Versammlungen verboten oder unratsam ist, kann auf Zimmer 212 eben frei geredet werden, da sind wir unter uns; und es ist erlaubt." Solche für mich kaum begreifbaren, anscheinend mit dem System unvereinbare Freiräume innerhalb des Systems gab es also, damals schon. Man wußte: Wenn diese Intellektuellen wenigstens unter sich empört herumschrien oder hochgescheit ideologisch kritisierten, daß sie dann Ruhe geben würden in der Öffentlichkeit. Eine Privatmeinung zu haben war ja irgendwie erlaubt oder wurde toleriert, nur öffentlich äußern durfte und sollte man sie besser nicht; denn das zog Konsequenzen nach sich. Nur die ehemaligen Antifaschisten und Widerstandskämpfer, die „Alten Partisanen", konnten sich mehr Freiheiten erlauben. Denn die waren ohnedies Kommunismus-treu. So schien es jedenfalls mir. Aber das erklärte mir auch, warum manche Kollegen und Kolleginnen sich unten im Plenum kaum zu Wort meldeten; und wenn sie es doch taten, dann nur sogenannte „Formalkritik" übten. Die war zugelassen. Das wußte man. Und man wußte überhaupt, woran man sich zu halten hatte; auf jeden Fall in der Öffentlichkeit. Auch diese Erfahrung zu machen, war für mich eine lehrreiche politische und gesellschaftspolitische Lektion.

Kuprian Hermann, österreichischer Lyriker, Schriftsteller, Innsbruck. 1920-1989.
Er war Lehrer und fast 20 Jahre Präsident vom „Turmbund – Gesellschaft für Literatur und Kunst" in Innsbruck. Der Turmbund hatte seine Bleibe im Stadtturm, in der Altstadt von Innsbruck in der Nähe vom Goldenen Dachl. Ich kannte die Räumlichkeiten, weil ich, als ich im 10 km entfernten Hall in Tirol das dortige Franziskanergymnasium besuchte, schon bei Veranstaltungen des Turmbundes war. Wahrscheinlich habe ich von dorther auch den Herrn Dr. Kuprian gekannt, weil er mir, als ich ihn viel später einmal in Fresach wieder traf, bekannt vorkam. Wir sprachen auch kurz darüber. Der Kollege Kuprian war literarisch ganz anders

als ich orientiert, je geradezu gegensätzlich, denn er war ein Vertreter der „Spirituellen Poesie", etwas, das es heutzutage kaum noch gibt, außer im Bereich der Esoterik. Damals nach dem Krieg und dem furchtbaren Holocaust war sie aber durchaus verbreitet und wurde gern auch als poetischer Zudeckmantel verwendet, wie mir schien. Man denke zum Beispiel nur an den Schriftsteller Max Mell, der sein vorheriges Anhängertum an den Nationalsozialismus später mit dem Katholizismus als durchaus problemlos (für ihn und andere) ansah und vereinte, wobei fast niemand das als charakterlos und miteinander unvereinbar empfand. Der Herr Dr. Kuprian war „ein Herr", auch in Fresach. Irgendwie paßte er dort nicht ganz hinein. Denn wir Jungen waren nicht nur eine ganz andere Generation, sondern auch ganz anders in unserer Wirklichkeitssicht. Wir wollten aufdecken anstatt zudecken. Das war unsere Art, mit der wir der Vergangenheit und der Gegenwart begegneten und uns ihr gegenüber positionierten.

Kuprijanow Wjatscheslaw, russischer Schriftsteller, Lyriker und Übersetzer. Geboren 1939 in Novosibirsk/Russland.
Er wohnt eigentlich in Moskau, wenn er nicht gerade auf einer seiner vielen Reisen ist und einen Stipendienaufenthalt irgendwo in Europa oder sonstwo absolviert. Er ist nämlich ein absoluter Meister im „Aufreißen" solcher Möglichkeiten, sodaß ich einmal zu ihm sagte: „Ein Russe müßte man sein, ein solcher Exot wie Du aus der ehemaligen Sowjetunion, dann würde man überall willkommen sein und alles bekommen, was man will, das gar nachgeschmissen bekommen". Ich gebe zu, etwas Neid und Wut war bei dieser Bemerkung dabei. Denn damals, gleich nach der sogenannten „Wende", wurde alles hofiert, was aus dem bisher verschlossenen Osten, aus dem ehemaligen Ostblock, zu uns kam. Diese KollegInnen hatte man jetzt plötzlich entdeckt. Manchmal waren sie gar keine wirklichen KollegInnen, aber sie wurden mit Stipendienaufenthalten und allem bedacht, wovon wir nur träumen konnten. Das muß der Wahrheit und Gerechtigkeit halber einmal gesagt werden. Ich erlaube mir das, denn ich

kannte die Verhältnisse in diesen Ländern auch noch von vorher. Und da war es so: Jene, die sich mit dem System arrangiert hatten, bekamen dort viel bzw. alles. Die anderen, die sich zu den Verhältnissen entweder mutig oder in unvorsichtiger Weise kritisch äußerten, bekamen gar nichts; oder doch, nämlich Schreib- und Publikationsverbot, keine Wohnung, dafür in manchen Fällen sogar Gefängnis. Und einige verstanden es immer, sich zwischen dieser Skylla und Charybdis geschickt durchzumanövrieren, ohne Schaden zu nehmen, sondern alle Vorteile auch noch zu nutzen. Also der Wjatscheslaw war und ist „ein Schlitzohr", wie ich das nenne. Er war – zwangsweise – mein Gast, weil er sein hohes Stipendium in Wien gleich vorzeitig verbraucht hatte (Telefonrechnung von mehr als 7.000,- Schilling für stundenlange Gespräche mit seiner Liebsten in Deutschland) und dann aus seiner Unterkunft raus mußte. Und so rief er mich – selbstverständlich! – nach 22 Uhr an und sagte, ich solle ihn mit dem Auto abholen und bei mir unterbringen. Nein, sagte ich, nimm die U-Bahn und Deine Koffer und komm; unterkommen kannst Du für ein paar Tage bei mir. Er blieb fast zwei Wochen. Wir betreuten und bekochten ihn. Er nahm das mehr mit Gelassenheit als in Dankbarkeit an und hin, so etwa mit der Einstellung, „der Westen" schulde ihm etwas für jene Zeit in der Sowjetunion und die jahrelangen Entbehrungen, die er dort hatte hinnehmen und erdulden müssen. Ich habe Milo Dor damals gebeten, daß der Wjatscheslaw mit zu einer Konferenz nach Salzburg fahren kann und die Literar-Mechana (Sozialfonds) die Kosten für den Aufenthalt übernimmt. Milo Dor bewerkstelligte das als IG Autoren Autorinnen-Präsident. Kuprijanow befand das für selbstverständlich, für das Mindeste, was man für ihn tun könne und auch müsse. In einem Gasthaus in Salzburg haben wir auch den Plan besprochen, daß Wjatscheslaw meine Gedichtsammlung „Lebenszeichen" ins Russische übersetzt, Geld würde ich schon auftreiben für das Honorar und die Publikation. Er hat nie was übersetzt. Von Zeit zu Zeit höre ich etwas von ihm. Meist genießt er dann irgendein Stipendium irgendwo; so wie letztens in Madeira; auch nicht schlecht. Ein Russe müßte man sein, denke ich mir dann oft, wenn ich so etwas höre, der Wajtscheslaw Kuprijanow müßte man sein, weil der kann das, dieses „Aufreißen" von Geldern aus irgendeinem Topf, dieses Ressourcen-Ausschöpfen bis zum Geht-nicht-mehr. „Die Russen kommen" – diesen Satz habe ich noch vom Kriegsende im Mai 1945 im Kopf, als wir Kinder und Frauen aus unseren Heimatorten im Mühlviertel evakuiert wurden. Mit Wjatscheslaw und dann noch mit anderen seiner KollegInnen (Ukraine) hat der Satz eine ganz andere, eine neue Bedeutung bekommen. War damals von den Russen dieses und jenes geraubt worden, so wurden sie jetzt mit Gratifikationen geradezu überhäuft.

Kurz-Goldenstein Helmut, österreichischer bildender Künstler und Autor, Wien. Verheiratet mit der Dichterin Marie-Thérèse Kerschbaumer. Geboren am 27. August 1941 in Salzburg, gestorben am 26. September 2004 in Wien.
Ich kannte ihn schon seit den Siebzigerjahren, als er noch in einer muffigen Altbauwohnung weit draußen am Grünen Berg wohnte und malte. Er war so wie ich damals viel unterwegs. Für uns war er nur „der Baron", so nannten wir ihn, keine Ahnung warum, ob er wirklich einer war oder nicht; das Gehabe danach hatte er aber, wenn er mit seinem Stock so daherging; er war sehr gehbehindert, aber quicklebendig und ein wenig verrückt. Er war auch ein dynamischer und wilder Schlagzeuger bei der Musikband, die zu den Literarischen Chansons der leider auch längst verstorbenen Ingrid Elisabeth Fessler spielte. Er war ein Linker, ein Marxist oder Trotzkist oder was weiß ich, nein richtiger: ein Anarchist; ein Revoluzzer; so wie ich. Er schimpfte andauernd auf „die da oben", lautstark, unermüdlich, zornig, oft auch mit unflätigen Worten. Ich mochte ihn, diesen wilden, nicht-angepaßten, stets mit seinem Stock herumfuchtelnden, Schimpfkanonaden abfeuernden und dabei hinter Goldbrillen mit den Augen rollenden und Grimassen schneidenden Künstler und Nonkonformisten. Wir hatten oft eine Gaudi, die manchmal ins Dionysische umschlug. Einmal sind wir nach einer durchzechten und durchdiskutierten Nacht mit meinem Moped im Morgengrauen auf den Kahlenberg

gefahren und dann johlend und in einem Wahnsinnstempo – hin hätten wir sein können, wenn wir gestürzt wären – auf der Höhenstraße nach Grinzing heruntergedonnert. Ich hab immer nach hinten geschrieen: „Baron, halt dich an bei mir, sonst verlier ich dich!" Aber der Baron hat was von „Freiheit!" und „denen zeigen wir's schon noch!" geschrieen. Noch heute schüttelt es mich fast noch, wenn ich an diese Wahnsinnsexkursion denke, und was alles hätte passieren können; aber es ist – Gott sei Dank! – nichts passiert. Außer daß wir unsere Verrücktheit ein wenig mehr und anders als andere ausgelebt haben. Einen Salut an den Baron, wo immer er sich jetzt befinden mag, vielleicht irgendwo weit draußen auf einer der Milchstraßen unter Millionen von Sternen.

Kytionka Artur, schwedischer Schriftsteller.
Er war „ein großer Säufer vor dem Herrn", wie wir das damals nannten, und ein Spaßvogel, der andauernd irgendein Theater um sich machte. Dabei wußte man nie, ob er es ernst meinte oder nicht. Jedenfalls verbarg er sich, so glaube ich, hinter dieser Maske; vielleicht war er eigentlich ein ganz anderer Mensch und Dichter. In Bled, in Struga, egal wo er war, überall fiel er auf. Schon in der Früh nahm er den ersten Schnaps zu sich und am Abend war er oft ziemlich besoffen. Trotzdem hielt ich ihn für einen gescheiten Menschen und respektierte ihn, weil er sich keiner Norm unterwarf, sich außerhalb stellte, ihm seine eigene Souveränität über alles ging. Wenn wir zusammentrafen und ich dann zum Beispiel für nicht allzulange Zeit – länger hielt ich ihn nicht aus – neben ihm saß, dann unterhielten wir uns und er lachte dabei oft laut und sogar heftig. Damit drückte er, so schien mir, seine Verachtung oder seine Zustimmung aus, je nachdem. Ich sehe ihn noch heute vor mir, wie er seine Späße machte, andere, die er nicht mochte oder verachtete, „verarschte", ihnen auf die Nerven ging. Er war ein bunter Vogel, ein Außenseiter, ein Individualanarchist, so wie ich, nur extremer, rücksichtsloser, auch gegen sich selbst. Und so zerstörte er sich und starb in frühen Jahren. Jedenfalls bekam ich meinen letzten Brief an ihn mit einem Begleitbrief und der Todesnachricht von ihm nach einigen

Wochen wieder zurück. Na, jetzt ist er doch gestorben, irgendwie wird er mir fehlen, dachte ich. Aber ich hätte mir den Artur Kytionka sowieso nie alt und gebrechlich vorstellen können. Ich sehe ihn heute noch vor mir, wie er damals in Bled beim Picknick showmäßig und wie in Ekstase, auf jeden Fall beeindruckend (die Damen) tanzte. Das war wie ein kultischer Akt für ihn; genauso wie sein Saufen; oder wie sein ganzes Leben.

Laher Ludwig, AHS-Lehrer für Englisch und Deutsch, österreichischer Schriftsteller, langjähriges engagiertes IG Autorinnen Autoren Vorstandsmitglied, Vertreter im European Writers Congress und in der Rechtschreibreform-Arbeitsgruppe. Geboren am 11. Dezember 1955 in Linz, lebt in Oberösterreich.
Ich möchte oft so sein, wie der Dr. Ludwig Laher ist: so gescheit, so umsichtig, so klug, so ruhig, so ausgleichend, so alles klarstellend, so elastisch, so konsequent, so souverän, so kollegial, so verständnisvoll, so nachgebend ohne nachgiebig zu sein, so für seine Haltung gerade stehend. So, genug der Lobeshymne! Aber der Ludwig Laher ist wirklich ein Besonderer. Und jeder kann das erfahren, in kurzer Zeit und in vollem Umfang seiner Persönlichkeit. Deshalb steht er auch in diesem Buch. Ich möchte ihm dadurch meinen Respekt ausdrücken und meine Reverenz erweisen. Viel mehr möchte und kann ich hier nicht sagen. Leider habe ich – wie bei so vielen Kollegen (aber umgekehrt gilt das auch!) – von seiner Literatur viel zu wenig gelesen; aber was ich gelesen habe, das hat mir nicht nur gefallen, sondern das hat mich beeindruckt; vor allem wenn er sich mit der jüngeren Zeitgeschichte, die selbstverständlich in Vergangenes, oft auch in leider Verdrängtes und Vergessenes zurückreicht, befaßt und sich um Aufhellung der Verdunkelung und somit der Dunkelheit bemüht und diese auch leistet. So wie in seinem berührendem Buch „Uns hat es nicht geben sollen", in dem er das Schicksal der Sinti-Familie von Rosa Winter in der Nazizeit sowie die Zigeunerausrottung im Holocaust und die Ausgrenzung nachher in der Republik Österreich und anderswo schildert. So etwas ist ganz wichtig. Und das liegt auch auf meiner Li-

nie. Er sucht sich immer wieder solche Themen, die ihn und andere dazu herausfordern, sich dem zu stellen und auch Stellung zu beziehen und dann eine Haltung daraus abzuleiten und zu vertreten. Das entspricht ganz meiner Vorstellung von der Verpflichtung und Verantwortung eines Schriftstellers, einer Schriftstellerin, eines Intellektuellen, des gewissenhaften Menschen überhaupt. Das ist genau das, was ich seit jeher fordere und wozu ich aufrufe. Es ist wichtiger, sich solcher Themen anzunehmen, hier entsprechende Aufklärungsarbeit zu leisten, Aufhellung in die dunklen, in die verdunkelten Räume der Geschichte und ihrer Verleugnung und der Lebensschicksale zu bringen, als jedes noch so schöne Natur- oder Liebesgedicht zu schreiben. Lieber Ludwig, das wollte ich Dir schon längst einmal sagen und tue es jetzt; auch wenn wir uns immer wieder sowieso durch einen Blick verständigen. Aber der ist eben nur möglich aufgrund dieses inneren Einverständnisses (ich hoffe: miteinander), das die Grundlage für gegenseitiges Verstehen ist.

Laine Jarkko, finnischer Schriftsteller, Dichter und Übersetzer, Vorsitzender von The Union of Finnish Writers und als solcher der Organisator von „The First Round Table of European Poetry"-Conference in Helsinki zum Thema „A New Deal for Poetry" im Juli 1997. Geboren am 17. März 1947 in Turku, gestorben am 19. August 2006.
Er war eine imposante Erscheinung, jugendlich, dynamisch, mit einem prächtigen lockigen Wuschelkopf. Souverän leitete er diese kleine, feine, internationale Konferenz im SAS-Hotel in Helsinki. Wir feierten ein fröhliches Fest in der weißen Villa, dem Schriftstellerhaus, direkt an der Bucht in Helsinki gelegen. Und dann die gut besuchte Lesung mitten im schönsten Park Helsinkis. Erst vor kurzem erhielt ich die traurige Nachricht von seinem viel zu frühen Tod. Unvergeßlich die Mitternachtssonne, die Weißen Nächte, in denen wir bis in den frühen Morgen wach blieben.

Lankauskas Romualdas, litauischer Schriftsteller, Dramatiker und Maler, lebt in Vilnius/Litauen. Geboren am 3. April 1932 in Memel/Klaipeda/Litauen.

Keine Ahnung, wo und wann wir einander kennengelernt haben, auf den Fotos, so diese beschriftet und mit Jahreszahlen versehen wären (sind sie aber leider nicht), könnte ich es sehen. Jedenfalls war er bei den von mir initiierten und mit-organisierten „Schwarzenberger Herbstgesprächen", einem internationalen SchriftstellerInnen-Symposium, mit dabei. Das war im Herbst 1993 in Schwarzenberg am Böhmerwald, im Mühlviertel, meiner Heimat. Er war als Vertreter des Litauischen PEN gekommen, hielt ebenso wie wir alle – etwa 40 Teilnehmer aus fast zwanzig Staaten – einen kurzen Vortrag zum von mir gewählten Thema „Macht und Ohnmacht des Geistes". Der Jugoslawienkrieg war gerade im Gange. Und es ging um die Ohnmacht der Schriftsteller und Intellektuellen in diesem Krieg und überhaupt gegenüber jeder militärischen oder diktatorischen Gewalt. Das war ein sehr gutes Symposium, auch weil die Teilnehmeranzahl von mir beschränkt wurde; ebenso die Redezeit für jedes Referat. Der private und öffentliche Meinungsaustausch in der Form des Dialogs war mir wichtiger; und der fand auch statt. Außerdem – das war meine Bedingung – durfte kein Politiker reden. „Zuhören ja, reden nein!" – das war meine Devise, nach der ich das Symposium ausrichtete. Der Romualdas war zurückhaltend, leise, unaufdringlich; und er war anscheinend sehr katholisch, jedenfalls gläubig. Das konnte ich beim gemeinsamen Gottesdienst in der Pfarrkirche von Schwarzenberg beobachten, den wir gemeinsam mit der Bevölkerung feierten. Dabei lasen einige Schriftsteller, die das wollten, die von ihnen verfaßten „Fürbitten", meist zweisprachig. Die meisten Fürbitten waren für den Frieden, für den Frieden unter den Menschen und in der Welt. Romualdas las auch eine solche Fürbitte, leise, scheu, kaum hörbar; aber – das spürte man – sie kam aus seinem Herzen.

Lavant Christine, österreichische Dichterin, Kärnten. Geboren am 4. Juli 1915 in Groß-Edling bei St. Stefan im Lavanttal/Kärnten; gestorben am 7. Juni 1973 in Wolfsberg.
Zwei mich tief beeindruckende Begegnungen, keine direkt persönlichen,

sondern literarische, waren die beiden Lesungen in der Österreichischen Gesellschaft für Literatur von Christine Lavant und von Ingeborg Bachmann; beide damals noch in dem sehr vitalen, heute heruntergewirtschafteten Palais Palffy am Josefsplatz in Wien. Die Lesung von der Christine Lavant war am 21. Mai 1965, die Einladungskarte liegt jetzt vor mir; gelesen haben frühe und neue Gedichte Käthe Gold und Eva Zilcher, die Einleitung hat der philosophisch und kulturell sehr engagierte Jesuitenpater Alfred Focke gehalten, der tragischerweise von einem seiner Sommerspaziergänge in gebirgiger Gegend nicht mehr zurückgekommen ist und dessen Leichnam bis heute nicht gefunden wurde. Ich erinnere mich noch gut. „Die Lavant", eine von ihrem schweren Schicksal niedergedrückte, zerbrechliche Gestalt, betrat schüchtern und gebeugt den Saal. Sie war wie in eine ärmliche lange Kutte gekleidet, mit einem braunen Kopftuch auf dem Haupt. Sie blickte zu Boden, kaum ins Publikum; alle klatschten, begeistert und verehrungsvoll, denn sie war damals schon eine Dichterlegende. Ihre Erscheinung entsprach in Wirklichkeit genau dem Bild, das Werner Berg von ihr gemalt und ebenso als Holzschnitt angefertigt hatte. Große dunkle Augen, mit denen sie wie unberührt von allem in eine weite Ferne schaute. Dann eine kurze Kopfhebung, ein scheues Lächeln zum Publikum hin, und wieder senkte sie den Blick und das Haupt und zog sich in sich selbst, in ihre Einsamkeit auch zurück. Nie mehr habe ich einen Dichter, eine Dichterin in einer solchen Bescheidenheit und Zurückhaltung, ja Schüchternheit erlebt. Und dies bei einem solchen dichterischen Lebenswerk, wie es die Lavant vorzuweisen hatte. Ich besaß damals schon die Lyrikbände „Der Pfauenschrei" (2. Auflage 1968) und „Die Bettlerschale" (4. Auflage 1972) und hatte mich – ebenso wie mit Georg Trakl – eingehend mit dem lyrischen Werk der Christine Lavant befaßt, das mich in seine Tiefgründigkeit hineingezogen, durch den poetischen Bilderreichtum bereichert und in seiner Expressivität sogleich angesprochen hatte. Da saß nun die Dichterin, draußen im Scheinwerferlicht, hörte ihre eigenen Gedichte, wie sie rezitiert wurden und war von all dem wie in eine unerreichbare Ferne entrückt. Im Saal war es – der Ausdruck paßt zur Lavant und ihren Gedichten – totenstill. Und nach der Lesung wurde zwar geklatscht, aber man spürte, daß fast jeder in seiner eigenen Nachdenklichkeit versunken war. Eine Frau, die beeindruckte und die Gedichte schrieb, die einen im Innersten berührten. Eine unvergeßbare Begegnung mit einer Dichterin und ihrer Literatur.

Leser Norbert, Professor, österreichischer Historiker, Schriftsteller, Publizist, Partei- und Gesellschaftskritiker. Geboren am 31. Mai 1933 in Oberwart/Burgenland. Lebt in Wien.
Er ist die Graue Eminenz der SPÖ, der Sozialdemokratischen Partei Österreichs; er ist ihr messerscharfer, weitblickender Kritiker, so etwas wie ein Gewissen der Partei, das diese, so behaupte ich, in vielen Bereichen längst verloren bzw. weggeschmissen hat; um der Macht, um des Machterhaltes willen; und dabei nicht kapiert, daß sie sich selbst amputiert und kaputtmacht. Populismus führt immer in die Niedrigkeiten, aus denen er ja kommt, zurück. Der Professor Leser sitzt vor einem Weinglas, so sehe ich ihn, bei einer damals noch üblichen PEN-Geburtstagsfeier, draußen in Nußdorf und lächelt leicht amüsiert bis ironisch vor sich hin bzw. zu dem, was gerade gesagt wird. Der leider schon verstorbene PEN-Ex-Präsident György Sebestyén hielt damals für jeden von uns, die einen „runden Geburtstag" feierten, eine sehr treffende, uns charakterisierende kleine Ansprache draußen bei diesem Heurigen in Nußdorf. Ich habe den Herrn Professor Leser manchmal beobachtet. Ich kenne sein Gesicht und seinen vorherrschenden Gesichtsausdruck sehr gut. Professor Leser ist ein Skeptiker, ein solcher, wie aus der Schule der Griechischen Philosophen der Antike. Er ist einer, der etwas ganz Bestimmtes, ob Ereignis, Entwicklung oder Mensch/en, in Frage stellt, von einer höheren Warte aus gesehen beurteilt und in Bezug auf eine ganz andere Zeitdimension als auf die des gerade gegebenen Augenblicks und seiner Situation setzt. Also der Professor Leser ist ein Beobachter, ein Analytiker, der nach Werten und mit von ihm erworbenen Wertmaßstäben be/urteilt und Kritik übt. Und da kommen manche und kommt manches, gerade aus seinem Gesinnungsumfeld, schlecht dabei weg. Und das mögen die nicht.

Und sie würden ihn gern zum Schweigen bringen. Aber das geht nicht. Denn Gott sei Dank leben wir in einem Land, in dem die Meinungsfreiheit (noch) existiert; und die Pressefreiheit seit 1848. Und darauf baut der Herr Professor Leser und fordert diese Freiheit mit Recht ein; und macht von diesem Recht Gebrauch. Respekt, Herr Professor Dr. Leser!

Lind Jakov, österreichischer Schriftsteller, Hörspielautor, Filmregisseur und Maler. Lebte in London. Geboren am 10. Februar 1927 in Wien als Heinz Landwirth, gestorben am 17. Februar 2007 in London.
Wir trafen im Café Savoy beim Ronacher aufeinander. „Das Savoy" war kurze Zeit ein Ausweichlokal vom Hawelka und Café Sport. Es wurde ebenfalls von Intellektuellen und Künstlern aller Art sowie von ehemaligen Stammgästen aus dem Café Hawelka besucht. Denn der ehemalige Ober aus dem Hawelka, der Herr Theo, ein liebenswürdiger Mensch, war aus dem Hawelka weggegangen und hatte ins Savoy übergewechselt. Und der liebe Herr Theo zog ein paar Hawelka-Stammgäste, denen das Getue von den Hawelkas auf die Nerven ging, mit. Das Café Savoy war in einem schönen Gründerzeit-Haus und bestand, wenn ich mich recht erinnere, nur aus einem einzigen, dafür aber sehr großen, hallenartigen, hohen Raum. Auch der Ossi Wiener und sein Kreis verkehrten dort in ihrer Clique, zu der auch manchmal der verrückte Udo Proksch dazustieß, der, als er einmal einen Cognac nach dem anderen trank, sich „aus Hetz" die Cognacschwenker an seiner Stirn zerschlug, bis ihm das Blut über das Gesicht lief. Der Ober Theo genierte sich für ihn und schüttelte nur den Kopf. Das war ja auch die einzige Regung einer Ablehnung, die ihm als Ober zustand. Dort traf ich zufällig an einem freien Tisch den Jakov Lind, einen etwas älteren, hochgewachsenen, würdigen Mann, der gar nicht in dieses Lokal paßte. Er trank ein Bier und wir kamen ins Gespräch. Ich fragte ihn ein wenig nach seinem Leben und er erzählte mir in ein paar skizzierenden Sätzen seine abenteuerliche Lebensgeschichte. Die beeindruckte mich, vor allem, daß er als Jude den Naziverfolgern durch seine abenteuerliche Flucht von Holland nach Deutschland entkommen war. Auf einem Schiff fuhr er

jahrelang unter falscher Identität als Bootsarbeiter in Deutschland herum. Er hatte die Nazis überlistet, indem er genau dorthin gegangen war, wo man ihn am wenigsten vermutet hätte und gesucht hat. Später hörte ich, wer dieser Jakov Lind eigentlich war: ein großartiger Schriftsteller! Und da freute es mich um so mehr, daß ich diesem interessanten Menschen in einem Café in Wien begegnet war.

Loidl Christian, österreichischer Dichter, Schriftsteller, Performer. Geboren am 17. September 1957 in Linz/Oberösterreich, gestorben am 16. Dezember 2001 in Wien.
Wir kannten einander vom „Literaturkreis Podium" her, aber eher nur flüchtig, so daß man sich halt grüßt. Ansonsten wußte ich nichts von ihm. Ich interessierte mich auch nicht für ihn. Denn er gehörte zu den „Jungen", zu den „Avantgardisten" (die sowieso meistens nur Epigonen von Vorgängern waren, wie z.B. Ernst Jandl), zu den Sprachkünstlern und Experimentierern, zu den Witzigen und Absurden. Und das alles war und bin ich nie in meinem Leben gewesen. Ich war und bin ein Traditionalist, ein anarchistisch-individueller existenzieller Anarchist. Also, der Loidl war mir nicht ganz geheuer. Einmal, als ich bei einem Spaziergang im Stadtpark in die Nähe jenes Plätzchens mit dem Donauweibchen-Brunnen gekommen war, hatte ich auf einmal laut hinausgeschrieen das Wort „vögeln" vernommen, immer wieder. „Sehr passend! – Hier im Stadtpark, in der Öffentlichkeit", dachte ich; und auch: „Wie mutig und tabubrechend diese Anstandsverletzung!" Denn etwas anderes sah ich nicht darin. „Also wieder einer von denen, wie ich sie weder schätze noch mag", dachte ich mir. Und dann sah ich ihn schon, den Dr. Christian Loidl, unter dem Dach einer Pawlatsche, wie er aus einem Manuskript sein Werk vortrug, vor etwa 6-7 Zuhörern. Ein „Happening" nannte man das in den frühen Sechzigerjahren. Aber was war das zwanzig Jahre später?! Nichts! Lächerlich, dachte ich mir. Und der Loidl stand da, wild gestikulierend, „vögeln" und „ficken" oder so was Ähnliches hinausschreiend und dazwischen irgendwelche Worte und Wortfetzen. Solcherart war seine Literaturdarbietung; also absolut

nichts für mich. Ich ging achtlos, ja mit etwas Verachtung schnell vorbei, in Richtung Johann-Strauß-Denkmal. „Fluxus"- Bewegung, Performance nannte man so ein Auftreten, eine solche Kunstrichtung, einen solchen Darstellungsmodus, auch in der bildenden und darstellenden Kunst. Es war also eine Mischung aus allem Möglichen und nur für den Augenblick bestimmt, auch wenn man damit einen Ewigkeitsanspruch in der Kunstgeschichte anstrebte und anmaßend formulierte. Nein, mit all dem hatte ich nichts am Hut; in keiner Kunstsparte; und überhaupt nicht.

Doch ziemlich lange danach trafen wir zufällig im Zug bei einer Fahrt von Linz nach Wien aufeinander. Eine andere Situation, eine Ausnahmesituation. Und weil wir Kollegen und beide Oberösterreicher waren, gingen wir miteinander in den Speisewagen. Und da saßen wir dann bei einem sehr anregenden Gespräch bis Wien. Der Loidl kam gerade von einem Poetentreffen aus Litauen, genau weiß ich das heute nicht mehr. Und wir sprachen über Literatur im allgemeinen und über „Ostblockliteratur", wie ich sie nannte, im besonderen. Und der Loidl entpuppte sich auf einmal für mich als ein ernsthafter und durchaus ernst zu nehmender Mann, Literat und Künstler, als Literatur- und Kunstkenner und als Gebildeter noch obendrein. Das paßte so gar nicht zur mir bekannten Darbietung Loidls im Stadtpark. Und ich konfrontierte ihn auch damit und mit meiner Meinung darüber. Wenn ich mich richtig erinnere, und im Erinnern bin ich gut, dann antwortete er mir ähnlich dem: „Weißt, du mußt im Leben wie in der Kunst, und so auch in der Literatur, das und jenes einfach probieren, ob es zu dir paßt. Es ist eine Art Rollenspiel, damit du draufkommst, wer du wirklich bist." OK. Nicht mein Standpunkt; zwar: das mit dem „Draufkommen, wer du wirklich bist" war richtig und absolut akzeptabel für mich. Nur gingen wir da − auch in unserer Lyrik (und ich glaube auch in unserem Leben) − verschiedene Wege.

Eines aber nahm ich von dieser Begegnung und diesem Gedankenaustausch mit: Man soll niemandem und nichts mit Vorurteilen begegnen und etwas aburteilen, bevor man die Motivation, das Warum und Wie(so) kennt. Man soll versuchen zu verstehen. Das ist wichtiger und bringt mehr und bringt einen weiter als jedes (Ver-) Urteilen.

Als ich vom schrecklichen Tod Christian Loidls erfuhr, dachte ich mir: „War das nun ein Spiel (mit dem Tod), ein Experiment, um draufzukommen, was das ist. Oder was war das?" Ich weiß es nicht. Niemand weiß es, glaube ich; denn niemand kann es wirklich und wahrhaft wissen. So vieles – im Leben wie in der Kunst – bleibt ein Rätsel. Und dem, so glaube ich, würde jetzt auch der Christian Loidl zustimmen.

Lombard Jean Charles, französischer Schriftsteller, Dichter, Übersetzer, Kulturattaché. Geboren am 24. Juni 1939 in St. Benoit, Valence/Frankreich, gestorben am 8. August 2002 in St. Benoit.
Jean Charles übersetzte meinen Gedichtband „Lebenszeichen" ins Französische. Das Buch präsentierten wir dann mit einer zweisprachigen Lesung im Österreichischen Kulturinstitut in Paris, das es damals – knapp vor seiner Liquidierung – noch gab. Anschließend haben wir in einem Bistro bei viel Wein und Gespräch gefeiert, bis wir total hinüber waren. Mit ihm habe ich gerne geredet, das heißt: wir haben philosophiert. Der Jean Charles war – auch im fortgeschritteneren Alter – noch immer eine jugendlich-elegante Erscheinung mit dem Flair eines Bohemiens. Wir kannten uns von den Schriftstellertagungen in Fresach. Aus den Teilnehmern hatten sich ja im Laufe der Jahre einige Freundeskreise gebildet; etwas, das es heutzutage leider kaum mehr gibt: Lebensfreundschaften unter Gleichgesinnten! Der Jean Charles war immer sehr freundlich und entgegenkommend, das war sein Stil, der nichts Aufgesetztes hatte, sondern sich zwingend aus seinem sanften Wesen und Gemüt ergab. Aber er konnte schon auch heftig werden, wenn ihn etwas aufregte und er sich darüber empörte, vor allem über die Ungerechtigkeit in der Gesellschaft, über die Relativierung aller Werte und Kriterien in der Politik, über den Wahnsinn in der Welt. Da waren wir beide auch ganz auf einer Linie. Er war – auch weil er mich so gut verstand – ein ausgezeichneter Übersetzer meiner Gedichte. Ein Gedicht habe ich ihm gewidmet. Das beschreibt unser letztes Zusammensein, unser Abschiednehmen in Bled, da wir bei einem langen und guten Nachmittagsgespräch bis zum Abend Wein trinkend auf einer

Terrasse saßen mit Blick auf den See und ins Abendlicht. Die Todesnachricht hat mich sehr getroffen. Jean Charles ist verunglückt, im Hochwasser eines reißenden Flusses gleich hinter seinem Haus beim Fischen ertrunken. Geblieben ist mir ein schönes Porträtfoto von ihm. Darauf schaut der liebe Freund nicht zu mir ins Objektiv, sondern mit verträumtem Blick wie in eine weite Ferne. Wenn ich an ihn denke, so höre ich seine Stimme; leise, melodisch, sanft.

Lubomirski Karl, österreichischer Dichter, war 10 Jahre Präsident des P.E.N. Liechtenstein, lebt in Brugherio bei Milano/Mailand. Geboren am 8. September 1939 in Hall in Tirol.
Ein feiner Mann, einer der sich nie in den Vordergrund drängt, der stets Zurückhaltung übt, ein sensibler Dichter, dessen Gedichte wie ein unterirdischer Strom (Lethe) dahinfließen oder hell leuchtend oben am Himmel geschrieben stehen. Die Wahrheit der Dichtung, nicht das Spiel mit Worten. Sprachkunst anstatt Sprachzerstörung. Das fällt mir ein, wenn ich an ihn und seine Gedichte denke, mich an eine Lesung in der Österreichischen Gesellschaft für Literatur vor einigen Jahren erinnere. Einer, der nicht viel oder eigentlich überhaupt nicht über Literatur redet, sondern sie macht.

Madsen Viggo, dänischer Schriftsteller. Geboren am 6. Jänner 1943 in Esbjerg/Dänemark.
Viggo Madsen spricht perfekt Deutsch. Laut seiner Selbstaussage ist er der größte dänische Pornograph. Er wurde deshalb sehr angefeindet, mußte seinen Wohnort verlassen und mit seiner Frau anderswo hinziehen, wo man ihn nicht kennt und in Ruhe läßt. Wir sind einander bei einer der Poesiekonferenzen in Helsinki, Liège/Lüttich oder sonstwo begegnet, da sind wir im Autobus nebeneinander gesessen. Später trafen wir wieder aufeinander bei einer Konferenz in Trencianske Teplice und auf Schloß Budmerice in der Slowakei. Da machten wir gemeinsam einen langen

Wjatscheslaw Kuprijanow

Norbert Leser

Göster Maier

Matthias Mander

Spaziergang, bei dem wir alles Mögliche beredeten. Wir sprachen auch über Pornographie und deren (damalige noch) Tabuisierung und überhaupt über die Verlogenheit und Doppelmoral der Gesellschaft, vor allem der sogenannten gutbürgerlichen Gesellschaft, mit Verteufelung, auf jeden Fall der Verdrängung der offenen Sexualität. Wir diskutierten die Frage, wo die Grenzen zwischen bloß aufgeilendem Voyeurismus und der notwendigen und gerechtfertigten Demaskierung der Gesellschaft und der Sexualität in der Literatur lägen. Aber wir kamen auf keinen grünen Zweig, einige Fragen blieben offen, es schien uns, daß es keine allgemein gültigen Kriterien gab, mit denen man hier arbeiten und welche man anwenden konnte. Alles sei letztendlich individuell, subjektiv, befanden wir. Einen wichtigen Satz, einen Grundsatz, von Viggo habe ich mir gemerkt, in dem wir beide absolut übereinstimmten. Er sagte: „Der Schriftsteller ist immer der Wahrheit verpflichtet, seiner Wahrheit natürlich!" Der Viggo stotterte leicht, wenn er sich aufregte, und das kam ziemlich oft vor. Aber er war/ist ein analytisch-deduktiv denkender, scharfsinniger und dabei witziger Mensch, bei dem die Gedanken sowohl um sich sprühten, als auch linear konsequent dahinglitten oder in die Tiefe führten, und dabei stets ein noch nicht vorgegebenes Ziel ansteuerten. Ich hörte seinen Ausführungen gerne zu, denn die waren interessant, abwechslungsreich, jugendlich frisch.

Maier Gösta, österreichischer Schriftsteller, Lyriker und Herausgeber. Geboren am 29. Jänner 1926 in Neufelden/Oberösterreich. Lebt in Wernberg/Kärnten.
Seine in liebevoller Handarbeit selbstgemachten Büchlein stehen seit Jahren in meinem Bücherschrank. Er wirkte immer noch jugendlich, auch im hohen Alter, das man ihm nicht ansah. Nur seine Stimme wurde im Lauf der Jahre etwas brüchiger, aber er sprach sowieso stets mit leiser Stimme, sodaß man oft kaum etwas verstand. Und er sprach in seinem Kärntner Dialekt. Ich wußte, daß er gegen Kriegsende noch zur Deutschen Wehrmacht eingezogen worden war. Und daß er nach dem Krieg

die Optiker-Lehre gemacht hat und auch als Optiker viele Jahre gearbeitet hat. Das mochte ihn wohl zu seiner Genauigkeit – auch im Umgang mit der Sprache – geprägt haben. Bei den Generalversammlungen der IG Autorinnen Autoren war er regelmäßig da und meldete sich auch immer zu Wort. Irgendwann aber ist er verschwunden, hat sich ganz zurückgezogen. Der sozialkritische und gesellschaftspolitisch engagierte Dichter, Schriftsteller und Einzelgänger ist, so scheint es mir, kaum bemerkbar langsam verstummt. Ich habe ihn gemocht, den Gösta Maier. Und ich höre noch immer seine leise Stimme von damals in mir.

Mander Matthias (Harald Mandl), Wirtschaftsfachmann, österreichischer Schriftsteller, Gerasdorf bei Wien. Geboren am 2. Oktober 1933 in Graz. Groß, schlank, kräftig, aufrecht. Haltung. Dies sowohl in seiner Statur, als auch in und mit seiner Literatur. Einer, der aufgrund seiner beruflichen Einblicke in die Wirtschaft und Industrie um die Machenschaften der Mächtigen weiß und der dagegen mit seinem Schreiben, in seiner Literatur antritt, indem er diese demaskiert, die Schuldigen benennt und deren Schuld aufzeigt. Wichtig ist seine Fähigkeit, verschiedene Fäden, wie sie in ihren Vernetzungen laufen und zusammenhängen, in ihrer Bündelung zu zeigen, das Netzwerk aufzudecken, mit dem Menschen in Verbindung zu bringen und hier Charaktere der Menschen anzusiedeln, diese zu beschreiben, daraus Schlüsse zu ziehen, diese darzulegen und so dem Leser sein Wissen und seine Interpretation zugänglich zu machen. Bei aller kühlen Sachlichkeit dieses Unterfangens und auch als Wesenszug und Charaktereigenschaft Manders ist doch stets eine emotionale Anspannung, eine innere Erregung des Autors in der Schilderung des Geschehens und der Zustände spürbar, ja manchmal bricht diese umgewandelt sogar als Empörung hervor. Dies ist auch im nicht-literarischen Bereich der Fall; bei den Auseinandersetzungen im Österreichischen P.E.N.-Club habe ich das jedenfalls bemerkt und als Aufrichtigkeit und Haltung wahrgenommen und geschätzt. Das ist mir am Matthias Mander wichtig, denn das macht ganz wesentlich seine Persönlichkeit aus.

Dazu kommt noch, daß er als sachlich-kritischer Geist keinem modischen Zeit(un)geist auf den Leim geht, daß er diesen erkennt und ablehnt und anstatt irgendwelcher Zeitgeistströmungen lieber in fester Überzeugung bei seinem Glauben an die Transzendenz des Menschen und der Welt als unbegrenzte Schöpfung bleibt. Das ist auch der Grundpfeiler, auf dem er alles aufgebaut hat, vor allem seine kinderreiche Familie und die Beziehungen in ihr. Bewundernswert, nachahmenswert; aber nicht für viele nicht einfach so machbar. Denn das ist nicht so sehr das Ergebnis eines Lernprozesses, sondern das kommt aus einer gläubigen Hingabe an das letztlich nicht ganz erklärbare Geheimnis (des Glaubens) und des daraus abgeleiteten Lebens. Mander und ich sind einander in Freundschaft verbunden, auch aufgrund unserer gemeinsamen inneren Übereinstimmung. Bei aller Gegensätzlichkeit zwischen uns und manchen unserer Positionen haben wir eine Gemeinsamkeit in unseren fundamentalen Wertvorstellungen. Hier geht es nicht nur um eine emotionale Zuwendung aufgrund von Sympathie, sondern unsere Beziehung ist von einer Gemeinsamkeit im tiefen Suchen und Verstehen von Mensch und Welt, von Begrenzung und Grenzenlosigkeit, von Zeit und Zeitlosigkeit, von Engagement und Hingabe, von Intellektualität und Glauben geprägt. Wir kennen einander seit einer der Schriftstellertagungen in den frühen Siebzigerjahren in Fresach. Da habe ich den Matthias Mander zum ersten Mal fotografiert. Im Österreichischen P.E.N.-Club sind wir uns wiederbegegnet, im PEN-Vorstand und bei diversen Veranstaltungen haben wir uns näher kennengelernt. Im Jahr 2002 war das wichtige Symposium in Gerasdorf, das Mander organisiert hat. Und bei der „Ehrenkreuz für Wissenschaft und Kunst"-Verleihung an mich hat er am 22. Dezember 2003 eine überschwengliche, mich fast beschämende Laudatio auf mich gehalten. Auch daraus leite ich ab, daß ich mich als seinen Freund sehen darf.

Marginter Peter, österreichischer Schriftsteller, Übersetzer, Österreichischer Kulturattaché in der Türkei und in Großbritannien, Leiter des Kulturinstituts in London, PEN-Generalsekretär. Geboren am 26. Oktober 1934 in Wien, gestorben am 10. Februar 2008 in Wien.

Zu allererst habe ich ihn bei einer Lesung aus seinem Buch „Der Baron und die Fische" wahrgenommen. Abstrus, skurril – dachte ich, ein kleiner Herzmanovsky-Orlando. Dann lernten wir einander beim Morgen-Kreis kennen. Ich fotografierte ihn und auch seine Tochter, die mich dann Jahre später bei meinem Aufenthalt in St. Petersburg betreute. Ich erinnere mich an sein herzliches Lachen, er lachte gern und laut, über alle möglichen eigenartigen Späßchen, auch über seine eigenen. Aber er war auch still und ernst, bedächtig, abwägend, unabhängig, objektiv. Eine Meinung, die er sich gebildet hatte, vertrat er zurückhaltend, aber unnachgiebig, was Inhalt, Wesen und Substanz betraf; über Formalitäten konnte man mit ihm reden. Wir sind einander oft begegnet, sowohl im Österreichischen P.E.N.-Club wie auch im Morgen-Kreis, zum Beispiel bei den Symposien in Ottenstein im Waldviertel. Peter Marginter war ein Genießer, glaube ich jedenfalls; und zum Genießen gehört auch das Maßhalten. In keinem Bereich war er maßlos, ich könnte mir das gar nicht vorstellen. Alles hatte seine Grenzen, weniger der Disziplin wegen, sondern vielmehr als tugendhafte Haltung. Er war ein fleißig Schreibender, vor allem aber ein unermüdlich Lesender. Er kannte die Literatur, die Weltliteratur und er kannte sich darin aus. Alles was er las, schien er zu verinnerlichen; auch im Sinne der von ihm als Selbstverständlichkeit angesehenen Persönlichkeitsbildung, zu der man nicht nur verpflichtet war, sondern die zugleich ein Geschenk, eine ungeheure Bereicherung, im Sinne eines Privilegs der Bildung war. Und so war er auch ein dafür Dankbarer. Und einer, der das Wissen aus der Vergangenheit nicht als Bürde mit sich schleppte, sondern dieses als Reichtum und Bereicherung auffaßte, als ein Haus mit vielen Räumen, die man betreten durfte und konnte; als ein Haus, ein Zuhause, in dem man lebte.
So haben wir ihn auch in London in seiner Residenz kennengelernt, als Peter Marginter nach einer Lesung von mir sowie von Matthias Mander und Gabriel Barylli beim Festival in Cheltenham 1991 mich und meine Lebensgefährtin Susanne auf eine Woche zu sich einlud und beherbergte und wir in den Genuß seiner großzügigen Gastfreundschaft kamen. Das Haus war hoch und schmal, eine enge Stiege mit vielen Stufen führte

hinauf bis zum obersten Stockwerk, wo wir ein Zimmer bewohnten. Fast kamen wir mit unserem Gepäck nicht hinauf, aber Fahrud, so glaub ich hieß der Butler, ein freundlicher schwarzer Nubier, half uns bereitwillig. Hinter dem Haus hatte das Grundstück einen schönen Garten mit den verschiedensten Sträuchern und Blumen, vor dem Haus war eine Straße. Das Haus stand am Ufer der Themse. Man hatte einen herrlichen Ausblick, vor allem auch am Abend, wenn es dunkel war und überall die Lichter aufflammten und sich im Wasser der Themse spiegelten. Ein wunderbares Schauspiel! Vor allem sehr inspirierend für mich als Fotografen, der ich mich jahrelang fotografisch mit Spiegelbildern beschäftigte und die Ergebnisse meiner künstlerischen Arbeit auch in Fotoausstellungen zeigte. Der uns durch Marginter ermöglichte Londonaufenthalt war nicht nur ein großes Erlebnis für uns, sondern legte auch den Grundstein für weitere Aufenthalte in London, so zum Beispiel im Anschluß an die Lesung beim Poesiefestival in Swindon. Ich kannte London seit 1979, als ich mit meinem Übersetzer Harry Kuhner zu einer Lesung in einem indischen Club dort gewesen war. Jedenfalls war der Aufenthalt bei Peter Marginter und seiner Tochter damals in London der schönste von allen; dies auch dadurch, weil wir freundschaftlich, aber ohne Aufdringlichkeit betreut wurden, und uns selber mit im Supermarkt eingekauften Lebensmitteln versorgen konnten, sodaß der Aufenthalt auch finanziell für uns leistbar war. Bis heute sind wir dem Peter Marginter dafür dankbar.

Später haben Peter Marginter und ich uns fast nur mehr im Rahmen von PEN-Veranstaltungen oder bei sonstigen offiziellen Anlässen gesehen. DDr. Marginter war ja auch eine Zeitlang PEN-Generalsekretär. Als solcher nahm er bei meinen Kontroversen mit der damaligen Führung des Österreichischen PEN immer eine vermittelnde Rolle ein, er war stets auf einen gerechten Ausgleich bedacht, auch wenn dieser trotz seiner Briefe an mich nie mehr zustande gekommen ist und sich meine Beziehung zum PEN nie mehr wirklich verbessert, sondern in Distanz zu ihm höchstens irgendwie normalisiert hat. Immer aber war der Peter Marginter, vielleicht auch im Hintergrund, bemüht, die Wogen zu glätten. Und stets war er bei unseren Begegnungen von einer offenen, echten Herzlichkeit.

Das letzte Mal, aber ich konnte das ja nicht ahnen, sahen wir einander und sprachen miteinander bei einem zufälligen Zusammentreffen. Das war im wunderschönen Waldbad von Bad Fischau. Jeder von uns beiden schwamm im sehr kalten, doch wunderbar klaren und sauberen Wasser. Und plötzlich sahen wir einander, als sich unsere Schwimmrouten kreuzten. Der Peter Marginter lachte, eine solch unvermutete Begegnung an einem doch eher seltsamen Ort hatte irgendwie etwas Skurriles an sich, also etwas, das zu Peter Marginters Welt gehörte. Er war erstaunt darüber, mich und meine Susanne hier zu treffen. Ich war über seine Anwesenheit nicht so sehr verwundert, weil ich wußte, daß Marginter in Bad Fischau sein Domizil hatte. Trotzdem war diese Begegnung seltsam. Wir schwammen gemeinsam noch eine Runde, dann stiegen wir aus dem Wasser, trockneten uns ab. Marginter begrüßte Susanne, wir hatten eine kurze Unterhaltung. Dann sagte der Peter: „Mir ist jetzt kalt, ich geh mich umziehen." Und dabei lachte er. Wir sagten einander „Adieu!" Der Peter drehte sich auf dem Weg zu seiner Kabine noch einmal um und winkte uns zu. Das war für mich sein letztes Zeichen. Es war Sommerende, fast schon Herbst. Im darauf folgenden Jahr ist Peter Marginter verstorben. Wenn ich an London denke oder die Fotos von ihm aus der gemeinsamen Zeit unserer „Morgen-Kreis"-Symposien betrachte, dann sehe ich ihn sowohl in meiner Vorstellung wie auf den Bildern vor mir, wie er herzlich lacht und dabei ein so positives Lebensgefühl und eine innere Harmonie mit sich und der Welt ausstrahlt, um die ich ihn manchmal wegen unserer grundlegenden Verschiedenheit beneidet habe.

Martinez Manuel Ramon, chilenischer Dichter und Maler, lebt in Wien im Exil.
Ich glaube wir haben einander vor einigen Jahren kennengelernt, als Wolfgang Ratz eine Lesung lateinamerikanischer LyrikerInnen im Haus der Begegnung der Wiener Volkshochschulen am Praterstern organisiert hat. Da hat auch der Manuel gelesen. Nach der Lesung sind wir noch ein wenig beisammen gesessen, haben Brotschnitten gegessen und Wein

aus Pappbechern getrunken und uns sogleich gut verstanden. Ich erfuhr, ohne daß man daraus ein Theater gemacht hätte, daß Manuel aus Chile stammte und unter dem Pinochet-Regime im Gefängnis war. Was das bedeutete, wußte ich. Pinochet: Ein faschistischer Militärdiktator und Massenmörder, der mit Hilfe der USA die sozialistische demokratische Regierung stürzte, dann zigtausende Chilenen verhaften, einsperren, foltern und ermorden ließ. Wenn ich an ihn denke, dann sehe ich sogleich auch das Bild vor mir, wie Papst Johannes Paul II. dem treuen Katholiken Pinochet in dessen Privatkapelle die Kommunion reicht, die weiße Hostie zwischen Daumen und Zeigefinger; und der Pinochet mit offenem Mund darauf wartet, diese Hostie, den Leib Jesu Christi zu empfangen. Und wie derselbe Papst dem vor ihm niederknieenden Jesuitenpater und späteren Kulturminister von Nicaragua, dem Ernesto Cardenal den Handkuß verweigert, sondern ihn mit erhobenem Zeigefinger in aller Öffentlichkeit ermahnend zurechtweist, was bedeutet: Nein, ich bin mit eurer Befreiungstheologie, mit deiner und eurer Art von politisch-sozialem Katholizismus im Sinne des Christentums und auf der Basis von Menschenwürde, Menschenrechten, von Wahrheit und Gerechtigkeit nicht einverstanden; auch wenn das dem ermordeten Erzbischof Romero in San Salvador dann das Leben gekostet hat. „...die päpste/ immer auf seiten/ der massenmörder/ in dieser welt..." – schrieb ich damals in einem Gedicht. Also: Der Manuel kennt „die Verhältnisse" dort recht gut; und weiß auch mittlerweile aus Selbsterfahrung, was ein Leben im Exil bedeutet, vor allem auch für einen Dichter. Der Manuel hat oft eine schwarze Baskenmütze auf, so wie die beiden Brüder Ernesto und Fernando Cardenal, als ein Zeichen der Zugehörigkeit. Leider konnte der Manuel lange Zeit kaum Deutsch, jetzt spricht er seine Exilsprache hier in Österreich mittlerweile ganz gut. Jedenfalls können wir uns unterhalten, wenn wir aufeinandertreffen, so wie letztens zum Beispiel in Simmering, wo Manuel mit seiner Frau irgendwo wohnt. Er könnte der Frau Innenministerin Fekter und vielen anderen aus verschiedenen Parteien sowie manchen Redakteuren der einschlägigen Medien und überhaupt der österreichischen Gesellschaft ganz gut erläutern, was es bedeutet, um politisches Asyl zu bitten und dann darum zu zittern, ob man es auch bekommt oder nicht. Auch da hat sich der Schriftsteller zu engagieren.

Matejka Viktor, österreichischer Kulturpolitiker und Schriftsteller, KZ-Häftling, Ex-Kulturstadtrat von Wien. Geboren am 4. Dezember 1901 in Korneuburg, gestorben am 2. April 1993 in Wien.
Wir gingen auf einem langen roten Teppich die vielen Stufen hinauf zum Festsaal im Wiener Rathaus. Irgendeine Festivität fand dort statt und der ehemalige (kommunistische) Kulturstadtrat Dr. Viktor Matejka war dazu eingeladen. Wie so oft rief er mich an und sagte im barschen Befehlston: „Wiplinger, hol mi ab mit dein Fetzndachlauto", womit er meinen alten 2 CV-Citroën meinte, „wia foahrn zum Rathaus!" Und so holte ich ihn wie immer in der Theobaldgasse ab und wir fuhren zu unserem Ziel. „Wann soll ich wieder zum Abholen kommen?" fragte ich. „Nix da!", sagte er wieder befehlend selbstverständlich, „du gehst mit!" „Ich bin aber nicht eingeladen", entgegnete ich. „Des mocht nix!" darauf er. „I hob di jetzt hiermit eingladen." Der Matejka – ich sagte immer „Du, Herr Stadtrat", wenn ich ihn ansprach, er sagte zu mir „Du, Wiplinger" – hatte natürlich keinen feinen Anzug an, kein weißes Hemd, keine Krawatte, so etwas hatte er nicht, ja er verachtete das sogar, er war so wie immer angezogen, „in alten Klamotten", also mit Cordhose und einem buntgemusterten Flanellhemd und einem etwas schäbigen Rock. Ich war auch nicht gerade gentlemanlike gekleidet. „Pfeif da nix, wia gengan wia ma woin", meinte er. Und so stiegen wir also langsam, der Matejka war doch schon alt, die Stufen hinauf. Von unten sahen wir oben die Tür zum erleuchteten Festsaal. Auf den Stiegen im oberen Bereich standen immer wieder einige Herrschaften beieinander, die den Matejka auch mit „Guten Tag, Herr Stadtrat" grüßten. Der Matejka nickte zurück, sagte zu manchem „Servas!" Ich bewunderte ihn in seiner Souveränität. Und umgekehrt fiel mir eine gewisse Servilität bei den anderen auf, die ihn grüßten und buckelten. Auf einmal dreht sich der Matejka zu mir und sagt: „Wiplinger, merk da ans: ois Oaschlecha!" – Grandios und bezeichnend für den

Viktor Matejka. Er anerkannte keine Autorität, außer wenn sich die einer verdient hatte. Er zollte jenen Respekt, die etwas – möglichst im Künstlerischen oder Wissenschaftlichen – geleistet hatten oder leisteten.
„Heast, wegen dir hob i heit de ganze Nocht ned schlofn kenna", sagte er zu mir, als er in die Kleine Galerie zu einer Eröffnung, die er vorzunehmen hatte, eintrat. „Wieso?", fragte ich verdutzt zurück. „Waßt eh, wegen dem Biachl, des d' ma gschenkt host." Es handelte sich um meinen ersten Gedichtband „Borders/Grenzen", in dem auch Gedichte von mir über die Nazis (Reichskristallnacht), den Holocaust (Die Mazzesinsel) und Auschwitz drinnen stehen. Auf meine weitere Frage „Warum" gab der Matejka keine Antwort. „So halt", sagte er. Ich wußte damals noch nicht, daß er mit dem ersten Transport vom Westbahnhof nach Dachau gebracht worden war und dieses KZ überlebt hatte. Erst später machte er einmal eine Bemerkung mir gegenüber zu diesem Thema, als er sagte: „Und waßt, des Liad *Muaß i denn, muaß i denn zum Städtele hinaus, Städtele hinaus, und Du mein Schatz bleibst hier...* homma singa miaßn, wia da Zug obgfoahrn is."
Nach der Ausstellung gingen wir meistens ins Wirtshaus in der Lerchenfelderstraße. Dort aßen und tranken wir. Der Wirt war ein Waldviertler, glaub ich, und das Gasthaus war bürgerlich-gemütlich. Der Matejka fühlte sich dort wohl. Er bestellte immer das Gleiche: ein Pariserschnitzel mit Salat. Wir anderen bestellten und aßen manchmal ein Wienerschnitzel. Worauf der Matejka mir bzw. uns allen einen langen Vortrag hielt, welch eine Barbarei es sei, das gute Fleisch mit angebrannten Semmelbröseln zu essen. Natürlich fuhr ich ihn, so ich nicht zuviel getrunken hatte, dann auch mit meinem Auto wieder heim, zurück in die Theobaldgasse.
Dort war ich auch einmal ein paarmal oben in seiner Wohnung, wenn ich ihn abholte und er noch nicht ganz fertig war. „Wiplinga, kumm auffa!" befahl er dann. Und ich ging hinauf. Das erste, was ich von ihm hörte, wenn wir in seinem Zimmer waren, war: „Wiplinga, gib ma a Zigarettn!" Meist erwiderte ich: „Aber, Herr Stadtrat, der Arzt hat dir doch das Rauchen streng verboten!" Darauf der Matejka: „Hob i di gfrogt?! Oiso gib ma schon ane!" Er bekam die Zigarette und Feuer von mir, öffnete das

Der Autor mit Viktor Matejka

Janko Messner

Viktor Matejka

Fenster, sagte dabei „damit mas ned riacht", und genoß die Zigarette, wobei er tief inhalierte. „Des tuat guat", sagte er dann.

„Wiplinga, hoi mi ob", sagte er am Telefon, „wia foahrn zum Begräbnis vom Hupperl!" Er meinte jenes vom Dichter, Schriftsteller und einzigen kommunistischen P.E.N.-Mitglied Hugo Huppert. Kurz gesagt: Es war das skurrilste Begräbnis, an dem ich je teilgenommen hatte. Ich glaube, ich habe das schon beim Huppert-Porträt geschildert, bin mir aber nicht sicher und so führe ich die wichtigsten Punkte noch einmal hier an. Nachdem ich meinen 2CV geparkt hatte, betraten wir den Friedhof. Der Matejka mit seinem Kapperl auf dem Kopf und einer von mir erbettelten Zigarette im Mund. „Du, Herr Stadtrat", sagte ich, „solltest du auf dem Friedhof nicht dein Kappel abnehmen und die Zigarette wegtun?" Der Matejka brummte irgend etwas Unverständliches. Und da standen schon aufgereiht die Parteibonzen der Österreichischen KPÖ mit dem Muhri voran mit einem großen Kranz und einer roten Schleife dran mit Sichel und Hammer darauf. „Wia de Zinnsoidotn sans", sagte der Matejka leise zu mir. Er war ja zusammen mit dem Franz Marek und dem Spira nach der Okkupation der Tschechoslowakei durch die Armeen der Warschauer-Pakt-Staaten unter Protest aus der KPÖ ausgetreten. Aber er kannte sich natürlich gut auf diesem Terrain aus. So etwas wie Verachtung klang da bei der Bemerkung mit oder durch. Und dann traten wir in die Nähe der Aufbahrungshalle. Kerzen brannten, ein Kruzifix hing an der Wand über dem Sarg. Reden wurden gehalten; auch vom damaligen PEN-Präsidenten und Freund György Sebestyén, der sich vornehm und geschmeidig durchlavierte, eine Rede hielt, ohne etwas zu sagen. Und dann läutete plötzlich ein Glöckchen und der Pfarrer kam mit seinen Ministranten herein. Er betete, niemand betete mit. Dann wurde der Leichnam eingesegnet. Der Pfarrer besprengte auch die Umstehenden mit dem Weihwasser. Niemand machte ein Kreuzzeichen. Dann läutete die Friedhofsglocke, die Kränze wurden vom Sarg entfernt, der Sarg auf ein fahrbares Gestellt gehievt und zum Grab geschoben. Der Matejka ging schweigend mit mir, so gegen Ende der Kolonne. Irgendwie betroffen schien er mir schon. Vielleicht dachte er auch an seinen eigenen Tod. Plötzlich aber drehte er seinen Kopf zu mir und

sagte: „So a Theater!" Am Grab sprach dann noch der Diemann, schwulstig und pathetisch unerträglich wie immer, wie ein alter Burgschauspieler. Danach wurde ein Gedicht vom Huppert rezitiert. Dann kam wieder der Pfarrer und anschließend wurde der Sarg in die Grube gelassen. „Geh schon!" befahl mir der Matejka und meinte, ich solle mich in die Reihe derer stellen, die auf Holzbrettern zum Grabhügel hinaufgingen und ein Schäufchen Erde auf den Sarg hinunterwarfen; etwas, das ich nie mochte und immer vermied. Als wir an der Reihe sind, vor uns noch zwei oder drei Personen, dreht der Matejka sich um und sagt: „Wiplinga, gib ma an Zehner!" Ich: „Aber wofür denn?" Er: „Frog jetzt ned so bled, gib ma an Zehner, fian Pompfenebara, des gheat si so." Ich gebe also dem Matejka die gewünschte Zehnschillingmünze. Der Matejka nimmt das Schauferl mit der Erde, schmeißt diese in die Grube auf den Sarg, schaut noch kurz hinunter und sagt dann: „Oiso servas, Hupperl!"
Ich liege auf meinem Bett in einem Zimmer des Hotel Europa in Sarajevo, ganz im Zentrum, nicht unweit von der Stelle, wo der serbische Revolutionär Gavrilo Princip den Thronfolger Franz Ferdinand erschossen hatte, was den Ersten Weltkrieg ausgelöst hat. Ich halte ein Buch in Händen und lese. „Widerstand ist alles!" – von Viktor Matejka, steht auf dem Buchumschlag vorne. Auf der Rückseite ein Foto und eine knappe Biographie vom Matejka. Eine Parole, nein mehr: eine Lebensdevise, ein Bekenntnis, ein Aufruf ist dieser Titel. Das Buch ist spannend, anspruchsvoll, handelt von einem Thema, das mich schon immer interessiert hat: vom Widerstand; also gegen jedes Mitläufertum, und schon gar nicht auf der Seite der Macht(haber) und eines Regimes stehen! Dieser Lebensgrundsatz ist auch meiner.
Zurück in Wien erfahre ich, daß der Matejka vor wenigen Tagen verstorben ist. Nirgendwo aber erfahre ich, wann und wo das Begräbnis ist. Ich rufe also im Kulturamt der Stadt Wien an; die müssen es wissen. Mit irgend jemandem verbunden frage ich, wann und wo das Begräbnis von Herrn Dr. Matejka stattfinde. Der Mann am anderen Ende der Leitung druckst herum. Wer ich denn sei, fragt er mich. „Ein Freund von ihm", antworte ich. „Ach so", höre ich. „Aber dann werden Sie ja vielleicht auch

wissen, daß es gar kein Begräbnis vom Herrn Stadtrat Dr. Matejka gibt."
Da klingelt's bei mir. Ich erinnere mich, wie der Matejka einmal zu mir, ich glaube, es war beim Begräbnis vom Hugo Huppert, gesagt hat: „Oiso, i loß mi amoi ned begroben. I hob mei Leich testamentarisch dem Anatomischen Institut vermocht, do können dann die Studenten an mir herumschnipseln und no wos lernen dabei. Is doch wuascht, ob mi die Wiama freßn oda ned; so bin i wenigstns a ois Toter no zu wos guat."
So war er, der Herr Stadtrat Dr. Viktor Matejka, der einmal gesagt hat: „Solang no jemand in an Land unter da Bruckn schloft, red ma ned von Kultur!" Er war übrigens der einzige Politiker, der jemals nach dem Holocaust Briefe an jüdische Emigranten und Überlebende geschrieben, sie um Entschuldigung gebeten und offiziell eingeladen hat, nach Österreich zurückzukommen. Er konnte das, er durfte das auch, als ehemaliger KZ-ler. Aber der Figl, der spätere Bundeskanzler der Republik Österreich, der ja auch im KZ war, der hat das nicht getan. Also, der Matejka stand immer auf der richtigen Seite: nämlich bei sich selbst!

Matevski Mateja, makedonischer Philologe, Literaturwissenschaftler, Dichter, Übersetzer, Journalist, Generaldirektor von Radio Television Skopje, Struga Poetry Evenings. Geboren am 13. März 1929 in Istanbul.
Wenn ich an Prof. Dr. Matevski denke, sehe ich ihn vor mir: große, schlanke Gestalt, gepflegt, im hellgrauen leichten Sommeranzug, „ein feiner Herr" mit besten Umgangsformen und Manieren, freundlich lächelnd, aber auch hintergründig in seinen Beziehungen zur (damaligen) politischen Macht und deren Repräsentanten. Er war für kulturelle Auslandsbeziehungen zuständig. Und so war er auch der Partner für die österreichische Delegation zu den Struga Poetry Evenings im August 1982 in Struga am Ochridsee in Makedonien. Es wurde für uns ein offizielles Dinner gegeben, wir fuhren in schwarzen Limousinen, Staatskarossen, zu einem Restaurant am See und aßen dort die berühmten Ochrider Seeforellen. Es wurden offizielle Grußadressen ausgetauscht,

ich war der vom zuständigen Ministerium in Österreich beauftragte Leiter und Sprecher der Österreichdelegation. Alles fand in einer eleganten Umgebung statt, man wollte sich von der besten Seite zeigen und dazu den humanen Tito-Kommunismus. Am Ende des ausgiebigen und lange dauernden Dinners wurde Kolo getanzt, alle miteinander an den Händen haltend in einem Kreis. Auch Dr. Valentin Inzko, österreichischer Kulturattaché in Belgrad, Kärntnerslowene, später nach dem Krieg und nach der Belagerung Sarajevos erster österreichischer Botschafter in Bosnien-Herzegowina, jetzt Hoher Repräsentant der EU in Bosnien, tanzte mit uns. Das nächste Mal sah ich den Mateja Matevski in Skopje, wo wir eine Gemeinschaftslesung hatten, irgendwo auf irgendwen wartend, in der Hand ein grünes Plastiksackerl mit einer Flasche Wein darin. Das Lächeln war unsere Verständigungssprache, er sprach – wie alle Gebildeten auf dem Balkan, in Rumänien, in Bulgarien, in Albanien und anderswo – Französisch, das ich leider nicht kann. Nur ein paar in den frühen Sechziger- und Siebzigerjahren gelernte und dann herübergerettete serbokroatische Sprachbrocken konnte ich sagen. Trotzdem verstanden wir uns gut miteinander. Wir sind uns dann noch ein paarmal da oder dort begegnet, meistens auf dem internationalen PEN-Parkett, wo er den Makedonischen PEN vertrat. Ich weiß, daß er sehr viel später einmal in Wien eine orthopädische Operation hatte, ich erkundigte mich an der Botschaft, aber als ich ihn im AKH besuchen wollte, war er schon weg; ebenso wie aus meinem Leben. Er gilt als einer der größten Dichter Makedoniens. Dreißig seiner Bücher sind in mehr als zwanzig Sprachen übersetzt und publiziert worden. Und dabei war er stets so ein bescheidener und irgendwie unauffälliger Mensch, ein liebenswürdiger Kollege, ein Diener der Literatur.

Matthieu André, französischer Schriftsteller mit Wurzeln in Wien.
Er war in der Berggasse neben dem Sigmund-Freud-Haus geboren und seine Familie mußte bzw. konnte noch rechtzeitig emigrieren. Viele Angehörige aus der Großfamilie aber haben das nicht rechtzeitig getan oder

nicht mehr geschafft. Sie wurden in diversen NS-Konzentrationslagern ermordet. Darüber sprachen wir – zusammen mit dem Nik Klecker aus Luxemburg, der als Übersetzer fungierte – an einem langen Sommerabend in Helsinki, wo wir an einer Poesiekonferenz teilnahmen. Eigenartig, daß mir in meinem Leben immer wieder solche Personen begegnet sind, die etwas mit meinem literarischen Lebensthema (Holocaust/Farbenlehre) zu tun hatten. Wir sind einige Zeit noch in brieflichem Kontakt geblieben, was schwierig war, weil wir fremdsprachlich nicht kompatibel waren; er konnte kaum Englisch ich leider überhaupt nicht Französisch; Ergebnis meines Besuches von diversen Humanistischen Gymnasien, auch noch zur Zeit der Besatzung und in der Russischen Zone, wo man kaum Französisch lernen konnte, Englisch sowieso nicht (Kalter Krieg). Dieses Manko – acht Jahre Latein und sechs Jahre Altgriechisch anstatt einer modernen Sprache – war leider ein lebenslanges, sehr einschränkendes Defizit für mich.

Mayer-Limberg Josef, österreichischer Mundartdichter, Wien-Ottakring. Geboren 1911.
Zu seinem 80. Geburtstag gab es eine Sendung im ORF. Einige seiner „Hausmasta-Gedichte" wurden gelesen, er selbst hat ein paar Worte über sich und sein Leben gesprochen. Er hat „dem Volk aufs Maul g'schaut". In Ottakring draußen ging er gern in die Wirtshäuser, zum Kartenspielen in sein Stammwirtshaus. Von dorther hatte er die Impressionen für seine Dialektgedichte. Als es noch lange keinen „Herrn Karl" (Qualtinger/Merz) gab, hat der Mayer-Limberg schon Gedichte in dieser Wiener Mundart geschrieben, sowohl was den Inhalt als auch die Sprache betrifft. Die Sprache, die man draußen, außerhalb des Gürtels einmal unter Wiener Hausmeistern und in den Wirtshäusern gesprochen hat und die fast schon ausgestorben ist. Der Josef Mayer-Limberg war beim Literaturkreis Podium, immer in der Nähe vom Alfred Gesswein, vom Alois Vogel, vom Albert Janetschek, von den Älteren halt, aber er blieb stets im Hintergrund. Irgendwie war er mit seinen Dialektgedichten nicht

ganz ebenbürtig den anderen Dichtern, so schien und empfand ich es. Er war ein ganz bescheidener Mensch. Ein paarmal habe ich mit ihm gesprochen. Und da ich aus dem Mühlviertel und er aus Limberg aus dem Weinviertel stammte, haben wir natürlich miteinander in unserem Dialekt, in unserer Dialektumgangssprache geredet. Das und auch die gemeinsame Herkunft oberhalb der Donau, vom Land, hat uns irgendwie miteinander verbunden.

Mayröcker Friederike, österreichische Dichterin, Wien. Geboren am 20. Dezember 1924 in Wien.
Man dachte und sah sie – immer nur schwarz gekleidet – fast niemals ohne ihren Lebensgefährten Ernst Jandl. Sie waren eine Einheit. Und trotzdem habe ich von ihnen ein Foto gemacht, auf dem jeder von beiden für sich steht. Sie stehen hintereinander und etwas wie eine unsichtbare Wand, jedenfalls zwei verschiedene Umgebungsflächen trennen sie, indem die Mayröcker ihrer Umgebungsfläche und der Ernst Jandl seiner Umgebungsfläche zugeordnet ist. Eine Bildmetapher: Beide zusammen und doch – auch – jeder für sich (allein). Vielleicht war es auch in Wirklichkeit bei ihnen so. Die Aufnahme habe ich beim Konzert der Ingrid Elisabeth Fessler, die literarische Chansons nach Texten von AutorInnen komponiert und gesungen hat, im Museum des 20. Jahrhunderts am 13.12.1978 gemacht. Zum Tod von Ernst Jandl habe ich der Mayröcker dieses Foto mit einem Beileidsschreiben geschickt. Sie hat sich dafür bedankt und mir geschrieben, daß sie dieses Foto in seiner tiefen Symbolhaftigkeit jetzt nach dem Tod Ernst Jandls tief berührt hat.

Menasse Robert, österreichischer Schriftsteller, Essayist, Publizist, Übersetzer. Geboren am 21. Juni 1954 in Wien.
Den Robert Menasse braucht man in der österreichischen Literaturszene und bei Standard-Lesern nicht vorzustellen. Man verbindet mit ihm den Begriff des kritischen Fragenstellers, Denkers und Feuilletonisten, der

sich auch in aktuelle politische Geschehnisse einmischt, indem er dazu Stellung nimmt. Ein engagierter Intellektueller, mit Wissen und Gewissen. Das ist ja leider schon selten geworden: Nicht nur eine Meinung zu haben, sondern auch eine Haltung und einen Standpunkt; auch einen moralischen und einen der Vernunft sowieso. Seine Dissertation über den österreichischen Außenseiterdichter Herrmann Schürrer (1980) bezeugt dies, und das schon früh in seiner Laufbahn. Denn der Schürrer galt ja immer nur als Verrückter, vor allem bei denen, die das „Offizielle Österreich" bildeten und bilden; und sich das einbilden. Der Schürrer hat ja eine Zeitlang auch bei mir „gewohnt", in meiner Bude, in den frühen Sechzigerjahren. Wir kannten uns aus dem Café Sport.
Also kurz noch einmal zurück zum Menasse! Es war bei einer Lesung in Bratislava in der dortigen Stadtbibliothek, zusammen mit dem schon lange verstorbenen Gerald Bisinger und anderen. Einer aus unserer Gruppe las nicht nur seine Texte vor, sondern gab auch – nicht nur zweifelhafte, sondern saudumme – politische Statements ab und zum Besten, wie er selbstbewußt glaubte. Menasse und ich standen in einem etwas abseits gelegenen, dunklen, aber zum Lesesaal hin offenen Raum, rauchten, hörten diesen Schwachsinn mit an. Ich sah am Stirnrunzeln vom Menasse, daß und wie sehr ihm diese dummen Aussprüche mißfielen. Das ist, glaube ich, seine Art: ruhig, besonnen, zurückhaltend, sparsam bezüglich Emotionen zu sein. Ich bin da ganz anders. Und plötzlich platzte ich, zum Menasse gewandt, heraus und zischte halblaut „So ein Trottel!" Und der Robert Menasse nickte mir zustimmend, aber irgendwie vornehm, zu.
Später, als ich den Österreichischen P.E.N.-Club reformieren wollte, nahm ich unter anderem auch zu Menasse Kontakt auf, wir telefonierten miteinander. Ich hätte seine volle moralische Unterstützung meinte er (so wie z.B. J. M. Simmel und viele andere auch). Aber ich sah ein und akzeptierte, daß der Österreichische PEN nicht zu seinem Problemkreis gehörte. Zu meinem übrigens auch nicht mehr, weil ich nach 30 Jahren Mitgliedschaft vor kurzem ausgetreten bin. Irgendwann reicht es. Das könnte in manchem auch bei Robert Menasse zutreffen, denke ich, wenn er sich zu Wort meldet und wenn ich seine kritischen Artikel mit Zustimmung oder Widerspruch, auf jeden Fall aber aufmerksam, lese.

Merlak-Detela Milena, slowenisch-österreichische Dichterin, Schriftstellerin und Übersetzerin, Wien. Geboren am 9. November 1935 in Ljubljana, gestorben am 3. August 2006 in Wien.
Wenn ich an die Milena denke, die ich mit ihrem Mann Lev Detela auch in Fresach kennengelernt habe, sehe ich immer ein klares Bild vor mir, nämlich das ihrer Porträtfotografie, die ich vor mehr als zwanzig Jahren bei einem Slowenen-Symposium in Wien gemacht habe. Und ich höre ihre mir vertraute Stimme in mir, ihre Sprechweise, den starken slowenischen Akzent, den ich immer mochte, weil er nicht nur ein Herkunftsmerkmal, sondern auch wie ein bekenntnishaftes Identitätszeichen von ihr war. Wenn ich ihren Mann, meinen Freund Lev Detela angerufen habe, dann war meistens Milena am Apparat. „Warte, ich rufe ihn, er kommt gleich", sagte sie immer. Und dann sprachen wir, bis der Lev zum Telefon gekommen war, meist ein paar Worte; nichts Wesentliches, schon gar nicht über etwas Berufliches oder Literarisches, nein, wir fragten nur einer den andern, wie es ihm gehe. Aber unser kurzes Gespräch war stets herzlich, von einer großen Sympathie und Wärme getragen. In den letzten Jahren sah ich die Milena kaum noch. Ich begegnete nur ihrem Mann, er war fast immer ohne sie bei den Veranstaltungen. Die Milena ging nicht mehr aus, wie es schien. Ich wußte, daß sie krank war. Trotzdem traf mich die Nachricht von ihrem plötzlichen, unerwarteten Tod sehr und berührte mich tief. Bei ihrer Verabschiedung auf dem Friedhof draußen in Donaustadt war niemand von der Wiener Literaturszene, geschweige denn von der Österreichischen Literaturszene anwesend, nein, es war (nur) der Freundeskreis, der da war. Verabschiedet wurde sie in ihren beiden Sprachen, in Slowenisch und Deutsch. Seit ich sie kannte, hatte ich – so wie auch bei anderen Angehörigen sprachlicher Minderheiten – stets das Gefühl, daß sie irgendwo dazwischen war, nicht mehr ganz dort, woher sie gekommen war, und doch nicht wirklich da, wo sie angekommen war, vor Jahrzehnten. Sie und ihr Gatte Lev, waren ja 1960 aus dem kommunistischen Jugoslawien, von Laibach nach Wien geflüchtet. Sie hatten sich hier eine bescheidene (Dichter-) Existenz und mit ihren drei Söhnen eine Familie aufgebaut. Sie wohnten in einem Au-

ßenbezirk von Wien, in Wien-Donaustand, in einem Gemeindebau am Rande der Großstadt, an der Peripherie. Dies war, wie mir schien, für ihr ganzes Leben symptomatisch und bestimmend. An der Grenze oder zwischen den Grenzen war der ihnen zugewiesene, der erreichte Platz. Den Lev treffe ich eigentlich noch oft und wir sehen einander gerne. Von Milena aber sprechen wir bei unseren Begegnungen nicht. Wir wissen, glauben, hoffen, daß sie da ist, irgendwo über uns.

Messner Janko, österreichischer, kärntnerslowenischer Schriftsteller, Slowenen-Aktivist, früher Mittelschullehrer. Lebt am Zwanzgerberg/ Osojnica in Ebenthal/Zrelec bei Klagenfurt/Celovec. Geboren am 13. Dezember 1921 in Aich/Dob, Gemeinde Bleiburg, Kärnten.
Keine Ahnung, seit wann wir uns kennen und wo wir einander zum ersten Mal begegnet sind. Daß es ihn als Dichter gibt, wußte ich schon in den frühen Sechzigerjahren, von meinem kärntnerslowenischen Freund, dem Maler Valentin Oman, mit dem mich seit 1961 eng befreundet bin, und der die Brücke zur slowenischen Minderheit in Kärnten, aber auch nach Slowenien hinüber und überhaupt nach Jugoslawien war. Vielleicht hat er mir einmal ein Buch vom Janko Messner gezeigt. Kennengelernt habe ich ihn sicher erst später, wahrscheinlich beim ersten österreichischen Schriftstellerkongreß in Wien 1981. Der Janko Messner war immer ein Kämpfer; für das Slowenische in Kärnten, für die Volksgruppen, für Nicaragua, für Menschenrechte und die Menschlichkeit, für Wahrheit und Gerechtigkeit, eben überhaupt. So sind seine Wortmeldungen, mündlich und schriftlich; so tritt er auf. Er fordert immer etwas ein, das (ihm) verweigert wurde. Er ist einer, der aufruft; auch dazu, wach zu sein und wach zu bleiben. Sehr wichtig! Der Janko Messner hat ja die Nazizeit und die damit verbundene Verfolgung und Vertreibung der Kärntner Slowenen selbst erlebt. Und er war auch im Krieg. Und deshalb ist er gegen jede unkontrollierte Macht, gegen jede Gewalt, gegen alles, was sich über anderes stellt und so auftritt. Obwohl, da ich dies schreibe, der Janko Messner bereits im 88. Lebensjahr ist, so ist der doch jung geblieben: in

seinen Anschauungen, in seinem Kampf, in seiner Kompromißlosigkeit, in seiner Radikalität. Und das schätze ich sehr und mag ich an ihm. Er könnte ein Vorbild sein für alle jene, die in passiver Gleichgültigkeit versinken oder in ihrer Egomanie sich nur für sich selber engagieren.

Meyer Conny Hannes, österreichischer Schauspieler, Regisseur, Theaterleiter, Schriftsteller, Wien. Geboren am 18. Juni 1931 Wien.
Er war der höchst engagierte Chef vom legendären „Theater am Börseplatz" und später noch einige Zeit vom „Theater im Künstlerhaus" sowie von Theaterfestspielen im Burgenland. Im „Theater am Börseplatz" habe ich auch ein von ihm gemachtes Stück – „Das Matratzenlager", eine theatralische Erzählung über die letzten elenden acht Jahre des bettlägerig kranken Heinrich Heine – gesehen, das mich damals tief beeindruckt hat. Immer wieder sind wir einander auch im Morgen-Kreis begegnet, über Jahre hindurch, wir hatten aber kaum Kontakt. Erst bei seiner Lesung aus seinem Buch „Erinnerungen an das KZ-Mauthausen", in dem er seine aus rassistischen Gründen erfolgte Ausgrenzung, Verfolgung und Inhaftierung als Kind in berührender Weise schildert, bin ich ihm wiederbegegnet. Privat verbindet uns, daß er die Frau geheiratet hat, mit der ich eine Zeitlang gelebt habe. Er hat mit ihr auch einen Sohn.

Mikeln Milos, slowenischer Schriftsteller und Journalist, Ex-Präsident des Slowenischen PEN, lebt in Ljubljana/Laibach. Geboren am 23. Mai 1930 in Celje.
Ein Lebensfreund! Kennengelernt haben wir uns vor mehr als 25 Jahren, bei meiner ersten Teilnahme an der Konferenz des Slowenischen PEN-Zentrums in Bled. Er spricht perfekt Deutsch, ebenso Englisch. Er ist ein scharfsinniger Intellektueller, aber nicht abgehoben, sondern immer am Boden der jeweils vorhandenen Wirklichkeit. Er liebt das Konkrete, damit arbeitet er, in seiner Literatur, in seinen sonstigen Schriften, bei seinen wohlüberlegten, eindeutigen Wortmeldungen. Er ging und geht

– selbst in fortgeschrittenem Alter – stets aufrecht, auch im übertragenen Sinn. Er war Hauptmann in der Jugoslawischen Volksarmee, also Offizier. Das hat ihn geprägt. Er geht den direkten Weg, nennt die Dinge beim Namen, drückt seine Meinungen entschieden aus, hat und bewahrt immer Haltung. Dabei hat er aber neben der intellektuellen Geistesschärfe und der Brillanz seines Ausdruckes durchaus einen sehr ausgeprägten Humor, der manchmal auch ins Spöttische gehen kann. Er kennt mich gut, weil er stets auf mich und meine Gedanken eingegangen ist, er Anteil genommen hat an meinem Leben, bis hin zu meinen „Weibergeschichten" und den jeweils daraus resultierenden Stimmungslagen. „Schau, Peter...", sagt/e er oft, „schau, das kann man auch so sehen!" Und dann folgt eine kleine präzise Analyse meiner Momentansituation im Zusammenhang mit meinem Wesen und meinem Charakter und dem Menschenbild sowie dem Gesellschaftsbild und der Weltsicht von Milos überhaupt. Er ist ein sehr kluger, weil seine Erfahrungen verwertender Mann. Man schätzt ihn, seinen Charakter, seine Meinung, seine Haltung, seine Standfestigkeit; überall. Auch Präsident Kucan kontaktierte ihn in der Nacht der Entscheidung und raschen Mobilisierung der slowenischen Verteidigungsarmee gegen den Angriff der jugoslawischen Volksarmee. Oft sind wir miteinander am Ufer des Bleder Sees entlang gegangen und haben so intensiv miteinander geredet, daß wir rund um uns sonst nichts wahrgenommen haben, weil wir so in unser Gespräch vertieft waren. Längere Briefe von mir und kurze Antworten von Milos haben unseren Kontakt und unsere Freundschaft lebendig erhalten.

Minatti Ivan, slowenischer Dichter, Schriftsteller und Übersetzer. Partisan. Ljubljana/Laibach. Geboren am 22. März 1924 in Slovenske Konjice.
Getroffen haben wir einander regelmäßig bei den PEN-Tagungen in Bled. Ein freundlicher, aber stets etwas reservierter, sich zurückhaltender Mann. Ein Gesicht wie aus einem Holzschnitt. Der Kopf rund und kahl, Kerben im Gesicht, doch glatte, gepflegte Haut. Manchmal ein Lächeln,

Filip Kalan Kumbatovic (rechts) mit Boris Pahor (links)

Mirko Mirkovic

Tayo Peter Olafioye

das Sympathie andeutete, auch für mich. Immer aber lag eine gewisse Distanz zwischen ihm und mir, auch wenn ich beim Picknick zum Abschluß der Tagung oft auch am Tisch der „Jugos" (Jugoslawien-Anhänger) saß. Selbstverständlich waren sie Slowenen und Patrioten, aber sie waren keine Nationalisten, für sie gab es ein höheres Ganzes, eine Idee, nach der Politik, Gesellschaft, Wirklichkeit und Leben gestaltet werden sollten. Dafür hatten manche auch gekämpft. Und dem blieben sie ihr ganzes Leben lang treu. Minatti zählte zu diesem Kreis, so wie Milos Mikeln, Niko Kosir, der alte Kumbatovic, von Freunden „Kumba" genannt; und Mira Mihelic, die Grande Dame unter den Schriftstellern. Auf einem Foto von mir, das ich beim Aufstieg zum Savica-Wasserfall nach einer PEN-Tagung in Bled gemacht habe, stehen sie alle in fröhlicher Runde aufgereiht: die Mira Mihelic mit ihrem Mann, der Kumbatovic, Niko Kosir, Ivan Minatti, Milos Mikeln und Branko Hofmann, der acht Jahre auf der berüchtigten Tito-Partisanen KZ-Insel Goli Otok als „revisionistischer Stalinist" überlebt hat („Die Nacht vor dem Morgen") mit seiner lieben Frau.

Mirkovic Mirko, kroatischer Schriftsteller, ehem. PEN-Generalsekretär, hochgebildeter Intellektueller, spricht mehr als fünf Sprachen perfekt; war Häftling auf der berüchtigten Gefängnisinsel Goli Otok des damaligen kommunistischen jugoslawischen Tito-Regimes. Lebt in Zagreb. Geboren 1913.
Er ist ein mir lieber, enger, vertrauter Freund, mit dem ich in vielem grundsätzlich übereinstimme. Am 23.11.2008 erhielt ich den letzten seiner Briefe aus der Zeit von mehr als fünfundzwanzig Jahren. Er schreibt noch immer auf dem alten PEN-Papier mit dem Goldaufdruck, um kein Blatt Papier zu verschwenden; Menschen wie er sind sparsam. Er hat, wie ich aus der Schrift sehe und wie er mir im Brief mitteilt, sehr mühsam diese handschriftlichen Zeilen hingeschrieben, zwei Seiten voll. Gleich am Anfang steht der Satz: „Ja, Du hast Recht. Die Welt ist wie eine vom Teufel ersonnene Farce mit leider wenigen leichten Momenten." Und we-

nig später schreibt er noch: „Ich muß Dir sagen, ich habe mich sehr gefreut, daß Du Dich meiner erinnerst. In meinem Alter (ich bin jetzt im 96.) hat man immer weniger Freunde, von meinen Maturakameraden bin ich der letzte, der noch anwesend ist. Alle anderen sind schon am anderen Ufer des Acheron." Als ich das gelesen habe − 96 !! − da habe ich direkt den Atem angehalten. Das gibt es doch nicht! Aber es ist so. Ich erinnere mich, als wäre es gestern gewesen, daß wir beide schon am frühen Morgen, noch vor dem Frühstück im Hallenbad des Park-Hotels in Bled immer unsere Längen geschwommen sind. Der Mirko hatte immer eine Badehaube auf und Taucherbrillen. Und dann ist er seine Längen gekrault und hat während der meist abgezählten zehn Längen nicht angehalten. „Respekt, Respekt!" habe ich zu ihm gesagt, wenn wir beide nach unserem Pensum endlich am Beckenrand schnaufend und pustend angehalten haben. Und der Mirko lächelte dann sein feines Lächeln. Ich habe ihn bewundert. Ich habe ihn nie nach seinem Alter gefragt. Daß er über siebzig war und von schmächtiger Gestalt, weil er beim Essen sehr diszipliniert war − ich sehe ihn noch vor mir, wie er langsam sein Joghurt löffelt, während ich meinen Schweins- oder Rindsbraten vertilge − das habe ich gewußt und gesehen. Er war ein Asket; genau das Gegenteil von mir. Zuletzt haben wir uns vor etwa fünf Jahren bei meiner Fotoausstellung in Zagreb gesehen. Da hat man uns beide zusammen fotografiert. An so vielen Orten waren wir gemeinsam: in Bled sowieso, in Zagreb, Trogir, Split, Dubrovnik und Hvar, in Prag, Helsinki, Vaduz und in Wien. Privates habe ich nicht viel von ihm gewußt; nur daß er schon sein ganzes Leben mit seiner Frau zusammen war. „Mein guter Engel ist sie", sagte er einmal zu mir. Und einmal, als wir über die Endlichkeit des Lebens und den Tod sprachen, sagte er − und blickte mich dabei nicht an, sondern an mir vorbei wie in weite Ferne − „Einundzwanzig Personen meiner großen Familie haben ein Wolkengrab!" Und fügte nach einer kleinen wortlosen Pause hinzu: „Auschwitz! − Du verstehst." Das war, das ist der liebe Freund Mirko Mirkovic! Ein feiner, sehr gebildeter Mann, der sein Leben lang in seiner unaufdringlichen, doch bestimmten Art mit seinem geschriebenen und gesprochenen Wort mahnend gegen Intoleranz,

Ideologie-Herrschaft, Nationalismus und andere Unsinnigkeiten, wie er das nannte, aufgetreten ist und für Wahrheit, Gerechtigkeit, Humanismus und Humanität, für die Werte der Aufklärung gekämpft hat. Diesem Mann bin ich nicht nur in einer tiefen Freundschaft und Dankbarkeit verbunden, er ist auch schon gleich damals, als wir einander kennenlernten, bei aller Verschiedenheit unserer Charaktere zu einem Vorbild für mich geworden. Zum Abschluß des Briefes steht der Satz: „Ich erinnere mich immer gerne an Deine Freundschaft, als wir beide in Bled waren." Und er schließt – ganz ungewohnt – mit der Grußformel: „Immer Dein Freund – Mirko". Berührend, jedes Mal, wenn ich diese Zeilen lese. Wenige Menschen liebe ich; ihn ja.

Morton Frederic, österreichisch-amerikanischer Schriftsteller aus Wien, lebt New York. Geboren am 5. Oktober 1924 in Wien als Fritz Mandelbaum.
Begegnet bin ich ihm bei und nach einer Lesung von ihm in der Thalia-Buchhandlung auf der Landstraße in Wien. Das war erst vor zwei bis drei Jahren. Er las aus seinem Roman „Durch die Welt nach Hause", der von der Vertreibung und Flucht der jüdischen Wiener Familie in die USA handelt. Und er erzählte immer wieder in kurzen Passagen zwischendurch. Alles war sehr berührend. Er saß da, doch schon alt und wirkte zerbrechlich, las aber mit ungebrochener Stimme. Nach der Lesung, nachdem er Bücher signiert hatte, sprachen wir kurz miteinander. Er logierte im Hotel Hilton. Dorthin brachte ich ihm auch meinen Fotogedichtband „Farbenlehre". Einige Monate später kam er gerade aus dem Hotel Hilton heraus, als ich dieses fotografierte. Ich vermied es, ihn fotografisch zu belästigen, obwohl ich gerne ein Foto von ihm gemacht hätte. Ich begrüßte ihn aber, erinnerte ihn an meine „Farbenlehre", die ich damals für ihn an der Hotelrezeption abgegeben und die er auch bekommen hatte. Er bedankte sich, war freundlich, aber wortkarg. Er ging hinüber zum Stadtpark, um dort seinen Spaziergang zu machen.

Nenning Günther, österreichischer Journalist, Schriftsteller, Club 2-Moderator, Kronenzeitung-Kolumnist, Chefredakteur des „Neuen Forum", Friedensaktivist, Naturschützer, Hainburgdemonstrant, FKK-Anhänger, Religionswissenschafter, christlicher Sozialist, Träumer und Utopist, „Kasperl" (BK Kreisky) und noch vieles anderes mehr. Lebte in Wien. Geboren am 23. Dezember 1921 in Wien, gestorben am 14. Mai 2006 in Waidring/Tirol

Begegnungsort: Erster österreichischer Schriftstellerkongreß 1981 in Wien. Dann kaum Berührungspunkte. Nenning bei all seiner unverwechselbaren Individualität und Originalität doch auch immer wieder ein Anhänger irgendeiner Ideologie oder Geistesströmung, der in seinen Weltanschauungen sehr flexibel war, um es so zu formulieren, der allem etwas abgewinnen konnte außer natürlich der Inhumanität, der die Welt so sah wie er sie sehen wollte, der sie facettenreich interpretierte, undogmatisch und frei im Denken und Träumen war, ein überzeugter christlicher Sozialist, der „die Sozis" kritisierte, die ihn deshalb auch in einem Anfall von Infamie aber mit perfekter Strategie und Dramaturgie aus der Partei ausgeschlossen haben. Wir haben nur zwei- oder dreimal miteinander gesprochen, kannten uns also. Über meinen ersten Prosaband „Lebensbilder" machte er eine Doppelseite in einer Sonntagsausgabe der Kronenzeitung. Das war natürlich eine Superwerbung für das Buch. Und so wurden vielleicht auch deswegen in relativ kurzer Zeit die tausend Exemplare der ersten Auflage verkauft. Da gilt es, sich bei ihm zu bedanken, auch im nachhinein. Vielleicht sollte man ihm einen Dankesgruß in den Himmel hinauf schicken. Er würde sagen: „Natürlich gibt es keinen Beweis dafür, ob es einen Himmel gibt oder nicht, das ist ja auch gar nicht wichtig, ob ein Himmel (im Sinne von einem Jenseits) überhaupt existiert, viel wichtiger und wesentlicher ist doch, daß man daran glaubt." Und das muß man einfach so stehen lassen, weil es weder ein beweisbares Dafür noch ein Dagegen zu dem Gesagten gibt.

Ngwe Thein, burmesischer Schriftsteller und Menschenrechtsaktivist, Vorsitzender der Mon National Democratic Front; lebt im Exil in Tokyo. Wir saßen im großen Park von Helsinki auf einer Bank und er erzählte mir von den Menschenrechtsverletzungen in seiner Heimat Burma, heute Myanmar genannt, in der seit Jahrzehnten eine korrupte Militärdiktaturclique das Land beherrscht und unterdrückt. Er schilderte die brutalen Foltermethoden in den Gefängnissen bei den Verhören. Ihm war die Flucht und der vorläufige Aufenthalt in Japan gelungen, anderen nicht. Er beklagte sich darüber, daß all dies in der Weltöffentlichkeit keinerlei echte Aufmerksamkeit, geschweige denn einen entsprechenden Protest und sanktionierende Maßnahmen zur Folge habe. Ich hörte einen solchen Bericht zum ersten Mal. Wenn ich an Burma dachte, so dachte ich an goldene Tempelkuppeln und an schöne exotische Frauen. Aber die Wirklichkeit ist eben oft ganz anders; und man weiß, auch aus Selbstverschulden, viel zu wenig davon und vieles läßt uns dem gegenüber gleichgültig sein, so als seien diese Vorkommnisse auf einem anderen Planeten, in einer anderen Welt. Wir besprachen alle diese „Dinge" in unserem schlechten Englisch; aber gerade deshalb verstanden wir einander gut, weil es sprachlich keinen Niveauunterschied zwischen uns gab und wir uns voll auf das mühsam Gesagte konzentrieren konnten. Ich war ziemlich betroffen. Angesichts dessen, was ich da an einem schönen sonnigen Tag in Helsinki erfuhr, bestätigte das nur meine Zweifel an der Sinnhaftigkeit dieser und anderer „Poesiekonferenzen". Da war und ist mir die Poesie völlig wurscht, angesichts solcher Tatsachen, nach Schilderung von Foltermethoden der Henkersknechte im Gefängnis von Rangun. Der Kollege aus Burma, jetzt in Japan, so wie andere Exilanten aus seinem Land, hatte auch dort kaum einen wirklichen Schutz; nur befristete Aufenthaltsgenehmigung. Die japanische Justiz hatte keine Skrupel, so wie auch bei uns, solche Menschen dann als Schubhäftlinge in Gefängnisse zu stecken und in manchen Fällen dann mit Gewalt zurückzubringen in das Land, aus dem sie geflohen waren und wo sie das Schlimmste, mitunter den Tod, zu erwarten hatten. Ziemlich lange saßen wir so im Gespräch auf der Bank im Park in Helsinki. Dann verstummten wir, wir hatten keine Worte mehr; nur noch das Schweigen und eine Bedrückung in unseren Seelen. Einige Wochen später bekam ich eine literarische Exilzeitschrift in Burmesisch aus Tokyo; darin waren einige Gedichte von mir auf Burmesisch in einer wunderschönen Schrift abgedruckt.

Niederle Helmuth A., Ethnologe, österreichischer Schriftsteller, stellvertretender Leiter der Österreichischen Gesellschaft für Literatur, Beauftragter des Writers in Prison Committees Austria. Geboren am 16. November 1949 in Wien. Lebt in Wien und Dallein/NÖ.
Wer kennt den Niederle nicht, in der österreichischen Literaturszene und darüber hinaus?! Wir kennen einander jedenfalls seit dem Österreichischen Schriftstellerkongreß 1981 oder schon seit vorher, z.B. seit der ersten Morgen-Kreis-Tagung in Drosendorf 1980. Immer bringe ich ihn mit Fabelgeschichten in Verbindung, mit einem weißen Einhorn, ich weiß auch nicht warum, ich glaube er hat solche Geschichten geschrieben und ein solches Buch publiziert. Ich schätze ihn als einen PEN-Kollegen, der sich dort engagiert, seit Jahren, sich unermüdlich für „Writers in Prison" einsetzt. Und dann hat er in der Österreichischen Gesellschaft für Literatur auch eine Programmschiene errichtet und ausgebaut, auf der es um nicht-österreichische AutorInnen geht, also um das Kennenlernen der nicht-deutschsprachigen AutorInnen aus den verschiedensten Sprachen und Kulturen. Das halte ich für sehr wichtig und für sehr verdienstvoll. Ich wünschte nur, die österreichische AutorInnen-Kollegenschaft würde das durch ein verstärktes Interesse, das sich in der Besucherfrequenz niederschlagen sollte, entsprechend würdigen; leider aber tut sie gerade das nicht. Denn zu viele interessieren sich nur für sich selber und für das eigene Fortkommen, die sogenannte Karriere. Aber was ist das schon?! Eben: zuwenig! Der Niederle kennt die Literatur(en). Und so hält er auch hervorragende und stilvolle Einführungen zum jeweiligen Veranstaltungsabend und zu den einzelnen SchriftstellerInnen. Auch mir hat er einmal eine mich nicht nur würdigende, sondern auf mich zutreffende, mich in meinem Wesen und Charakter bezeichnende Einführung gewidmet, wofür ich ihm noch heute dankbar bin, weil das, was er damals skizzenhaft über mich und zu mir gesagt hat, seine Gültigkeit hat.

Nitsche Kurdoglu Gerald, österreichischer Bildender Künstler, Lehrer, Verleger für „Wenigerheiten"-(Minderheiten)-Literatur (EYE-Verlag). Geboren 1941 in Wien. Lebt in Landeck, Tirol.
„Österreichische Lyrik – und kein Wort Deutsch", eine Anthologie zeitgenössischer Lyrik der österreichischen Volksgruppen, Minoritäten, eben der „Wenigerheiten", wie Nitsche sie sehr treffend nennt, ist das sehr verdienstvolle Standardwerk des Nitsche Kurdoglu, in dem die AutorInnen der österreichischen Volksgruppen – Kärntnerslowenen, Burgenlandkroaten, Burgenlandungarn, Tschechen, Slowaken, Roma, Jenische, Dolomitenladiner – zweisprachig, auch mit ihren Autographen, und auf einer beigelegten CD- im O-Ton zu Wort kommen. Das großformatige, wunderschöne Buch ist 1990 im Haymon Verlag in Tirol erschienen. Eigentlich gehört einem solchen Buch, einer solchen Herausgeber- und Verlegerleistung zusammen mit allen Autorinnen und Autoren ein Österreichischer Staatspreis! Vor kurzem ist ein Ergänzungsband erschienen. Nitsche-Kurdoglu hat lange Zeit in der Türkei gelebt, dort am österreichischen St. Georgs-College in Istanbul unterrichtet; daher auch sein sich selbst gegebener Zweitname „Kurdoglu". Ich erinnere mich noch an seine regelmäßig publizierten „Briefe aus Istanbul". Persönlich kennengelernt haben wir uns bei der Buchpräsentation meines Freundes, des serbisch-österreichischen Roma-Dichters Ilija Jovanovic im Parlament. Das hier zitierte Buch war für mich die wichtigste Brücke zur Literatur der „Wenigerheiten", zur nicht-deutschsprachigen österreichischen Lyrik. Ich möchte dieses Buch als Pflichtlektüre allen österreichischen AutorInnen, LehrerInnen, SchülerInnen, KulturreferentInnen, PolitikerInnen dringend empfehlen. Vielleicht würde sich dann ein anderes Verhalten diesen „Wenigerheiten" gegenüber in Österreich herausbilden und kein solcher Sumpf entstehen, der aus impertinenten, dummen Vorurteilen besteht, die sich in einer inakzeptablen Politik den Volksgruppen und allen Minderheiten gegenüber manifestiert und wofür Österreich sich zu schämen hat. Die Leistung des Gerald Kurdoglu Nitsche ist jedenfalls bewundernswert und beispielhaft. Auch ihm gebührt der Dank der Republik!

Northoff Thomas, österreichischer Schriftsteller, Österreichisches Graffitiarchiv, Wien. Geboren am 18. November 1947 in Wien.

Einmal haben wir im Rahmen der Podium-Sommerlesereihe im Café Prückel gelesen. Aber eigentlich kenne ich ihn weniger als Schriftstellerkollegen, sondern vielmehr als eifrigen Graffitisammler, der wahrscheinlich das größte Graffitiarchiv weit und breit, auf jeden Fall in Österreich, hat. Graffiti sind auch Sprachzeichen. Ob sie unter dem Begriff Literatur einzuordnen sind, ist eine andere Frage; die einen ja, die anderen nein. Aber sie sind auf jeden Fall sprachliche Äußerungen, in denen Botschaften ausgedrückt und transportiert werden; manchmal sehr banale, andere wiederum sind Zeichen des Widerstandes oder des Kampfes, die einen mit, die anderen ohne ideologischen Grundsatz. Die Palette ist breit: vom Messianismus der Weltverbesserer bis zum Ausdruck von Ohnmacht und Wut. Ihre äußeren Erscheinungsformen reichen von böswilliger, sinnloser Sachbeschädigung (frisch renovierte Häuser und Hauswände) bis hin zu wichtigen Botschaften am dafür richtigen Ort. Mich interessieren diese Graffiti seit jeher und seit langem als Fotograf. Ich habe viele Graffiti fotografiert, archiviert, weiter transportiert, z.B. eben zum Hauptsammler Thomas Northoff, dem ich von Zeit zu Zeit die neu fotografierten und dokumentierten (Ort/Zeit) schicke. Ich finde es sehr gut, daß Northoff das macht, nämlich in gesellschaftspolitischen, kulturellen und letztlich auch sprachlichen Randgebieten unterwegs zu sein. Irgendwie ist das auch eine (archivarische) schriftstellerische Arbeit, eine Auseinandersetzung mit der Sprache – auch mit jener der anderen. Und er archiviert ja nicht nur, sondern er interpretiert auch diese Sprach- und Bildzeichen. Und macht sie so für den Leser zugänglich.

Novak Boris A., slowenischer Dichter, Übersetzer, Universitätsprofessor, Literaturwissenschaftler. Geboren am 3. Dezember 1953 in Belgrad/Beograd, Serbien.

Geboren in Belgrad, wo er auch die Grundschule besuchte, hatte Novak später dann auch in den USA studiert. Er war der erste liberale „bürgerliche" PEN-Präsident des Slowenischen PEN-Zentrums in Laibach/ Ljubljana. Ich erinnere mich, wie er gleich nach dem Zusammenbruch des Kommunismus und Titoismus, also um 1990, das Amt des PEN-Präsidenten übernommen hat und im schwarzen Anzug mit weißem Hemd und Krawatte die PEN-Tagung in Bled eröffnete. Jedenfalls war und ist der Boris ideologiefrei, sehr elastisch und moderat, sehr freundlich und höflich, sehr gebildet, konservativ, liberal. Man erfährt zwar auch, was er so denkt, aber doch in einer gewissen Zurückhaltung statt Offenheit. Der spätere Vice President des International PEN organisierte im Jugoslawienkrieg die größte Hilfsaktion des International PEN für Flüchtlinge und Schriftsteller aus Sarajevo, Bosnien, dem ehemaligen Jugoslawien. Ich habe den Boris dann noch einige Male an verschiedensten Orten getroffen, darunter auch in der Slowakei. Da ich ab einem gewissen Zeitpunkt von der Führung des Österreichischen P.E.N. nicht mehr als Delegierter weder nach Bled noch zu anderen Meetings entsandt wurde, habe ich den Boris Novak dann aus den Augen verloren.

Novak Slobodan Prosperov, kroatischer Literaturwissenschaftler, Schriftsteller, 1990-2000 Präsident des kroatischen PEN-Zentrums, Ex-Vizekulturminister der Republik Kroatien. Lebt/e in Zagreb, in den USA und in seinem Haus auf der Insel Hvar. Geboren am 11. April 1951 in Belgrad.
Schon von weitem hörte man seine laute Stimme und sein ungebremstes Lachen. Manche Frauen sahen ihn als Macho, was er wahrscheinlich auch war, jedenfalls in seinem äußeren Gehabe. Er war nicht nur laut und stimmgewaltig, sondern auch ein Wortführer, einer der bei aller Diplomatie, die er hatte, doch seine Meinung lautstark, engagiert und überzeugend kundtat. Immer steuerte er auf ein Ziel hin oder er befand sich im Abwehrkampf oder er führte „Krieg", manche sagten: mit List und auch mit unfairen Mitteln. Ich traue ihm das auch zu. Jedenfalls hatte er einen ausgeprägten Sinn für Macht. Er war eine Machiavelli-Figur, trat aber stets für die freie Meinungsäußerung und das Recht auf Pri-

vatheit und auf private Lebensführung ein. Er scherte sich nicht darum, was andere über ihn sagten oder von ihm dachten. Mit seinen Urteilen war er schnell zur Hand, er bildete sie zügig. Meistens hatte er Recht in seinen Einschätzungen und Meinungen. Vorurteile hatte er auch, aber er war bereit und fähig zu deren Korrektur. Er beobachtete, informierte sich, analysierte, deduzierte und urteilte. Das war ein einheitlicher Prozeß, egal worum es ging. Das imponierte mir, bei aller Vorsicht, die ihm gegenüber angebracht war. Mir war berichtet worden, daß er sich aufgrund einer vom Gerede anderer Personen hergeleiteten Meinung über meine Person in Zagreb abfällig über mich, der ich damals Mitbegründer und Vizepräsident der Österreichisch-Kroatischen Gesellschaft und Vorstandsmitglied des Österreichischen PEN war – geäußert hatte, ohne mich je gesehen, mit mir gesprochen, mich persönlich kennengelernt zu haben. Bei einer wichtigen Veranstaltung der Österreichisch-Kroatischen Gesellschaft trafen wir in Wien aufeinander. Anschließend stand ein offizielles Dinner in einem dalmatinischen Restaurant in Wien auf dem Programm. Ich wollte anfangs wegen diesem Novak nicht daran teilnehmen, wurde aber dann doch überredet, zu diesem formellen Essen mitzukommen. Man plazierte mich genau gegenüber von Professor Dr. Novak. Nach dem ersten „Prost! Auf gute Zusammenarbeit!" schoß ich meinen Vis-à-vis-Kollegen gleich direkt an: „Also, Sie sind der Professor Dr. Slobodan Novak, der in Zagreb abfällig über mich geredet und einen absolut beleidigenden Blödsinn über mich verbreitet hat. Mein Name ist Wiplinger." Der Novak schluckte, wand sich sprachlos, verlegen und sich in seiner Haut nicht wohlfühlend hin und her und platzte dann gerade heraus, indem er schallend lachte und sagte: „Aber das ist ja ein Blödsinn, ich habe Sie doch bis jetzt überhaupt nicht gekannt!" – „Eben" sagte ich, „um so schlimmer; und genau das ist der Blödsinn! Aber jetzt haben wir ja Gelegenheit, einander kennenzulernen, also tun wir das!" Und damit war der Bann gebrochen. Wir sind dann später so etwas wie kumpelhafte Freunde geworden. Wir haben zusammen den von einigen PEN-Zentren in Frage gestellten PEN-World-Congress in Hvar und Dubrovnik auf die Beine gestellt, ich wurde dafür mit einem Delegiertenmandat des Hrvatski PEN-Centars ausgestattet und bewog die PEN-Vorstandsmitglieder in Wien, der Abhaltung dieses Kongresses, der für Kroatien wichtig war, nicht nur zuzustimmen, sondern auch international dafür zu votieren und sich zu engagieren. Ich wurde dann sogar Mitglied des Kroatischen PEN. Wenn der Slobodan Novak in Wien war, trafen wir uns jedes Mal, dann haben miteinander gegessen und getrunken. Wenn ich nach Zagreb kam, war ich stets für ein gemeinsames Dinner sein Gast. Wir haben uns immer wieder auf dem internationalen Parkett des PEN getroffen, ein Glas zusammen getrunken, miteinander geplaudert, geschimpft und gelacht. Dann kam die Tudjman-Kampagne gegen ihn und seine Familie. Er wurde als Vizekulturminister demontiert, dann als Direktor der Dubrovniker Festspiele. Seine beiden Buben mußten angeblich unter Polizeischutz in die Schule gebracht werden, seine burgenländisch-kroatische Frau hielt das nicht mehr aus, also ging die Familie nach Amerika, sozusagen ins Exil, für 2-3 Jahre. Danach habe ich den Slobodan irgendwie aus den Augen verloren. Er hatte mich mehrmals in sein Haus nach Hvar eingeladen, ich war aber nie dort, obwohl die Insel Hvar eine meiner Lieblingsinseln in der Adria ist. Heute weiß ich nicht, wo er ist. Er war ein Wegbegleiter, wir sind ein Stück Weges gemeinsam gegangen.

Olafioye Tayo Peter, nigerianisch-amerikanischer Dichter, Literaturprofessor an der National University of San Diego/California und an der University of Ilorin/Nigeria. Geboren 1948 in Igbotako, Nigerien.
Wenn ich an den Tayo denke, höre ich sein dunkles, gutturales Lachen, wie man es von vielen Schwarzafrikanern kennt. Und ich sehe ihn vor mir – und natürlich auf meinen Fotos – in seinem „Negergwandl", d.h. in der bunten nigerianischen Tracht, einem Anzug aus dünner Baumwolle, mit einem langen Hemd bis zu den Knien und einer Art Haube am Kopf, ornamental reich gemustert, entweder ein einfaches Gewand für den Alltag oder ein Festtagsgewand für feierliche Familienfeste oder öffentliche Anlässe. Er hat mir einmal ein solches Festtagsgewand geschenkt; glitzernd, mit Silberfäden darin. „Das kann ich hier nur zum Fasching

anziehen", habe ich zu ihm gesagt. Aber es liegt immer noch unten im Keller, unbenutzt, noch nie getragen. Der Tayo hat ein kindliches Gemüt, irgendwie, ich kann es nicht näher erklären. Als er wieder einmal bei mir in Wien zu Besuch war, hat ihn alles, was ich hatte, interessiert; ganz fasziniert war er von einer einfachen Zeichnung, einer Sonnenblume auf blauem Grund, auf Plastikfolie gezeichnet. „Kann ich das haben?" fragte er in kindlicher Naivität. „Nein", sagte ich, „das Bild ist von der Susanne, für mich gemalt zu irgend einem Geburtstag."- „OK!" sagte er. Und im nächsten Augenblick hatte er schon etwas anderes in der Hand und wollte das. Er hat sich für alles interessiert. Als er den Kirchenraum des Stiftes Melk betrat, schaute er mit ganz großen Augen rundum und hinauf zur bemalten Decke und war einfach sprachlos. Dann hörte man ein langgezogenes „Wow!" als Ausdruck seiner höchsten Begeisterung und Bewunderung. Mit ihm war ich da und dort: bei den Poetry Evenings in Struga, bei der Sarajevski dani poezije in Sarajevo mit Lesungen in Mostar und Skopje, beim International PEN-Congress in Hvar und Dubrovnik, in Bled, in Ljubljana und was weiß ich wo. Auch in meiner Heimat waren wir, im Mühlviertel, im Böhmerwald, am Moldaublick, wo man von der Aussichtswarte ins Südböhmische bis nach Oberplan und zur Ruine Wittinghausen (Adalbert Stifter) sowie nach Glöckelberg und auch zum Moldaustausee sehen kann, rundum nur Wald. Das hat ihn begeistert. Auch an der burgenländisch-ungarischen Grenze waren wir, in Andau („Die Brücke von Andau"). Ich habe ihm alles erklärt, mit meinem schlechten Kauderwelschenglisch. Aber das war keine Sprachbarriere. Konnte ich etwas nicht sagen, dann hat er nur gelacht. Auf der Liburnia, mit der wir von Venedig nach Hvar und Dubrovnik gefahren sind, waren wir ebenso zusammen und haben eine Kabine geteilt, so wie in Hvar und in Linz ein Zimmer. Früh am Abend, so um 19 Uhr, ist er schon schläfrig geworden und ins Bett gegangen; dafür war er um 5 Uhr früh wach, hat herum rumort und meinen Schlaf gestört, bis ich verärgert war. „Wie ein Hendl bist du, Tayo", sagte ich zu ihm, „gehst früh ins Bett und stehst früh auf!" − „What do you say?" fragte er mich. Und mir fiel nicht ein, was das englische Wort für „Hendl/Huhn" war, also flatterte ich mit den Armen und Händen, was Flügeln andeuten sollte. Und Tayo verstand und lachte. Als ich mit Susanne eine Rundreise durch die USA machte, trafen wir Tayo in San Diego. Er erwartete uns am Kai und wir konnten so auch seine wunderschöne Ogoni-Frau Esther und seine Tochter Femi kennenlernen. Der Tayo machte immer ein Theater, er war und ist ein großer Selbstdarsteller. Und er schlüpft je nach Laune in die eine oder andere Identität – Schwarzafrikanischer Buschmann oder amerikanischer Selfmademan – und spielt seine Rolle, so oder so, meist auch gemischt. „Also was bist Du, Tayo", fragte ich ihn manchmal, „ein Nigerianer oder ein Amerikaner?" – „I don't know" entgegnete er meistens. „That's not important, I am a part from everywhere." Identitätsfrage – wozu?! „I am Tayo or Peter, that's it!" Einmal sagte ich zu ihm: „Tayo, heute zu Mittag gibt es Krautfleckerln" und versuchte ihm zu erklären, was das für eine Speise ist. „I know Krautfleckerl!" sagte er verschmitzt. Er hatte das schon einmal gegessen und sich gemerkt. Für alles Alltägliche interessierte er sich, zum Beispiel, was eine Burenwurst ist, woher der Name kommt und was er bedeutet. Alles mußte, konnte ich ihm aber nicht mit meinem Englisch erklären. Großzügig sah er über mein Sprachmanko hinweg. „You speak very well English, Peter" sagte er und lachte. Immer bewunderte ich die Jugendlichkeit von Tayo, konnte sein Alter nicht abschätzen, in keinem seiner Bücher war es angegeben, aus Diskretion fragte ich ihn nur so nebenbei, er murmelte irgend etwas Unverständliches, das nach 40 klang, sicher aber war ich mir nicht. Bis ich in unserer Kabine auf der Liburnia den Tayo, der immer einen Wuschelkopf mit dichtem krausem Haar hatte, plötzlich kahlköpfig sah; seine Perücke war ihm im Schlaf vom Kopf gerutscht. Plötzlich sah der jugendliche Tayo alt aus und ich begriff, warum er sich manchmal beim Gehen schon schwer getan, aber das immer überspielt hatte. Zu den unmöglichsten Zeiten rief Tayo Jahre hindurch bei uns an, manchmal mitten in der Nacht; wenn er halt irgendwo eine Möglichkeit für ein kostenloses Telefonat hatte. Meist sprach meine Lebensgefährtin Susanne mit ihm, und ich bekam dann am Ende auch noch den Hörer und sagte das Übliche in gebrochenem Englisch hinein, daß es schön sei, wieder einmal von ihm zu hören. Ich habe den Tayo einige Male nach Wien geholt, Lesungen von ihm organisiert, auch im Literaturhaus und im ORF. Er hat leider nie irgend etwas dergleichen für mich getan, kein Gedicht irgendwo publiziert oder sonstwas. Das hat mich dann schon enttäuscht. Und so ist der Kontakt seltener und seltener geworden, bis er gänzlich beendet war. Manchmal frage ich mich, was der Tayo jetzt so tut und wie es ihm geht. Ich sollte ihm vielleicht einmal eine E-mail schreiben. Vielleicht würde er sich darüber freuen, und das wäre auch schön; allein schon um der alten Zeiten willen, wie man bei uns so sagt.

Osojnik Iztok, slowenischer Dichter, Schriftsteller, Essayist, Übersetzer, Kulturmanager, Reiseleiter. Geboren am 27. Juli 1951 in Ljubljana.
Iztok und ich gingen vor etwa 15 Jahren ein paarmal im Beisl vom Reinthaler Wirt in der Gluckgasse im 1. Bezirk essen, wenn er mit einer Reisegruppe in Wien war. Er arbeitete damals als Reiseleiter. Nachher tranken wir meist beim „Heiner" in der Kärntnerstraße noch einen Kaffee. Ich kannte Iztok von Bled oder Laibach her, er hat dort auch eine Ausstellung von meiner Fotocopyart-Serie „Handzeichen" und eine zweisprachige Lesung von mir im Preseren-Haus organisiert. Ich glaube, er war auch kurze Zeit Generalsekretär des Slowenischen PEN. Jedenfalls haben wir uns in dieser Zeit manchmal da oder dort getroffen. Es war eher eine flüchtige Bekanntschaft, als eine Freundschaft mit tieferer Beziehung. Der Iztok ist ein lebenslustiger, vitaler Mensch und ein Abenteurer noch dazu, ein Extrembergsteiger; auch ein Trendsetter in der Musikszene, und er ist überall dort, wo sich etwas Neues tut. Er hat aber einen durchaus fundierten, konservativen Hintergrund: Er hat nämlich an der Universität in Laibach Komparatistik studiert und dann in Japan ein Postgraduate-Studium absolviert. Er schenkte mir damals ein Gedichtbändchen von sich. In der Zwischenzeit hat er ein sehr beachtliches Werk geschaffen: Gedichtbände, Romane, Essays, die in viele Sprachen übersetzt worden sind; genauso wie er selbst viele Werke aus den verschiedensten Ländern und Sprachen ins Slowenische übersetzt/e.

Iztok hat etwas Fluktuierendes an sich, das seine Persönlichkeit kennzeichnet. Er ist ein wendiger und dynamischer Hin- und Herwechsler, der gern und schnell eingenommene Positionen wieder wechselt. Also ein umtriebiger, ein ruheloser, ein neugieriger, ein sehr lebendiger Mensch.

Osti Josip, bosnischer Dichter, Schriftsteller und Übersetzer, lebt seit den Jugoslawienkriegen (seit 1990) als Exilant in Slowenien (Ljubljana, Osti, Tomaj). Geboren 19. März 1945 in Sarajewo.
Kennengerlernt haben wir einander bei den Sarajevski dani poezije vor mehr als fünfundzwanzig Jahren. Er ist mir aufgefallen durch seinen schwarzen Wuschelkopf, seine schmächtige Figur und seine schwarz-glühenden Augen. Irgendwie war er anders als die anderen. Daß er jüdisch ist, auf die Idee wäre ich nicht gekommen. Kein Mensch hat damals vor den Jugoslawienkriegen im Kreis der Kollegenschaft jemanden danach gefragt, ob der serbisch, kroatisch oder serbisch-jüdisch oder kroatisch-jüdisch, orthodox, katholisch, muslimisch oder sonstwas war. Die echten kommunistischen Jugos, so wie Izet Sarajlic, waren sowieso Atheisten, stolze Atheisten, weil sie darauf stolz waren, daß sie sich von jeder Religionsverknechtung durch den Kommunismus befreit hatten. Der Josip sprach stets leise, war sehr zurückhaltend, schüchtern, fast scheu. Aber wenn er sprach und sich einem Gesprächsthema widmete, dann tat er das eindringlich und konsequent, indem er Fragen stellte und Fragen nachging, bis man gemeinsame Antworten hatte oder eben keine mehr, indem man an einer Position angekommen war, von der aus es nicht mehr weiterging, außer mit Hypothesen, Ideologie oder Glauben, was ja meistens dasselbe war und ist. Ich mochte den Josip. Er konnte auch ein wenig Deutsch sprechen (jiddisch). Ich wußte natürlich, daß es in Sarajevo eine große jüdische Gemeinde gegeben hatte, die von den Nazis ausgerottet worden war. Mehr als zwölftausend Juden wurden zuerst in der altösterreichischen Bergfestung Vraca, nahe Sarajevo, eingesperrt, in einem Sammellager, bevor man sie zur Vernichtung abtransportierte. Heute ist diese Festung eine Gedenkstätte, mit den über zwölftausend Namen der

Opfer an den Wänden. Aschkenasim wie Sephardim. Auch einen jüdischen Friedhof gibt es in Sarajevo, wo ich bei meinen Aufenthalten immer wieder war und dort fotografierte; ebenso einen Tempel und ein Altersheim mit der Sozialeinrichtung „Benevolentia". Einige Überlebende aus den KZ sind nach dem Krieg wieder nach Sarajevo zurückgekehrt. Ich war dann in diesem Altersheim, habe mit der Leiterin, Frau Levi, gesprochen; später dann mit dem heutigen Vorsteher der jüdischen Gemeinde im Palais Palffy in Wien. Von all dem wußte ich am Anfang kaum etwas, geschweige daß ich es erlebte, als ich 1961 zum ersten Mal in Sarajevo war und bei meinen oftmaligen späteren Besuchen. Aber irgendwann war der Josip Osti dann doch eine Brücke zu all dem; nach einem Gespräch, in dem er auf das Jüdische in Sarajevo zu sprechen kam. Es muß so Mitte der Neunzigerjahre gewesen sein, als ich einmal mitten in der Nacht durch Prag ging. Mir kam eine Gestalt entgegen wie der wandelnde Golem. Ich wollte ihr schon ausweichen, weil mir das unheimlich war und ich das als eine Bedrohung fürchtete, als diese Gestalt beim Näherkommen mich ansah und mir zurief: „Hallo, Paul, bist du es! Ich bin Josip, der Josip Osti aus Sarajevo!" Unglaublich! Er war, so wie ein paar andere KollegInnen aus der belagerten Stadt mit dem letzten Transport geflohen und nun im Exil in Prag. So was, dachte ich und sagte zu ihm: „Josip, ich habe schon fast geglaubt, Du bist der Ahasver, der ewig ruhelos wandernde Jude." Und er antwortete darauf: „Ja, Paul, das bin ich doch, ich bin ja nirgendwo mehr zu Hause." Dieses Gespräch wurde von uns wiederum dreisprachig geführt: Englisch-Serbokroatisch-Deutsch. Später bin ich dem Josip dann noch einige Male in Bled und in Ljubljana begegnet. Sein vormals so schwarzes Haar war schneeweiß geworden. Der Krieg, dachte ich, als ich ihn so sah; und das Exil, die Heimatlosigkeit!

Paemel Monika van, flämische Dichterin, Schriftstellerin aus den Niederlanden. Seit 1988 Präsidentin des flämischen P.E.N. Geboren am 4. Mai 1945 in Poesele/Ostflandern.
Wir sind einander immer wieder begegnet, in Bled und anderswo, sie

war bei vielen Treffen mit dabei. Die Baronesse! Von König Baudouin 1993 in den Adelsstand erhoben. Und so adelig ist sie auch oder gibt sich jedenfalls so; etwas abgehoben, von den anderen, von uns, von der Wirklichkeit vielleicht. Nein, keine Bösartigkeit, kein Sarkasmus von mir! Der wäre unangebracht. Sie ist eine schöne, charmante, kluge Frau. Sie gilt in den Niederlanden als große Schriftstellerin, vor allem als Vertreterin der flämischen Volksgruppe und deren Literatur. Mehr weiß ich nicht. Bei einem Picknick in Slowenien habe ich sie fotografiert. Und wir sind auch kurz miteinander spazieren gegangen. Sie schien unglücklich zu sein, weinte, äußerte sich aber nicht konkret, sondern nur allgemein. Später stellte sich heraus, daß sie in eine unglückliche Liebesgeschichte verstrickt war, die dann anscheinend zu einer guten dauerhaften Verbindung geführt hat. Oft sind es ja die Konditionen, an denen wir scheitern, nicht nur die anderen Menschen. Und das Tragische, das Absurde, das Glück und das Unglück, die Seligkeit und die Verzweiflung liegen in einer großen Liebe nahe beieinander. Eigenerfahrung. Ich mag diese Frau Baronesse van Paemel; „Monika" allein bzw. zu vertraulich würde ich sie ja nicht nennen, auch wenn sie zu mir „Peter Paul" sagt; aber das sagen ja fast alle zu mir. Ich glaube, viele wissen gar nicht meinen Familiennamen. Für sie bin ich ja auch oft mehr der Fotograf, der von ihnen schöne Porträtfotos macht, wie sie sagen, die ich ihnen schicke, und wofür sie sich dann oft herzlich bedanken. Und so habe ich auch die Frau Baronesse Monika van Paemel damals fotografiert, mit ihren langen blonden Haaren und dem etwas traurigen Lächeln in ihrem Gesicht.

Pakosta Florentina, österreichische bildende Künstlerin, Autorin, Wien. Geboren 1933 in Wien.
Woher wir einander, und dies seit langem, kennen, weiß ich nicht mehr; vielleicht noch von meiner Tätigkeit als Galerieleiter (1980-1986), in der ich auch die „Wiener Kunsthefte" redigierte und auch einmal etwas von „der Pakosta" brachte. Sie ist eine starke Persönlichkeit, war das schon immer, auch in jungen Jahren. Und sie malt Riesenmannsbilder, genauer gesagt, de-

ren Visage, überdimensional, wie Denkmäler; aber solche der Hohlheit oder der Brutalität; so wie „Männer" halt sind, sagen die Emanzen. Die Pakosta kämpft und kämpfte schon immer für die Emanzipation, mit ihrer Kunst und was sie damit ausdrückte. Alle diese Bilder sind wie aus einem Guß, sie wirken wie aus Stahl gemacht; eben „stählerne Männer". (Hohles) Heldenpathos, Monumentalität, Macher und Macht. Männerwelt, die übliche, die sattsam bekannte. Pakosta aber kritisiert nicht den Einzelnen, sondern diese Machtgesellschaft, diese Zweigeteiltheit von Unterdrückern gegenüber den Unterdrückten. Sie meint und wendet sich an den ganzen Menschen. Der muß emanzipiert, d.h. sozialisiert, humanisiert werden! Das will sie, wenn ich nicht fehlgehe in meiner Interpretation, aussagen und vermitteln. Darstellung auch als Anklage. Und wie es bei vielen Künstlern ist, so auch bei ihr: Sie hat eine Doppelbegabung. Also schreibt sie auch. Und publizierte ihr Buch „Drehtür" (mit Zeichnungen) 2009 im Ritter Verlag in Klagenfurt.

Pataki Heidi, österreichische Schriftstellerin, Dichterin und Essayistin, GAV-Präsidentin. Geboren am 2. November 1940 in Wien, gestorben am 25. April 2006.
Mit dem leider auch schon so früh verstorbenen liebenswürdigen Gerhard Kofler, langjähriger GAV-Generalsekretär, und mit Manfred Chobot waren wir zusammen im Juli 1999 beim Poetry Festival in Monasterevin in Irland, wo wir auch gemeinsam einen Österreichischen Leseabend bestritten haben. Ich kannte aber die Heidi Pataki sowohl vom ersten österreichischen Schriftstellerkongreß 1981 in Wien als auch von zufälligen Zusammentreffen im „Gasthaus zum Posthorn" in Wien, das viele Jahre von der „Steffi" geführt wurde und nach der Übersiedlung von der Schönlaterngasse im 1. Bezirk in die Postgasse im 3. Bezirk zu einem Treffpunkt der Klientel des vorherigen Lokals von der Steffi wurde. Jedenfalls sah ich die Pataki manchmal in dem Lokal in der Postgasse. Man kannte sich, hatte aber eine gewisse Distanz zueinander, vielleicht weil ich vom PEN und sie von der GAV war und das damals noch eine gewisse Rolle spielte. Doch einmal trafen wir aufeinander, der Hubert Fabian Kulterer saß mit ihr an einem Tisch und lud mich ein, bei

ihnen Platz zu nehmen. Und sogleich prallten die Meinungen – der Wein tat sein Übriges – hart aufeinander und wir hatten ein ziemlich heftiges Streitgespräch, was zur Folge hatte, daß mich die Steffi als einen Nicht-Stammgast aus ihrem Lokal verwies. Vielleicht schätzte mich die Pataki dann ob meiner Kontroverse mit der damaligen Österreichischen PEN-Führung, was auch den Abdruck eines von mir an den Österreichischen PEN gerichteten Briefes in den GAV-Mitteilungen zur Folge hatte – in den Augen des PEN ein „Sakrileg"! – ab diesem Zeitpunkt anders ein. Es war zwischen uns sogar von meinem Übertritt vom PEN zur GAV die Rede, der aber dann doch nicht erfolgte, weil mir die GAV zu wenig international war/ist. Jedenfalls hatten wir ab da ein anderes Verhältnis und grüßten uns freundlicher als vorher, wenn wir einander begegneten. Bei ihrem Begräbnis war ich jedenfalls dabei und saß, so glaube ich, als einziges PEN-Mitglied in den Reihen meiner GAV-KollegInnen.

Paul Johannes Wolfgang, Mag., Lehrer, österreichischer Schriftsteller, Dichter, lebt in Röschitz im Weinviertel in Niederösterreich in einem Bauernhaus. Geboren am 20. März 1949 Bad Vöslau.
Er ist ein Freund; auch wenn wir kaum mehr miteinander Kontakt haben. Wir kennen einander vom „Morgen-Kreis" her, von den Treffen in Drosendorf und in Ottenstein. Auch beim „Literaturkreis Podium" sind wir Mitglieder. Ich glaube, er schätzt meine Gedichte; jedenfalls schrieb er das in einer Rezension über ein Buch von mir. Ich mag seine Gedichte. Sie haben etwas von der Landschaft des Weinviertels: Sparsame Wegzeichen – sparsame Sprachzeichen – sparsame Wahrzeichen. Es ist schon wieder lange her, daß ich ihn mit meiner Lebensgefährtin besucht habe; als wir von einem Besuch bei Alois Vogel heimfuhren. Er wohnt, völlig zurückgezogen von jedem Literaturbetrieb, mit seiner Frau in einem alten Weinbauernhaus. Wir wurden herzlich empfangen, haben miteinander gegessen und Wein getrunken, geredet, einander berührt. Manchmal stelle ich mir vor, wie der Johannes W. Paul mit seinem Fahrrad durch die Landschaft fährt; denn das tut er seit seinem Schlaganfall sehr ausdauernd und eifrig.

Peball Walter, österreichischer Dichter und Verlagslektor aus Kärnten. 1948-2003.

Er sei, so sagte man mir vor einiger Zeit in Klagenfurt, verstorben. Ich bedauerte dies und trauerte um ihn. Wir hatten einander seit etwa 20 Jahren nicht mehr gesehen. Er gehörte genauso wie der Josef Uhl („Die Unke"), der Peter Kersche, der Fresach-Organisator Walter Nowotny, der Anton Fuchs und der „Brücke"-Redakteur Ernst Gayer zum kulturellen Lokalkolorit von Klagenfurt. Ich habe diese Kollegen und Freunde immer getroffen, wenn ich in Klagenfurt war. Der Peball hat meine beiden Fotogedichtbände „Farbenlehre" und „Bildersprache", die im Alekto Verlag (Robert Gratzer) in Klagenfurt erschienen und in der längst liquidierten Röschner-Druckerei gedruckt worden sind, lektorisch betreut. Er saß immer irgendwo in einem Kammerl, stets seine Pfeife im Mund. Das Kammerl war total verraucht, die Luft war zum Ersticken. Er unterbrach gerne die Arbeit für einen Kaffee und einen kleinen Plausch. Er war so anders als die anderen; vielleicht auch, weil er ein körperliches Gebrechen hatte: Er war klein und verkrümmt und hatte einen Buckel. Und er war, so nannte man damals die Nachachtundsechziger, „ein Linker"; so wie ich. Wir wollten absolut nichts mit dem sogenannten „Establishment" zu tun haben, wir kritisierten, bekämpften, verachteten es; auch ich, obwohl ich aus einem großbürgerlichen Milieu stammte, aus einem „guten Haus" kam, in dem man sich für etwas Besseres hielt (Vater studiert, CV-er, Bürgermeister, Mutter Geschäftsfrau, zehn Kinder, streng-katholisch). Also der Peball saß in seinem Kammerl und rauchte ständig, auch im Kopf. Vornübergebeugt saß er über irgendeinem Manuskript und korrigierte es akribisch. Etwas anderes schien er nie zu tun. Am Abend, zu Hause, schrieb er wahrscheinlich Gedichte. Ich glaube, es ist sogar ein Lyrikband von ihm erschienen. Irgendwann war er mit der Literatur und auch mit den damaligen gesellschaftlichen sowie politischen Strömungen in Berührung und in Verbindung gekommen. Aber das alles ist schon lange her, ist vergessen, ist längst vorbei.

Peschina Helmut, österreichischer Schriftsteller, Lyriker, Hörspielautor und Dramatiker, Wien. Geboren am 7.1.1943 in Klosterneuburg/NÖ.
Den Peschina kenne ich schon lange, seit den frühen Siebzigerjahren; als das Podium seine Lesungen in der Kleinen Galerie in der Neudeggergasse im achten Bezirk in Wien abhielt. Da habe ich ihn in diesem Kreis kennengelernt. Später bin ich selber Mitglied des Literaturkreises Podium geworden und war viele Jahre hindurch Geschäftsführer der Kleinen Galerie. Neben den regelmäßigen und häufigen Begegnungen bei literarischen Veranstaltungen sowie bei den Podium-Vorstandssitzungen haben wir uns des öfteren auch im Göttweiger Stiftskeller in der Spiegelgasse im ersten Bezirk in Wien oder in einem anderen Gasthaus getroffen. Wir mögen beide gern ein gutes Glas Wein und ein wenig Gesellschaft, ein Gespräch zwischen und unter Freunden, sei es auch noch so kurz. Wenn ich an den Helmut Peschina denke, dann sehe ich fast immer auch unseren gemeinsamen langjährigen Freund Alois Vogel vor mir. Natürlich war Peschina auch bei den beiden Podium-Symposien in Pulkau 1989 und 1990 mit dabei. Und da sind wir dann anschließend immer im Haus von Alois und Trude Vogel gesessen, im Garten unter dem Nußbaum, und haben dort bei Brot und Wein lange Gespräche geführt, eben das, was man „eine gute Unterhaltung" nennt. Daran denke ich immer wieder zurück, wenn ich eine der vielen Foto-Schuhschachteln hervorkrame und mir die Fotos ansehe, die ich bei solchen Treffen gemacht habe. Manches ist so, als wäre es erst gestern gewesen, aber alles war in einer schon längst vergangenen Zeit.

Petersons Peteris, lettischer Schriftsteller, Dramatiker; Ex-Präsident des Lettischen PEN-Zentrums, lebte in Riga. Mit seiner Frau nach einer Hochzeitsfeier mit dem Auto tödlich verunglückt. 1923-1998.
Er war ein lieber, fröhlicher Mensch. Wir haben uns bei einer der PEN-Tagungen in Bled in Slowenien kennengelernt. Auf dem Picknick war er direkt ausgelassen, er hat getanzt. Später habe ich ihn in Wien getroffen. Er hat mir einen schönen Bildband über Riga geschenkt. Auf dem Helden-

platz habe ich ihn fotografiert, ein paar schöne Porträts von ihm gemacht. Dann war er zum Mittagessen bei uns. Ich habe ihn anschließend wieder zurück in sein Hotel begleitet. Ein Winken beim Abschied war unser letztes gemeinsames Zeichen. Dann habe ich die Todesnachricht bekommen. Die Fotos habe ich mit einem kurzen Brief an seine Tochter geschickt, die dann Kulturministerin in Lettland geworden ist. Petersons und ich hatten damals in Wien vereinbart, daß er Gedichte von mir übersetzt, und ich dazu nach Riga kommen würde. Sein Tod hat uns einen Strich durch diesen Plan gemacht. Ich bin nie nach Riga gekommen, obwohl ich mir das immer sehr gewünscht habe. Auf den Fotos, wenn ich mir die Kontaktabzüge mit einer Lupe ansehe, lacht mich Peteris Petersons offen und fröhlich an. Er steht mitten auf dem Heldenplatz, vor einem der Reiterdenkmäler und er hat eine schwarze Baskenmütze auf dem Kopf.

Petlevski Sibila, kroatische Dichterin, Schriftstellerin, Dramatikerin, Theaterwissenschaftlerin, Übersetzerin und Herausgeberin. Präsidentin des kroatischen PEN (2001-2005), Vorstandsmitglied des International PEN (2002-2007). Geboren am 11. Mai 1964 in Zagreb.
Wenn ich an Sibila Petlevski denke, fällt mir spontan das Wort „kapriziös" ein. Sie war – um 25 Jahre jünger als ich – eine sehr schöne junge Frau, mit damals langen schwarzen Haaren, blendend weißen Zähnen, einen Kußmund (den ich leider nie geküßt habe), von schöner, schlanker, Gestalt, mit eleganten Bewegungen; egal ob sie die Gabel oder ein Weinglas zum Mund führte oder einfach so dahinging. Sie hat mir wirklich sehr gefallen; und es gab auch ein gegenseitiges Interesse, das zwar zu privaten Treffen in Zagreb, aber nicht zu mehr geführt hat. Immer hat die Sibila gelächelt, wenn wir uns gesehen haben, immer haben wir einander auf die Wangen geküßt, mit jener gewissen Scheu, die solche Beziehungen auszeichnet. Ich hätte mir nie vorstellen können, daß die Sibila irgend etwas Derbes gesagt oder, sich vergessend, etwas leidenschaftlich gemacht hätte. Heftigkeit war ihr fremd. Sie war von einer Sanftheit wie die einer Fee im Märchen. Wir waren oft zusammen, haben unsere Nähe gesucht,

gefunden und gespürt, sind oft miteinander an einem Tisch gesessen, ob in Struga, in Bled, in Zagreb, in Split, in Dubrovnik oder auf den Insel Hvar. Leider konnten wir uns nur auf Englisch unterhalten. Und auch da war mein miserables Englisch – eine stark hemmende Barriere zwischen uns. Mit einer solchen Frau und einer so sensiblen Beziehung kann und mag man sich nicht über Banalitäten unterhalten, das paßt nicht. Irgendwann haben wir uns aus den Augen verloren, als ich dann nicht mehr so oft nach Jugoslawien, das es ja als solches gar nicht mehr gab, hinunterfuhr. Jetzt, da ich im Internet nachschaue, sehe ich das Gesicht einer sehr schönen, interessanten, reifen Frau vor mir. Schön war die Sibila und schön war es mit ihr. Und schön wäre es, sie wiederzusehen.

Petrak Nikica, kroatischer Dichter, Schriftsteller, Übersetzer. Geboren am 31. August 1939 in Duga Resa/Kroatien.
Mit geschlossenen Augen würde ich auch nach vielen Jahren unter anderen Stimmen die seine wiedererkennen, ob er nun spricht, singt oder lacht; diesen gutturalen Sound, vom vielen Rauchen. Ich hoffe, er darf es noch; und auch seine Gläser Wein, einen Schnaps oder den Pelinkovac genießen, den wir auf der Insel Hvar miteinander getrunken haben. Unvergeßlich: Unten am Hafen sind wir in einer Kneipe gesessen, bis spät nach Mitternacht, haben geredet, getrunken, gesungen, gelacht; in einer lauen Frühlingsnacht, im April 1993, beim PEN-World Congress, von dem der eine Teil in Dubrovnik, der andere in Hvar stattfand. Aber auch anderswo, in Split, Zagreb, Bled, Prag, Warschau, Helsinki, Wien, Linz usw. haben wir einander immer wieder getroffen und uns als alte Freunde begrüßt, sind zusammengesessen und haben geredet, über dies und das; auch über alte Zeiten, was bedeutet, daß man schon so etwas wie eine lange gemeinsame Geschichte, eine einander verbindende Vergangenheit hat. Freunde waren wir und sind es geblieben, auch wenn wir einander schon lange nicht mehr gesehen haben. An den stets fröhlichen Gesichtsausdruck dieses lebenslustigen, blitzgescheiten, witzigen und humorvollen Kerls erinnere ich mich gerne; auch weil er so anders ist als ich.

Und ich wünschte mir, daß wir einander doch noch einmal wiedertreffen, irgendwo, und von alten Zeiten reden und Witze darüber machen, daß wir alt geworden sind. Er jedenfalls könnte und würde darüber lachen. Und vielleicht sagen: „Paul, was willst du, sei froh, daß du lebst!"

Petrasko Ludovit, slowakischer Schriftsteller, Journalist und Übersetzer, Dozent für Germanistik an der Universität Presov. Geboren 1949 in Presov/Slowakei.
Für mich ist Dr. Ludovit Petrasko untrennbar in der Erinnerung mit meinen Aufenthalten in der ostslowakischen Stadt Presov verbunden. Wir haben einander aber auch in Wien getroffen, sind zusammen mit Gerald Szyszkowitz im Café Wortner bei der Wiedner Hauptstraße gesessen und haben über ihre Übersetzungsprojekte gesprochen. Von mir hat der Ludovit Petrasko Gedichte, Erzählungen und Essays übersetzt und in slowakischen Literaturzeitschriften publiziert. Er hat mich auch immer sehr entgegenkommend bei meinen Aufenthalten in Presov betreut. Wir sind dort miteinander spazieren gegangen, auch hinauf zu einer Kapelle auf einem kleinen Hügel. Anschließend haben wir bei ihm Tee getrunken. Mit Dozent Dr. Vladislav Simon sind wir zusammen essen gegangen. Ich hatte in Presov einige Lesungen und eine Fotoausstellung; ebenso wie im nahe liegenden Kosice (Kaschau). Der Ludovit war und ist immer liebenswürdig, zuvorkommend und hat auch einen erfrischenden Humor. Er hat viel für die zeitgenössische österreichische Literatur getan, vor allem durch seine Übersetzungen und deren Publizierung.

Podrimja Ali, kosovo-albanischer Dichter. Lebt in Prishtina. Geboren 1942 in Dakovica, im heutigen Kosovo.
Auf dem Foto, das ich von ihm beim Picknick nach einer PEN-Tagung in Bled gemacht habe, sitzt er – mich herzlich anlachend und gelöst – mitten in einer Wiese. Auf einem Foto ist er mit Ibrahim Rugova, dem kosovarischen Universitätsprofessor und späteren Präsidenten, im Gespräch. Das

war damals, als wir alle noch jung waren. Rugova ist längst schon tot, gestorben an seiner Kettenraucherei, an Lungenkrebs. Ali Podrimja habe ich jetzt im Internet gesucht, unter den Bilddateien. Und da sehe ich ihn alt und grauhaarig und mit gefurchtem Gesicht und irgendwie müde, müde von seinem Leben. Auch er war im Exil, als der Kosovokrieg war. Wo er jetzt lebt, weiß ich nicht. Ich habe bei einem deutsch-albanischen Verein in Hamburg und beim Wieser Verlag in Klagenfurt um seine Adresse angefragt, ebenso beim PEN in Prishtina, aber bis heute keine Antwort bekommen. Ich hoffe, daß er noch lebt und seine Gedichte schreibt. Mir ist er als fröhlich-lachender Bursch im linguistisch schwierigen Gespräch zwischen uns und in der Wiese sitzend in der Erinnerung.

Pogacnik Bogdan, slowenischer Schriftsteller, Kulturjournalist und Korrespondent in Paris, Ex-Generalsekretär des Slowenischen PEN-Zentrums (noch während des Tito-Kommunismus), Organisator verschiedener Symposien wie „PEN for Peace" in Maribor/Marburg 1985. Geboren 1921, gestorben 2005.
Er war eigentlich ein „Ritter von Pogacnik", sein Großvater war Abgeordneter im Österreichischen Reichstag in Wien. Er war gefühlsmäßig dem Österreichischen sehr verbunden. Ein polyglotter hochgebildeter Intellektueller, beherrschte die Kunst der Diplomatie in unauffälligster Weise. Kommentator des berühmten slowenischen Männer-Vokalensembles, des „Solvenski Oktet", mit dem er auch im Ausland die Aufmerksamkeit auf die slowenische Vokalvolksmusik zog. Ein großer, stattlicher, weißhaariger Mann, stets in einem dunkelblauen Anzug mit Hemd und Krawatte; weltmännisch, multikulturell, die Europäische Landkarte in sich. Gerne nahm er an den sogenannten „Picknicks" in Bled teil – da sehe ich ihn noch deutlich vor mir: fröhlich, lachend, manchmal sogar tanzend. Diese Picknicks wurden immer zum Abschluß der PEN-Tagungen in Bled veranstaltet und man konnte sich dabei in freundschaftlicher Begegnung näher kennenlernen; Freundschaften wurden geschlossen, die oft Jahre und Jahrzehnte andauerten, es bildeten sich Freundeskreise, innerhalb derer

Öffentliches in privatem Gespräch besprochen wurde und Privates im Schutz der Vertraulichkeit eher mitgeteilt wurde. So erfuhr ich auch von seinem schweren Autounfall, bei dem er einen Tag und eine Nacht hilflos am Straßenrand in einem Waldstück gelegen hatte, bis man ihn fand. Seither war Bogdan nicht mehr derselbe Mensch wie zuvor; er wankte so dahin, weil er stets Schwindelanfälle hatte. Und dann kam die große Tragödie mit seinem Sohn, der viel zu früh verstarb und den alten, kranken Vater gebrochen in der Welt zurückließ. „Warum nicht ich, wo ich doch ohnedies schon am Ende meines Lebens bin, warum mein Sohn?!" sagte er einmal zu mir. Ich konnte ihm darauf keine Antwort geben, legte nur – was ich sonst noch nie getan hatte – meine Hand auf seinen Arm. Auf den kleinen Fotos der Blattkopien sehe ich ihn, wie er fröhlich lacht, beim Picknick am See in Bled; ein Ort, eine Begegnungsstätte, die so viel Schicksalhaftigkeit und Unbeschwertheit der schönsten Stunden in meinem damaligen Erleben und nun in meiner Erinnerung vereint. Ein Brennpunkt meines Lebens!

Popov Valery, russischer Schriftsteller, PEN-Regionalpräsident für St. Petersburg, Präsident des Schriftstellerverbandes in St. Petersburg. Geboren 1939 in Kazan.
Ein herrlich sonniger Oktobertag 1994 in dieser wunderschönen Stadt St. Petersburg. Vorher angekündigt traf ich mit der Tochter unseres PEN-Mitgliedes DDr. Peter Marginter zu einem kurzen Besuch, wie ausgemacht war, bei Familie Popov ein. Es ging um PEN-Angelegenheiten. Aus dem kurzen Besuch wurde ein langer von 16 Uhr bis um Mitternacht, als wir uns auf mein Drängen endlich verabschiedeten. Und das war kein bloßer Höflichkeitsbesuch bei einer Tasse Kaffee, sondern ein Erlebnis russischer Gastfreundschaft mit einem Festessen und mit viel Wodka, den man – immer einander zuprostend – aus halbvollen Wassergläsern trank. Der Tisch war mehr als reich gedeckt mit allem, was man an anzubieten hatte. Natürlich gab es Trinksprüche auf die Freundschaft, auf die zwischen uns als physischen Personen, aber auch auf die zwischen allen

Völkern der Welt. Ich kannte diese Ostblockliturgie als einen fixen Bestandteil solcher Begegnungen noch vor der „Wende". Flasche um Flasche wurde geleert, ich hielt mich sehr zurück, was aber nicht viel nützte, denn bei einer solchen Festivität über so viele Stunden kommt doch einiges zusammen. Als wir von diesem reichlichen Buffet in der Zeit von zwei bis drei Stunden ausgiebig gegessen hatten, wollte ich aufstehen, mich bedanken und mit meiner Begleiterin gehen. Aber Frau Dr. Marginter, die perfekt Russisch spricht, damals in St. Petersburg an der Universität als Lektorin arbeitete und zusammen mit Dr. Stanislav Samsonov als Dolmetscher fungierte, bedeutete mir, daß noch nicht Schluß sei mit dem Essen und dem Abend. „Nein, jetzt kommt das Abendessen!" sagte Valery. Fassungslos sah ich ihn und seine zarte Frau, eine frühere Ballerina, an. Und schon öffnete sie das Backrohr und ein riesiger Lachs wurde in einer großen Pfanne herausgezogen. Dann geschah etwas ganz Seltsames und mir Unbegreifliches: Die Hausfrau filetierte diesen wunderbaren Fisch keineswegs, sondern stach mit einer Art Gabel und einem großen Messer auf den Fisch ein und portionierte ihn wie einen Strudel. Man konnte das Krachen vom Zerbrechen der Gräten hören. Jeder bekam ein großes Stück, das natürlich jetzt voller Grätenreste war. Mühsam und gefahrvoll war dann das Essen dieses Fisches. Ich fragte mich noch lange, warum diese Fisch-zerstörerische Prozedur so war, wie sie nun einmal war – und kam dann zu der Vermutung, daß die Familie Popov für uns Gäste diesen wahrscheinlich sehr teuren Fisch, diesen Luxusfisch extra gekauft und selbst noch nie einen solchen zubereitet und gegessen hatte. Russische Gastfreundschaft! Für seine Freunde und Gäste gibt man alles! Um Mitternacht endlich brachen wir auf. Dr. Samsonov, Repräsentant einer großen deutschen Firma in St. Petersburg, der sicher eine ganze Menge Wodka getrunken hatte, auf jeden Fall viel zu viel, um noch Autofahren zu dürfen, wollte mich unbedingt mit seinem Sportwagen nach Hause bringen. Auf Drängen stimmte ich dann doch endlich zu. Samsonov fuhr wie der Teufel durch das nächtliche St. Petersburg. Aber nicht gleich zu meinem Hotel! „Vorher müssen wir noch unbedingt ein paar Freunde besuchen", sagte er, „sie machen eine Abschiedsparty, es sind russisch-jüdische Künstler, die nach Israel auswandern." Meine Einwände wurden wie verschütteter Wodka weggewischt. Also besuchten wir die Freunde. Und wir – auch ich – wurden so begrüßt und behandelt, als wären wir schon seit ewigen Zeiten engstens befreundet. Mit einer Polaroidkamera wurde viel fotografiert, jeder wollte mit dem Dichter aus Österreich fotografiert werden. Irgendwann gegen drei Uhr brachte mich Samsonov dann endlich mit seinem Auto zum Hotel und ich fiel todmüde und betrunken ins Bett. Um sieben Uhr Früh konnte ich kaum aufstehen, aber ich mußte, weil um neun Uhr mein Flieger (Aeroflot) nach Moskau abflog. Ein kleines quadratisches Polaroid, auf dem ich mit allen „Freunden" abgebildet bin, ist mir als Relikt von diesem denkwürdigen russischen Abend zum Andenken geblieben. Doch der Aufenthalt überhaupt in St. Petersburg bleibt mir unvergeßlich. An einem Abend, als ich auf einem meiner vielen Spaziergänge allein über eine der vielen Brücken ging, waren der Himmel und alles rundum erleuchtet von einem wunderbaren Abendrot, das die Stadt in ein magisches Licht tauchte.

Popovic Nenad, kroatischer Schriftsteller, Literaturwissenschaftler, Verleger, lebt in Zagreb. Geboren 1950 in Zagreb/Kroatien.
Nenad Popovic, der perfekt Deutsch spricht, hat meine beiden zweisprachigen Gedichtbände „Znaki zivota/Lebenszeichen" und „Oplakati zalobno mjesto/Der Trauer Ort zu klagen" in seinem Verlag Durieux in der Übersetzung von Truda Stamac mit Hilfe von Hrvatski PEN und Kulturkontakt Austria herausgebracht (1992). Die beiden Bücher waren für mich und meine Beziehungen zu meinen kroatischen Freunden sehr wichtig, weil mich dadurch meine nicht oder nicht so gut Deutsch sprechenden KollegInnen als Dichter, als Lyriker kennenlernen konnten. Das Ich in meinen Gedichten ist ein anderes, zwar auch oft ein kämpferisch und laut anklagendes, aber doch ein stilleres, ein privateres, auch ein verwundbares und verwundetes Ich. Aus meinen Gedichten kommt etwas dazu, das in meinem Habitus und bei meinen öffentlichen Wortmeldungen nicht so sehr im Vordergrund steht. Deshalb bin ich dem Hrvatski

PEN, dem Nenad Popovic und vor allem meiner Übersetzerin Truda Stamac sehr dankbar dafür, daß wir diese beiden Bücher im Kriegsjahr 1992 publizieren konnten. Nenad Popovic ist ein vornehmer Intellektueller, ist sehr gepflegt angezogen, drückt sich auch dem adäquat aus. Da ist nichts Lautes, nichts Aufdringliches, nichts Unüberlegtes, kaum Emotionalität; diese zwar spürbar, aber nicht auf den Tisch geknallt. Ja, er spricht seine Erkenntnisse, seine Wahrheit, seinen Widerspruch fast leise, als Beitrag zu einem Gespräch, als Anregung aus, am liebsten im kleineren Kreis. Ich erinnere mich an ein solches Gespräch auf der Terrasse seines Hauses im vornehmen Villenviertel auf einer Anhöhe oberhalb von Zagreb, mit Blick über die Stadt und die herrliche Umgebung, als ich mit der österreichischen Kulturrätin Dagmar Baldwyn bei einem ausgezeichneten Abendessen sein Gast sein durfte. Er nahm auch sein Weinglas anders zur Hand als ich, der ich mehr dem Inhalt zugewandt war; nein, er nahm sein Weinglas fast wie einen Kelch bei einer liturgischen Handlung zur Hand und hob ihn uns zuprostend ins Licht, stieß dann leicht mit unseren Gläsern an, und auch der Klang der Gläser hatte dann fast etwas Kultisches an sich. Gemeinsames Essen, Weintrinken, Gespräch, Abendsonne, Abendlicht, Frühling, Baumblütenmeer, und in der ferne die Stadt – und das alles, bis es in der Nacht versinkt – ein unvergeßlicher Abend!

Pototschnig Heinz, Arzt, österreichischer Dichter. Geboren am 30. Juni 1923 in Graz, gestorben am 11. April 1995 in Villach.
Ein kleines Haus in Maria Gail in Kärnten, nahe bei Villach – Begegnung mit Heinz Pototschnig in den ganz frühen Sechzigerjahren. Mit irgendwem bin ich dorthin gegangen; vielleicht mit meinem kärntnerslowenischen Freund Valentin Oman, der ja aus St. Stefan/Finkenstein, slowenisch: Mallestig (abgeschafft!), stammt und noch immer dort lebt. In erinnere mich an den Pototschnig als an einen großen, kräftigen Mann mit einem mächtigen Schnauzbart und fülligem, schwarzem Haar. Ich habe ihm damals ein paar Gedichte gebracht. Er war der Herausgeber

der Literaturzeitschrift „Der Bogen. Dokumente neuer Dichtung". Darin waren später dann auch zwei oder drei Gedichte von mir abgedruckt, eine meiner ersten Zeitschriftenpublikationen. Im Kreis um Pototschnig war auch der verstorbene Kärntner Dichter und bildende Künstler Hans Leeb, der nun seinen hundertsten Geburtstag hätte. Aber auch junge Talente scharten sich um ihn, waren in diesem Dichterkreis. Ich erinnere mich dabei an Werner Kofler und an Gert Jonke. Irgendwann war es mit dem „Bogen" wieder vorbei. Dr. Pototschnig war ja hauptberuflich als Arzt tätig und schrieb auch selber einiges, was heute leider längst vergessen ist.

Prstojevic Miroslav, bosnischer Schriftsteller, im Krieg in der belagerten Stadt Sarajevo, seit 1995 in Wien, inzwischen eingebürgert, betreibt die auf „jugoslawische" Literatur spezialisierte Buchhandlung „MI" in der Burggasse in Wien. Geboren am 7. September 1946 in Trebinje/Bosnien-Herzegowina.
Das Bild, das Foto ging in den Pressemedien um die Welt: Ein Paar flieht inmitten von Ruinen, Verwundeten und Toten im von Granaten beschossenen Sarajevo und sucht eine rettende Zuflucht, irgendwo. Das war in der Marsala Tita, in der Hauptstraße. Diese war teilweise durch transportable Betonwände abgesichert, dort war man halbwegs geschützt. Die Betonwand aber hatte da und dort breite Spalten, man mußte über den dadurch gegebenen Leerraum drüberspringen. Drüben lauerten die Scharfschützen mit ihren Fernrohren auf den Gewehren und schossen alles nieder, was sie konnten. Das war am 2. Mai 1992 gegen Abend. Ein Fotograf schoß dieses denkwürdige Bild. Eine Metapher für brutale Grausamkeit! Vor mir liegt das Buch des Mannes, der mit seiner Frau bei diesem Sprung fotografiert wurde. Es ist ein dicker Bildband, der vom Schicksal Sarajevos berichtet, in Worten und noch mehr mit eindringlichen Bildern. Er hat den Titel „Sarajevo – die verwundete Stadt"; die schwarze Innenseite des Covers trägt die Exemplar-Zahl 8037 und ist mit „anno domini 1992" datiert. Ich habe das Buch von unserem öster-

reichischen Botschafter in Bosnien-Herzegowina, Dr. Valentin Inzko, bei einer Gemeinschaftslesung in Sarajevo bekommen. Der Autor heißt Miroslav Prstojevic; und ist mein Freund. Ich mag ihn sehr. Ich mag sein wunderbares Lächeln, das sich über seinem Gesicht ausbreitet, wenn wir einander sehen und umarmen. Ich schreibe nichts über dieses Buch und über das Sarajevo von damals. Ich bin dazu nicht befugt. Ich kann nur trauern, noch immer; so wie das viele tun, die seither und jetzt überall auf der Welt zerstreut leben. Acht Jahre nach diesem Foto, im Oktober des Jahres 2000, zeigt mir Miroslav in Sarajevo in der Marsala Tita jene Stelle, wo er mit seiner Frau gesprungen und wo dieses Bild des Fotografen Milomir Kovacevic entstanden ist. Wir sprechen kein Wort, wir schweigen, bleiben an der Stelle kurz stehen. Im Weitergehen sagt der ohnedies immer etwas wortkarge Miroslav aber doch noch einen einzigen Satz: „Wir haben überlebt, so viele andere nicht." Dann gingen wir weiter bis zum nahen Park, in dem es einige Gräber mit Grabsteinen und Namen der Toten darauf gibt. Wir setzen uns auf eine Bank, genießen die noch warme, untergehende Sonne und schweigen.

Radax Ferry, österreichischer Drehbuchautor, Filmemacher, Wien. Geboren am 20. Juni 1932 in Wien.
In den Sechzigerjahren schon kannte man den Ferry Radax als einen Filmemacher mit einem sehr eigenwilligen Stil. Mir sind die Dokumentarfilme über H.C. Artmann, Konrad Bayer und Thomas Bernhard noch in Erinnerung; vor allem der über Thomas Bernhard, wo dieser alles so dahinerzählt, was ihm so einfällt; einer der berühmten Bernhard-Monologe über den Menschen, über Österreich und die Welt. Der Ferry Radax war auch einmal mit dabei bei einem Morgen-Kreis-Treffen in Ottenstein, mit seiner Frau Senta Ziegler-Radax und ihrem kleinen Sohn Felix, einem sehr lebhaften Kind. Ferry Radax fotografierte gerne, genauso wie ich. Wir hatten beide Bilder gerne, er die bewegten im Film und ich jene vom Fotografieren. Das Sehen, das Schauen, das Einzelne herausnehmen aus

der Umgebung, das Denken und Darstellen von Zusammenhängen in Bildern; das war uns vielleicht gemeinsam.

Ratz Wolfgang, österreichischer Schriftsteller, Lyriker und Übersetzer (Spanisch), Musiker, Generalsekretär des Österreichischen Schriftstellerverbandes, lebt in Guatemala und in Wien. Geboren am 12. Januar 1959 in Bilbao/Spanien.
Ein freundlicher Mensch und guter Kollege. Engagiert im Bemühen, Brücken zu schlagen zwischen der österreichischen (deutschsprachigen) Literatur und jener aus Lateinamerika. Er hat einen solchen Kreis auch in Wien gegründet. Für mich war er die Brücke dorthin. Er hat Gedichte von mir übersetzt, Gedichtbände von mir rezensiert und die Rezensionen zweisprachig publiziert. Ich kenne ihn vor allem als Lyriker, als den ich ihn schätze.

Reden Alexander Sixtus von, österreichischer Schriftsteller, Kulturwissenschaftler und Graphiker. Geboren am 1. Mai 1952 in Wien, gestorben am 15. Dezember 2004.
Gegensätzlicher hätten wir beide wohl nicht sein können, der Alexander Sixtus von Reden und ich. Und trotzdem waren wir nicht nur Schriftstellerkollegen, sondern auch Freunde. Zusammengebracht hat uns der legendäre „Morgen-Kreis", den der österreichisch-ungarische Schriftsteller und Chefredakteur der Kulturzeitschriften „morgen" und „Pannonia" György Sebestyén 1980 gegründet hat. Der Alexander Sixtus von Reden war eine schillernde Figur im Morgen-Kreis. Als kleiner Baron gab er sich gerne sehr aristokratisch, hatte einen hohen Rang bei den Traditionsvereinen der Bürgergarden, verherrlichte deren Uniformen und militärischen Zeremonien-Pomp sowie als Monarchist alles Kaiserliche; ich machte darüber meine Witzchen, worauf er mich dann dafür manchmal „Roter Bolschewik" schimpfte. Er war Schriftsteller, Grafiker, Historiker, Performance-Künstler in einer Person, er war ein großer Verehrer

und diskreter Liebhaber der Frauen, fesch war er ja, und ein Mensch, der eine gefestigte Weltanschauung hatte, die für ihn zur Weltordnung geworden war, auch wenn sie an der gegebenen Wirklichkeit manchmal vorbeiging. Deshalb schaute er gerne und voll Bewunderung in die Vergangenheit zurück und träumte von einer nicht allzu fernen Zukunft, in der es wieder eine Art Donaumonarchie und natürlich dann auch wieder einen Kaiser geben sollte, eine Dynastie, und dies im Rahmen oder eigentlich doch lieber als übergeordnetes Prinzip über der Europäischen Union. Das war zwar verrückt, hatte aber etwas von einer so großen Absurdität an und in sich, daß es in seiner Skurrilität schon wieder einmalig und als Phantasiegebilde fast etwas Poetisches an sich hatte. Und der Alexander lebte ja auch danach. Das heißt: Er war vornehm und oft im Stil des späten 19. Jahrhunderts gekleidet, meistens natürlich in Zivil, aber er trug auch voll Stolz seine Bürgergarde-Uniform mit den goldenen Kordeln, mit Epauletten, mit Orden an der Brust und dazu einen auf Hochglanz polierten Säbel, darüber einen schwarzen Umhangmantel mit rotem Seidenfutter aus feinstem Tuch und einen feschen Tschako auf dem Kopf. Jedenfalls sah ich ihn einmal beim Eingang der Ungarischen Botschaft in der Bankgasse in Wien so in strammer Haltung, aber mit einer gewissen lässigen Eleganz, die überhaupt ein Charakteristikum seines Benehmens, vielleicht auch seines Wesens war, stehen. Ich begrüßte ihn lachend mit dem Satz: „Servus, Alexander, fesch schaust aus. Ich hab gar nicht g'wußt, daß die Ungarn jetzt so fesche Uniformen für ihre Portiere haben!" Der Alexander war keinesfalls verärgert, jedenfalls hätte er sich eine solche Kränkung nie anmerken lassen, er lachte nur laut auf und sagte „Na, du Roter, du Bolschewik, bist du aber ein Trottel!" Das sagte er im Ton eines schneidigen und zugleich jovialen Armeeoffiziers der Österreichisch-Ungarischen Monarchie um die Jahrhundertwende, der im Kasino nach ein paar Gläsern Wein oder Schnaps, wie ich das aus dem Film „Trotta" von Axel Corti her kenne, sich eine solche Aussage erlaubte; im Grenzbereich zwischen kameradschaftlicher Freundschaft und einem Duell wegen der Ehre. Jedenfalls hatten wir so immer unseren „Kikerikikampf", wie ich das nannte, und unseren Spaß. Der Alexander war ein grundgescheiter und gebildeter

Mensch. Das erwies sich nicht nur im angeregten und anregenden Gespräch, sondern auch anhand seiner Bücher. „Österreich-Ungarn – Die Donaumonarchie in historischen Dokumenten" sowie die gemeinsam mit Josef Schweikhardt verfaßten Werke „Eros unterm Doppeladler" und das amüsante Bilderbuch „Lust und Leidenschaft um 1900" bezeugen sowohl seine historischen Kenntnisse als auch wie gerne und lustvoll er sich mit diversen Nebenschauplätzen dieser vergangenen Zeit auseinandergesetzt hat. Oft und gerne habe ich ihn fotografiert, weil er „was hergab", der fesche Mann. Bei einer eher intellektuellen Demonstration in der Stopfenreuther Au gegen das geplante Donaukraftwerk trat er in einer weißen Marine-Phantasieuniform auf – „ich hab das in einem Geschäft für Berufskleidung für Köche gekauft", sagte er verschmitzt zu mir, „aber die Knöpfe sind echt, wie aus Gold, mit dem Anker darauf!" Und dabei lachte er fröhlich und laut. Ich fand, daß der Alexander Sixtus von Reden ein begabter, ja großartiger Entertainer und Schauspieler war. Wenn's wirklich wahr ist, jedenfalls hatte ich davon gehört, soll er sich in frühen Jugendjahren sogar einmal in einem Sarg liegend auf den Schultern seiner Freunde in ein damaliges Szenelokal tragen haben lassen; zuzutrauen war ihm das. Nach dem Untergang des Morgen-Kreises trafen wir einander naturgemäß seltener. Einmal tranken wir zusammen einen Kaffee am Kohlmarkt, das andere Mal begegneten wir einander auf einem Donauschiff bei einer Festivität, der Alexander natürlich in seiner Paradeuniform eines Obersten des Bürgergarderegiments Regau in Oberösterreich. Von dorther stammte er ja auch, das war seine Heimat. Und dort besuchte ich ihn an einem Abend in seinem Haus, als ich auf Urlaub in Altmünster war. Ich wußte, daß der Alexander krank und im Spital gewesen war. Aber ich wußte nicht, daß es so schlimm war. Jedenfalls stand er mit einem wahnsinnig aufgeblähten Kugelbauch – „da sitzt der Krebs drin!" (Alexander) – wie ein Totengerippe vor mir. Seine Bewegungen waren sehr langsam und von einer unendlichen Müdigkeit geprägt. Wir hatten zusammen mit seiner lieben, tapferen Frau einen Abendimbiß im Garten, tranken sogar eine ganze Flasche Wein. Es war unsere letzte und es war das letzte Mal, daß wir uns zugeprostet haben.

Zu Weihnachten im selben Jahr schrieb ich ihm, so wie wir das bisher alljährlich getan hatten. Aber mein Brief erreichte ihn nicht mehr lebend. Der Freund war wenige Tage zuvor verstorben. Beim Begräbnis – „Begräbnisfeierlichkeiten" muß man wohl nach Alexanders Diktion sagen – in Kaltenleutgeben war eine Unmenge Menschen. Alles war höchst feierlich und in einem wahrscheinlich von Alexander selbst noch vor seinem Tod festgelegten disziplinierten Ablauf. Hunderte Uniformierte von Bürgergaderegimentern aus Österreich, Ungarn, Böhmen und Italien waren da. Der Sarg stand auf einem Podest vor dem Altar, mit der österreichischen Kaiserfahne bedeckt und seinem Säbel darauf. Rundherum eine Ehrenwache. Sechs Gardesoldaten trugen dann den Sarg in einer langen Prozession hinauf zum entlegenen Friedhof zur Bestattung in der Familiengruft. Dann wurde salutiert und die Ehrengarde feuerte eine Ehrensalve in die Luft; zu Ehren des verstorbenen Oberst Alexander Sixtus von Reden. Ich stand auch irgendwo auf dem Friedhof herum und beobachtete das ganze Theater, das keines mehr war. Es war kalt. Und mir war zum Weinen.

Reichart Elisabeth, österreichische Schriftstellerin, lebt in Wien. Geboren am 19. November 1953 in Steyregg/Oberösterreich.
Wir kennen einander seit der Rauriser Literaturtagung 1980. Als sie mir erzählte, daß sie im Sommer „Fremdenführerin" im ehemaligen KZ Ebensee sei, hat mich das nicht nur sehr interessiert, sondern sie auch gleich für mich eingenommen; dadurch war mit einem Schlag eine persönliche Nähe auf der Basis einer (emotionalen) Gesinnungsgemeinschaft gegeben. Ihre Erzählung zum Thema Holocaust und KZ-Ebensee, die sie dann in Rauris las, hat mich sehr beeindruckt. Immer wenn wir uns getroffen haben oder noch treffen, ist eine freundschaftliche Herzlichkeit sowohl in unserer Begrüßung als auch in unserem Umgang miteinander. Sie liegt nicht nur in einer persönlichen Sympathie begründet, sondern in der Gemeinsamkeit einer gesinnungsmäßigen Übereinstimmung. Und ihren Geburtsort Steyregg kenne ich überdies gut. Dort hat mein Bruder Jahrzehnte hindurch gewohnt. Und ich war oft mit dem Moped dort.

Richter Franz, österreichischer Schriftsteller, Weltkriegsteilnehmer, Mittelschulprofessor für Chemie, Generalsekretär (1976-1990) und Vorstandsmitglied des Österreichischen P.E.N.-Clubs, Präsident des Österreichischen Schriftstellerverbandes (1975-1979). Geboren am 16. Jänner 1920 in Wien, gestorben am 1. Mai 2010 in Wien.

Franz Richter war eine Zentralfigur im Österreichischen PEN sowie in anderen Organisationen des literarischen Lebens in Wien. Er hat viel für andere AutorInnen getan, nicht zuletzt durch seine unermüdliche Tätigkeit als Rezensent von Büchern seiner Kollegen und Kolleginnen. Den Richter Franz kannte jeder von der damaligen literarischen Generation der Siebziger- und Achtzigerjahre. Er hat sich bei all seinen Funktionen und Tätigkeiten mehr aufgebürdet, als er eigentlich hätte müssen; manchmal war es (ihm) sicher auch zuviel. Aber er war von seiner Aufgabe und von seinem Kampf, mit dichterischen Mitteln und als Mensch mit allen Kräften für Humanität und eine bessere Welt zu kämpfen, zutiefst überzeugt, auch wenn er wußte, daß es da zwar ein Ziel, aber nie ein befriedigendes Ergebnis geben würde, was aus dem Grund die Sinnhaftigkeit des eigenen und überhaupt jedes Tuns in Frage stellte. Der Franz erinnerte mich manchmal an den Sisyphos von Albert Camus. Er war ein Gläubiger, ein Brennender und zugleich ein Leidender, in jedem Fall ein Betroffener in dieser Welt. Dazu hatten ihn auch seine Kriegserlebnisse und die damit verbundene Selbsterfahrung gebracht und gemacht. Der Franz Richter war aus tiefster Überzeugung aufgrund persönlicher Erfahrung ein absoluter Pazifist und einer, der für die Befreiung und Freiheit des Menschen kämpfte in seiner Ablehnung gegen jede wie immer geartete Ideologie. Und das verband mich mit ihm. Er war ein Gesinnungsgenosse, wenn man das Wort „Genosse" überhaupt hier verwenden darf; aber ich habe kein anderes. Und so hätte der Richter Franz hier anknüpfend vielleicht gesagt: Die Worte sind mißbraucht und die Menschen sind mißbraucht, alles ist mißbraucht; aber wir haben nichts anderes als dies und diese Welt und uns in ihr. Franz Richter: Der Humanist, der tief und hingebungsvoll Gläubige, jenseits aller Konfessionen, aber trotzdem oder gerade deshalb ein religiöser Mensch. Er glaubte an eine Transzendenz, denn ein Sein im bloß Irdischen wäre (für ihn) schrecklich, unerträglich, katastrophal gewesen. Also doch kein Sisyphos in einer Welt des Absurden, sondern ein Gläubiger, ein Hoffender und auch ein Liebender. Das bestimmte ihn und sein Verhältnis zum Menschen und zur Welt. Er spielte Geige. Vielleicht fand er eine anderssprachliche Antwort auf all das Unerklärbare von Mensch und Welt in der Musik.

Richter Milan, slowakischer Dichter, Übersetzer und Literaturwissenschaftler, Verleger, Vizepräsident des Slowakischen PEN-Zentrums, Organisator der internationalen SchriftstellerInnen-Treffen auf Schloß Budmerice. Geboren am 25. Juli 1948 in Bratislava.
Milan Richter ist der Übersetzer meiner Gedichtsammlung „Znamky zivota" (Lebenszeichen/1994). Wir sind erst 1991 bei einer Lesung österreichischer Schriftsteller (Gerald Bisinger, Robert Menasse) in der Stadtbibliothek in Bratislava miteinander bekannt geworden. In den Jahren 1993, 1994 und 1998 trafen wir einander wieder bei internationalen Symposien auf Schloß Budmerice, einem ehemaligen Schloß des Grafen Palffy, dann vom Kulturministerium als Schriftstellerhaus des Slowakischen Schriftstellerverbandes eingerichtet. Wir hatten einen guten Kontakt, auch an anderen Begegnungsorten. Er zeigte mir den Ortsteil von Bratislava, wo das ehemals jüdische Viertel gewesen war, von dem nichts übriggeblieben ist. Mein mich lebenslang begleitendes „Thema" (Holocaust), im Fotogedichtband „Farbenlehre" aufgearbeitet, dessen Gedichte in viele Sprachen übersetzt sind, bildete die innere Verbindung und eine Brücke zwischen uns, ohne daß wir viel darüber geredet haben. Wir haben beim Gedichtband „Znamky zivota", der auch in Tschechisch erschienen ist und in Prag mit einer zweisprachigen Lesung präsentiert wurde, gut bei unseren Korrektursitzungen in Budmerice zusammengearbeitet.

Ringel Erwin, österreichischer Arzt, Psychiater, Schriftsteller, Wien. Geboren am 27. April 1921 in Temesvar/Rumänien, gestorben am 28. Juli 1994 in Bad Kleinkirchheim/Kärnten.

„Servus, Franz!", sagte ich, nachdem mich meine Lebensgefährtin Susanne mit „Der Ringel ist am Apparat" ans Telefon gerufen hatte. Ich dachte, der Maler Franz Ringel sei es und wunderte mich noch, warum der bei mir anrufen sollte, obwohl wir einander kennen. Das war im Dezember 1987 am Abend der Eröffnung des „Gemeinschaftsateliers Oman-Wiplinger" in der Rasumofskygasse 22, im dritten Bezirk in Wien. „Ich bin nicht der Franz, ich bin der Erwin Ringel, aber du kannst auch ruhig du zu mir sagen", hörte ich es aus dem Telefon. „Du, ich danke dir für die Einladung zur Eröffnung eures Ateliers, das ist sicher eine gute Sache, aber ich muß mich entschuldigen, du weißt schon... Aber das nächste Mal gehen wir (ja, „gehen", sagte er) mit dem Matejka miteinander am 8. Mai zur Befreiungsfeier nach Mauthausen", fügte er noch hinzu. Ich war perplex, stammelte nur „Ja, gerne!" und „Auf Wiedersehen!" Dann ging ich zur Veranstaltung zurück. Wir sind nie miteinander nach Mauthausen „gegangen". Es hat sich nicht ergeben. Der Professor Dr. Ringel kannte mich, er hatte meinen Fotogedichtband „Farbenlehre", in dem der Hauptteil das ehemalige KZ Mauthausen Gegenstand von Text und Bild war. Vielleicht schätzte er mich deswegen. Jedenfalls hat er dann für den nächsten Fotogedichtband „Bildersprache" ein kurzes, mich überaus lobendes Vorwort geschrieben. Das nächste Mal rief er mich an, als ich im Atelier am Modenapark war, im 8. Stock oben. Ich hatte mich an ihn gewandt, weil ich da oben wieder an unerträglicher Höhenangst litt. Dieses Symptom hatte ich seit der Todesnachricht meines 1949 in den Lienzer Dolomiten tödlich verunglückten Bruders Josef. „Also, der Wiplinger hat wieder einmal Probleme", begann er. „Aber das wundert mich ja nicht. Zuerst ist er im Keller und dann im Turm, immer ist er im Extrem, er ist eben ein Extremer!" So sprach er zu mir in der dritten Person, als ob er mir von jemand anderem erzählte. „Aber das alles kann man therapieren", meinte er. „Hast was dagegen, wenn das meine Frau macht?" fragte er. „Ich brauch keine Therapie, Herr Professor!" sagte ich. „Ich brauch ein Attest bezüglich meiner Höhenangst; ich muß aus dem Atelier, in das ich viel Geld investiert habe, das aber der Gemeinde Wien gehört, wieder raus", erklärte ich. „Ich werde schauen, was ich tun kann", versprach er. „Aber gscheiter wär's schon, wennst das therapieren lassen würdest, denn da hast schon ein Trauma als Kind bekommen, das weißt schon", sagte er noch. Dann beendeten wir das Gespräch. Die Angelegenheit löste ich nach vielen Bemühungen, auch bei den sturen Leuten der Gemeinde Wien, dann selbst. Ich übersiedelte in eine im 1. Stock gelegene Hinterhofwohnung, wo ich heute noch bin. Der Erwin Ringel aber hatte recht mit dem Trauma, dessen Symptome ich auf verschiedene Art bis heute manchmal noch spüre. Ich hatte vorher schon sein Buch „Die österreichische Seele" (1984) gelesen und las später dann noch „Die Kärntner Seele" (1988) mit zustimmender Begeisterung. Als ich von seinem plötzlichen Tod hörte, war ich tief betroffen und erinnerte mich zugleich an den Satz von ihm: „Du, das nächste Mal gehen wir mit dem Matejka gemeinsam nach Mauthausen."

Rocek Roman, österreichischer Autor, langjähriger Hauptabteilungsleiter für „Kulturelles Wort" im ORF-Hörfunk. Geboren 1935 in Wien.
Auf dem Foto schaut der Kollege mit einem Fernrohr in die Ferne. Er war immer ein Beobachter. Die Fäden wurden im Hintergrund gezogen, besser gesagt: die Seile der Seilschaften, denen auch er angehörte und die auch Einfluß hatten auf die PEN-Politik, auch im Österreichischen P.E.N.-Club, besonders was Personalentscheidungen und „Vorstandswahlen" betraf, bei denen das Meiste und Wichtigste − nämlich der Präsident (eine Präsidentin gab es ja bis heute nie) − schon vorher feststand, auch weil der immer der einzige Kandidat war. Es gab ja überhaupt − bis auf eine einzige Ausnahme, nämlich jene „Reformliste", die ich einmal erstellt hatte und die natürlich „abgewürgt" wurde − stets nur eine einzige Wahlliste. Demokratischen Pluralismus, nennt man das. Der Herr Kollege − so titulierte er gerne distanziert andere Kollegen − Rocek war schon früh P.E.N.-Mitglied und viele Jahre lang im Vorstand. Ebenso war er eine Zeitlang Präsident des Österreichischen Schriftstellerverbandes. So viele Präsidenten! − denke ich mir oft − in einem so kleinen Land wie Österreich. Aber so ist eben Österreich: Wer was sein will, der muß

mindestens Generalsekretär oder Präsident sein, oder Direktor bzw. Generaldirektor. Ein Herr Doktor sowieso. „Professor" geht auch noch. Der Kollege Dr. Rocek war manchmal sehr lustig und konnte auch sarkastisch bis zur Grenze des Zynischen sein. Wir beide waren auf Distanz. Das einzige Mal, da er mich kontaktierte, telefonisch, war zu der Zeit, als ich eine sogenannte „Reformliste des Österreichischen P.E.N.-Clubs" vor einer Generalversammlung mit Wahl des Vorstandes (siehe oben!) erstellte. Da sagte er: „Kollege Wiplinger, Du bist doch gescheit. Schau, das geht so nicht. Wir bieten Dir den Vizepräsidenten an, wenn Du a Ruh gibst." Kommentar überflüssig! „Gerade deshalb erstelle ich eine Reformliste", erwiderte ich. Und das war's dann auch schon. Auch mit mir. Ich wurde nicht mehr in den Vorstand gewählt. Manche nannten mich einen „Wirrkopf", einen „Störenfried", einen „Revoluzzer"; nachher, nach der Wahl. „Welche Ehre!" – dachte ich mir. Jahre später gab es dann die PEN-FPÖ-Sichrovsky-Affäre. Zehn Mitglieder, darunter die Vizepräsidentin und einige Vorstandsmitglieder traten aus dem Ö-PEN aus. Aber so was juckte niemanden. Man war froh, daß „die" weg waren. Kollege Rocek zählte sicher auch zu den Erfreuten. Er schrieb auch eine 636-seitige „Geschichte des Österreichischen P.E.N.- Clubs", in der wir „Abtrünnige" sicher nicht vorkommen. Genausowenig wie die echten Beweggründe für eine Art Gegen-PEN, nämlich die GAV-Grazer Autorenversammlung, deren Gründung und Motivation dazu ich nur allzu gut verstehen kann, gerade aus der heutigen Distanz heraus. Also: Was sucht der Herr Kollege Dr. Rocek mit seinem Fernrohr in der Ferne? Die Wahrheit? „Die gibt es sowieso nicht", würde er vielleicht sagen. Und philosophisch und erleuchtet hinzufügen: Wir sind stets auf der Suche und kommen nirgendwo an. Das ist wahrscheinlich das einzige, wo ich ihm zustimmen würde. Nur gingen und gehen wir auf völlig verschiedenen Wegen; irgendwohin.

Rot Andrej, slowenischer Dichter, Schriftsteller und Publizist, geboren und aufgewachsen in der Nähe von Buenos Aires, lebt nun in Laibach/

Ljubljana, wo er als Redakteur beim Slowenischen Rundfunk/TV arbeitet. Geboren am 26. November 1953 in Banfield Buenos Aires/Argentinien. Er war wahrscheinlich aus einer Familie, die vor der Rache der Partisanenkommunisten nach dem Krieg noch rechtzeitig aus Slowenien nach Südamerika flüchten konnte. Viele ehemalige „Domobranci", die Slowenische Heimwehr, die aber mit der Deutschen Wehrmacht kollaboriert hatten, ergriffen damals nach dem Kriegsende, so sie konnten, die Flucht. Tausende Domobranci und Gegner des Kommunisten-Regimes sowie viele Gottscheer und Unterkärntner Deutsche aber wurden in Massakern auf grausamste Art und Weise umgebracht. Man denke nur an jene 15.000 Domobranci-Familien, die von der britischen Militärmacht trotz gegenteiligen Versprechens aus Viktring bei Klagenfurt an die Tito-Partisanen-Kommunisten ausgeliefert wurden. Von diesen wurden sie dann nach Cilli/Celje und ins Kommunisten-KZ Tüchern/Teharje gebracht und in Schnellverfahren abgeurteilt oder gleich ohne jedes Verfahren in Massakern ermordet. Insgesamt fielen der Rache der Sieger Hunderttausende zum Opfer, ob es sich nun um Angehörige der Wlassow-Armee, Kroaten, Ungarn, Deutsche handelte. Alle, die gegen die Tito-Partisanen-Kommunisten waren, waren der Verfolgung, dem Gefängnis, dem Tod ausgeliefert. Diese kommunistischen Partisanen waren oft um nichts besser als die ebenso grausamen SS-ler, genauso unmenschlich und brutal und verbrecherisch. Der Staat Jugoslawien war auf der Ermordung Tausender Regimegegner aufgebaut. Diese Verbrechen wurden jahrzehntelang verschwiegen und tabuisiert. Man redete darüber mit niemandem und nirgendwo, auch ich konnte mit meinem Freund France Filipic, dem Kommunisten und KZ-ler aus Dachau und Mauthausen, nicht darüber sprechen. Erst der slowenische Schriftsteller Drago Jancar und die auch mir aus Bled bekannte Journalistin und Menschenrechtlerin Alenka Puhar haben nach der Gründung der Republik Slowenien zum ersten Mal in einer Dokumentationsausstellung in Ljubljana das eigene Volk über diese Verbrechen informiert, diese öffentlich dargelegt und sie angeklagt. Dafür wurden sie von vielen Landsleuten nicht nur mißachtet, sondern als Volksfeinde angesehen und beschimpft;

auch von meinem Freund France Filipic, der sonst ein feiner Kerl war. Drago hat mir damals sogar den Ausstellungskatalog geschickt, wofür ich mich bei ihm nach einer Lesung in Wien bedankt habe. Ob diese Vergangenheit Jugoslawiens bzw. Sloweniens jetzt aufgearbeitet wird, entzieht sich meiner Kenntnis. Wahrscheinlich aber wird es so sein wie auch sonst überall: Die eigenen Verbrechen und die eigene Schande werden mit neuem Patriotismus überdeckt. Ich jedenfalls revidierte aufgrund meiner neu gewonnenen Erkenntnisse, auch durch meinen Freund (seit 1961), den kärntnerslowenischen Maler Valentin Oman, radikal mein Geschichtsbild von den von mir Jahrzehnte lang bewunderten Partisanen und dem Staat Jugoslawien. Eine solche Aufklärung – die Informationen sind leicht aus dem Internet zu beschaffen – würde ich jedem empfehlen, besonders auch dem großen österreichisch-slowenischen Dichter Peter Handke; denn entweder weiß er nichts davon oder will er nichts davon wissen; oder er handelt/e wissentlich so wie er eben handelt/e; vom Massaker in Srebrenica mit der Ermordung von achttausend muslimischen Bosniern muß er aber vor seiner Rede beim Begräbnis des Kriegsverbrechers Milosevic Kenntnis gehabt haben, schließlich stand das in allen Zeitungen und darüber wurde auf allen TV-Sendern berichtet. Auch mit Milos Mikeln, der, wenn auch individuell sehr eigenständig, doch PEN-Präsident unter dem kommunistischen Regime in Jugoslawien bzw. in Slowenien war, habe ich nie über diese Geschichtsepoche und über die Massenmorde gesprochen und sprechen können, genausowenig wie über die berüchtigten „Dachauer Prozesse" in den Fünfzigerjahren in Ljubljana, obwohl er einer meiner besten Freunde war, ist und bleibt. Es ist so wie immer und überall: Die einen stehen dort, die anderen gegenüber. Absolut nichts gegen eingenommene Standpunkte. Aber man sollte sie, wenn notwendig, auch im nachhinein korrigieren können. Das ist man sich selber und auch den Opfern schuldig.

Roy-Seifert Utta, österreichische Übersetzerin, Ex-Vizepräsidentin des Österreichischen P.E.N.-Clubs, Mitbegründerin der Österreichischen Übersetzergemeinschaft, Wien. Geboren 1926 in Breslau/Schlesien.

Warum Utta Roy-Seifert Vizepräsidentin des Österreichischen P.E.N.-Clubs unter seinem damaligen Präsidenten Dr. Wolfgang Fischer geworden ist, weiß ich nicht. Ich hatte mich damals schon vom Ö-PEN etwas distanziert. Wahrscheinlich weil sie den Dr. Fischer als Präsidenten vorgeschlagen und kräftig nachgeholfen hat, ihn als solchen zu installieren. Es kann aber auch eine Verbeugung vor den immer unterschätzten, ja oft sogar verschwiegenen Übersetzern als Vermittlern von Autoren und deren Literaturen gewesen sein; dann fände ich das für richtig. Roy-Seifert trat dann anläßlich der „Sichrovsky-Affäre" so wie noch andere neun PEN-KollegInnen mit Protest aus dem Österreichischen P.E.N.-Club aus, was ich für nicht richtig hielt, denn es wäre besser gewesen, die ohnedies schon von uns gebildete Reformgruppe, eine Art Opposition zur offiziellen PEN-Führung, zu unterstützen und den Österreichischen PEN zu reformieren. Das wäre nicht nur höchst notwendig gewesen, sondern war in einer Vorstandssitzung in der Bawag von uns auch mehrheitlich beschlossen worden, wodurch der Vorstand den Auftrag zu einer Reform bekam, die aber leider bereits im Ansatz abgewürgt wurde und nie stattgefunden hat. Soviel ich weiß, ist die Utta Roy-Seifert jetzt Mitglied des Deutschen PEN. Sie ist ja aus Breslau (heute polnisch Wroclaw) gebürtig, was uns nebst anderem verbindet, weil ich vor einigen Jahren oft durch diese Stadt spaziert bin und an der dortigen Universität auch eine Dissertation und eine Diplomarbeit über mich gemacht worden sind und in einem Verlag auch zwei Bücher herausgebracht wurden, ein zweisprachiger Gedichtband und einen Erzählband in Polnisch. Die Übersetzerin Utta Roy-Seifert hat auch viele Jahre den Übersetzerverband in der IG Autorinnen Autoren vertreten; engagiert, stringent, wortreich, gut. Wir sind manchmal aneinandergeraten, weil wir beide ziemlich temperamentvoll sind; aber trotz unserer Gegensätzlichkeiten und mancher konträrer Meinungen und Standpunkte haben wir, so glaube ich jedenfalls, uns gegenseitig immer respektiert.

Rudnitsky Mikhail, russischer Schriftsteller, Übersetzer, Literaturwissenschaftler der Germanistik. Geboren am 26. Februar 1945 in Moskau.
Wo und wann wir einander kennengelernt haben, weiß ich nicht mehr.

Vielleicht war es bei der Übersetzerkonferenz im Literaturhaus in Wien oder bei einer meiner zweisprachigen Lesungen 1994 im Maksim Gorkij-Institut für Weltliteratur oder bei der Buchpräsentation meines ersten russischen Lyrikbandes „Znaki zizni" (Lebenszeichen). Jedenfalls hausten, so muß man wohl sagen, mein kärntnerslowenischer Malerfreund Valentin Oman und ich bei unserem Aufenthalt 1997 anläßlich der 850-Jahr-Feiern in Moskau in seiner und seiner Frau Tanjas Wohnung, irgendwo am Stadtrand Moskaus, aber dafür gleich neben einer Metrostation, in einem fünfzehnstöckigen Plattenbau aus der Sowjetzeit; ins Zentrum fuhr man fast eine halbe Stunde. Damals hatte ich auch eine Lesung in der internationalen, eigentlich in der Deutschen (DDR) Schule (Gymnasium) in Moskau, bei der ich mit den Schülern auf Englisch und mittels einer Dolmetscherin diskutierte. Die Schüler waren aus fünfzehn Nationen, also eine ganz bunte Mischung, wie ich das liebe. Der Dr. Mikhail Rudnitsky war auch mehrmals in Wien und dann jeweils bei uns zu einem Abendessen eingeladen, er kam auch einmal mit Tanja. Wir verkehrten eher förmlich-höflich. Vertraulichkeiten zwischen uns waren nicht angebracht. Oman und ich zahlten auch für unser Quartier in der schmutzigen Wohnung mit den durchgelegenen Sofas und den lange nicht gewaschenen Decken; und zwar nicht wenig. Rudnitsky zog bei der Berechnung der Summe, die wir in Dollar zu zahlen hätten, für die Umrechnung von Rubel auf Schilling und dann in Dollar einen Taschenrechner heraus und meinte, wir hätten den falschen Kurs gehabt, er bekäme umgerechnet noch 16,50 österreichische Schilling. Insgesamt hatten wir für eine Woche in diesem „Etablissement" bereits etwa 5.000,- Schilling bezahlt; keine Kleinigkeit, jedenfalls das Mehrfache eines damaligen russischen Monatslohnes als Arzt oder Lehrer, von einer Pension ganz zu schweigen. Das fand ich reichlich unverschämt. Noch dazu hatte er später die Frechheit, als ich ihn um die Gefälligkeit, ein einseitiges Vorwort für meinen zweiten russischen Gedichtband „Totschki Peresetschenija" (Schnittpunkte), Moskau 1999, zu schreiben, dafür von mir eintausend Schilling zu verlangen, was ich ihm aber mit dem Hinweis, daß dies unter Kollegen bei uns völlig unangebracht sei, verweigerte. Das war dann das

Ende unserer „Freundschaft". Ich habe seither vermieden, ihn wiederzusehen. Unverschämtheiten vertrage ich nicht.

Ruiss Gerhard, österreichischer Dichter, Schriftsteller, Kulturpublizist, Musiker, Schauspieler, Regisseur, Universitätslehrer, gelernter Schriftsetzer und Reprofotograf, seit 1982 engagierter Geschäftsführer der IG Autorinnen Autoren in Wien. Geboren am 29. Mai 1951 in Ziersdorf/ NÖ. Lebt in Wien.
Sein Name ist untrennbar mit der IG Autorinnen Autoren, dem Berufsverband österreichischer Schriftstellerinnen und Schriftsteller, verbunden. Er ist ein Kämpfer! Das verbindet uns. Wir kämpfen lebenslang für etwas, und kämpfen lebenslang gegen etwas. Und zwar nicht nur im literarischen oder kulturellen Bereich, nicht nur auf dieser Ebene. Nein, es geht uns über die Berufsinteressen und Berufskonditionen von uns Schreibenden hinaus auch um etwas anderes. Es geht uns – so banalpathetisch das nun auch klingen mag, aber ich sage es trotzdem – um den Menschen; um seine Stellung in der Gesellschaft, in der Politik, im Gefüge von Macht und Beherrschung, von Manipulation und Instrumentalisierung. Es geht um den Respekt vor dem einzelnen, vor uns und vor jeder benachteiligten oder sogar unterdrückten Gruppe, vor Minderheiten und es geht um die Einforderung ihrer Rechte. Es geht um Wahrheit, Freiheit und Gerechtigkeit. Wir begreifen uns selbst so und sind so mehr als eine bloße Standesvertretung. Wir sind auch eine Gesinnungsgemeinschaft, bei aller Pluralität von Meinungen bis hin zum Gegensätzlichen und zu Toleranzgrenzen. Wir sind für das Überzeugen mit Argumenten auf der Ebene des Dialogs. Wir sind für eine Auseinandersetzungskultur, für das Zulassen und Austragen von Konflikten, für Konfliktbereitschaft und Konflikte-Austragungsfähigkeit. Wir sind aber auch für den Konsens. Wir sind nicht für den „faulen" Frieden um den Preis von Wahrheit und Gerechtigkeit. Wir sind für die Gestaltung von Gesellschaft und Politik nach diesen Prinzipien. Es geht um Menschenrechte anstatt um Machtmißbrauch. Und ich glaube, daß diese Grundgesinnung uns beide

und darüber hinaus mit vielen anderen verbindet. Darüber gibt es nicht allzuviel zu reden. Das ist eine Handlungsebene, das gibt den Weg und die Orientierung vor. Und der Gerhard Ruiss handelt eben auch danach. Vielleicht sieht man in ihm oft und überhaupt zu sehr nur den kulturpolitischen Agitator und vergißt darüber, daß er – nicht auch, sondern vor allem – ein Dichter, ein Schriftsteller ist.

Näher kennengelernt haben wir einander beim 1. Österreichischen Schriftstellerkongreß 1981 in Wien. Ich glaube, ich war damals schon Mitglied im Österreichischen P.E.N.-Club, dem ich fast 30 Jahre lang angehörte. Also rechnete man mich von der sogenannten Linken Seite eher dem konservativen, bürgerlichen Lager zu. Familiär entstamme ich dem ja auch, aber ich bin doch einen eigenen Weg gegangen. Da ich vielleicht in meinem äußeren Erscheinungsbild, was zum Beispiel meine Kleidung (Hemd und Krawatte) betrifft, als einer aus diesem „Bürgerlichen Lager" erscheinen mag, und ich auch nie einer „Linken Gruppe" zugehörte, beobachteten mich etliche „linke" KollegInnen doch lange kritisch, schätzten mich auch falsch ein. Geändert hat sich das erst, als vielleicht doch der/die eine oder andere etwas von mir gelesen oder mich bei einem öffentlichen Auftritt erlebt hat. Ich glaube, so war das auch beim Gerhard Ruiss.

Zwischen dem Gerhard Ruiss und mir war – auch nach meiner jahrelangen Mitgliedschaft und Tätigkeit im Vorstand der IG Autorinnen Autoren, wo ich eine Zeitlang den Österreichischen PEN vertreten habe – anfangs doch ein eher distanziertes Verhältnis. Das änderte sich aber dann mit der Zeit. Ich glaube, daß nicht nur er, sondern auch andere Kolleginnen und Kollegen, nachdem sie mich näher kennengelernt hatten, mich dann doch etwas anders einordneten als vorher. Jedenfalls hat sich zwischen dem Gerhard Ruiss und mir im Laufe der Zeit so etwas wie eine Begegnungsebene gebildet; eine, die dann auch eine persönlichere Beziehung ermöglichte und zur Folge hatte. Es ist jetzt so, daß wir einander auch manchmal fragen, wie es dem anderen geht; und man ein wenig über dieses oder jenes spricht, wobei auch freundschaftliche Gefühle miteinfließen. Ich vertrete nun auch schon seit fast 10 Jahren nicht mehr als Delegierter den Österreichischen PEN, sondern gehöre sozusagen als in der Generalversammlung gewählter „freier Abgeordneter" dem Vorstand der IG Autorinnen Autoren an. Dafür ist also jetzt nur meine Person und nicht meine Zugehörigkeit dahin oder dorthin entscheidend. Das mag ich, denn das entspricht mir. Daß mich der Gerhard Ruiss sowie andere Kollegen und Kolleginnen diese Zugehörigkeit zu ihnen auch spüren lassen, das freut mich, bedeutet mir etwas und dafür bin ich ihnen dankbar. Ich bin also sozusagen zu einem von ihnen geworden. So empfinde ich das jedenfalls. Man kennt mich nun und weiß, wer und wie ich wirklich bin.

Was ich am Gerhard Ruiss auch noch mag, ist neben seiner unvergleichlichen Kompetenz als Kulturpolitikexperte und Geschäftsführer der IG Autorinnen Autoren seine Sachlichkeit, mit der er an Probleme herangeht und diese behandelt. Ich hingegen bin ja schnell „in Rage". Er jedoch ist bedächtig und ausgleichend, ich bin mehr emotional bestimmt und dadurch manchmal einseitig. Aber beide wissen wir, daß wir für etwas, das uns verbindet, eintreten und kämpfen. Und obwohl oder gerade weil wir wissen, daß wir die Welt nicht verändern können, ja oft nicht einmal kleine Bereiche davon in unserer unmittelbaren Nähe, glauben wir weiterhin – im Sinne der „Utopie Hoffnung" (Ernst Bloch) – an die Veränderungsmöglichkeit von Mensch und Welt; jedenfalls an die Überzeugung von der Notwendigkeit, dieses Postulat niemals aufgeben zu dürfen. Wir leben und arbeiten also aus diesem Bewußtsein heraus und aus einer Haltung des „Trotzdem!". Und das verbindet.

Runtic Ivo, kroatischer Literaturwissenschaftler, emeritierter Professor für Germanistik an der Philosophischen Fakultät der Universität Zagreb.
Der liebe Ivo Runtic – oft sind wir einander begegnet! Überall war der dabei; und doch stets im Hintergrund; eher ein beobachtender und interpretierender Kommentator als ein Wortgewaltiger. Er war zurückhaltend, sowohl im privaten wie im öffentlichen Umgang. Wir mochten einander, auch wenn es für mich oft schwierig und eine Geduldsprobe war, die ich nicht immer bestand, wenn er seine manchmal etwas langatmigen, eben universitär-wissenschaftlichen Ausführungen mir und anderen übermit-

teln wollte. Er war ein guter wissenschaftlicher Germanist, kannte sich auch in der österreichischen Literatur gut aus. Und er liebte die Poesie. Das ist bei Germanisten eher selten. Denn die schachteln uns Künstler lieber in irgendeine Zugehörigkeitsstruktur ein, als daß sie uns in unserer persönlichen, künstlerischen Individualität wahrnehmen (wollen). Jedenfalls war das zur Zeit meines Universitätsstudiums so. Von Literatur als Kunst sprach da niemand oder jedenfalls kaum jemand; ausgenommen der leider viel zu früh verstorbene großartige Professor Dr. Schmidt-Dengler. Also der Ivo Runtic ist mir unvergeßlich, eine liebe Erinnerung. Er hat auch einen Einleitungsvortrag zu einer Buchpräsentation von mir in Zagreb gehalten, aber leider habe ich davon fast gar nichts verstanden, weil ich die interpretatorisch-wissenschaftliche Germanistik-Einordnungsmanie einfach nicht verstehe, vielleicht auch nicht verstehen will.

Rupel Dimitrij, slowenischer Schriftsteller, Außenminister der Republik Slowenien. Geboren am 7. April 1946 in Ljubljana/Laibach.
Kennengelernt haben wir einander in Bled, wo er regelmäßig, meistens nur für kurze Zeit, bei den Tagungen des Slowenischen PEN-Centers auftauchte und dann wieder verschwand. Deshalb hatten wir auch wenig Kontakt miteinander, haben aber ein paarmal miteinander gesprochen. Er kann neben perfektem Englisch auch ganz gut Deutsch. Und so ließ ich ihm vom Amt der Oö Landesregierung, Abteilung für Kulturelle Auslandsbeziehungen (Prof. Dr. Aldemar Schiffkorn) nebst meinem persönlichen Schreiben auch eine offizielle Einladung zur Teilnahme am von mir initiierten und mitorganisierten internationalen Symposium „Macht und Ohnmacht des Geistes. Schwarzenberger Herbstgespräche 1993" übermitteln. Und Rupel, der damals schon Politiker war, nahm diese Einladung – vielleicht auch in Erinnerung an mich und an gemeinsame „alte Zeiten" in Bled – an und hielt ein Referat bei der Tagung. Kurz danach reiste er im Botschafter-Mercedes wieder ab. Wir haben uns damals an gemeinsame Zeiten erinnert und darüber gesprochen. Ich schätzte den Herrn Dr. Rupel sehr, erstens weil er ein bescheidener, um-

gänglicher Schriftstellerkollege war und zweitens, weil er dem Kreis jener Intellektuellen und Künstler sowie Antikommunisten angehörte, der alle Bestrebungen zur Unabhängigkeit Sloweniens vorantrieb. Er war an führender Stelle tätig und es war kein Wunder, daß er dann Außenminister der Republik Sloweniens wurde und dies lange Zeit hindurch war. Rupel war und ist neben einigen anderen Schriftstellern – denken wir nur an Vaclav Havel und Arpad Gönzc – politisch nicht nur engagiert, sondern er bekleidete auch lange Zeit hindurch ein wichtiges Amt in der Slowenischen Regierung und war somit auch der Repräsentant Sloweniens auf der internationalen Ebene.

Sarajlic Izet, bosnischer Essayist, Dichter und Übersetzer. Von den Nazis zur Zwangsarbeit nach Deutschland verschleppt. Geboren 16. März 1930 in Doboj/Bosnien, gestorben am 2. Mai 2002 in Sarajevo.
Er war ein überaus lebhafter Mensch voller Ironie, rezitierte seine Gedichte auswendig und sprach das Publikum an. Sarajlic und seine Gedichte waren sehr bekannt in Bosnien. Er war ein Jugoslawe durch und durch, sang gerne die Internationale, konnte sich fast alles erlauben. Izet Sarajlic war eine literarische und moralische Autorität; sein Begräbnis war wie ein Staatsbegräbnis, aufgebahrt war er im Nationalmuseum. Auf seinen ausdrücklichen Wunsch hin wurde er auf dem Friedhof der Atheisten in Sarajevo begraben. Er mochte überhaupt keine Religion und sah jede Religion nur als Bevormundung für den Menschen an. Er glaubte an die Möglichkeit der Verbesserung von Mensch und Welt auch ohne Gott. Gleichzeit aber sprach er oft vom Wahnsinn der Menschheit und der Welt. Als ich bei einer PEN-Konferenz in Bled durch einen Anschlag seiner Parte an der Glastür des Konferenzraumes von seinem Tod erfuhr, dachte ich an folgende Begebenheit: Als mir in einem Restaurant in den Bergen um Sarajevo für meine oftmalige Teilnahme an den „Sarajevski dani poezije" und für mein Engagement für die internationale Verständigung eine Urkunde vom Präsidenten der Vereinigung überreicht wurde, hielt auch Izet eine kurze Ansprache. Als erstes sagte er, vorwurfsvoll

lachend: „Wir ehren einen Dichter und Freund, der schon so oft bei uns war und hoffentlich auch noch oft sein wird, der aber nie unsere Sprache wirklich gelernt hat!" Und er schloß mit den Worten: „Wiplinger, lerne endlich Serbokroatisch!" Dann umarmte er mich und sang mir zum Abschied zu meinem großen Erstaunen das bekannte Lied „Leb wohl, mein kleiner Gardeoffizier, leb wohl, leb wohl – und vergiß mich nicht!" Dann tranken wir unsere Schnapsgläser leer und alle Anwesenden klatschten. Wir sind oft zusammengesessen, waren so etwas wie Kumpanen-Freunde. Er hat gerne gesungen und viel getrunken und dann ungebremst laut alle KollegInnen unterhalten. Das letzte Mal haben wir uns bei der ersten Tagung des Bosnischen PEN im Jahr 2000 in Sarajevo getroffen.

Saric Muhidin, bosnischer Schriftsteller, Dichter und Kinderbuchautor; Gefangener und Gefolterter im berüchtigten Lager Keraterm, in Österreich im Exil (1993-2002), als Stipendiat der „Stadt der Zuflucht" in Graz . Geboren am 15. März 1944 in Prijedor/Bosnien.
Wir kannten uns schon flüchtig aus Bosnien. Später habe ich ihn und seine Familie in Graz besucht. Ich habe mich bei der Erwirkung einer Aufenthaltsgenehmigung für ihn engagiert. Der damalige Literaturreferent im Bundesministerium, Dr. Wolfgang Unger, hat ebenfalls mitgeholfen. Emina, die Tochter von Saric, lebte damals ebenfalls schon in Graz und war dort verheiratet mit Samir Delic. Sie sprach perfekt Deutsch, schrieb in Graz an ihrer Dissertation über Ingeborg Bachmann. Meine Lebensgefährtin und ich haben bei dem jungen Ehepaar, das gerade ein Baby bekommen hatte, gastfreundschaftlich gewohnt. An einem Abend waren wir bei Muhidin Saric zum Essen eingeladen. Es gab selbstgemachte bosnische Spezialitäten und für jeden eine Forelle. Das war sein Dankeschön für meine Bemühungen, die Erfolg gehabt hatten. Saric sprach weder Englisch noch Deutsch, nur ein paar Brocken Deutsch konnte er, mehr aber nicht. Er lebte auch innerlich in einem sprachlosen, mit Worten nicht durchdringbaren Exil. Folge seiner Keraterm-Gefangenschaft. Diese hat er in einem Buch geschildert. Der Wieser-Verlag hat das Buch in Deutsch

herausgebracht. Ich habe es rezensiert. Saric lebt nun, genauso wie sein Kollege Kemal Mahmuteffendic, der fünf Jahre mit seiner Familie als Flüchtling in Güssing gelebt und in all den Jahren ebenfalls kein Wort Deutsch gelernt hatte, wieder in einem Dorf nahe bei Sarajevo. Leider haben wir keinen Kontakt mehr; auch nicht zu seiner Tochter Emina, die meine Erzählung „Sarajevo – die verwundete Stadt" damals ins Bosnische übersetzt hatte und die von Alija Kebo in der Zeitschrift „Most" in Mostar publiziert worden war. Vielleicht lebt sie noch in Österreich, oder auch wieder in Bosnien. Das kleine Baby von damals muß jetzt ein erwachsenes Mädchen oder fast schon eine junge Frau sein.

Sarkohi Faraj, iranischer Schriftsteller, Literaturwissenschaftler, lebt/e in Frankfurt im Exil. Geboren 1947 in Shiraz/Iran.
Nachdem wir von einem Besuch des ehemaligen KZ Auschwitz-Birkenau zurückgekehrt waren und in Krakau Zwischenstopp machten, um dann nach Warschau weiterzufahren, erzählte er mir auf dem Rynek, dem großen, wunderschönen Hauptplatz der Stadt Krakau, bei einem Bier und einer verbrannten Bratwurst seine Lebensgeschichte – in brüchigem Englisch, das meinem entsprach, sodaß wir gut miteinander reden konnten, weil sich keiner vor dem anderen zu genieren brauchte. Er erzählte mir seine Geschichte leise, stockend und wie geistesabwesend; so als spräche er von einer anderen Person und nicht von sich selbst. Zuerst war da die Savag, die berüchtigte Geheimpolizei unter dem Schah, dem Kaiser von Persien. Sarkohi schrieb kritische Artikel gegen das Schah-Regime, wurde verhaftet und zu 15 Jahren Gefängnis verurteilt. Dann hatte er sich für kurze Zeit der Revolution unter dem verehrten geistlichen Führer, der aus seinem Exil in Paris heimgekehrt war, angeschlossen und schrieb danach gegen die Diktatur des Mullah-Regimes, welches die Absicht hatte, einen islamischen Gottesstaat zu errichten. Ausschaltung aller Parteien und demokratischen Einrichtungen. Diktatur. Die Revolutionsgarden. Dazwischen der Krieg gegen den Irak. Nationalismus, Patriotismus, Fanatismus. Als Regimekritiker wurde Sarkohi als Staatsfeind eingestuft,

wiederum verhaftet, eingesperrt, gefoltert, zum Tod verurteilt, zu Scheinhinrichtungen geführt. Als er davon erzählte, schüttelte es ihn am ganzen Körper; dann konnte er nicht mehr sprechen. Es gibt Erzählungen, bei denen das Gesicht versteinert, wo weder der Erzähler noch der Zuhörer am Ende noch etwas sagen kann. Das sind unvergeßliche Einschnitte ins Leben; ein Maßstab dafür; den man auch anwenden sollte.

Sasse Erich-Günther, deutscher Schriftsteller, Magdeburg, Literaturbüro Sachsen-Anhalt, BRD.
Wo wir einander kennengelernt haben, weiß ich nicht mehr, vielleicht auf irgendeinem internationalen Symposium, möglicherweise auch bei einem Anlaß in Wien. Jedenfalls lud er mich als Vorsitzender des Literaturbüros Sachsen-Anhalt zu einer Schriftstellertagung nach Magdeburg ein. Dort sowie in den umliegenden Ortschaften Wanzleben und Altenweddingen hatte ich dann auch mit KollegInnen Lesungen. Mit mir waren noch der liebe österreichische Kollege Friedrich Heller und die burgenlandkroatische Autorin Anna Schoretits. Der Friedrich Heller hat übrigens einen wunderbaren Bildband über die Hainburger Au gemacht. Der Kollege Erich-Günther Sasse hat sich sehr um uns bemüht, war stets zuvorkommend, sehr kollegial. Er hat auch einige Texte von mir in der literarischen Vierteljahreszeitschrift „Ort der Augen" herausgebracht. Zur damaligen Zeit, in den ganz frühen Neunzigerjahren, ging es den Kulturvereinen in der ehemaligen DDR noch ganz gut, sie bekamen noch die gewohnten, ihnen zugemessenen Unterstützungen. Nach der Wende wurde dies immer mehr reduziert und dann fast eingestellt, sodaß es heute keine Möglichkeiten mehr für solche gegenseitigen Einladungen mit Kulturaustausch gibt. Ich habe mich anschließend dafür eingesetzt, daß auch einige Kollegen vom Literaturbüro Sachsen Anhalt nach Wien eingeladen wurden. An einem Sonntag spazierte ich in Magdeburg herum, betrat auch den Dom, der am Ende des Zweiten Weltkrieges ebenso wie fast die gesamte Stadt bei Bombenangriffen zerstört worden war. Der Dom war renoviert worden, er war ein schmuckloser Backsteinbau in gotischem Stil,

innen völlig ausgeräumt und nüchtern, wegen der neuen unbemalten Glasfenster viel zu hell. An einem Pfeiler war die hölzerne Skulptur einer Madonna mit Kind angebracht, das Holz mit schweren Brandspuren aus der Feuersbrunst der damaligen Zeit. Diese Statue hat mich sehr beeindruckt als eine Metapher, für die es weder einen Begriff noch ein Wort gibt.

Schanovsky Hugo, österreichischer Schriftsteller, Lyriker, Politiker, Bürgermeister von Linz (1984-1988). Geboren am 29. November 1927 in Steyr/Oberösterreich.
Regelmäßig bekomme ich von ihm Post. In dem Briefkuvert sind dann ein paar Blätter Papier, darauf ein Bild und ein Gedicht; immer zu wichtigen, bewegenden, politischen und sozialen aktuellen Ereignissen und Themen. Schanovsky ist ein Humanist, ein Moralist, ein Sozialdemokrat. Aufgewachsen als kleiner Bub im Einfache-Leute-Milieu auf dem Römerberg in Linz. Als noch nicht Erwachsener – „das letzte Aufgebot" nannte man das damals – noch zur Deutschen Wehrmacht, als „Kanonenfutter" in den Krieg; glücklicherweise überlebt. In seinen Büchern hat er darüber geschrieben und davon berichtet. Schanovsky ist ein unglaublich fleißiger Vielschreiber mit über fünfzig Büchern, mit (langen Prosa-) Gedichten und Erzählungen. Obwohl schon einige Jahre über Achtzig hat er sich noch nicht „zur Ruhe gesetzt", wird das nie tun, solange er lebt. Seine Stimme wird gehört. Aber er weiß es selbst: Er ist ein einsamer Rufer in der Wüste. Trotzdem gibt er nicht auf. Es ist die Stimme des Gewissens, die zu Wort kommt. Er weiß, wie wenig das Wort darin bewirkt, worüber er klagt und was er anklagt; unablässig. Aber er fühlt sich dieser Aufgabe verpflichtet, einen Appell zum Guten an die Menschheit zu richten. Darin wird er nie aufgeben. Und deshalb schätze ich ihn so sehr. Und darüber hinaus: Welch ein (Alt-) Bürgermeister ist schon ein Schriftsteller und so sehr der Ethik verpflichtet? Ich glaube, er ist da die große Ausnahme. Also, lieber Freund Schanovsky, ich erwarte weiterhin Deine Briefe mit den Gedichten!

Schawerda Elisabeth, österreichische Schriftstellerin, Dichterin, Wien. Geboren 1940 in Bad Vöslau/NÖ.
Wie sonst niemand hat sie an und aus meinen Gedichten erkannt, wer ich bin. Sie hat sich eingefühlt und alles verstanden und für das, was zu sagen war, die richtigen Worte gefunden. Ich bin ihr sehr dankbar dafür. Wenn wir zufällig aufeinander treffen, dann überzieht ihr Gesicht ein feines Lächeln, mit dem sie mich begrüßt. Und ich tippe – bildlich gesprochen – nur leicht an sie an, als wäre sie aus Glas, das leicht zerbricht. Bei ihr werde ich sanft, was sonst kaum der Fall ist. Ich weiß auch nicht warum, aber so ist es. Und ich glaube, sie spürt das. Und deshalb dieses feine, auf einem inneren Verständnis beruhende Lächeln in ihrem Gesicht.

Schönett Simone, Jenische, österreichische Schriftstellerin, Malerin aus Kärnten. Geboren 1972 in Villach.
Irgendwann und irgendwo vor nicht allzu langer Zeit, vielleicht drei oder vier Jahren, sind wir einander begegnet; ich glaube, irgendwer hat sie mitgebracht. Jedenfalls muß es im Sommer gewesen sein, denn wir sind bis Mitternacht im Haarhof bei der Naglergasse heraußen im „Esterhazykeller" gesessen, haben eine Unmenge Wein getrunken und miteinander geredet. Und die Simone Schönett war auch ziemlich trinkfest, was mir gefallen hat. Im Laufe des Abends hat sie mir dann auch erzählt, daß sie eine „Jenische" sei, also zu einer Art (von den Nazis verfolgten) umherziehendem „Vagabundenvolk", in Wirklichkeit Handwerkern, gehöre. Den Begriff „Jenisch" und vor allem „Karner" kannte ich zwar, wußte aber damals noch nicht viel davon. Das kam erst später; und zwar, als ich das erste Buch der Simone Schönett, „Im Moos", eine Familiengeschichte, in der die Simone ihre Kindheit schilderte, las und rezensierte. Das Buch und das Jenische überhaupt faszinierten mich. Ein wenig kam ich mit den Jenischen über den Schriftsteller Romedius Mungenast in Berührung. Dies in dem wunderbaren Buch von Gerald Nitsche „Österreichische Lyrik und kein Wort Deutsch", dem auch eine CD mit gesprochenen Texten beiliegt. Ich beschäftigte mich weiter mit dem Jenischen

und erwarb mir ein Wissen, weil mich alle „Minderheiten" interessieren. Der Simone Schönett schlug ich die Mitgliedschaft in der IG Autorinnen Autoren vor und dem Vorstand nach einer Generalversammlung dann die Kooptierung der Simone Schönett in eben diesen Vorstand als Vertreterin einer „Minderheiten"-Sprache und Kultur. Seither arbeitet die Simone bei uns mit; und dies engagiert. Sie hat viele Jahre im Ausland gelebt, sodaß sie nichts Provinzielles an sich hat. Also doch irgendwie eine Fortsetzung der Tradition der Jenischen als „Fahrendes Volk". Ich kann nur allen empfehlen, sich mit den Volksgruppen und den „Minderheiten" zu befassen, nicht nur weil man Interessantes erfährt, sondern weil dies eine Erweiterung des stets begrenzenden Horizonts mit sich bringt, sodaß man über den eigenen Tellerrand hinausblickt. Daß das Verhalten des Mehrheitsvolkes gegenüber den „Minderheiten" ein Prüfstein für die Demokratiereife des Mehrheitsvolkes und eines Landes, von Regierungen, Parteien und Politik überhaupt ist, versteht sich von selbst. Reziprok kann man mit diesem Maßstab dann auch alle diese Institutionen und überhaupt die Gesellschaft und das Mehrheitsvolk sowie die politische Praxis auf Demokratiereife überprüfen. Und da schaut es dann oft sehr schlecht aus. Man denke nur an den jahrzehntelangen absurden Kärntnerslowenenstreit in der Politik und an die Nichtumsetzung der aus Staatsverträgen verbrieften Rechte. Ein Rechtsbruch ist das, beschämend aber auch, mit welcher Verachtung den Volksgruppen und Minderheiten gegenüber das Mehrheitsvolk mit diesen umgeht. Also bin ich froh darüber, daß wir die Simone Schönett haben und daß wir uns begegnet sind.

Schürrer Hermann, österreichischer Dichter Geboren am 14. Dezember 1928 in Wolfsegg am Hausruck/Oberösterreich, gestorben am 29. November 1986 in Wien.
Der wildeste und verrückteste Dichter, den ich kennengelernt habe, damals im legendären „Café Sport", im Anarchistencafé, wo alle waren, die im Hawelka Lokalverbot hatten, war der Hermann Schürrer, das Dichtergenie; leider früh verstorben. Der Alkohol hat ihn umgebracht, rich-

tiger formuliert: Er hat sich mit dem Saufen zugrundegerichtet. Aber er war ein Genie! Nicht nur ein Außenseiter. Im Café Sport war er sowieso der Mittelpunkt, in jeder Hinsicht, er dominierte alles; wenn er – und eigentlich war dies sein Normalzustand – seinen Level an Trunkenheit erreicht hatte, also ziemlich besoffen war, dann schrie er herum, haute auf die Musikbox, daß es nur so krachte, schrie irgendwas in die Runde, verlangte von jedem, der irgendwie nach Geldhaben aussah, mit der größten Selbstverständlichkeit ein Bier, das er aus der Flasche in ein paar Zügen ausgetrunken hatte. Dann bestellte er das nächste, vielleicht das zehnte Bier. Die Frau Pauli sagte dann halb-streng, weil sie wußte, daß es sowieso nichts nützte und sie den Schürrer anscheinend irgendwie mochte: „Aus jetzt. Schluß jetzt, Schürrer, du bekommst kein Bier mehr, von mir jedenfalls nicht mehr!" – bis sie ihm das nächste brachte. Die Frau Reichmann hinter ihrem Pult schaute streng und drohte mit der Polizei, die sie auch rief, wenn es gar nicht mehr anders ging. Die nahm dann den Schürrer mit auf die Straße, wo sie zu ihm sagte: „Verschwind! Und laß dich nicht mehr so schnell hier blicken!" Man kannte ihn. Viele kannten ihn. Der Schürrer war – lokalmäßig jedenfalls – stadtbekannt. Überall hatte er Lokalverbot. Man konnte mit ihm sowieso nirgendwohin gehen. Nur im Café Sport saß er jeden Abend bis zur Sperrstunde zu Mitternacht, und darüber manchmal noch hinaus. Wo er dann hinging, hintaumelte, das wußte kaum einer; in irgendeinen Unterschlupf, einmal soll das über einige Zeit sogar ein Kohlenkeller gewesen sein. Der Schürrer hatte keinen festen Wohnsitz. Er hatte eine Schwester, die sich ständig um ihn sorgte. Der Schürrer hat einmal für ein paar Nächte bei mir übernachtet, das war gar nicht lustig, nein, ganz im Gegenteil. Mein mir lieber Plattenspieler und die Glastür waren dann kaputt, das Sofa war auch unbrauchbar. Den Plattenspieler hat er zertrümmert, weil er die Musik, die ich aufgelegt hatte, nicht mochte, vielleicht eben gerade in dem Augenblick nicht. Der Schürrer war unberechenbar, konnte auch zuschlagen, was er aber kaum und nicht gezielt tat. Das war halt einer seiner Wahnsinnsausbrüche, die man gewohnt war, wo man dann besser nicht in seiner Nähe war. Der Schürrer hat auch einen Prozeß gehabt. Der Kurier titelte „ Unterstandsloser Dichter!" Oder so ähnlich. Der Schürrer ist aus einem Zug gesprungen, als er irgendwo abgeschoben werden sollte, so genau wußte das niemand. Jedenfalls hieß es: Der Schürrer ist tot. Er war aber nicht tot, sondern eine lebende Legende; jedenfalls in der damaligen Wiener Künstlerszene, die alles andere war als eine Seitenblicke-Schicki-Micki-Gesellschaft. Da gab es keine Bussis, sondern höchstens Watschen, unflätige Worte sowieso; aber auch Liebes-Leidenschafts-Beziehungen und die daraus resultierenden Dramen. Also, nach dem Schürrer-Zugsprung suchte ich ihn und fand und besuchte ihn in Steinhof. Dort lag er mit verbundenem Schädel in einem Gitterbett. Meine damalige Freundin, eine mondäne aber ebenso verrückte hochstaplerische Modeschöpferin, hat der Schürrer sehr verehrt. Wenn ich mit ihr einen „Wickel" hatte, wir uns also gestritten haben, dann hat mich der Schürrer angeschrieen: „Du blöder Arsch du, kannst gleich was erleben!" Sie hat ihn auch einmal im Gefangenenhaus in Wiener Neustadt besucht; hat überhaupt länger als ich dann noch Kontakt zu ihm gehabt. Das ständige Domizil nach der Schließung des Café Sport war dann das „Alt-Wien", ein dunkles, verrauchtes, schmieriges „Kaffeehaus", eigentlich eine Schenke, voll mit Undergroundpeople, mit Scheinkünstlern und echten Künstlern, wie dem Maler Franz Ringel, den ich fast jedes Mal dort an der Theke traf, wenn ich ab und zu einmal auf ein Drüberstreuerachterl dort war. Dort hat man den Schürrer einmal wie leblos auf dem Klo gefunden. Wieder hieß es, der Schürrer sei gestorben, er war es dann doch nicht. Aber lange hat es nicht mehr gedauert, bis er dann wirklich gestorben ist. Man fand ihn leblos an seinem Schreibtisch in einer kleinen Gemeindewohnung. Bei seinem Begräbnis – selbstverständlich ohne jede Zeremonie, wie er das absolut sicher gewollt hat – standen wir um das offene Grab herum, niemand sagte irgendwas, der Sarg sank in die Grube, die Pompfüneberer gingen, erwarteten von diesem Haufen dubioser Gestalten sowieso kein Trinkgeld. Eine alte Frau stand in einem grünen abgetragenen Wintermantel am Grab und weinte. Es war seine Schwester oder vielleicht doch seine alte Mutter. Die Parte vom Schürrer habe ich bei der Sammlung von Parten meiner verstorbenen Freunde.

Und dann habe ich noch ein Plakat, wo der Schürrer mit anderen Kollegen und Kolleginnen aus der Café-Sport-Anarchistenszene auf einem kleinen Schiff, nämlich der Überfuhr, über den Donaukanal fährt. Auf dem Plakat steht der Satz: „Wo das Wort aufhört, beginnt die Gewalt!" Ein Satz, der mich beeindruckt hat, vielleicht stammt er vom Schürrer, egal, jedenfalls ein Satz, den ich mir gemerkt habe, der zu einem Grundsatz von mir geworden ist.

Schweikhardt Josef, österreichischer Schriftsteller, Maler, Universitätslektor, Wien. Geboren 1949 in Wien.
Wenn ich an den Josef Schweikhardt denke, so habe ich zugleich auch stets das Bild unseres gemeinsamen, leider schon verstorbenen Freundes Alexander Sixtus von Reden vor mir. Die beiden waren ein Paar, ich meine ein Herzenspaar, und sie waren Kooperationspartner bei vielen Buchprojekten, deren Ergebnisse sie dann auch oft gemeinsam präsentierten. Beide waren sie fröhliche Menschen, die für jeden Spaß, für jeden amüsanten, aber intelligenten Unsinn zu haben waren. Ich habe sie beide für das Buch „Eros unterm Doppeladler" beim Johann-Strauß-Denkmal im Wiener Stadtpark fotografiert. Im Buch steht von beiden eine Widmung, datiert mit November 1993. Wie schön war doch dieses Miteinander mit beiden oder mit jedem von ihnen, ob im Morgen-Kreis, bei einer Wanderung mit Heurigenbesuch, bei einer Ausstellungeröffnung. Der Schweikhardt hat auch zu meiner Fotocopyart-Ausstellung „Handzeichen" den Einladungstext, eine Charakteristik meiner Arbeiten verfaßt und die Ausstellung im Nö. Landesmuseum in der Herrengasse in Wien mit einer Rede eröffnet. Wir mochten uns alle, waren/sind Freunde, auch wenn ich so anders bin als der Josef es ist oder der Alexander es war. Deren Markenzeichen war die Offenheit, die Fröhlichkeit, das intellektuelle und kreative Spiel bis zum Skurrilen und Absurden hin. Zugegeben, daß mir das manchmal ein wenig auf die Nerven ging. Ich war und bin genau das Gegenteil. Wahrscheinlich haben wir uns auch deshalb so gut verstanden. Und es war die Gemeinschaft, in der wir uns bewegten, in die

wir eingegliedert waren. Ein Freundeskreis! Im besten Sinn des Wortes: etwas in sich Geschlossenes, ein Ganzes. Zu Silvester habe ich einmal mit dem Josef Boogie-Woogie getanzt, ich ziemlich blau und in Socken bzw. dann auch ohne diese. Alle haben zugeschaut und gelacht. Es war eine Theatervorstellung der besonderen Art. Für mich eine Ausnahme, einmal so unbeschwert, so fröhlich, so ausgelassen zu sein. Betroffen, traurig und trauernd waren wir bei Alexanders Begräbnis in Kaltenleutgeben. Mit seinem Tod war etwas aus dem Ganzen herausgebrochen, der Kreis konnte nie mehr geschlossen werden. Wenn der Josef und ich uns jetzt sehen, so begrüßen wir einander herzlich, reden ein wenig miteinander, denken daran, wie es früher einmal war, reden möglicherweise auch davon, oder schweigen darüber, aber im Wissen, daß wir Freunde waren und weiterhin sind.

Sebestyén György, ungarisch-österreichischer Schriftsteller, Hörspiel- und Drehbuchautor. Studierter Ethnologe. 1988 – 1990 Präsident des österreichischen P.E.N. Clubs. Cheredakteur der burgenländischen Kulturzeitschrift *Pannonia* und der niederösterreichischen Kulturzeitschrift *morgen*. Geboren am 30. Oktober 1930 in Budapest/Ungarn. 1956 nach dem Ungarnaufstand Flucht nach Wien, ab 1963 österreichischer Staatsbürger. Gestorben am 6. Juni 1990 in Wien.
Ein anderer, ebenso viel zu früh verstorbener Freund war der ungarisch-österreichische, aus einer katholisch-jüdischen Familie stammende Schriftsteller, Kulturjournalist, Chefredakteur und ehemalige Präsident des Österreichischen P.E.N.-Clubs György Sebestyén. Er hatte Ethnologie studiert. Nach der von der Sowjetarmee niedergeschlagenen Ungarn-Revolution von 1956 war er nach Wien geflohen und wurde hier vom Österreichischen P.E.N.-Club aufgenommen und betreut, was eine lebenslange enge Beziehung zum PEN zur Folge hatte, sodaß er schließlich auch zum Präsidenten gewählt wurde. Als solcher organisierte er wichtige internationale Europäische PEN-Regionalkonferenzen in Wien, zu der viele KollegInnen aus den ehemaligen Ostblockstaaten kamen. Überhaupt

baute Sebestyén wichtige Brücken, auch durch die Kulturzeitschriften „Pannonia" und „morgen". Er gründete den „Morgen-Kreis", eine wichtige Kulturinitiative, aus der sich eine Gemeinschaft von Künstlern, Wissenschaftlern und Intellektuellen bildete, in dessen Zentrum von 1980 bis 1990 Sebestyén stand. Sebestyén hatte auch die besondere Gabe, die richtigen Menschen zusammenzubringen und miteinander bekannt zu machen. Er erkannte aufgrund von Anzeichen oder ganz einfach intuitiv, welche Personen sich etwas zu sagen haben oder einander sympathisch sein könnten, zwischen wem eine Verbindung hergestellt werden sollte oder könnte und zwischen wem wohl eher nicht. Jedes zweite Jahr trafen wir – eine Gruppe von etwa 80-100 Personen – zu einem Symposium an verschiedenen Orten in Niederösterreich zusammen, um über grundsätzliche Probleme des Menschen und Fragen der Zeit nachzudenken, zu reflektieren, miteinander zu diskutieren. Auch die Zeitschrift „Pannonia" sowie die Kulturseite der „Furche", die Sebestyén redigierte, waren ein Ort der Begegnung. Ganz besonders aber der von mir initiierte „Morgen-Kreis-Stammtisch" an jedem Montag Abend im Gasthaus „Zu den drei Hacken" in der Singerstraße im ersten Bezirk in Wien. Der funktionierte zwei bis drei Jahre sehr gut. Innerhalb des Morgen-Kreises bildeten sich wiederum kleine Gruppen, auch Freundschaften wurden so begründet. Ich hatte auf dieser Schiene sowie auf der PEN-Ebene, aber auch privat meine Beziehung zu Sebestyén.

Eine Zeitlang trafen wir uns an fast an jedem Sonntag-Nachmittag ab 16 Uhr im legendären „Weinhaus Rieder" beim Wiener Rathaus. Wenn es warm und das Wetter schön war, saßen wir stundenlang unter den Arkaden im Gespräch bei Brot und Wein und einem Klumpen Parmesan, den Sebestyén in seiner Rocktasche mitbrachte und den wir mit meinem Taschenmesser zerteilten. Man konnte mit Sebestyén sehr gut reden. Gespräche hatten eine große Spannbreite, von einer leichten Plauderei bis zu tiefen philosophischen Betrachtungen über den Menschen, das Leben und die Welt. In einer unnachahmlichen umsichtigen Weise und mit druckreifen Formulierungen machte Sebestyén seine Ausführungen oder, wenn ich etwas in meiner Art und Weise – immer emotionalisiert und heftig –

sagte, seine Einwände, korrigierte mich mit den aus seinen gründlichen Überlegungen resultierenden Argumenten, oft aber auch mit einem „Schau, Peter, das könnte man ja auch so oder so sehen!" Er versuchte stets, mich zu beschwichtigen. Er war auf Ruhe und Beruhigung, auf Harmonie und Harmonisierung der Gegensätze aus, ich aber war und bin ein Mensch der Konflikte, der Auseinandersetzung, der Heftigkeit, der Emotionalität, die sich oft in Ausbrüchen kundtut. Sebestyén hingegen war ein Weiser, er war ein Mann des Ausgleichs, er wollte Toleranz und Frieden. Gegen Mitternacht, wenn Sperrstunde war und der Wirt als sein bester eigener Gast manchmal schon genauso betrunken war wie wir nach meist drei oder vier Vierteln Wein, dann brachen wir auf. Ich begleitete Sebestyén noch ein Stück des Weges, er wohnte damals schon in der Auersperggasse an der sogenannten Zweierlinie. Ich sagte: „Adieu! Jetzt ist es aber Zeit zum Schlafen!". Worauf er des öfteren erwiderte: „Ich muß jetzt noch was arbeiten." Sebestyén vertrug einiges. Er ging auch nach drei oder vier Vierteln Wein noch kerzengerade, manchmal vielleicht mit einem kaum bemerkbaren Wanken nach Hause. Ich ging auf dem Heimweg meist noch auf ein „Drüberstreuerachterl" irgendwohin, wo man noch offen hatte, wenn ich genug Geld dafür übrig hatte, was nicht selbstverständlich und nicht immer der Fall war. Einmal sind der Sebestyén und ich beim Besuch einer „Dame" – er bezeichnete die Frauen ganz allgemein stets als „die Damen" – vom Wohnzimmer eines Ateliers aus auf das Dach gestiegen und haben dionysisch-euphorisch und volltrunken den Sonnenuntergang von dort aus beobachtet. Das war eindrucksvoll, ja überwältigend, der Augenblick ist mir unvergeßlich.

Dann trennten sich unsere Wege, für eine lange Zeit, eigentlich bis zu seinem Tod. Drei Tage davor rief mich Sebestyén aus dem Spital an, mit sehr müder Stimme, langsam Wort für Wort sprechend. Wir sprachen ganz kurz miteinander. Seine letzten Worte, mit denen er sich von mir für immer verabschiedete, waren: „Gott behüte Dich, Peter!" Von seinem Tod erfuhr ich in den Mittagsnachrichten aus dem Radio, als ich mit meinem Auto gerade die Triesterstraße stadteinwärts fuhr. Nicht lange danach haben wir ihn in einem Ehrengrab auf dem Zentralfriedhof begraben.

Sheriff Bat-Sheva, israelische Schriftstellerin. Geboren am 28.6.1937 in Tel-Aviv, gestorben 2009. Verheiratet mit **Mordechai Segal**

Auf allen PEN-Tagungen und PEN-Kongressen, ob in Bled, Prag, Helsinki, Warschau oder Wien, waren die beiden auf jeden Fall mit dabei. Sie gehörten sozusagen zum internationalen PEN-Inventar – meine israelischen Freunde, mit denen ich seit Jahrzehnten und noch immer in Kontakt bin. Die beiden waren immer nur zusammen erlebbar und denkbar. Sie mit ihrem großen schwarzen Hut und den dunklen Augen, ruhig, in sich zurückgezogen und Mordechai – oder Marduch, wie er sich auch nennt oder von mir genannt sein will – dagegen quirlig, schnell, ja überhastet sprechend, so als hätte er vielleicht keine Zeit mehr, den Satz zu Ende bringen zu können; immer mit einer Filmkamera in der Hand, mit der er alles festhält. „Du könntest beim Mossad sein", sagte ich in Bled einmal und dachte mir das auch bei meinem Besuch in Jerusalem, als wir in der Kantine eines Ministeriums zu Mittag aßen und ihn viele kannten und begrüßten. Natürlich bekam ich auf meine Bemerkung keine Antwort. Könnte sein, daß mein Gedanke, meine Annahme nicht ganz aus der Luft gegriffen war. Auf jeden Fall war Mordechai ein staatlich konzessionierter Fremdenführer; und zwar ein sehr guter. Er kannte alle Winkel von Jerusalem und öffnete uns alle Türen, so auch zum Viertel der streng orthodoxen Juden, zu Mea Shearim; wir stiegen auf das Dach des Österreichischen Hospizes im Araberviertel, um von dort aus im letzten Abendsonnenlicht und dann bei Sonnenuntergang einen phantastischen Rundblick über die Stadt Jerusalem zu haben; ein anderes Mal sahen wir von einem Kloster am Ölberg aus diese faszinierende und doch von Intoleranz und Gewalt so leidvoll geprägte Stadt. Wir logierten damals etwas außerhalb der City in einem Hotel und mußten immer mit dem Bus ins Zentrum fahren. Manchmal mit einem etwas mulmigen Gefühl. Oft waren die Busse von bewaffneten Soldaten begleitet, die sich allerdings als präpotente Kerle aufführten. Ich beschwere mich in meinem schlechten Englisch, genauso wie bei der Filzerei auf dem Flughafen Ben Gurion in Tel Aviv, wo man mich dann einige Zeit schmoren ließ. Ich empfehle niemandem, mir das gleichzutun. Zurück zu Mordechai! Mit ihm waren wir auch in Yad Vashem, im Holocaust-Memorial und im Valley of the Communities mit all den vielen Namen verschiedenster Länder, wo Pogrome und Massenmorde von den Naziverbrechern verübt worden waren. Erschütterung. Sprachlosigkeit. Von Mordechai kein Wort. Er hatte überlebt, seine Familie nicht. Er war/ist ein deutscher Jude aus Berlin. Als ich in Berlin im Scheunenviertel mit der Synagoge spazieren ging, habe ich an Mordechai gedacht. Und aus einem alten Telefonbuch von damals habe ich alle „Segal"-Namen fotokopiert und ihm das Papier nach Jerusalem geschickt. Er hat sich dafür bedankt.

Gerade hat mich Mordechai aus Jerusalem angerufen und wir hatten ein langes Gespräch. Er hat mir mitgeteilt, daß Bat Sheva nach langem Krebsleiden gestorben ist. Die beiden waren immer zusammen, auch nach vielen Jahren noch ein Liebespaar. Ich sehe Bat Sheva vor mir: Sie hatte schwarze Haare, immer trug sie einen schwarzen breitkrempigen Hut, einen schwarzen Hosenanzug und hatte eine dunkle Sonnenbrille auf. Extravagant war sie. Mordechai ist jetzt 82. Ich kondolierte ihm zu diesem schweren Verlust. Wir haben lange miteinander gesprochen, mindestens eine halbe Stunde. Vielleicht ist es unser letztes Gespräch, dachte ich. Er aber sagte: „Peter Paul, das Wichtigste ist die Gesundheit, bleib gesund und so aktiv wie du immer bist. Und daß wir noch oft miteinander telefonieren oder uns vielleicht in Wien wiedersehen!" Wir sprachen über das Leben, über die Liebe, über das Sterben, über den Tod. Aber auch darüber, wie ich zusammen mit meiner Lebensgefährtin Susanne in ihrem Haus in Jerusalem war, wie wir miteinander gegessen und Wein getrunken und geredet haben; damals, vor langer Zeit. Immer wieder waren wir zusammen, in Bled, in Struga, in Wien, in Jerusalem. Und das in mehr als 30 Jahren! „Ja, so ist das Leben!" sagte jetzt Mordechai am Telefon. Und am Ende sagten er und ich einander so wie immer „Schalom"!

Simecka Martin M. slowakischer Schriftsteller, Mitbegründer des Slowakischen PEN-Clubs (1990). Geboren 1957 in Bratislava.
Wir sind uns an verschiedenen Orten begegnet, natürlich in Bratislava, in

den frühen Neunzigerjahren, nachdem er seinen Verlag „Arche" gegründet hatte; aber auch im ehemaligen Jugoslawien und bei einer Schriftstellertagung in Prag. Er hatte von seinem antikommunistisch eingestellten Elternhaus her – sein Vater war Philosoph, Dissident (Unterzeichner der Charta 77) – eine Haltung der Auflehnung mitbekommen, die er jederzeit auch deutlich zum Ausdruck brachte. Er mischte sich ein in die Politik, in die Gesellschaft, in die Literaturszene. Er hinterfragte alles, bildete sich stets eine eigene, nicht immer ganz tendenzfreie Meinung, leitete daraus eine entsprechende Haltung ab. Er war widerspenstig. In Prag kam ich ins Streiten mit ihm. Meinung prallte gegen Meinung aufeinander, aber auf intellektuellem Argumentationsniveau. Als er in Prag in das versammelte Auditorium rief, die Dissidenten sollten doch froh sein, daß sie im Gefängnis gewesen seien, weil sie sonst keine Biographie hätten, erntete er nicht nur Kopfschütteln – auch von Freund Stransky, der jahrelang im Gefängnis war, oder von Rotreckl, Jan Trefulka und anderen – sondern sogleich meinen öffentlichen, lautstark weil wütend geäußerten Widerspruch. Das sei Zynismus pur, schrie ich zu ihm zum Rednerpult hinauf; und was er sich eigentlich erlaube. Eine Respektlosigkeit sei dies, „großgoschert" – wie man bei uns sagt. Auch nachher fanden wir keinen Konsens. Er hatte kein Einsehen. Diese Haltung der Uneinsichtigkeit und Sturheit führte dazu, daß ich weiter mit ihm nichts mehr zu tun hatte, dies auch nicht wollte.

Singer (Thurn-Valsassina) Christiane, Universitätsdozentin für Philosophie, französisch-österreichische Schriftstellerin, Generalsekretärin des Österreichischen P.E.N.-Clubs (1990-1998), lebte mit ihrer Familie auf Schloß Rastenberg im Waldviertel in Niederösterreich. Geboren 1943 in Marseille/Frankreich, gestorben am 4. April 2007 in Wien.
Sie ist so nah, wenn ich an sie denke, als wäre sie neben mir. Ihre überschwengliche Freude und Herzlichkeit, die sie ausstrahlte und die sogleich auf andere überging; bei jeder Begrüßung. Ich höre noch den Klang ihrer Stimme mit dem leicht französischen Akzent, mit der unver-

wechselbaren, sehr schönen Sprechmelodie. Ich sehe sie gehen, leicht und beschwingt. Eine zarte, fast zierliche, jugendliche Frau, auch jenseits der Fünfzig noch, mit schwarzem Haar und schlanker Gestalt. Und immer gleich mitten in einem Gespräch. Weltbürgerin. Hohe Bildung, weit gefächert, Denken in die Tiefe (Existenz und Ethik), voll Verflechtungen und Beziehungen. Interessant und charmant. Einfach Stil! All dies kommt mir in den Sinn, wenn ich an Christiane Singer denke. Und ihre bewundernswerte Haltung, mit der sie ihre Krankheit ertrug und bewußt in den Tod ging, dargelegt in ihrem Buch „Alles ist Leben – Letzte Fragmente einer langen Reise". Ich spüre noch ihre Umarmung, wenn wir einander sahen und sie mich voll Herzlichkeit und wahrer Freude begrüßte. Eine Frau die man bewundern konnte, ein Mensch den man liebte, dem man sich nahe fühlen konnte und durfte, dem man die letzte Wahrheit seiner Worte abnimmt: „Glaubt nicht, daß der Tod ein Scheitern ist...glaubt nicht, daß ich gestorben bin. Ich bin vollkommen lebendig von einem Leben in das andere gewandert."

Sperber Manès, französischer Intellektueller und Schriftsteller. Geboren am 12. Dezember 1905 in Zablotow/Galizien, Österreich-Ungarn (heute Oblast Iwano-Frankiwsk, Ukraine); gestorben am 5. Februar 1984 in Paris.
Er war für mich der Inbegriff eines durchgeistigten, analytisch-deduktiv scharf denkenden Intellektuellen. Ich sehe ihn noch wie lebendig vor mir. Seine schlanke, hohe Gestalt, das weiße glatte Haar, sein schmales, asketisch wirkendes Gesicht, seine straffen Bewegungen, knapp, zielgerichtet im Ausdruck, straff begrenzt, präzise wie sein Denken und Reden. Die Sprache klar, alles war eindeutig; wenngleich auch immer im Gesagten ein gleichzeitiges Fragen, ein Hinterfragen spürbar war. Sperber stammte aus einer jüdischen Familie in Galizien, war früh nach Wien gekommen, war einige Zeit aktiv bei der kommunistischen Partei, bis er sich von ihr 1937 abwandte, dann vor den Nazis über Jugoslawien nach Paris flüchtete, wo er im Exil bis zu seinem Tod 1984 blieb. Er war des öfteren in Wien. Ich habe ihn auch auf der Straße gesehen; in einem grauen

Mantel mit schwarzer Baskenmütze auf dem Kopf. Er war eine elegante Erscheinung. Eine Persönlichkeit von vornehmer Zurückhaltung. In seinen Urteilen schonungslos, auch sich selbst gegenüber, wie das, wenn er über sein Leben sprach, immer wieder zum Ausdruck kam. Seine Stimme habe ich noch in meinem Gedächtnis, ich würde sie unter anderen sofort wiedererkennen. Seine Romantrilogie „Wie eine Träne im Ozean" hat mich sehr gefesselt, die Bücher stehen in meiner Bibliothek.

Spiel Hilde, Pseudonyme: Grace Hanshaw, Jean Lenoir. Österreichische Schriftstellerin, Journalistin und Übersetzerin. Mitglied des Österreichischen P.E.N.-Clubs, dessen Generalsekretärin sie von 1966 bis 1971 war. Nach ihrem Austritt im Jahre 1972 wechselte sie zum PEN-Zentrum der Bundesrepublik Deutschland. Geboren am 19. Oktober 1911 in Wien, gestorben am 30. November 1990 in Wien.
Bei einer der PEN-Konferenzen im slowenischen Bled war es, daß Frau Dr. Hilde Spiel mir aus der Verlegenheit half. Am Ende der Tagung war nämlich jedes Mal sowohl ein kleiner Ausflug in die Umgebung mit einem „Picknick" als auch am Abend vorher auf der Burg von Bled, hoch über dem Ort und dem See auf einem Felsen gelegen, ein internationaler AutorInnen-Leseabend, der in Slowenisch und Englisch von Alenka Puhar und anderen moderiert wurde. Die SchriftstellerInnen lasen je ein Gedicht in ihrer Sprache und dann auch auf Englisch, damit auch die anderen Teilnehmer etwas verstehen konnten. Ich wollte mein Gedicht „Literarisches Programm" zum Gedenken an meinen kurz zuvor verstorbenem kärntnerslowenischen Dichterfreund Valentin Polansek vortragen. Anja Ursic, die „treue Seele" und Sekretärin des Slowenischen PEN hatte es schon ins Slowenische übersetzt, in Englisch hatte ich jedoch noch keine Übersetzung. Also, wer könnte das machen, dachte ich mir. Und da fiel mir unsere PEN-Kollegin Hilde Spiel ein, die auch mit uns bei dieser PEN-Tagung in Bled war. Nach dem Empfang beim Staatspräsidenten Kucan in der ehemaligen Königs- und dann Tito-Villa am See, wandte ich mich, als wir den kurzen Weg vom Busparkplatz zum Park-

hotel gingen, an sie und ersuchte sie, ob sie so liebenswürdig sein könne, diese paar Zeilen ins Englische zu übersetzen. Sie hatte ja die Jahre ihrer Emigration während der Nazizeit in London im Exil gelebt und sowohl als Korrespondentin wie auch als Übersetzerin gearbeitet. Ihre ansonsten vornehme Unnahbarkeit, die ich als solche empfand, wich sogleich einer kollegialen Freundlichkeit. „Selbstverständlich werde ich das gerne tun", sagte sie zu mir. „Geben Sie mir bitte das Gedicht beim Abendessen!" Und das tat ich auch. Ich gab ihr das auf einem Zettel handgeschriebene Gedicht, sie übersetzte es ins Englische, und Alenka Puhar las es dann auf meine Bitte hin auf Englisch am Leseabend vor. Ich sagte auch noch ein paar Worte dazu, die sie übersetzte; nämlich daß dieses mein Gedicht ein Zeichen des Gedenkens an unseren verstorbenen Kollegen und meinen Freund Valentin Polansek sei, mit dem ich zusammen einige Male an einer solchen PEN-Tagung in Bled teilgenommen hatte. Soweit ich es empfand, waren die KollegInnen sowohl vom Gedicht als auch von der Art, meines toten Kollegen und Freundes auf solche Art zu gedenken, innerlich berührt; jedenfalls sagten mir das einige. Und noch heute bin ich der Frau Dr. Hilde Spiel, zu der ich dann nie mehr einen Kontakt hatte, sowohl für Ihre Übersetzerarbeit, als auch für die Freundlichkeit bei dieser Begegnung, die nichts Herablassendes an sich hatte, dankbar.

Stamac Truda, kroatische Übersetzerin, Herausgeberin einer Anthologie österreichischer Lyrik, 1998–2002 Kulturrätin an der Botschaft der Republik Kroatien in Wien, lebt in Zagreb. Geboren 1942 in Petrovaradin/Vojvodina.
Sie hat zwei Gedichtbände von mir übersetzt, die 1992 in Zagreb publiziert worden sind. Wir kennen einander schon lange, haben uns aber in den letzten Jahren aus den Augen verloren, obwohl sie einige Jahre Kulturrätin an der Kroatischen Botschaft in Wien war. Ich habe früher, wenn ich in Zagreb war, in ihrer Wohnung im Zentrum der Stadt logiert, und sie hat, wenn sie in Wien zu Besuch war – auch mit ihrer etwas exaltierten und anstrengenden Tochter Lucia (Schauspielerin) – dann in mei-

nem damaligen Atelier in der Rasumofskygasse 22 in Wien logiert. Einmal haben wir in ihrer Wohnung mit einer kroatischen Journalistin ein langes Interview gemacht. Sie hat das, was ich auf Deutsch gesagt habe, simultan ins Kroatische übersetzt. Der Artikel ist dann in großer ganzseitiger Aufmachung in der Zeitung „Slobodna Dalmacija" erschienen. Genauso war es bei anderen Interviews, als ich in Zagreb und im Museum in Samobor meine Fotoausstellungen und Lesungen hatte oder an anderen Veranstaltungen teilnahm. Sie hat mich dabei immer als verläßliche Übersetzerin und Dolmetscherin betreut und unterstützt. In Wien haben wir Spaziergänge in den Prater und anderswohin gemacht und versucht, in ihrer Wohnung in Neuwaldegg ein Ikea-Bett zusammenzuschrauben, was ich nicht konnte, meine in diesen Dingen tüchtige Lebensgefährtin Susanne aber schon. Truda und ich sind dabei ratlos und hilflos herumgestanden, bis wir weggeschickt wurden. Das Bett stand dann einige Zeit später fixfertig im Zimmer. Öfters war sie auch bei uns zum Essen, aber sie hat immer lieber geraucht und Kaffee getrunken als gegessen. Nach ihrem Herzinfarkt war – so wie bei mir – Schluß mit dem Rauchen. Ihr allerdings traue ich es zu, daß sie wieder damit angefangen hat; ich weiß es aber nicht. Sie ist in der Versenkung, ins Niemandsland verschwunden.

Steen Thorvald, norwegischer Dichter, Schriftsteller, Präsident des norwegischen Schriftstellerverbandes (1991-1997). Geboren 1954, lebt und arbeitet in Oslo/Norwegen.
Wir trafen einander 1998 bei einer internationalen Schriftstellertagung im slowakischen Kurort Trencianske Teplice, wo wir Schriftsteller aus den verschiedensten Ländern auch zusammen ein Bad nahmen, in einem schönen großen Becken mit warmem Schwefelwasser. Wir waren mit Tüchern anstatt mit Badehosen oder Badeanzügen bekleidet, Männer wie Frauen. Thorvald war, glaube ich, nicht mit dabei, weil er irgend etwas mit seinen Beinen hatte, er war gehbehindert. Das merkte ich auch, als wir miteinander bei der dann anschließenden internationalen Übersetzerkonferenz im Park von Schloß Budmerice, das ich von anderen Auf-

enthalten her gut kannte, und das ein Refugium für die slowakischen SchriftstellerInnen und deren Familien (Sommerurlaub) war, spazierengingen. Thorvald war ein sympathischer Kerl, er sprach gut Deutsch, und so konnten wir uns unterhalten. Wir gingen auf den ebenen Wegen durch den Park. Ich streifte manchmal kurz ab auf eine Wiese oder in ein Waldstück, weil es dort Parasol-Pilze gab, die ich zwar nicht mitnahm, doch gerne anschaute. Thorvald und ich machten mehrmals solche kurzen Spaziergänge, meist gleich nach dem Essen. Wir sprachen über alles Mögliche, nur nicht über die Literatur, auch nicht über seine oder meine; so wie das bei mir immer ist. Mich interessiert die Literatur ja kaum. Mich interessieren Menschen und deren Leben. Er sprach von einer Lesung in Wien und daß er mich dazu einladen würde, aber es ist leider nie dazu gekommen.

Steiner Herbert, österreichischer Universitätsdozent, Wissenschaftler, Schriftsteller, Wien, 1923-2001.
Ein kleines Ehrendenkmal muß ich in diesem Buch auch dem Kollegen Dr. Herbert Steiner errichten, Gründer und langjähriger (1963-1983) wissenschaftlicher Leiter des DÖW-Dokumentationszentrum des Österreichischen Widerstandes in Wien. Er war es wahrscheinlich, der mich als Kuratoriumsmitglied für diese wichtige österreichische Institution vorgeschlagen hat, in der Vertreter aller österreichischen Widerstandsgruppen gegen das Naziregime versammelt sind, und die sich mit der wissenschaftlichen Erforschung sowohl des Nationalsozialismus als auch des Rechtsextremismus von heute in Österreich befaßt. Einige Zeit sind wir im Vorstand des Österreichischen P.E.N.-Clubs zusammen gewesen. Ich habe ihm meinen Fotogedichtband „Farbenlehre und andere Gedichte 1967-1987" gegeben, in dem der Hauptteil sich mit dem ehemaligen KZ Mauthausen beschäftigt. Der Herr Dr. Steiner war als Kommunist 1938 ins Exil nach London gegangen. Seine Eltern wurden in einem KZ ermordet. Nach seiner Rückkehr 1945 nach Österreich betätigte er sich politisch bei der KPÖ und beschäftigte sich mit der wissenschaftlichen

Auseinandersetzung mit dem Nationalsozialismus in Österreich und dem Widerstand dagegen. Man kann seine Arbeit und seine Leistungen nicht hoch genug einschätzen. Er war ein aufrechter Mann. Dabei war er ein liebenswürdiger, ruhiger, ja fast sanfter Mensch, der aber, wenn es um diese „Dinge" ging, stets klar und deutlich seine Meinung sagte und Stellung bezog.

Stix Gottfried W., österreichischer Dichter und Schriftsteller. Geboren am 6. April 1911 in Wien. Lebt in Wien, Nord- und Südtirol.
Der jetzt älteste Schriftsteller, den ich kennengelernt habe, ist der Friedl Stix. Mit ihm habe ich gestern telefoniert. Der wird – „so Gott will", hat er gesagt – im April dieses Jahres 98 Jahre alt, also fast ein Jahrhundert. Ich wünsche ihm sehr, daß er den Hunderter schafft. Wir sind, so darf ich sagen, miteinander gut befreundet. Wir haben einiges gemeinsam, wovon wir auch bei unseren Telefonaten immer sprechen, nämlich das Obere Mühlviertel, konkret: Aigen am Böhmerwald, wo er so wie ich am Hagerberg Schi gefahren ist und in der Großen Mühl gebadet hat. Und dann noch Rom, das wir beide sehr lieben und wo der Friedl viele Jahre als Professor für Österreichische Literatur an einer dortigen Universität tätig war. Irgendwie hat es ihn nach Rom verschlagen. Vorher war er in den Abruzzen, hat sich dort versteckt; er war nämlich von der Deutschen Wehrmacht desertiert. „Ich wollte nicht mehr mitmachen bei der ganzen Nazig'schicht" hat er mir das einmal begründet. Mutig, dachte ich; und sympathisch noch dazu. Antimilitarist. Das verbindet uns auch. Und dann noch eine Stadt sehr weit östlich, heute in Polen, an der Grenze zur Ukraine, früher österreichisch, von der Architektur über die Schule bis hin zur Verwaltung und zur bekannten Festung; eine Garnisonsstadt: Przemysl. An den „Trotta" dachte ich, als ich dort war und vor meiner Lesung in der Uni einen schönen Spaziergang machte. Ich habe auch zwei, drei Kirchen besucht; Kirchen, in denen der Schüler Gottfried Stix, als er die dortige Volksschule besuchte, sicher oft gewesen ist. „Ja, das kenn' ich natürlich alles", hat er einmal zu mir gesagt. Zu seinem Neunziger haben

wir einen gemeinsamen Spaziergang gemacht, draußen in Sievering. Und da habe ich einige Fotos von ihm gemacht, so wie anschließend dann noch einige in seiner Bibliothek. Der Stix ist ein Haiku-Meister. Auch das verbindet uns: die Kürze, die Knappheit, das Aufspüren und Ausdrücken des Poetischen in ihr. Aber immer, wenn wir miteinander telefonieren, reden wir vom Böhmerwald, den wir beide nicht nur lieben, sondern dem wir uns zugehörig fühlen, der uns auch geprägt hat. Das Mühlviertel ist nämlich eine Landschaft, die den Menschen in ganz besonderer Weise prägt, so daß sich im Menschen etwas von der Landschaft widerspiegelt und wiederfindet. Das ist die Stille, das Schweigen, das Stillsein, die Liebe zum Leisen, anstatt zum Lauten; daß man so leise ist, daß man den Wind hören kann, wenn er über die wogenden Felder und die Wipfel der Bäume streicht.

Stoica Petre, rumänischer Dichter, Übersetzer und Journalist. Geboren am 15. Februar 1931 in Peciu Nou/Timis, gestorben am 21. März 2009 in Jimbolia/Timis, Rumänien.
Petre Stoica sah aus wie ein orthodoxer Priester: glatte, weiße Haare bis zu den Schultern herab, Vollbart und auf der Brust an einer Kette ein großes silbernes Kreuz. Wann er sich denn die langen Haare schneiden würde, fragte ich ihn einmal. Er antwortete: „Wenn Rumänien endlich frei ist; womit er das Ende des kommunistischen Ceausescu-Regimes, das Ende der Diktatur, meinte. Das sagte er mir aber allein, als sonst niemand in unserer Nähe war; auch nicht sein Freund und Kollege Nikolae Prelipceanu. Die rumänische Delegation traf ich immer bei den internationalen PEN-Tagungen in Bled. Dieser Ort war überhaupt die Drehscheibe zwischen dem Osten und dem Westen. Damals war ja Slowenien noch ein Land mit kommunistischer Führung im Staatsverband Jugoslawien. Dorthin durften auch die Delegationen oder einzelne SchriftstellerInnen aus dem Ostblock reisen. Also der Petre Stoica war nicht nur eine auffällige Erscheinung, sondern auch für mich jemand, von dem ich mehr erfuhr über das damalige Rumänien und die dortigen Verhält-

Valentin Polanšek

Roman Rocek

Karl Stojka

Ceija Stojka

nisse als von anderen seiner KollegInnen. Deshalb bemühte ich mich sehr, ihn auch zum PEN-Weltkongreß 1991 nach Wien einzuladen, natürlich mit Pelipceanu und anderen KollegInnen. Spendiert hat auf mein Bitten hin die nicht geringe Geldsumme für Reise und Aufenthalt sowie für die Kongreßgebühr der damalige „Ostfonds", der nach der Kulturministerkonferenz in Wien gegründet worden war und aus dem dann später die „KulturKontakte Austria" hervorgegangen sind. In Wien habe ich den Petre kaum gesehen und gesprochen, die anderen Rumänen aber schon. Der Delegationsleiter hat sich damals mündlich und später brieflich auch sehr herzlich bei mir bedankt. Der Petre aber war tagelang, ja eigentlich die ganze Kongreßzeit hindurch unauffindbar. Ich traf ihn dann doch gegen Ende des Kongresses im Café des Hotel Hilton, wo er natürlich mit einem Glas Schnaps, deren er sicher dort mehrere getrunken hat, saß. „Petre, warum tust Du mir das an, daß Du – noch dazu hier – die ganze Zeit säufst", sagte ich vorwurfsvoll. „Ich saufe nicht, sondern ich trinke, jawohl Schnaps, und zwar ausgiebig. Mich interessiert dieses Kongreß-Bla-Bla nicht!" antwortete er. „Aber wenn Du schon saufen mußt oder willst", sagte ich, „dann doch nicht hier im Hotel, wo ein Schnaps das Fünffache von dem kostet, was er im Gasthaus Ohrfandl, einige hundert Meter weiter, kostet." „Egal", sagte der Petre, „Schnaps ist Schnaps, und wo ich den trinke und was er kostet ist mir wurscht." Ich ärgerte mich ziemlich über ihn und sagte zu ihm, daß ich nicht dafür mühsam die Subvention aufgetrieben hätte. „Egal, Paul", meinte er „ich bin ja hier beim Kongreß; und aus, basta!" So war er; eben anders als alle anderen. Er trank, so schien es mir, weil er schon immer getrunken hatte; er trank aber auch aus Verzweiflung über sich und sein Land.

Stojka Ceija (Margarete Horvath), österreichische Schriftstellerin (Romanes/Deutsch), Malerin, Sängerin, KZ-Überlebende, Zeitzeugin, österreichische Romni (Lovara). Geboren am 23. März 1933 in Kraubarth/Steiermark.
Diese Frau ist bewundernswert! Trotz ihres Schicksals, des Schicksals ihrer Familie und ihres Volkes der Roma und Sinti, die in den Gaskam-

mern der Nazis zu tausenden ermordet wurden – allein aus Österreich etwa fünftausend – trägt sie keinen Haß in sich und ruft nicht nach Rache, sondern hat eine positive Lebenseinstellung; wie so viele andere Opfer auch, die überlebt haben, denen aber Schreckliches, Unmenschliches angetan wurde, auch durch die Ermordung ihrer Familienangehörigen, durch die beschämende Behandlung nach dem Krieg; als sie sich in der Heimatlosigkeit wiederfanden. Erst relativ spät in meinem Leben bin ich auf Ceija Stojka gestoßen; durch ihr Buch „Wir leben im Verborgenen", das ich zu Weihnachten geschenkt bekommen habe. Ihr zweites Buch „Reisende auf dieser Welt – Aus dem Leben einer Rom-Zigeunerin", das 1992 im Picus-Verlag erschien, hat mich in meiner Beschäftigung mit ihrer Person sowie der Volksgruppe der Roma, die zu jener Zeit in Österreich als solche noch gar nicht anerkannt war, weitergeführt. Dazu kamen später auch die Bücher ihrer Brüder Karl und Mongo sowie jenes von Rajko Djuric und einige andere. Bei einem Roma-Ball in einem Gasthaus in der Brigittenau durfte ich dann sie und ihre Geschwister kennenlernen. Ich durfte an ihrem Tisch Platz nehmen, und wir kamen in ein Gespräch, das über eine Ballplauderei hinausging. Da habe ich die Ceija auch zum ersten Mal fotografiert, mit ihrem kleinen weißen Hund. Dann ging ich zu einigen Veranstaltungen von ihr und zu verschiedenen Roma-Festivals, wie z.B. zu jenem internationalen ersten Roma-Sinti-Fest im „Celeste", in der Hamburgerstraße am Wiener Naschmarkt. Da lernte ich dann auch ihren Bruder Karl näher kennen, der in der Burggasse ein Maleratelier hatte, wo er, wie auch Ceija, KZ-Bilder zur eigenen Vergangenheitsbewältigung malte, und wo ich ihn manchmal und auch zum letzten Mal vor seinem Tod besuchte. Ich brachte Ceija und Karl Stojka als Mitglieder zum Österreichischen PEN und veranstaltete die erste Roma-Sinti-Lesung im Wiener Literaturhaus als Abend des Österreichischen P.E.N.-Clubs (der sich aber nicht weiter um sie kümmerte!). Nach diesem Abend begleitete ich Ceija zu Fuß nach Hause in die Kaiserstraße. „Trinken wir noch etwas", sagte sie vor der Haustür. Und wir gingen in eine Art Nachtespresso im Nebenhaus, setzten uns in eine Ecke, aßen Toast und tranken ein Glas Wein und hatten ein langes Gespräch. Zuvor hatte sie mich schon einmal zu sich in die Wohnung eingeladen, um mir Bilder und ihre Notizhefte, in die sie alles hineinschrieb, zu zeigen. Die Bilder malte sie in der Küche, neben dem Kochen. Und sie hatte auch aufgekocht, viele Speisen, sodaß sich, wie man sagt, der Tisch bog. „Wer soll denn das jetzt alles essen?" fragte ich. „Na du natürlich", antwortete sie und fügte hinzu: „Das ist bei uns Roma so der Brauch für einen Gast". Ich bewunderte ihre Porzellansammlung, die das halbe Zimmer einnahm, und auf die sie sehr stolz war. Nach einer Weile kam ihr Gatte, extra fein angezogen, und begrüßte mich kurz und freundlich, verschwand aber sogleich wieder in einem kleinen Zimmer hinter einem dicken roten Samtvorhang. Von den Texten in den Heften durfte ich mir Kopien machen. Zu Hause las ich die berührenden Gedichte und wählte einige für die Lesung und die Einführung aus. Zu ihrem 70. Geburtstag verfaßte ich für die katholische Wochenzeitung „Die Furche" ein Würdigungsporträt von Ceija unter dem Titel „Ceija Stojka – Zeitzeugin und Mahnerin". Als ihr Bruder Karl beerdigt wurde, saß sie, nachdem der Sarg mit Karls Hut darauf in die Grube hinabgelassen worden war, weinend an seinem Grab. Sie hat viel von ihrer Roma-Kultur weitergegeben, in Worten, Bildern, Liedern. Aber auch als KZ-Überlebende, als Zeitzeugin, unermüdlich im Kampf gegen das Vergessen. In einem Gedicht von ihr heißt es: „wenn es draußen schneit / und es ist bitter kalt / und wenn ich den schmutzigen / matschigen schnee sehe / und der wind pfeift durch die Straßen / und wenn irgendwo ein Schornstein raucht / dann kommen mir die Gedanken: / Auschwitz Ravensbrück und Bergen-Belsen.../ Wie war das damals... / Und wie konnte das alles geschehen... / Diese Frage Warum.../ ...Und immer wieder Warum..." (Ceija Stojka, 17.12.1990).

Stojka Karl, österreichischer Maler und Schriftsteller, KZ-Überlebender, Zeitzeuge, österreichischer Rom (Lovara), lebte in Wien. Geboren am 20. April 1931 in Wampersdorf/Niederösterreich, gestorben am 10. April 2003 in Wien.
Er ist der Bruder von Ceija und Mongo Stojka, die ebenfalls mit Erinnerungs-Büchern in der Österreichischen Literatur vertreten sind. Ceija war die erste, die ein Buch („Wir leben im Verborgenem") über die öster-

reichischen Roma und deren Schicksal im Dritten Reich geschrieben hat. Nachdem ich auf das Buch von Ceija gestoßen, es gelesen und verinnerlicht hatte und sie zur Aufnahme in den Österreichischen P.E.N.-Club vorgeschlagen hatte, sah der Karl bei seiner Schwester Ceija auf dem Tisch den Erlagschein mit dem Mitgliedsbeitrag für den Österreichischen P.E.N. „Was ist das? Was, du bist Mitglied beim P.E.N.-Club, wie das? Und ich nicht!" sagte der Karl zur Ceija. „Wie bist denn da hineingekommen?" fragte er. Und sie antwortete: „Der Wiplinger hat mich da hineingebracht." Darauf Karl: „Und wieso Dich und nicht mich?!" – „Ja da mußt ein Buch geschrieben und veröffentlicht haben; und ich habe eines und du nicht." Darauf der Karl: „Dann schreib ich halt auch ein Buch, veröffentliche es, und der Wiplinger soll mich in den Österreichischen P.E.N.-Club hineinbringen." Und so war es dann auch. Der Karl schrieb in kurzer Zeit ebenso ein autobiographisches Buch mit seinen Erinnerungen, auch an seine Zeit im KZ und an die nachher. Das Buch ist anders als das von Ceija, mehr auf Schilderung von Ereignissen denn auf Innerlichkeit aufgebaut; das Buch ist aber ausgezeichnet, weil sehr persönlich und authentisch. Vor allem auch was die Zeit nach dem KZ betrifft, da Karl in Amerika war. Ich habe dann also auch den Karl Stojka zur Aufnahme in den Österreichischen P.E.N.-Club vorgeschlagen und durchgebracht. Meine Argumentation: Es geht hier nicht so sehr um literarische Kunstwerke, sondern um eine ganz wichtige Zeitzeugnis-Literatur der Österreichischen Roma und deren Schicksal im KZ und Holocaust; etwas, das in Österreich viel zu wenig bekannt war und ist. Der Karl wurde also auch Mitglied beim PEN. Daraufhin schrieb auch der Bruder Mongo Stojka ein Buch, mit dem Titel „Papierene Kinder", das über die Verfolgung und Ermordung der Roma- und Sinti-Kinder berichtet, mit vielen dokumentarischen Fotos. Ein wichtiges und erschütterndes Buch! Ich organisierte dann noch als eine Veranstaltung des Österreichischen P.E.N.-Clubs im Wiener Literaturhaus die erste Roma-Sinti-Lesung in Österreich. Die damalige PEN-Generalsekretärin Dr. Singer Thurn-Valsassina machte eine Einführung zum Abend. Sie sprach über verschiedene Philosophen und „das Phänomen der Gewalt" unter deren Sichtweise, bis ich sie ungeduldig und unhöflich unterbrach, indem ich sagte: „Frau Generalsekretärin, diesen Menschen hier brauchen Sie nichts über das Phänomen der Gewalt erzählen! Die haben an sich selber genug an Gewalt erfahren, daß es für ein ganzes Leben und für ihr Volk reicht!" Frau Dr. Singer beendete dann ihre gut-gemeinte Einbegleitung des Abends. Ich sagte ein paar Worte und las dann den Wegweisungsbescheid des sozialistischen Innenministers Helmer an die österreichische Gendarmerie aus dem Jahre 1947 vor. Darum ging es nämlich mir: Sichtbar zu machen, wie das offizielle Österreich nach dem Holocaust und nach der Ermordung zig-tausender Roma und Sinti, davon allein aus Österreich mehr als achttausend, mit diesen Menschen umgegangen ist, und zu zeigen, daß, wie behauptet und propagiert, eben kein „Neues Österreich" nach 1945 entstanden ist. Ganz im Gegenteil: wie der Holocaust noch immer verschwiegen, verdrängt, verharmlost wurde, in den Schulen nicht zur Sprache gekommen ist; und dies bis heute! Deshalb finde ich nicht nur die Bücher der Stojkas und ihre Zeitzeugnisse und ihre Aufklärung sowie ihr engagiertes Einmahnen zu Frieden und Menschlichkeit so wichtig, sondern deshalb liebe ich sie auch und fühle mich ihnen tief verbunden. Und das wissen sie auch. Mein letzter Besuch beim Karl war in seinem „Atelier", d.h. in seinem Teppichgeschäft in der Burggasse. Es hat fürchterlich nach Farben und Lösungsmitteln gestunken im Raum, und natürlich war das alles gesundheitsschädlich, besonders bei Karls angegriffener Lunge. Aber kein Kulturstadtrat wäre jemals auf die Idee gekommen, dem Karl ein Gemeindeatelier anzubieten und zur Verfügung zu stellen. Einzig Viktor Matejka hat sich um „solche Menschen" gekümmert; aber der war ja schließlich selber jahrelang im KZ und wußte, worum es ging. Letzten Endes nämlich auch darum, diesen Menschen die ihnen von den Nazis kaputtgemachte Menschenwürde wiederzugeben, sie nicht allein ihrem weiteren Schicksal zu überlassen. Den Österreichern, ja das kann man so pauschal durchaus sagen, war das ohnedies alles völlig wurscht! Bei Karls Begräbnis am Meidlinger Friedhof war ich mit dabei. Viele Roma und Sinti aus den verschiedensten Ländern waren gekommen. Nach den Reden und der Einsegnungszeremonie begleiteten wir den Sarg zum offenen Grab. Als der Sarg in die Grube gelassen wurde, legte man den Hut vom Karl oben darauf, den er ein Leben lang getragen hatte. Ein sehr berührendes persönliches Zeichen.

Stojka Mongo, österreichischer Musiker, Schriftsteller, KZ-Überlebender, Rom (Lovara). Geboren am 20. Mai 1929 in Guntramsdorf.
Mongo Stojka ist der Älteste der Stojka-Familie. Der Vater und der jüngste Bruder Ossi sind im KZ umgekommen. Mongo Stojka und sein Sohn Harri sind vor allem als Roma-Musiker bekannt; Harri als Jazz-Gitarrist, Mongo als Liedersänger. Hier ist er aber wegen seines erschütternden dokumentarischen Buches „Papierene Kinder" erwähnt. In diesem Buch werden anhand von Gestapo-Fotos jene Kinder angeführt, die im Holocaust ermordet wurden. Die Schicksale dieser Opfer sind andere als jene der Kinder der Täter, die zu Weihnachten unter dem Christbaum „Stille Nacht, heilige Nacht" sangen und dann ihre Geschenke auspackten; zusammen mit ihren Vätern, die oft genug zu den Mördern und zu den Systemträgern des mörderischen NS-Systems gehörten. Der kleine Ossi starb mit acht Jahren an Flecktyphus, durch absichtlich mit Flecktyphus infizierte und in die Decken eingebrachte Läuse. Der sah zu Weihnachten keinen schönen Christbaum mit brennenden Kerzen, so wie ich. Das denke ich mir immer wieder und halte mir das und solche Kinderschicksale vor Augen. Und die Ceija, der Karl, der Mongo und die schon verstorbenen Geschwister Kati und Mitzi haben das sicher ihr Leben lang nicht vergessen (können). Und das sollten wir nie, auch nicht in kommenden Generationen, aus unserem Gedächtnis und aus dem kollektiven Bewußtsein streichen. Da gibt es kein Vergessen, da darf es niemals ein Vergessen geben. Das ist man den Opfern und dem Leben einfach schuldig!

Storch Franz, rumäniendeutscher Schriftsteller. Geboren am 11. September 1927 in Timisoara/Temesvar, Rumänien. Gestorben am 6. Juni 1982.

Zu fast allen Treffen der Internationalen Schriftstellertagungen in Fresach, die der Kärntner Schriftstellerverband unter seinem Präsidenten Walter Nowotny alljährlich organisierte und die eine wichtige Begegnungsmöglichkeit zwischen Ost und West waren, kam immer verläßlich der Franz Storch. Er sprach natürlich perfekt Deutsch, seine Muttersprache, mit dem Akzent der Banater „Schwaben". Stets trug er einen braunen, gestreiften Anzug mit dazu passender, für uns damals schon altmodischer „Ostblockkrawatte" (große Muster), ein Hemd in gebrochenem Weiß, fast beige. Er war eine auffällige Erscheinung, fast elegant, für einen aus dem Osten sogar extravagant. Er hatte graumeliertes, fülliges Haar, markante Gesichtszüge mit einem skeptischen Blick und einem dazu passenden Gesichtsausdruck, stets mit einem ein wenig spöttisch anmutenden Lächeln, das Nähe und Distanz zugleich signalisierte. Er war extrovertiert, sprach mit jedem, ließ sich gern ansprechen und auch in eine Unterhaltung ein. So hatten wir unsere Gespräche oft an der Theke des Gasthauses, in dem die Tagungssitzungen stattfanden, und dies oft bis spät in die Nacht hinein. Wir tranken dort eine Unmenge von dem fürchterlichen „Liebstöcklschnaps", der nach Maggi roch und auch genauso schmeckte, vorallem am nächsten Tag hatte man diesen Geschmack im Mund, wenn man seinen Rausch ausgeschlafen hatte und mühsam um 10 Uhr, und auch dann meist zu spät, im Versammlungssaal erschienen war. Der Franz Storch war ein hellwacher Geist, er hatte nichts Verträumtes, so wie andere Dichter und Dichterinnen, an sich. Nein, er war stets aufgeweckt, geistig präsent, schlagfertig, sogar witzig. Überhaupt erzählte er gerne Witze, vornehmlich solche, für die man in Rumänien unter dem Ceausescu-Regime ins Gefängnis kam. Er machte sich lustig über „das System", das kommunistische natürlich, in Witzen, die oft hart an der Grenze zur Verunglimpfung lagen. Einmal fragte ich ihn: „Sag mal, Franz, darfst du eigentlich solche Witze erzählen, ohne daß dir was passiert?" Ein knappes, von einem Lachen begleitetes und vieldeutiges „Ich ja!" war die Antwort. Ich hinterfragte diese Antwort (besser) nicht, sondern ordnete sie nach meiner Erfahrung und mit meiner Interpretation ein. Also der Franz Storch durfte das, jedenfalls in Fresach, ob in Rumänien auch, weiß ich nicht. Das alles war ja in den frühen Achtzigerjahren! Seine Kollegin, die Maria Banusch, eine vornehme Dame, machte keine Witze, war auch nicht schlagfertig, sondern bedächtig, wog jedes Wort ab bevor sie es aussprach. Dauernd schwatzte sie von Humanismus und Humanität; als Vertreterin eines Landes und eines Regimes, in dem die Menschenrechte und Menschenwürde systematisch mit Füßen getreten wurden und ein ganzes Spinnennetz von Spitzeln und Verrätern der Geheimpolizei Securitate überzogen war. Angeblich schrieb und publizierte die Kollegin Banusch langatmige und pathetische Ceausescu-Verherrlichungs-Hymnen, die groß in den rumänischen Zeitungen abgedruckt wurden. Sie war also mehr als nur „linientreu". Vielleicht durfte sie deshalb alljährlich nach Fresach, weil man wußte, daß sie auch wieder nach Rumänien zurückkehrte. Der Franz Storch rauchte ständig. Vielleicht ist er auch deshalb so jung, mit 57 Jahren, gestorben. Dem Internet entnehme ich, daß es von Franz Storch eine Büste in Bukarest gibt, natürlich im Stil des pathetischen sozial(istisch)en Realismus. Eigentlich müßten die Werke der (überhöhten) Wirklichkeit entsprechen, diese widerspiegeln. Aber diese Büste ist nur ein nichtssagendes steinernes Ungetüm. Der Franz Storch war in seinem Leben und in meiner Erinnerung, eben in Wirklichkeit, ganz anders.

Stransky Jiri, tschechischer Schriftsteller, Drehbuchautor, Dramaturg und Übersetzer, Ex-PEN-Präsident. Dissident im Kreis um Vaclav Havel, viele Jahre unter den Kommunisten im Gefängnis. Geboren am 2. August 1931 in Prag.
Er entstammt einer alten, aristokratischen Familie. Seine Großmutter mütterlicherseits ist aus Wien, deshalb spricht Jiri auch perfekt österreichisches Prager-Deutsch. Seine Familie wurde von den Nazis und von den Kommunisten verfolgt. In den Fünfzigerjahren, genau 1953, wurde er vom damaligen kommunistischen Parteiregime und der ihm dienenden Justiz wegen Landesverrats zu acht Jahren Gefängnis verurteilt und erst 1960 amnestiert. 1973 wurde er zu dreieinhalb Jahren Gefängnis verur-

teilt. Insgesamt verbrachte er viele Jahre in Arbeitslagern bei Zwangsarbeit. Er war Bauarbeiter und anderes. Ein Lebensschicksal von vielen, im Nationalsozialismus und im stalinistischen Kommunismus. Im Gefängnis lernte er (katholische) Schriftsteller kennen. Er begann zu schreiben. Es ist schon viele Jahre her, daß wir einander kennengelernt haben; wo, das weiß ich gar nicht mehr. Jedenfalls war er mir gleich sympathisch und wir verstanden uns sofort gut. Wir waren des öfteren in Prag zusammen. So zum Beispiel im November 1994 beim PEN-World-Congress und dann im Oktober 1996 bei der Präsentation meines Gedichtbandes „Znamky zivota" (Lebenszeichen) mit einer zweisprachigen Lesung im legendären Prager Café Viola, das für seine Jazzsessions und die widerspenstigen Regimekritiker berühmt war. Der Jiri Stransky hat damals mit einer kurzen Rede die Lesung einbegleitet, sie zusammen mit dem Österreichischen Kulturinstitut in Prag auch hervorragend organisiert, sodaß der Theaterkeller übervoll mit Publikum war. Der österreichische Kulturattaché war zufrieden. Bilaterale Kulturbeziehungen, das hatte man damals gerne. In der Zwischenzeit ist dieser Kulturaustausch weitgehend durch Wirtschaftsbeziehungen ersetzt worden. Der leider schon verstorbene Übersetzer Frantisek Fabian aus Pilsen hat mit mir die Gedichte gelesen und übersetzt, was ich sagte. Es war ein schöner Abend. Man hat sich näher kennengelernt. Und so wurde ich von Jiri Stransky zusammen mit dem burgenländischkroatischen Schriftsteller und Kulturjournalisten, meinem langjährigen Freund Petar Tyran, auch zu zwei Europäischen Regionalkonferenzen nach Prag eingeladen, an der wir mit unseren Vorträgen teilnahmen; das war in den Jahren 1996 („Literature in Prison and Exile") und 2000 („Karel Capek and the European Literature"). Im Jahr 2002 hatte ich dann in den Räumen des Tschechischen PEN und am Österreichischen Kulturinstitut eine Fotoausstellung und eine Lesung, die auch der Jiri organisiert und einbegleitet hat. Er las dann auch mit mir am Podium den tschechischen Part unserer zweisprachigen Lesung und kommentierte ein wenig bzw. stellte mich dem Publikum auf Deutsch und Tschechisch vor.
Im Jahr 1992 war Jiri auch in Wien bei der damals hier vom Österreichischen PEN veranstalteten PEN-Konferenz. Da waren wir miteinander

schon gut bekannt und Du-Freunde. Ich habe ihn hier dann meinen PEN-KollegInnen vorgestellt. Ich weiß noch, wir alle haben in einem bekannten Nobelbeisl in der Naglergasse zu Mittag gegessen. Der Jiri hatte einen Fisch, eine Forelle oder einen Zander. Ich habe ihn gefragt, wie es ihm schmeckt. Er sagte „ein bißl salzig". Da habe ich bei ihm gekostet; der Fisch war nicht ein bißl salzig, sondern total versalzen. Ich wollte den Ober rufen, aber dem Jiri war das peinlich und er bat mich, das nicht zu tun. „Na ja", habe ich mir damals gedacht, „jahrzehntelange Kommunismus-Diktatur prägt schon auch die Menschen!". „Mußt halt viel Bier nachtrinken", habe ich zu ihm noch gesagt, „dann schwemmt's das versalzene Zeug schon hinunter." Und der Jiri hat tapfer seinen versalzenen Fisch gegessen, als wäre der eine Köstlichkeit und hat auf die Frage des PEN-Präsidenten „Wie schmeckt's?" höflich geantwortet „Ausgezeichnet!".

Ach ja, und in Warschau waren wir auch zusammen, weil da habe ich ihn mit dem russischen Schriftsteller und damaligen Präsidenten des Russischen PEN-Zentrums Andrej Bitow im Gespräch fotografiert und auch ein sehr schönes Porträtfoto von Jiri gemacht, von dem er und noch mehr seine Frau ganz begeistert waren.

Auch wenn wir uns jetzt kaum noch sehen, so sind wir doch in brieflichem Kontakt. Aber vielleicht sollte ich bald wieder einmal nach Prag fahren, um mit Jiri bei einem Bier oder einem Glas Wein zu plaudern; und wie das ältere Herren zu tun pflegen, meist über die Vergangenheit. Aber wir haben stets auch politische Gespräche geführt, solche über die Menschen überhaupt und über die Gesellschaft und die Welt. Er war damals schon ein abgeklärter Mann, während ich noch ziemlich emotional und aufbrausend war. Inzwischen bin vielleicht auch ich ein wenig ruhiger geworden. Und habe Jirsis Beschwichtigungen nicht mehr so nötig, die er damals immer wieder einsetzte, um mich zu besänftigen. – Es war immer schön mit dem Jiri. Ich mochte und mag ihn gerne. Er ist ein „einfacher", lieber, warmherziger Mensch, ebenso ein Intellektueller und großer Künstler. Darüber hinaus ein wacher, politisch engagierter Mensch. Das Gefängnis hat ihn geprägt, nicht seine Karriere. Und das mag ich.

Svetina Tone, slowenischer Schriftsteller, Bildhauer, ehemaliger Partisan, lebte in der Ortschaft Mlinska bei Bled/Slowenien. Geboren am 15. November 1925 in Bled, gestorben am 14. April 1998 in Bled.
Auf allen Fotos – ob er in seinem Wohnzimmer, das mit einem wahren Sammelsurium vollgestopft war, sitzt oder im Boot, rudernd auf dem Bleder See, oder an einer seiner Eisenplastiken arbeitend, die er aus Granaten und Granatsplittern herstellte und die den Sammeltitel tragen „Krieg gegen den Krieg" – auf jeden Fall schaute er stets grimmig drein. Er hatte etwas Martialisches an sich; und einen beißenden spöttischen Humor, wenn man das überhaupt „Humor" nennen kann. Auf alles und jedes schimpfte er: auf die Scheißpolitik, auf die Scheißfunktionäre, auf die Scheißintellektuellen, auf die Scheißschriftsteller, auf die Schweißweiber, auf die Scheißzeit überhaupt. Es gab nichts, womit er einverstanden, dem er respektvoll oder gar in Zuneigung zugetan gewesen wäre. Er liebte nur seine eigene Kunst und seinen nach einem schnappenden, bellenden alten Schäferhund, der an einer langen Kette rund um das Haus lief und einen schon anbellte, wenn man sich dem Haus nur mit ein paar vorsichtigen Schritten näherte. Der Tone Svetina war eine Legende. In jedem Ort ab der Grenze am Loibl- oder Wurzen-Paß, überall in Slowenien standen seine in Bronze gegossenen sozialistisch-realistischen Partisanendenkmäler für den heroischen Freiheitskampf, wie sie nach dem Krieg in ganz Jugoslawien errichtet wurden. Der Tone Svetina glaubte an den Staat Jugoslawien, den verehrte er sogar – „aber was diese Scheißer daraus gemacht haben, ist eine einzige Schweinerei!" (Svetina) -, dafür hatte er auch gekämpft, viele Entbehrungen bei den Partisanen in den Wäldern rund um den Triglav hingenommen und auch sein Leben riskiert. Er war bei einem Heimaturlaub – so wie viele slowenische oder kärntnerslowenische Burschen und Männer – aus der Deutschen Wehrmacht desertiert und in die Wälder zu den Partisanen gegangen, um für die Befreiung und für die Freiheit zu kämpfen. So etwas prägt! Und dann war da noch etwas Besonderes beim Tone Svetina: Er war der Jagdgefährte vom Genossen Marschall Tito gewesen, wenn dieser in seiner Villa in Bled weilte. Tito hatte ja insgesamt mehr als fünfzig solcher fürstlichen Residenzen,

die über ganz Jugoslawien verstreut waren und die ihm „das Volk" in seiner Verehrung geschenkt hatte. Die bekannteste ist/war jene auf der Insel Brioni vor der Küste Istriens, auf der auch die Staatsbesuche mit ihren Konferenzen stattfanden, auch ganz geheime Treffen wie jenes zwischen Tito und Chrustschow vor dem Einmarsch der Sowjetarmee zur Niederschlagung des Ungarnaufstandes im Jahr 1956. Unser Kollege Ivan Ivanji, der jüdisch-serbisch-jugoslawisch-österreichische Schriftsteller, der auch seit geraumer Zeit in Wien (und in Belgrad) lebt und beachtliche Bücher geschrieben hat, auch über seine Zeit in Auschwitz, weiß da genau Bescheid, weil er für Tito und andere als Dolmetscher fungiert hat. Zurück zum Svetina! „Wie war denn der Tito so?" fragte ich ihn einmal. „Na, wie soll er schon gewesen sein?" erwiderte der Svetina. „Er war eben der Tito, der Genosse Marschall Tito!" – „Und worüber habt ihr gesprochen, wenn ihr miteinander geredet habt?" setzte ich nach. „Na worüber denn – über die Jagd, über das Essen, und über die Weiber!" erwiderte Svetina und lachte dabei sein schallendes Lachen. Dann fügte er aber noch hinzu: „Der Tito war ein feiner Mann und ganz normal; er war immer freundlich zu mir." Bei solchen Erinnerungen verklärte sich der Blick vom Svetina. Das waren die einzigen Momente, in denen man spürte, daß in diesem Mann einmal Ideale und Begeisterung und ein Engagement gewesen waren. Ansonsten war der Svetina meistens mißmutig. Warum er mich mochte, war mir eigentlich ein Rätsel. Vielleicht weil ich ein Gespür dafür hatte und ihm das vermittelte, daß ich nicht damit einverstanden war, daß die frühere Kultfigur Svetina dann eigentlich schon vor und mit der „Wende" und mit der Eigenstaatlichkeit Sloweniens und den damit verbundenen Veränderungen auf den Funktionärsebenen im Slowenischen PEN und Schriftstellerverband sowie in der slowenischen Gesellschaft überhaupt, die sehr schnell vor sich ging, plötzlich zum ungebetenen, ja unerwünschten Gast in Bled und in Ljubljana geworden war und als anachronistischer Tito-Kommunist, als Idiot, als verrückter Spinner verunglimpft und beschimpft wurde. Ich habe ihn trotzdem auch nachher weiterhin besucht, jedes Mal wenn ich in Bled war. Und während meines zweiwöchigen Urlaubs 1986 in Bled habe ich eine umfangreiche

Fotodokumentation von allen vorhandenen Svetina-Skulpturen gemacht, die dann im Jugoslawischen Kulturzentrum in einer von mir organisierten Ausstellung zusammen mit Svetina-Skulpturen gezeigt wurde. Für seine Plastiken hat der Tone Svetina ein Museum, einen von ihm selbst entworfenen Rundbau, den man spiralenförmig begeht, am Ufer des Sees hingestellt. Dieses Museum gibt es – leider verlottert – noch heute. Aber sein „mißratener Sohn" (Svetina) hat alles verwirtschaftet und zugrunde gerichtet. Gegen sein Lebensende ist der Svetina nicht nur sehr vereinsamt, sondern auch noch verrückt geworden. „Wenn wir miteinander reden wollen, müssen wir mit dem Boot auf den See hinausfahren, weit und bis ganz in die Mitte, denn wir werden vom CIA, vom amerikanischen Geheimdienst abgehört, aber in der Mitte des Sees funktioniert ihr Abhörsystem nicht mehr", flüsterte mir der Tone Svetina zu. Also fuhren wir mit seinem Ruderboot auf den See hinaus, wo wir früher einmal gefischt, aber nie etwas gefangen hatten. Und dann sprach der Tone Svetina nur wirres Zeug, immer dasselbe, von dem ich nicht einen Satz verstand, weil alles nur verrückt war, was er sagte. Zurückgekehrt ging er dann ohne sich zu verabschieden in sein Haus, schmiß die Tür hinter sich zu, und der Besuch war somit beendet. Fast alle seine Bücher, die er nur in den Wintermonaten mit seiner Füllfeder schrieb, wenn er als Skulpteur draußen nicht arbeiten konnte, sind im Armeeverlag Moskau oder in einem damals noch staatlichen Verlag in Jugoslawien erschienen. Jedes Buch ist ein richtiger „Wälzer", weil jeder Band mehr als tausend Seiten Umfang hat. Leider konnte ich nie etwas von ihm lesen. Ich sah aber in den Büchern endlose Dialoge über viele Seiten. Also, auch in seinen Büchern schwadroniert der Tone Svetina, dachte ich mir. Als ich im Mai 1998 wieder bei einer PEN-Konferenz in Bled war und den Tone Svetina besuchen wollte, bellte kein Hund mehr, als ich mich dem Haus näherte, und auch auf mein starkes Klopfen an die Tür meldete sich niemand mehr. Später erfuhr ich im Hotel auf meine Nachfrage hin von einem slowenischen Kollegen, daß der Tone Svetina vor kurzem verstorben war.

Taufer Veno (Venceslav), slowenischer Dichter, Essayist, Schriftsteller, Übersetzer, politischer Aktivist. 2000-2004 Präsident des slowenischen PEN-Zentrums, 2000-2006 Präsident des Writers for Peace Committee des Internationalen PEN. Geboren am 19. Februar 1933 in Ljubljana/Laibach, Slowenien.

Er gilt als einer der größten slowenischen Dichter nach 1945. Sein Vater war bei den Partisanen und wurde 1943 von den Nazi-Deutschen als einer der Führer der örtlichen Partisanen ermordet. Veno Taufer selbst war im Widerstand gegen das kommunistische Tito-Regime, mußte aus politischen Gründen das Land verlassen und lebte vom 1966-1970 im Exil in London, wo er bei der BBC tätig war. Er war 1980 Mitbegründer der kritischen Zeitschrift „Nova Revija", trat 1987 dem „Komitee für die Verteidigung der Menschenrechte" bei, unterzeichnete 1989 die „Mai-Deklaration", welche die volle Demokratisierung und Souveränität des Landes forderte, war im Slowenischen Frühling von 1988-1990 an führender Stelle tätig und bei der Gründung der antikommunistischen Partei „Slowenisch-Demokratische Union" mit dabei. Zusammen mit Niko Grafenauer und Boris A. Novak, die ich von den PEN-Tagungen in Bled gut kenne, war er in der belagerten Stadt Sarajevo und überbrachte einen gesammelten Geldbetrag als Hilfe. Das alles habe ich jetzt im Internet nachgelesen. Einiges davon, nämlich seine engagierte politische und für die Menschenrechte eintretende Grundhaltung, kannte ich und wußte ich schon bei unseren Begegnungen. Eine davon war später einmal in Split bei einer PEN-Tagung. Wir logierten vornehm in einer der vielen ehemaligen Tito-Villen, die einen guten Einblick in den feudalistischen Lebensstil des Jugoslawien-Herrschers gaben, so wie sie Ivan Ivanji, der ja zu Titos Übersetzern gehörte, in einem Buch, das ich gerade dort las, beschrieb. Ich saß am frühen Morgen unausgeschlafen am zur Villa gehörenden Badestrand. Plötzlich kam der Veno Taufer in einem weißen Frotteebademantel, der gut zu seinem weißen welligen Haar sowie zu seiner ganzen Erscheinung – „ein Bild von einem Mann", würden ältere Damen das bei uns nennen – paßte. Wir wechselten ein paar Worte über Belangloses, dann gingen wir gemeinsam ins saukalte Wasser und schwammen ein paar Tempi, der Veno Taufer schwamm mehr und länger als ich; der war „ein harter Bursche". Aber sonst war er sehr umgänglich, von ausgesuchter Höflichkeit, er sprach perfekt Englisch und hatte etwas Weltmännisches an sich. Später einmal sprach ich ihn bezüglich einer eventuell möglichen Teilnahme von mir bei den renommierten Poesietagen in Vilenica an. Er versprach, mich wenn möglich beim nächsten Mal zu berücksichtigen. Es ist dann aber leider nie dazu gekommen.

Tauschinski Oskar Jan, österreichischer Schriftsteller, Übersetzer, Nachlaßverwalter und Herausgeber der Schriften von Alma Johanna Koenig und Stifter des nach ihr benannten Literaturpreises. Geboren am 8. Juni 1914 in Zabokruki/Galizien, gestorben am 14. August 1993 in Wien.
Tauschinski wurde 1914 in Galizien geboren. Er kam durch seine Beziehung zur später von den Nazis deportierten Schriftstellerin A. J. Koenig nach Wien. Er war selbst einige Monate in Gestapohaft. – Veranstaltungen des Österreichischen P.E.N. waren der Treffpunkt füreinander. Dabei kamen wir nach der Begrüßung meist in ein kurzes Gespräch. Der Herr Kollege Tauschinski – ja, man sprach sich damals manchmal noch als „Herr Kollege" oder „Frau Kollegin" an – war von einer ausgesuchten Höflichkeit, von vornehmer Zurückhaltung, die sich sowohl im Ton seiner Stimme als auch in deren Lautstärke ausdrückte. Stets war er sehr leise, sprach selten, kaum in der Öffentlichkeit. Immer war er elegant gekleidet, meist hatte er ein graues Sakko und eine schwarze Hose an, und stets trug er Krawatte und weißes Hemd. Die Schuhe tadellos geputzt. Eine attraktive „Erscheinung", wie man in Wien sagt. Nie habe ich ihn in irgendeiner Begleitung gesehen. Er war immer allein, lebte auch allein, war in sich zurückgezogen. Zuletzt wirkte er sehr schwach. Wir telefonierten einige Male miteinander. Ich erkundigte mich nach seinem Befinden. Stets gab er dieselbe Antwort: „Danke!" Mehr nicht. Einen Anflug von Lächeln hatte er manchmal, in dem sich Verstehen oder Zustimmung, jedenfalls Zuneigung ausdrückte. Tauschinski verstarb 1993

in Wien. Er ist so leise aus dem Leben weggegangen, daß ich nicht einmal seine Todesnachricht rechtzeitig vor dem Begräbnis bekommen habe.

Tielsch Ilse, österreichische Schriftstellerin, Wien. Geboren am 20. März 1929 in Auspitz/Südmähren, ehem. Sudetenland.
Mit ihr und ihrem Mann Rudi waren wir in den letzten Jahrzehnten oft zusammen, bei allen möglichen Gelegenheiten, bei PEN- und Podium-Veranstaltungen, bei den Symposien des Morgen-Kreises in Ottenstein, bei offiziellen Anlässen ebenso wie in einer Freundesrunde. Die Tielsch ist studierte Germanistin, ihr Mann Rudi ist Arzt, war Dermatologe am Spital in Korneuburg. Kennengelernt habe ich die Tielsch über den Literaturkreis Podium, schon in den Siebzigerjahren; wahrscheinlich auch bei den Lesungen in der Kleinen Galerie in Wien. Nach den Veranstaltungen sind wir früher oft noch bei einem Glas Wein zusammengesessen und haben miteinander geplaudert, zusammen mit Alois Vogel, Alfred Gesswein, Albert Janetschek, Paul Wimmer, Josef Mayer-Limberg, Wilhelm Szabo, Franz Richter, Jeannie Ebner, Doris Mühringer und noch einigen anderen Freunden. Eben ein Freundeskreis!

Torberg Friedrich, österreichischer Schriftsteller, Journalist und Herausgeber. Sein Pseudonym „Torberg" bildete er um 1930 bei seinen ersten Veröffentlichungen aus der letzten Silbe seines Nachnamens „Kantor" und dem Geburtsnamen seiner Mutter „Berg". Geboren am 16. September 1908 in Wien als Friedrich Ephraim Kantor; gestorben am 10. November 1979 in Wien.
„Bravo, junger Freund!" rief Torberg, der einige Reihen vor mir saß ganz laut, drehte sich um und nickte mir mit einem freundlichen Lächeln zustimmend zu. Das war in Fresach, bei einer der internationalen Schriftstellertagungen, in den Siebzigerjahren. Soeben hatte die deutsche Schriftstellerin Angelika Mechtel aus der BRD, wohnhaft in München und mit dem Verleger Wolfhart Eilers („Der Viergroschenbogen") liiert, sich bei ihrem Vortrag immer mehr erregend vom „Konsumterror" gespro-

chen und somit ein damaliges Schlagwort als Ausdruck einer modischen Zeitgeisthaltung, einer absoluten Platitüde, verwendet. Und gemeint, man solle doch alle Radios, Kühlschränke, Waschmaschinen etc. aus den Fenstern werfen und zum früheren Leben zurückkehren. Ich machte darauf den Zwischenruf: „Das ist doch absoluter Blödsinn, Sie können das Radio doch einfach abdrehen! Und niemand zwingt Sie, irgend etwas zu kaufen. Das Wort ‚Terror' in diesem Zusammenhang zu verwenden, ist Schwachsinn; da reden wir doch lieber vom Terror in Staatsdiktaturen jedweder Ideologie! Sie müssen ja nichts kaufen. Wenn aber jemand von der Staatspolizei oder vom KGB um drei Uhr nachts abgeholt und ins Gefängnis geworfen wird, dann ist das Terror; dafür ist das Wort zu verwenden, aber doch nicht im Zusammenhang mit Konsum! Sie müssen nichts kaufen, nichts konsumieren, niemand zwingt Sie dazu!" Das war wieder einmal einer meiner „Auftritte" in Fresach, wofür ich so bekannt und „beliebt" war. Der Torberg war meiner Meinung und hatte dies durch seine Replik auf meinen Zwischenruf bestätigt. Und dabei hatte er noch in die Hände geklatscht. Wer ich denn sei, wie ich hieße und was ich denn so schreibe, fragte er mich nach dieser Sitzung und dem Zwischenfall, als wir noch für eine kurze Zeit vor dem Mittagessen hinaus auf die Wiese gingen. Ich sagte ihm meinen Namen und daß ich Gedichte schriebe und ein Mühlviertler aus dem Böhmerwaldgebiet sei. Er meinte, den Namen habe er schon einmal gehört. Höflichkeit oder Wirklichkeit, egal. „Ich kann dieses Gewäsch nicht mehr hören und dieses blöde Getue nicht mehr ertragen", sagte der Torberg zu mir. „Das ist doch absolut lächerlich. Und Sie hatten ganz recht mit ihrem Zwischenruf; und dafür sind, auch wenn es gegen die Etikette verstößt, Zwischenrufe auch da", sagte er. Ich freute mich über seine Anerkennung. Ich wußte natürlich damals schon, wer „der Torberg" war. Seine Bestätigung und seine Übereinstimmung mit mir freuten mich und bestätigten mich in meiner Haltung, weiterhin so zu sein, wie ich eben war und bin. Wenn immer es nötig ist, sich einzumischen, weil die Wahrheit im entscheidenden Fall über der Höflichkeit steht, so tue ich das. Eben deshalb, weil der Schriftsteller der Wahrheit verpflichtet ist und keinem modischen Zeitgeist, der sowieso oft nur Schwachsinn ist und sonst nichts.

Torkar Igor, eigentlicher Name: Boris Fakin, slowenischer Schriftsteller, Dramatiker und Dichter, ehemaliger Nachrichtenkurier bei den Partisanen, später antikommunistischer Dissident, Mitglied der Liberation Front des slowenischen Volkes. Geboren am 13. Oktober 1913, gestorben am 1. Januar 2004.

1942 von der faschistischen italienischen Besatzungsmacht in Haft genommen, 1943 von den Nazis verhaftet und in das KZ Dachau deportiert, wo er bei Kriegsende befreit wurde. Nach seiner Rückkehr nach Jugoslawien war er technischer Leiter in der Chemischen Industrie in Slowenien. 1948 wurde er aufgrund falscher Anschuldigungen von den jugoslawischen kommunistischen Behörden der angeblichen Kollaboration mit den Nazis in Dachau und Buchenwald beschuldigt und in den sogenannten „Dachau-Prozessen" zusammen mit 33 weiteren Überlebenden des KZ vor Gericht gestellt; zuerst zu sechs, nach der Berufung zu zwölf Jahren Haft verurteilt. Nach 4 Jahren im Gefängnis, davon 2 Jahre in Einzelhaft, kam er 1952 wieder frei, wurde jedoch mit einem Publikationsverbot für 2 Jahre belegt. Er konnte nie mehr in sein früheres Leben zurückkehren.

Sein für mich wichtigstes Buch ist „Sterben auf Raten", in Deutsch 1991 beim Drava Verlag in Klagenfurt/Celovec erschienen. Ich habe es zufällig im Schaufenster der Drava-Buchhandlung in Klagenfurt gesehen und es ist mir aufgefallen, weil auf dem Umschlag jenes Schwarz-weiß-Porträt abgebildet war, das ich einmal in frühen Jahren von Igor Torkar in Bled oder Ljubljana gemacht hatte. Eine tragische Figur. Ein kleiner Vorfall bei einer der Bled-PEN-Konferenzen öffnete mir die Tür wie zu einem Geheimnis, jedenfalls zu einem Tabu, von dem ich trotz vieler slowenischer Freunde mehr als zwanzig Jahre nichts gewußt hatte, weil man darüber in Bled einfach nicht gesprochen hat. Erst in der Zeit nach der Erringung der Eigenstaatlichkeit Sloweniens kam für mich in diesem Zusammenhang etwas Wichtiges ans Licht. Und zwar eben durch diesen Vorfall. Der damalige PEN-Päsident Boris Novak, der – in schwarze Anzug mit weißem Hemd und Mascherl – jene PEN-Konferenz feierlich eröffnete, sprach auf Englisch und Slowenisch, das ich kaum verstand, seine Einleitung. Plötzlich sprang der Igor Torkar auf und schrie ihm empört und wütend ein paar Sätze auf Slowenisch ins Gesicht. Ich fragte Andrej Kokot, den kärntnerslowenischen Dichter und Übersetzer meiner Gedichte, was vorgefallen sei und warum der Igor Torkar so erregt einen solchen Ausbruch hatte. „Es war nichts Wichtiges", antwortete mir Andrej Kokot. Aber ich wußte aus Erfahrung, daß genau bei der Verwendung einer solchen Floskel etwas Wichtiges vorgefallen sein mußte, das man sofort unter den Tisch kehren wollte. Am Abend saß Igor Torkar allein an der Bar und trank sein Bier. Ich setzte mich neben ihn. Nach einer Weile fragte ich ihn, was denn da heute vorgefallen sei und worüber er sich so aufgeregt habe. Ich bekam als Antwort nur eine abweisende Handbewegung und er sagte in Serbokroatisch und dann in Deutsch: „Nema nista! – Gar nichts!" Er lud mich auf ein weiteres Bier ein, verweigerte aber jede weitere Auskunft. Erst später klärte mich ein junger Slowene darüber auf, was vorgefallen war. Der slowenische PEN-Präsident Professor Dr. Novak, alles andere als ein „Sozialist", hatte in seinen Ausführungen so nebenbei die Bemerkung gemacht: „Es gab zwar einen Staat Jugoslawien, aber es gab nie eine jugoslawische Identität." Und darauf hatte ihn der Igor Torkar mit den Worten angeschrien: „Du kleiner Hosenscheißer, du hast keine Ahnung von dem, was du sagst. Meine Kampfgefährten und ich haben für diese jugoslawische Identität gekämpft und sie sind als junge Burschen neben mir gefallen." Das also war das „Unwichtige", wie Andrej Kokot gesagt hatte. Erst später habe ich mich genauer informiert und stieß in meinen Recherchen auf die sogenannten „Dachauer Prozesse". Diese waren nach der Befreiung Jugoslawiens in den Fünfzigerjahren in Ljubljana (1948/49). Von den kommunistischen Behörden wurden einige slowenische KZ-Überlebende als „Nazikollaborateure" angeklagt, von der Geheimpolizei verhört und gefoltert und schließlich zum Tod verurteilt und hingerichtet. Ein unbegreiflicher Wahnsinn! Wie nach stalinistischem Vorbild und Muster. Igor Torkar war ebenfalls damals verhaftet worden, wurde ebenfalls verhört und gefoltert, kam mit vier Jahren Gefängnis davon. Er war aber, so begriff ich damals seine sichtbare Isolation, wie ein Geächteter im Kreis seiner slowenischen PEN-Kollegen. Vor dem Prozeß war er der Genosse Direktor in der chemischen Industrie in Slowenien, nach dem Gefängnis war er wie ein Ausgestoßener. Ich fragte wenig später meinen vertrauten Freund Milos Mikeln, warum ich in all den Jahren meiner PEN-Aufenthalte in Bled nie etwas davon gehört hatte und bekam die knappe Antwort: „Darüber redet man nicht, schon gar nicht zu Außenstehenden! Von uns weiß das sowieso ein jeder und wir kennen die Geschichte vom Igor Torkar." Seit damals hatte ich dann ein gebrochenes Verhältnis zu meinen slowenischen PEN-Freunden und ich ging bei weiteren PEN-Treffen in Bled und anderswo auf Distanz zu ihnen. Einige Zeit später, als Drago Jancar mit einer Dokumentation die Partisanenverbrechen aufdeckte, wurde er von einigen als „Verräter" und „Nestbeschmutzer" angesehen und stigmatisiert. Nach dem Krieg wurden etwa 15.000 Domobranzen, die nach Viktring bei Klagenfurt geflüchtet waren und dort in einem Lager lebten, entgegen der Beteuerungen der Engländer, daß ihnen nichts passieren würde, eben von diesen Engländern – ähnlich wie die Soldaten der Wlassow-Armee, die auf der Seite der Deutschen Wehrmacht gekämpft hatten – an die Siegermächte, in dem Fall an die Jugo-Partisanen, ausgeliefert. Tausende von ihnen wurden ohne ordentliches Gerichtsverfahren von den kommunistischen Militärgerichten zum Tode verurteilt und auf brutalste Weise ermordet. (Vgl. „Tüchern ist getränkt mit unserem Blut" von Dr. Michael Portmann, Buenos Aires, 1973). Auch darüber wurde in Bled nie gesprochen. Ich aber war von der plötzlichen Kenntnis all dieser Vorfälle, von denen ich jahrzehntelang nichts gewußt hatte, zutiefst betroffen und empört. Ich mußte dann mein bisheriges Geschichtsbild von den antifaschistischen heroischen Partisanen-Freiheitskämpfern in einem fundierten Informations- und Entmythisierungsprozeß korrigieren und revidieren. Die Partisanen und Kommunisten waren also nicht nur Freiheitskämpfer, was ich zuvor stets bewundert hatte, sondern dann genauso Verbrecher, die ihre Revanche-Säuberungsaktionen mit einer verlogenen Human-Ideologie vom gerechten Sozialismus und mit einer verfälschenden Geschichtsschreibung übertünchten. Unter den Tito-Kommunisten und in ihrem Staat Jugoslawien gab es also genauso Verfolgung und brutale Behandlung jener, die mit diesem kommunistischen Regime und seiner Diktatur nicht einverstanden waren, sondern dagegen opponiert oder sogar agitiert haben. Bis heute ist das im ehemaligen Jugoslawien und in seinen Nachfolgestaaten ein Tabu. Da wird nichts aufgearbeitet. Im Gegenteil, da wurden dann wieder Kriege geführt und Genozide verübt für irgendwas, wie zum Beispiel im Bosnienkrieg in Srebrenica, wo mehr als achttausend wehrlose Männer und Burschen sozusagen unter der „Aufsicht holländischer UNO-Schutztruppen" ermordet worden sind. „Das ist der Balkan! Und der fängt am Wiener Rennweg an", soll der österreichische Staatskanzler Fürst Metternich einmal gesagt haben. Igor Torkar habe ich das letzte Mal bei einer Festivität auf der Burg von Laibach gesehen, als er nach einem Unfall schon sehr gebrechlich am Stock ging. Er hat mich aber gleich erkannt. Wir haben einander herzlich begrüßt und kurz miteinander geredet. Das muß kurz vor seinem Tod gewesen sein. Er ist 90 Jahre alt geworden. Für mich ein großartiger Mann!

Tyran Peter/Petar, burgenländischkroatischer Schriftsteller und Journalist, seit 1984 Chefredakteur der kroatischen Wochenzeitschrift „Hrvatske Novine", Herausgeber der Anthologie zeitgenössischer kroatischer Lyrik »Ptici i slavuji / Hawks and Nightingales« (1983), seit 1995 Kurator des Kroatischen Zentrums in Wien. Mitglied bei Kolo Slavuj, Minderheitenaktivist. Geboren 1955 in Neudorf/Novo Selo; Burgenland.
Ich muß den Peter Tyran anrufen und ihn fragen, wo und wann wir einander begegnet sind, ich weiß es wirklich nicht mehr, jedenfalls muß das in den frühen Achtzigerjahren gewesen sein. Wir sind an vielen Orten miteinander gewesen, daran kann ich mich gut erinnern: in Struga, in Ochrid, in Dubrovnik, in Zagreb, in Prag; immer bei irgendwelchen Kongressen, Symposien, Tagungen, Konferenzen. Am liebsten war ich mit ihm im ehemaligen Jugoslawien. Das war auch sehr praktisch für mich, weil er als mein Dolmetsch fungierte, und wir so überall leichter und schneller Zutritt erhielten. Wir haben miteinander in Eisenstadt zweisprachig gelesen, auch in Zagreb bei meiner Fotoausstellung über die burgenländischkroatische Literatur im Haus der Schriftsteller am Trg Je-

lacic, mitten im Zentrum von Zagreb. Dort sowie überhaupt in den ehemals „sozialistischen" Ländern bedeuteten damals die Schriftsteller noch etwas, dort waren sie geachtet, nicht so wie bei uns. Aber das hat sich auch dort längst geändert, mit der Wende und dem Aufbau einer neuen, nur mehr auf Profit und Konsum ausgerichteten Gesellschaft.

Ganz anders war das noch in Makedonien, wo wir 1982 an den „Struga Poetry Evenings" zusammen mit Gert Jonke, Harry Kuhner, Margarete Herzele und Ina Jun Broda als „Austrijska delegacija" (Österreichische Delegation) teilnahmen, dort einen Österreich-Leseabend durchgeführt und auch Referate gehalten haben, ebenso wie beim anschließenden Übersetzerkongreß in Tetovo. In Skopje hatten dann alle Struga-Teilnehmer auch noch einen gemeinsamen Leseabend. Anschließend waren wir in der Bascarsija Raki trinken. Der Peter und ich teilten uns ein Zweibettzimmer; die Betten mit durchhängenden Matratzen, mit nicht gerade sauberer Bettwäsche und einer Brause, die überall hinsprühte nur nicht auf den Körper unter ihr. Es war die lockere, leichte Art des Peter Tyran, die mir gefiel. Er nahm alles so, wie es kam und wie es war mit Humor. Ich regte mich über alles, natürlich vergeblich, immer wieder furchtbar auf. „Balkanerfahrung", sagte der Tyran Peter nur, „was willst, wir sind am Balkan, da ist alles anders, nimm es wie es ist, oder du ärgerst dich sonst kaputt!" Ich habe das eingesehen, teilte grundsätzlich seine Meinung, konnte das aber nicht wirklich in Verhaltensrealität umsetzen.

Schön war es 1992 beim PEN-World-Congress, der auf der Insel Hvar und in Dubrovnik stattfand. Zwei Jahre zuvor waren wir bei der internationalen PEN-Pentagonale-Konferenz in Dubrovnik gewesen. Das war noch vor dem ersten Wahnsinnskrieg und vor den Zerstörungen in dieser wunderbaren Stadt. Wir beide hielten damals Referate zum Thema „Neues Europa". Wir ließen es uns gutgehen und waren sehr fröhlich und zuversichtlich. Dann kam der Krieg. Und 1992 war die Stadt Dubrovnik von Zerstörungen und Verwüstungen stigmatisiert. Alle PEN-Kongreßteilnehmer sind mit der „Liburnia" von Venedig nach Hvar, von dort nach Dubrovnik und dann wieder zurück gefahren. Es war eine Traumfahrt, ein großes wunderschönes Erlebnis, jedenfalls für mich. Beim PEN-

World-Congress in Prag 1994 waren wir ebenfalls gemeinsam und haben bei unserem kärntnerslowenischen Freund, dem österreichischen Kultur-Attaché Dr. Valentin Inzko, dessen Frau unter ihrem Mädchennahmen Bernarda Fink als großartige Sängerin bekannt ist, gewohnt. Wir sind zusammen gern durch Prag gestreift und haben das genossen; genauso wie bei der PEN-Regionalkonferenz 1996 in Prag, bei der wir Referate zum Thema „Literature in Prison and Exile" gehalten haben. In der Zeit während des Krieges war es auch, daß Peters Auto, in dem wir schon unser gesamtes Gepäck hatten, weil wir auf der Heimfahrt nach Wien waren, in Zagreb völlig ausgeraubt wurde. Das Auto, das wir nur kurz bei Truda Stamac abgestellt hatten, um uns zu verabschieden, war in der Zwischenzeit aufgebrochen worden, unser gesamtes Gepäck war aus dem Kofferraum gestohlen worden, auch Peters Fotoausrüstung, einfach alles, nur meine kroatischen Bücher hatten sie im Kofferraum zurückgelassen. Wir machten eine Anzeige, das war umständlich, die Polizisten waren völlig desinteressiert. So etwas passiere täglich, meinten sie, es sei eben Krieg, wir sollten uns nicht aufregen. Ich aber regte mich furchtbar und lautstark auf, schimpfte, was das Zeug hielt. Die Polizisten wurden immer abweisender, bis sie schließlich mit der Anzeige, die sicher nur zur Ablage kam, weggingen. Wir fuhren mit dem Auto heim nach Wien. Ich fluchte, der Peter fiel von einem Lachkrampf in den nächsten, am meisten lachte er, als wir zu Hause ankamen und unseren Frauen erzählten, was vorgefallen war. Ich schwor bei allen Heiligen „Nie wieder Zagreb!" Nach einiger Zeit aber fuhr ich doch wieder hin.

Der Peter Tyran nannte mich früher oft „Pederl", das durfte nur er, obwohl er um fünfzehn Jahre jünger ist. In letzter Zeit, da ich nun auf die Siebzig zugehe, nennt er mich bei jeder Begrüßung liebevoll „Voterl", wenn wir einander sehen und dann bei einem Achterl im Kroatischen Zentrum in der Schwindgasse in Wien oder anderswo zusammen sind. Jedenfalls ist unsere Beziehung etwas anderes, als daß man sie unter der Rubrik „Schriftstellerbegegnungen" einordnen könnte; nein, das ist eine jahrzehntelange Freundschaft, die mir viel bedeutet.

Uhl Josef K., österreichischer Schriftsteller, Kulturjournalist, Herausgeber der Kulturzeitschrift „Unke". Geboren 1947 in Köflach/Steiermark. Lebt in Klagenfurt.
Ein quirliger kleiner Kerl, dem der Schalk, aber auch Ironie und Bissigkeit aus den Augen blitzen. Unermüdlich sammelt er Texte für seine „Unke", die er seit vielen Jahren herausgibt und deren Nummern einen immer größeren Umfang angenommen haben, die letzte Ausgabe hat 580 Seiten! Eine Kulturpostille, die regionale und überregionale Themen aufgreift und den Disput der Autoren darüber in dieser Anthologie in Wort und Bild manifestiert. Was er selbst so schreibt, kenne ich leider nicht. Wahrscheinlich kommt er bei all der journalistischen Arbeit und der damit verbundenen Herausgeberschaft wenig zum eigenen Schreiben. Oder dieses Sammeln und Verwerten ist seine Lebensaufgabe, sein Metier. Bei den Generalversammlungen der IG Autorinnen Autoren in Wien haben wir uns regelmäßig in den letzten zwanzig Jahren gesehen; manchmal aber auch zufällig in Klagenfurt. Oder bei einer sehr eigenartigen „Medientagung" in St. Paul im Lavanttal. Das war aber schon vor vielen Jahren. Ich hoffe, es erscheint die „Unke" weiterhin. Nach der nächsten Nummer weiß ich wieder mehr – über das, was die Welt bewegt, und über Josef K. Uhl.

Unger Heinz Richard, österreichischer Schriftsteller, Dramatiker, Wien. Geboren 1938 in Wien.
Mit seinem Namen verbinde ich das Wort „Zwölfeläuten". Das ist der Titel eines Theaterstücks von ihm, das unter der Regie von Harald Sicheritz auch großartig verfilmt wurde. Wir kennen einander schon lange, aus dem Café Hawelka, in das wir beide in den frühen Siebzigerjahren noch gegangen sind. Da sind wir einmal zusammengesessen und dann haben wir einen Nachtspaziergang gemacht. Ich glaube, es war für den Heinz Unger ein persönlich trauriger Anlaß, daß er sich mir gegenüber geöffnet hat. Die Erinnerung daran verbindet uns noch immer. Sehr selten begegnen wir einander in der Stadt, manchmal nach einer Veran-

staltung in der Alten Schmiede; da sind wir einmal dann Biertrinken gegangen zum Czaak, gleich um die Ecke, vis-à-vis von der Ukrainischen Kirche, in die ich gerne gehe. Da haben wir einige Biere getrunken, ich habe damals noch geraucht und dauernd von ihm Zigaretten geschnorrt und mich dafür geschämt, aber der Heinz war und ist großzügig-galant, kein Knauserer, so nicht und anders nicht. Er ist ein Linker, könnte man vielleicht sagen, wenn das im Lauf der Zeit nicht ein zu abgedroschener Begriff, ein verludertes Wort, eine nichts mehr aussagende Bezeichnung geworden wäre. So sind wir halt alle gegen Gewalt, für soziale Gerechtigkeit, für die gerechte Verteilung der Güter, für den Frieden da und dort und überhaupt in der Welt, gegen die Ausbeuter und Banditen, gegen Manager-Gehälter, die durch nichts gerechtfertigt sind. „Gutmenschen" werden wir heutzutage abfällig genannt, von Mölzer und anderen Rechten. Respektiert und gemocht, für notwendig befunden, daß es uns gibt, das „spielt's sowieso nicht" wie man in Wien sagt. Also, lassen wir's bleiben, das zu erörtern. Lieber sitzen wir so wie einmal beim Dalmatiner in der Marc-Aurel-Straße heraußen im Freien; und in anderen noch verbliebenen halbwegs anständigen Gasthäusern oder ähnlichen Lokalen und trinken unser Bier oder unseren Wein. Ich weiß, der Heinz Unger ist „linker" als ich, aber er ist alles andere als ein ideologischer Dogmatiker oder umgekehrt ein dogmatischer Ideologe. Es geht hier nicht um Anhängerschaft, ums Mitmarschieren, was wir ja sowieso hassen und verachten; nein, es geht um unsere eigene Position als kompromißlose Individualisten. Und da wir uns sowieso seit langem kennen, reden wir erst gar nicht über so etwas, sondern er erzähl/te von seinem Aufenthalt in Griechenland und ich von meinem in Rom. Und irgendwann gegen Mitternacht brechen wir auf und sagen „bis zum nächsten Mal!

Valencak Hannelore, österreichische Physikerin, Dichterin, Schriftstellerin aus der Steiermark, lebte in Wien. Geboren am 23. Januar 1929 in Donawitz/Steiermark, gestorben am 9. April 2004 in Wien.
Sie ist eine – zu Unrecht – heute fast vergessene Autorin. Dabei war

sie einmal sehr bekannt. Und ihre Literatur war sehr präsent und beliebt. Sie wurde mit vielen Preisen ausgezeichnet, u.a. mit dem Lyrikpreis der Stadt Graz (1956), mit dem Österreichischen Staatspreis für Romane (1957), dem Peter-Rosegger-Literaturpreis des Landes Steiermark (1966) und dem Österreichischen Staatspreis für Kinderbücher (1977). Sie hatte einen großen Leserkreis. Die Valencak kannte man. Ich kannte sie vom PEN und vom Literaturkreis Podium her. Aber auch, weil sie im gleichen Haus wie mein verstorbener Philosophen-Bruder Fridolin in der Schwarzspanierstraße wohnte, mit ihrem Mann, Kinder hatten sie, glaube ich, keine. Und ihr Mann war, wenn ich mich recht erinnere, aus meinem Heimatort Haslach gebürtig; ein Mayer-Bub von der Stelzen, aus dem Nebenhaus einer meiner Schwestern und ihrer Familie. Also hat man sich, meistens im Sommer, manchmal gesehen, einander begrüßt und ein paar Worte gewechselt, in Haslach oder in Wien. Auch nach dem Begräbnis vom Podium-Mitbegründer und langjährigen Podium-Obmann Wilhelm Szabo war sie in der Runde mit dabei, als wir nachher in einem Gasthaus vis-à-vis vom Zentralfriedhof gesessen sind. Jedenfalls ist sie auf einem der Fotos, die ich damals von allen gemacht habe. Sie war eine zurückhaltende Frau, eine der wenigen Autorinnen, die damals – neben Ilse Aichinger, Ingeborg Bachmann, Christine Busta, Gertrud Fussenegger, Jeannie Ebner, Doris Mühringer, um nur einige zu nennen – wirklich bekannt war. Es war damals noch nicht so selbstverständlich, daß Frauen den Beruf – ja, wirklich: Beruf! – einer Schriftstellerin ausübten; und auch davon leben konnten.

Vaxberg Arkadij I., russischer Schriftsteller und Menschenrechtsaktivist, systemkritischer Journalist (Stalin-/Breshnev-Ära), Rechtsanwalt, Moskau. Geboren 1927.
1994 hatte ich Lesungen aus meinem ersten Gedichtband in Russisch – „Znaki zizni" (Lebenszeichen) – in St. Petersburg, am Maxim Gorki-Institut für Weltliteratur in Moskau und im Russischen PEN-Zentrum. Nach der Lesung dort kam es zu einer denkwürdigen Unterredung

mit dem russischen, vormals sowjetischen Schriftsteller, Journalisten und Bürgerrechtskämpfer Arkadij Vaxberg, der damals schon ein älterer Herr war. Er konnte ein paar Worte Deutsch. Aber mir zur Seite stand ja meine Freundin Marina Postojewa aus Charkow in der Ukraine, die den ganzen Abend hindurch übersetzte, auch was ich über Politik, Gesellschaft und Menschenrechte sagte. Vaxberg, der später als Korrespondent in Paris lebte, erzählte mir damals u.a., daß er zehn Jahre seines Lebens als politisch Verfolgter und Verurteilter in einem der berüchtigten Gulags in Sibirien war, was ihn zwar, so wie viele andere, fürs ganze Leben gezeichnet, den er aber überlebt hatte. Millionen solcher armen Menschen, man sagt an die 20 Millionen, haben nicht überlebt, wurden vom stalinistischen System verfolgt, in der berüchtigten Lubjanka eingekerkert, gefoltert, umgebracht, im besten Fall für 10-20 Jahre in einen Gulag gebracht. Man kennt das Leben aus Alexander Solschenizyns berühmten Buch „Ein Tag im Leben des Iwan Denissowitsch". Arkadij Vaxberg hatte schon 1989 ein Buch über „Bürgerrechte in der Sowjetunion" veröffentlicht, war also immer an der vordersten und somit nicht ungefährlichen kämpferischen Front gegen die Partei- und Staatsdiktatur der damals noch bestehenden Sowjetunion unter Gorbatschow, die aber mit der Zeit vorher nicht vergleichbar war. Mich berührte das Zusammentreffen und das Gespräch mit Vaxberg tief; auch sein Lebensschicksal. Überhaupt fand ich die Haltung und das Verhalten solcher russischer Intellektueller unglaublich mutig, weil die wirklich etwas riskierten; ganz im Gegensatz zu unseren Intellektuellen im Westen, denen es zu oft nur um die eigene Karriere geht. Innerlich aufgewühlt gingen wir nach Hause. Das war eine von der Österreichischen Botschaft zur Verfügung gestellte Wohnung nahe beim Kreml. Marina übernachtete auch hier. An einem anderen Tag machte ich mit Emilija Lebed für die Deutsche Welle Moskau ein Interview für eine Radiosendung. Nachdem Marina am nächsten Tag wieder abgereist war, verbrachte ich noch allein einige Nächte in dieser Wohnung. Es war Oktober. Und draußen fielen die ersten Schneeflocken des kommenden Russischen Winters herab und breiteten sich wie ein dünner Vorhang vor meinem Fenster aus, durch das ich auf den Kreml und seine Mauern blicken konnte. In meinem Zimmer war es schon dunkel, aber der Kreml war hell erleuchtet, wie an einem Festtag.

Velikic Dragan, serbischer Schriftsteller, Essayist, Journalist, Botschafter von Serbien in Wien. Geboren 1953 in Belgrad/Serbien.

Wir kennen uns sicher seit etwa dreißig Jahren; seit den PEN-Tagungen in Bled und einigen Treffen anderswo. Einmal habe ich mit ihm gefrühstückt. Er sprach damals noch kein Deutsch, das er jetzt perfekt beherrscht. Er war in Pula aufgewachsen, lebte damals in Rovinj, das ich von meinen zwanzig Jahren Istrien-Urlauben gut kannte. Also sprachen wir über Istrien. Ich wußte gar nicht, daß er Serbe war. Im Alten Jugoslawien, waren alle nur Jugoslawen, kein Mensch fragte danach ob er Serbe, Kroate, Bosnier, Makedonier oder Ungar aus der Wojwodina war; nur bei den Slowenen war das anders. Wir unterhielten uns wegen der Sprachbarrieren mehr schlecht als recht. Außerdem schien mir Velikic, wenn auch durchaus zugänglich, so doch irgendwie scheu. Jedenfalls hatte er ein solches Lächeln. Das ist heute, nach etwa dreißig Jahren, da er nun serbischer Botschafter in Wien ist, aus seinem Gesicht verschwunden, jedenfalls nicht mehr da, wenn wir einander irgendwo begegnen. Der Schriftsteller als Botschafter und Repräsentant seines Landes. Auch nicht schlecht, denke ich; Karriere! Er war aber einer der schärfsten intellektuellen Kritiker des Milosevic-Regimes und war deshalb auch während des zweiten Jugoslawienkrieges in Budapest und in Wien im Exil. Also durchaus ein kritischer Intellektueller! Und als Botschafter noch ein „Weltmann" dazu. Manchmal laufen wir uns in Wien über den Weg, begrüßen einander, wie zum Beispiel beim Begräbnis von Milo Dor oder wenn ich eine Lesung von ihm besuche. Denn der Dragan Velikic ist ja auch als Botschafter das geblieben, was er von Anfang an und immer war und eigentlich noch ist: ein Erzähler, ein Literat, ein Schriftsteller!

Vér Zoltan, ungarisch-österreichischer Dichter und Lebenskünstler. Geboren 1924 in Budapest/Ungarn, gestorben am 14.06.2001 in Wien.

Ein sehr eigenartiger Mensch war der ungarisch-österreichische Dichter Zoltan Vér (sprich: Scholtaan Veer, letzteres Wort mit schmalem, auseinandergezogenem Mund wie beim Wort „Beere", so hat mir das Zoltan immer wieder mich streng korrigierend erklärt). Daß Zoltan ein Dichter war, das wußten nur er selber und ein paar von ihm sorgfältig ausgesuchte Vertraute. Er hatte einen großen Bekanntenkreis, da er fast auf jeder Veranstaltung war, aber nur bei solchen der bildenden Künste, denn den Literaturbetrieb und alles was damit zusammenhing, verachtete er zutiefst. Er weigerte sich auch beständig, irgend etwas von seinem Werk zu publizieren – „Nein, wirklich nicht, ich prostituiere mich doch nicht!" sagte er des öfteren entrüstet zu mir, wenn ich ihm riet oder sogar meine Hilfe anbot, diesen Weg zu beschreiten. „Ich habe mein Notizbuch, das genügt mir", pflegte er zu sagen. Und schon zog er dieses schmale Notizbuch aus der Innenseite seines Rockes oder seines Mantels und sagte: „Nur ein Gedicht, Paul, nur ein Gedicht!" Und er stellte sich sogleich unter die nächste Straßenlaterne oder vor ein noch hell erleuchtetes Schaufenster, denn ein solcher Augenblick war meistens lange nach Mitternacht, und dann las er mir nicht ein Gedicht, sondern immer mehrere Gedichte und dann noch eins und noch eins bis zum „Geht-nicht-mehr" vor. Und wehe, man machte ein Anzeichen, endlich gehen zu wollen. Dann war man in seinen Augen auch „einer von diesen Banausen", die er – so wie eigentlich die ganze Gesellschaft – verachtete. „Alles Banausen", pflegte er mit einer wegwerfenden Handbewegung zu sagen. Sich selbst hielt er für einen großen Dichter, für einen, der die Einsamkeit des Dichtens und im Dichten und in den eigenen Gedichten brauchte, vielleicht weil er auch nicht anders konnte. Zoltan Vér hat nie eine andere Lesung als diese „Laternenlesungen", wie ich sie nannte, abgehalten. Er hätte sich nie in und bei einer öffentlichen Lesung „prostituiert". Nein, der Zoltan war anders. Für ihn zählte nur der reine Gedanke, die reine Poesie. Alles andere interessierte ihn nicht, lehnte er ab, das hatte keinen Platz in seinem Leben. Von seinem Tod erfuhr ich aus der Zeitung; aus einer Zeitung, die ich aus einem Zeitungsbündel entnahm, das verschnürt und für irgendwen abholbereit in einer schäbigen Schiffahrtsstation am Ufer der Donau in Budapest lag. Ich war an der Zeitung interessiert, schlug sie auf, blätterte sie durch; und plötzlich sah ich den Namen „Zoltan Vér" auf einer Todesanzeige am Ende der Zeitung. Ich erinnere mich: Es hat mir einen

Stich ins Herz gegeben. Dann habe ich ihm einen Gruß hinauf ins Irgendwohin geschickt und gesagt: „Also, Servus, Zoltan Vér (Veer!), egal wo du bist, ich schick dir einen Gruß aus deiner Heimatstadt!" Wo wohl sein Notizbuch mit seinen Gedichten geblieben ist? Ich weiß es nicht. Einem Kulturattaché vom Collegium Hungaricum und meinem ungarischen Freund Gábor Görgey, der ja sogar für kurze Zeit Kulturminister in der ungarischen Regierung gewesen ist, habe ich gesagt: „Sucht doch das Gedichte-Notizbuch vom Dichter Zoltan Vér!" Aber ich glaube nicht, daß sie das veranlaßt oder getan haben; sie hatten wahrscheinlich Wichtigeres zu tun.

Vilikovsky Pavel, slowakischer Dichter, Schriftsteller und Übersetzer. Geboren am 27. Juni 1941 in Paludzka/Slowakei. Lebt in Bratislava.
Ich kann mich nur noch erinnern, daß wir beide uns bei einer Schriftstellerbegegnung in Bratislava getroffen haben. Wir waren uns sogleich sympathisch und gingen abgesondert von der übrigen Gruppe durch die Altstadt von Preßburg/Bratislava. Wir sprachen über das Schriftstellerleben und dessen Unterschiede in der (damals noch) Tschechoslowakei und bei uns im Westen. Pavel war vertrauensvoll. Er sprach aber ganz leise und war überhaupt von einer wohltuenden, fast scheuen Zurückhaltung. Irgendwie war er anders als die anderen SchriftstellerInnen, die da mitgingen. Der Pavel hatte ein etwas verwaschenes T-Shirt in Lila an, das weiß ich noch. Zwischen uns beiden war sofort eine Vertrauensbasis da. Wir hatten ja auch gleiche Vornamen. Aber das allein war es nicht. Es ist immer wieder das Unerklärbare in menschlichen Begegnungen, das einen sogleich einander näher bringt oder in Distanz verweilen läßt. Ich weiß auch noch, daß er das Wort „Freiheit" aussprach; etwas Seltenes. Für uns aus dem „Westen" war das etwas Selbstverständliches, jene aus dem „Osten" vermieden dieses Wort. Die sprachen immerzu nur von Verhältnissen und Umständen; und zwar so, als seien diese von irgend jemandem Unantastbaren gegeben und somit auch unabänderlich. Vielleicht war es dieses Wort „Freiheit", das uns miteinander verbunden hat.

Villa Saara Kyllikki, finnische Schriftstellerin, Übersetzerin und Weltenbummlerin. Geboren am 12. September 1923 in Helsinki, gestorben am 27. Februar 2010 in Helsinki.

Sie lebte in Helsinki – wenn sie nicht gerade wieder einmal auf Reisen war. Dann nämlich fuhr sie oft in mehrmonatigen Schiffsreisen auf einem Frachtschiff von Finnland nach Chile zu ihrer Tochter und zu ihrem Enkelkind. Auf diesen Reisen arbeitete sie dann, da machte sie ihre Übersetzungen. Sie hat auch Bücher von Elias Canetti übersetzt und – schon eine Ehre für mich – auch meinen Gedichtband „Lebenszeichen", der 1996 unter dem Titel „Elonmerkkejä" in Oulu in Finnland erschienen ist. Wir hatten mehrere Buchpräsentationen mit jeweils zweisprachigen Lesungen im Verlagsgebäude in Oulu, in der Deutschen Bibliothek in Helsinki sowie in der „Weißen Villa", dem Haus des Finnischen Schriftstellerverbandes, das eine großartige und großzügige Einrichtung ist, auch mit Schreibateliers für einheimische und für ausländische Schriftsteller, Dichter und Übersetzer. Kyllikki Villa war die Tochter eines protestantischen Pastors, der einige Jahre in Afrika war. Also wurde ihr das Reisen sozusagen schon in die Wiege gelegt. Privates weiß ich nicht viel von ihr. Wir haben bei unseren Treffen fast immer nur über die Menschen und das Leben gesprochen, auch kaum über Literatur. Bei ihr waren meine Gedichte in guten Händen, denn sie war sensibel und einfühlsam, verstand meine und die Gedichte der anderen und man brauchte nicht viel zu reden. Man sollte ja einem guten Übersetzer auch nicht viel dreinreden bei seiner Arbeit, er kann sie oder er kann sie nicht. Trotzdem hatten wir eine Korrektursitzung und diese fand im Warmbad Villach statt, wo sie sich immer wieder aufhielt. Sie ging gerne schwimmen, auch noch im September und bis Anfang Oktober bei zwölf Grad Wassertemperatur im Meer. Jedenfalls kam sie einmal gerade von einem solchen Oktoberschwimmen, als ich sie anrief. Kyllikki Villa war damals schon an die achtzig. Ich erinnere mich gerne an diese zarte, zerbrechlich wirkende Frau, die allein lebte, in einer kleinen Wohnung in einer Waldsiedlung, ganz nahe am Meer, an der Peripherie von Helsinki. Als wir einmal mit dem Schiff zusammen auf eine nahe Insel fuhren und das Zerbrechen der glitzernden, etwa zwanzig Zentimeter dicken Eisschicht durch den Eisenbug des Schiffes ein andauernd lautes Krachen erzeugte und noch dazu die Sonne alles in ein sehr schönes, blendendes Licht tauchte, da sah ich auch ein Leuchten auf Saara Kyllikis Gesicht und sie erschien mir wie eingetaucht in einen Augenblick des Glücks. Sie und das finnische Buch von mir waren jedenfalls die Brücke für weitere Reisen von mir nach Finnland und für einen wochenlangen Finnlandaufenthalt in einem schönen Spätsommer, bei dem ich auch die weite Landschaft mit den vielen Wäldern und Seen kennengelernt habe, und auch die Rentiere, die ich so gerne mag.

Vogel Alois, österreichischer Dichter und Schriftsteller. 1971 Gründungsmitglied und Generalsekretär, später Obmann (1986-90) des Literaturkreises PODIUM und 1976-92 Herausgeber der Reihe „Lyrik aus Österreich". Lebte in Pulkau im Weinviertel. Geboren am 1. Jänner 1922 in Wien-Favoriten, gestorben am 2. April 2005.
Mein mir liebster Freund unter den Schriftstellerkollegen war der Alois Vogel. Wir sind einander in den frühen Siebzigerjahren, gleich nach Gründung des Literaturkreises „Podium", dessen Mitbegründer und Obmann er dann Jahrzehnte hindurch war und dem auch ich seither angehöre, bei einer Podium-Lesung in der Kleinen Galerie in der Neudeggergasse in Wien, die ich später sechs Jahre lang geleitet habe, begegnet und haben uns so kennengelernt. Es dauerte einige Zeit, bis wir näher miteinander bekannt wurden und sich immer mehr unser Kontakt auch auf privater Ebene intensivierte, bis wir nach und nach Freunde wurden und sich im Lauf der Jahre unsere Freundschaft vertiefte. Wenn ich an ihn denke, sehe ich uns mit dem Alois und seiner lieben Frau Trude in ihrem wunderbaren Garten in Pulkau, entweder zu viert (ich mit Susanne) oder im Kreis mit anderen Freunden. Am schönsten war es an einem lauen Sommerabend, da wir vom späten Nachmittag an bis fast nach Mitternacht unter dem Nußbaum saßen, bei intensivem Gespräch und einer Flasche Wein um die andere, die der Alois aus seinem Keller holte,

und die Trude stellte immer wieder was zum Essen dazu. Von Alois und Trude habe ich viele Fotos gemacht, ob bei den von ihm organisierten Podium-Symposien in Pulkau oder im privaten Kreis. Eine der letzten Aufnahmen zeigt ihn mit einem Glas Rotwein vor sich, den Blick aufmerksam und zugleich träumerisch irgendwohin gerichtet. Ich mag dieses Bild, aufgenommen in Pulkau im Sommer 2003, nach der Eröffnung meiner Fotoausstellung über und in Pulkau. Auch in Wien sind wir des öfteren nach den Vorstandssitzungen beim Podium oder PEN oder nach anderen Veranstaltungen ein Stück des Weges miteinander gegangen, haben uns manchmal noch in das Espresso am Stephansplatz gesetzt, auf ein Glas Rotwein. Angerufen habe ich ihn immer knapp vor zwölf Uhr Mittag, wenn ich wußte, daß er nicht mehr unten in seiner Schreibstube, sondern schon oben zum Essen war. Immer hat die Trude abgehoben, dann den Alois gerufen, der in der Nähe war. In der Zwischenzeit habe ich mit der Trude geplaudert. „Wart ich geb ihn Dir gleich!" hat sie immer gesagt. Die Trude war es auch, die mich angerufen hat und mir mitteilte, daß der Alois in der Nacht gestorben ist. Ich war völlig fassungslos, konnte nichts sagen, eben auch zur Trude nicht. Ich fragte nur banal nach den Umständen seines plötzlichen Todes. Herzinfarkt. Ich dachte an meine drei ebenso verstorbenen Brüder. Dann sind wir zum Begräbnis nach Pulkau hinaufgefahren. Susanne und ich waren ganz hinten in der Kirche. Viele Freunde und Weggefährten waren da. Und wir sind dann hinter dem Sarg zum Grab jenen Weg gegangen, den wir ein paar Mal, wenn wir in Pulkau waren und die Kirche besuchten, auch mit dem Alois gemeinsam gegangen sind. Vor mir liegt mein Nachruf auf ihn, den ich damals geschrieben habe. Und ebenso ein Essay mit dem Titel „Das Maß des Menschlichen – mein Bild von Alois Vogel", den ich zu seinem achtzigsten Geburtstag verfaßt und in Pulkau bei der Feier vorgetragen habe. Eine Passage aus diesem Essay bringe ich hier, weil sie alles Wesentliche zusammenfaßt, was den Schriftsteller und Freund Alois Vogel betrifft:
„Durch das imaginäre Objektiv meiner Kamera sehe ich ihn, den Alois Vogel: eine große, aufrechte, schlanke Gestalt; in einem grauen Anzug, mit Strickweste und mit sorgfältig gebundener, farblich und stofflich dazu

Jiri Stransky

Alois Vogel

Adam Zielinski

Joseph Zoderer

passender Krawatte. Im Winter darüber ein knielanger, schwarzer Kapuzenmantel. Eine Baskenmütze oder eine Kangol-Kappe auf dem Kopf. Meist braune, elegante Halbschuhe aus feinem Leder, mit Gummisohle. Und eine Aktentasche unter dem Arm; darin allerlei Manuskripte, Zeitschriften; und wahrscheinlich auch ein Buch. Zurückhaltung, elegante Vornehmheit schon in der Erscheinung des Äußeren. Dem entsprechend eine solche im Benehmen, im Umgang, in den Gebärden, im Gespräch. Dazu noch eine gewisse, vorsichtige Bedächtigkeit, das Maßhalten in der Abgemessenheit ruhiger Bewegungen; das Abwägen der Worte beim Aussprechen der Gedanken. Der zielgerichtete Aufbau eines Satzes ebenso wie das harmonische Ausklingen desselben. Das Schweigen danach. Der Blick zum Gegenüber. Der fast schon liturgisch anmutende Griff zum Weinglas und das Trinken daraus. Das wieder immer wieder In-sich-Zurückkehren – für eine kurze Weile oder am Ende des Gespräches; beim Abschied. Die Frage, das Fragen überhaupt. Das Kreisen um eine vielleicht mögliche Antwort. Nichts als Behauptung, nichts als laute, als vorlaute Äußerung; nein. Immer wieder das „Glaubst du nicht, daß ...?" oder das „Es könnte aber vielleicht auch sein" als Rückfrage und Anfrage im Dialog; oder als Einwand. Nie: „Das ist so – und nicht anders!" Nein, immer die Sprache des eines trotz Lebenserfahrung und Lebensweisheit noch immer Suchenden, der für sich nicht „die Wahrheit gepachtet hat"; der noch immer neugierig ist auf andere Sichtweisen und Antworten; und diese – auch wenn er anderer Meinung ist – respektiert. Also ein Mensch, der – auch wenn und indem er seinen eigenen Standpunkt hat – andere Sichtweisen, Meinungen, Standpunkte und Haltungen gelten läßt. Das ist mehr, als man mit dem abgegriffenen Wort „Toleranz" bezeichnen mag. Nur für eines bringt er kein Verständnis auf, was in diesem Fall kein Mangel, sondern Haltung ist: Für Intoleranz und Gewalt. Lebenserfahrung – das bedeutet auch Erfahrung auf der politischen, auf der ideologischen Ebene. Ständestaat, Nazidiktatur, Militarismus überhaupt. Das ist bei Alois Vogel ein Bereich individueller Persönlichkeitserfahrung; auch als Grenzerfahrung im Krieg. Daraus resultiert eine prinzipielle, lebenslange Ablehnung. Diese gilt einer jeden Art von sich selbst absolut setzender Ideologie; weil sie den Menschen versklavt, ihn seiner Freiheit und Würde beraubt. Und die Wahrheit stets mit Füßen tritt. Und so gilt seine Ablehnung auch einer jeden Macht, die nicht demokratisch legitimiert ist oder sich über das Legitime hinwegsetzt. Hohle Pathos-Sprüche, leere Propaganda und deren Urheber miteingeschlossen. Hier definiert sich seine klare Position gegen den Mißbrauch vom Menschen und gegen die Herabwürdigung der Sprache zum bloßen Werkzeug."

Vogel Herman, slowenischer Dichter, Journalist, Lektor und Übersetzer aus Maribor. Geboren am 17. Juli 1941 in Lom nad Mezico, gestorben am 17. Mai 1989 in Maribor.
Wir betreten den Raum und er sitzt an seinem Schreibtisch, der quer vor das Fenster gestellt ist, in einem Kammerl. Verlag Obzorja in Maribor, den der älteste Sohn meines Freundes France Filipic leitet, und in dem mein Fotogedichtband „Oporoka casa" (Zeitvermächtnis) in der Übersetzung meines kärntnerslowenischen Dichterfreundes Andrej Kokot erscheinen soll. Vogel soll mich und das Buch betreuen. Wir sprechen ein wenig, er bietet Schnaps an, ich lehne ab, er trinkt einen; es ist etwa zehn Uhr vormittag. Ein kleiner, schmächtiger, schüchtern wirkender Mann, dieser Vogel. Beim Reden verhaspelt er sich oft. Er ist nervös; ohne einen Grund zu haben. Nichts drängt uns, wir haben Zeit, und ich bin sogar einmal geduldig. Irgendwie tut mir der Mann leid, vielleicht weil ich empfinde und es fühle, daß er leidet, vielleicht an sich selbst; ich weiß es nicht, jedenfalls zum damaligen Zeitpunkt noch nicht. Wir machen das Buch. Alles geht reibungslos, auch dank der großzügigen Subventionen, die ich dafür vom Bund und Land bekomme. Damals (1988) ist man an Ost-West-Kontakten noch sehr interessiert, an kulturellen, meine ich, nicht nur an wirtschaftlichen, so wie heute. Das Buch erscheint, ist sehr schön geworden. Es gibt eine Buchpräsentation mit zweisprachigen Lesungen in Maribor, Ljubljana, Klagenfurt; in Maribor mit einer begleitenden Fotoausstellung „Bildersprache" von mir. Wenig später erfahre ich vom tragischen, schicksalhaften Tod des Hermann Vogel. Er war auf dem Heimweg von irgendwoher in die Drau

gestürzt und ertrunken; in betrunkenem Zustand, tuschelte man hinterher, nach der Todesnachricht. Tragisch und traurig zugleich. Und ein schwerer Schicksalsschlag für die Witwe und die zwei Söhne. Einige Tage nach dem Unglück stehen mein Freund Andrej Kokot und ich auf dem Friedhof eines kleinen slowenischen Dorfes unterhalb von steil abfallenden Felswänden inmitten der Trauergemeinde. Ansprachen des Pfarrers und anderer Repräsentanten. Ein Männersextett, wahrscheinlich aus dem Dorf, singt das mir bekannte, mich stets berührende slowenische Lied „Kje so tiste stezice" (Wo sind unsere Wege...?). Der Sarg wird in die Grube gelassen. Und mir rinnen die Tränen über die Wangen.

Waarsenburg van de Hans, niederländischer Dichter, Schriftsteller, Übersetzer, Vorsitzender des Niederländischen PEN-Zentrums (1995-2000), Leiter der alle zwei Jahre stattfindenden internationalen „Maastricht International Poetry Nights". Geboren 1943 in Helmond/Niederlande. Lebt seit 1966 in Maastricht.
Überall, an vielen Orten und bei vielen Anlässen, sind wir einander begegnet und haben uns stets als alte Freunde herzlich begrüßt, obwohl wir kaum jemals Privates miteinander ausgetauscht haben. Immer hatte der Hans van de Waarsenburg einen unerschöpflichen Vorrat an Spirituosen mit. Er war ein guter Trinker, stand da seinen Mann. Er unterhielt sich gerne mit jemandem, redete stundenlang. Er ist blitzgescheit, hochintellektuell, spricht viele Sprachen, wie eben die Niederländer überhaupt. Und er lacht gern. Ich erinnere mich an ein langes Whiskey-Abend-Gespräch auf der Terrasse in der ehemaligen Tito-Residenz in Split, mit Blick aufs Meer, in einem imposanten Park. Da haben wir stundenlang geredet und getrunken, bis wir total erschöpft und auch besoffen waren. Aber schön war es. Am nächsten Tag brummte uns beiden der Schädel. „Na, wie geht's, Hans?" fragte ich ihn beim Frühstück. „Jetzt brauche ich ein Bier!" erwiderte er dann und lachte. Irgendwie hatte sein Trinken etwas Sportliches an sich; ja etwas Dionysisches, als sei es eine feierliche Kulthandlung. Der Hans hatte immer verrückte, auffallend bunte und

gemusterte Hemden an; so als sei er gerade aus Hawaii gekommen. Ich habe ihn nie anders angezogen gesehen, nie etwa mit weißem Hemd und Krawatte. Seine Stimme und sein Lachen waren/sind kräftig und laut. Ein sehr offenherziger Mensch. Er war bei jeder PEN-Tagung dabei und bei anderen internationalen literarischen Veranstaltungen. Manchmal sagte er, wenn wir – so wie in Struga – völlig frustriert waren: „Nie wieder!". Er kam aber dann doch wieder, jedes Mal, dahin und dorthin. Er liebte diese Gemeinsamkeit, dieses Zusammensein unter gleichgesinnten PEN-Freunden; genauso wie ich. Es war eine schöne, intensive Zeit.

Wall Richard, österreichischer Schriftsteller, bildender Künstler und Heimatforscher. Geboren am 7. Dezember 1953 in Engerwitzdorf/Oberösterreich. Lebt in Katsdorf im Mühlviertel, nahe bei Linz.
Vor langer Zeit gab es die Zeitschrift „Mühlviertler Kulturjournal", herausgegeben von der „Mühlviertler Künstlergilde", der wir beide angehörten. Die Zeitschrift machte mein Freund Peter Ratzenböck zuerst allein und später dann, gegen Ende zu mit dem Richard Wall. Das war eine sehr gute Zeitschrift, die weit über die genannte Region hinausging; keine Heimatzeitschrift nach dem üblichen konservativen Muster, das sich aus einem falschen, auf jeden Fall anachronistischen, einseitigen Heimatbegriff ableitete, sondern ein Journal für zeitgenössische Literatur und Bildende Kunst auch über die Grenzen hinaus, über die nächstliegende vor allem, nämlich jene zur damaligen Tschechoslowakei, also bis ins Böhmische hinein. Die jeweilige neue Nummer der Zeitschrift wurde auch vorgestellt, meist im Rahmen eines kleinen Festes. Wir trafen uns auch mit den tschechischen Kollegen, deren Beiträge so wie die unseren zweisprachig abgedruckt waren. Im Rahmen eines solchen zweitägigen Festes mit Präsentation und Lesungen im Stifter-Haus machten wir mit einem Boot eine Fahrt die Donau hinauf und wieder zurück. Da war, glaube ich, der Wall auch mit dabei. Man kam ins Gespräch, lernte sich kennen. Dort spielte auch seine GAV- und meine PEN-Zugehörigkeit keine Rolle; man war sozusagen unter sich, unter einem anderen Dach. Sonst hatten wir kaum Kontakt. Gerade daß wir uns begrüßten

und ein paar Worte wechselten, wenn wir einander bei einem Anlaß trafen; zum Beispiel in der Galerie Artmark in Wien vor einiger Zeit. Bei meinem Stipendienaufenthalt in Rom 2007 aber hatte ich sein Buch über Rom mit und studierte es richtig durch. Es leistete mir hervorragende Dienste. Und ich konnte mir gar nicht denken, woher der Richard Wall das alles wußte, was ich nicht wußte, von dem ich keine Ahnung hatte. Der Richard Wall ist nicht nur ein Literat (ein Wort, das ich nicht mag!), sondern auch ein sehr phantasievoller bildender Künstler. Da haben wir etwas gemeinsam: Er ist ein Beobachter und ich bin ein Beobachter, über das Umsetzen in Sprache und Literatur hinaus. Er zeichnet, malt und macht Skulpturen, sehr interessant – und ich fotografiere, seit Jahrzehnten. Also machen wir beide Bildgestaltung. Wir setzen die geschauten Bilder mit künstlerischen Mitteln um. Katsdorf kenne ich von früher her, als ich noch mit dem Moped von meinem Heimatort Haslach im Mühlviertel, an der tschechisch-österreichischen Grenze, nach Wien gefahren bin; da habe ich manchmal meinen Bruder in Steyregg besucht. Und deshalb bin ich „auf der drüberen Seite" gefahren; acht bis zehn Stunden lang, je nachdem, immer Wien-Haslach-Wien. Noch heute tut mir der Hintern weh, wenn ich daran denke. Und in Katsdorf habe ich einmal ein Schweinsbratl mit Mehlknödel gegessen und einen Most dazu getrunken; daran kann ich mich noch gut erinnern.

Wasilewski Antonin, polnischer Schriftsteller, Publizist.
Im Internet finde ich nichts über ihn. Also war er vielleicht kein sehr bedeutender Schriftsteller in Polen. Er lebte in Warschau. Seine Gattin war aus Sarajevo. Er sprach auch Kroatisch, Serbokroatisch hieß das damals noch. Er war von korpulenter Gestalt, das Gesicht war aufgedunsen, er aß gern und viel. Ansonsten trat er nie in Erscheinung, jedenfalls nicht öffentlich. Wir lernten einander bei einer der Schriftstellerbegegnungen im Rahmen der „Sarajevski dani poezije" (Tage der Poesie) in Sarajewo kennen. Er konnte gut Deutsch, also unterhielten wir uns des öfteren über dies und das, über nichts Wesentliches. Er hat aber später einmal, als mein Fotogedichtband „Farbenlehre und andere Gedichte 1967-1987"

erschienen war (1987) einen langen Artikel über das Buch für eine polnische Zeitung geschrieben und ihn darin publiziert und mir zugeschickt. Irgendwie haben wir uns aus den Augen verloren. Er hatte mich auch sehr kollegial nach Warschau eingeladen mit Quartier und Verpflegung in seiner Wohnung. Ich bin aber erst sehr viel später dann nach Warschau gekommen, hätte ihn da gerne kontaktiert und besucht, aber der Brief, den ich ihm vorher geschrieben hatte, kam mit „Adressat unbekannt" zu mir zurück.

West Arthur, österreichischer Dichter, Schriftsteller, politischer Journalist und Kulturredakteur der KPÖ-Tageszeitung „Volksstimme", Wien. Geboren am 24. August 1922 als Arthur Rosenthal in Wien, gestorben am 16. August 2000 in Wien.
Im Vorstand der IG Autorinnen Autoren sind wir jahrelang zusammengesessen, bei den Generalversammlungen haben wir oft – gemeinsam mit Butterweck, Kerschbaumer u.a. – Resolutionen und Proteste verfaßt und formuliert. Ich habe den Arthur West als einen integeren, idealistischen und zugleich pragmatischen Menschen kennengelernt. Ich habe aber nie begriffen, wie jemand – nach all den offenbar gewordenen Greueltaten des Stalinismus mit über 20 Millionen Ermordeten – noch an die Ideologie des Kommunismus glauben konnte. Ich verstehe aber, was es für einen persönlich bedeutet, diesen mit dem eigenen Leben aufs engste verbundenen Glaubensstatus zu verlieren oder in Frage stellen zu müssen und wie schwierig es ist, sein muß – wenn nicht eben unmöglich, was absolut meine Meinung ist – zur dogmatischen kommunistischen Ideologie und der KPÖ nach all dem und mit dem eigenen Wissen zu stehen. Mir unbegreiflich. Aber das machte eben den Arthur West aus: an die Herstellbarkeit von Wahrheit, Gerechtigkeit, an die Verbesserung von Gesellschaft und Politik, ja der Welt zu glauben. Er war ein – wie ich denke: vielleicht blinder – Idealist. Aber ich habe ihn gemocht, seine leise aber eindringlich vorgebrachten Einwände und Mahnungen, die uns immer wieder zu Fragen zurückführten, für die wir auch Antworten und

Haltungen zu finden und einzunehmen haben. Dr. Arthur West war – bei aller Ideologieverhaftung – ein Moralist und ein Gläubiger, so paradox das auch sein mag.

Wickenburg Erich Graf, österreichischer Schriftsteller, Kulturpublizist, Präsident des Österreichischen P.E.N.-Clubs von 1980 bis 1988. Geboren am 19. Jänner 1903 in Kasern, Gemeinde Bergheim/Herzogtum Salzburg, gestorben am 7. September 1998 Salzburg-Kasern/ Land Salzburg.
Ein liebenswürdiger Grandseigneur, immer mit seiner Gattin, der Frau Gräfin, unterwegs. Lächelnd, bescheiden, friedliebend, auf Harmonie und Versöhnung bedacht; lieber keine Konfrontation, nur ja keinen Streit, denn das stört die (eigene innere) Ruhe. So seine Grundeinstellung und seine Devise und so sein Handeln, seine Präsidentschaft im PEN. Oft ein feines, verständnisvolles Lächeln ins seinem Gesicht, wie in dem eines Weisen. Und die Frau Gräfin zündet sich schon die vierte Zigarette an und der Herr Graf sieht gelassen darüber hinweg. Sie sehr lebendig, er zurückgelehnt, ruhig, entspannt. Ineinander eingehängt auf dem Weg nach Hause am Heumarkt, so sehe ich sie vor mir. Er in einem alten Mantel, die Frau Gräfin noch immer elegant und eine schöne Erscheinung, auch mit achtzig. Auf einem Schwarzweißfoto, das ich in den Achtzigerjahren von ihnen gemacht habe, lächeln sie mich an.

Widder Bernhard, Dipl.-Ing., Architekt, österreichischer Lyriker, Schriftsteller, Übersetzer, Wien. Geboren 1955 in Linz/Oberösterreich. Lebt in Wien.
Bernhard Widder stammt aus Linz; also sind wir beide Oberösterreicher und beide sind wir in Wien ansässig. Er ist ein kräftiger und unternehmungslustiger Mensch, hat sogar etwas von einem Abenteurer an sich. Das macht der Sport, das macht das Wandern, das machen seine Reisen, das macht seine Neugierde, das macht sein Wachsein. Es ist, als sei er

immer auf der Suche, nach etwas Bestimmten, das es geben muß oder geben müsse, von dem er weiß oder fühlt, daß es das gibt; egal wo. Mein in den Dolomiten 1949 verunglückter Bruder Josef war, glaub ich, mit seinem Vater bekannt; ich erinnere mich dunkel daran, jedenfalls kannte ich den Namen „Widder" schon lange, bevor ich den Bernhard kennengelernt habe. Wo und in welchem Zusammenhang das war, weiß ich nicht mehr. Ich erinnere mich aber, daß wir zusammen mit dem Peter Tyran und meiner Lebensgefährtin Susanne vor mindestens zwanzig Jahren bei einer PEN-Tagung in Bled einen Spaziergang rund um den See gemacht haben. Eine von ihm organisierte Lesung hatte ich auch in einem Hinterhofatelier im 2. Bezirk bei der Praterstraße. Und auch sonst waren wir immer wieder zusammen. Ein langes Gespräch hatten wir einmal nach einem Begräbnis in einem Gasthaus beim Zentralfriedhof. Jetzt haben wir keinen Kontakt mehr, seit einiger Zeit. Ich weiß, daß er in Südamerika war und sich sehr für andere Länder und Kulturen interessiert; daß er nicht engstirnig ist, sondern ein offener Mensch.

Wimmer Paul, österreichischer Schriftsteller, Dichter, Literaturwissenschaftler, Übersetzer, Rezensent, Hörspielautor, ORF-Literatur-Mitarbeiter, langjähriger Generalsekretär des Österreichischen Schriftstellerverbandes. Geboren am 18. April 1929 in Wien, gestorben am 6. Jänner 2008 in Wien.
Der Paul war immer und überall anzutreffen, bei jeder Veranstaltung der vorher genannten Organisationen; und er war gerne mit dabei, das konnte man deutlich sehen. Er freute sich über die Literatur, über den Geist und die Schönheit des Gesagten. Und er war gern mit Kollegen und Kolleginnen zusammen. Für die hat er auch sehr viel getan; allein schon durch seine ins Unermeßliche gehenden Rezensionen ihrer Bücher und mit seinen Aufsätzen, die überall erschienen und die eine wertvolle Unterstützung der Kollegenschaft in ihrem Bemühen war, in der Literaturszene Fuß zu fassen und bekannt zu werden. Er war Mitarbeiter im ORF unter Ernst Schönwiese, dem Abteilungsleiter für Literatur. Als solcher schrieb er für

eine Sendung über mich sozusagen das „Drehbuch" und verfaßte darin eine Charakteristik von mir, die im Wesentlichen heute noch Gültigkeit hat. Das heißt: Er hat das Wesentliche erkannt, bei mir und bei den anderen. Für mich war es die erste Sendung über mich mit meinen Gedichten und einer Präsentation von mir als Dichter. Das war am 31.5.1970 in Ö1 zu einer Hauptsendezeit um 19 Uhr am Abend, zwanzig Minuten lang war diese Sendung. Ich war ein unbekannter Dichter, der so vorgestellt wurde. Der Paule, wie ich ihn später manchmal genannt habe, legte kaum Wert auf sein Äußeres, er erschien stets in einem ziemlich abgetragenen Anzug, dem man die Jahrzehnte seines Verschleißes deutlich ansah, und er trug dazu irgendwelche abenteuerlichen Hemden und nicht dazu passende, vor dreißig Jahren vielleicht einmal moderne Krawatten. Aber das war eben sein Markenzeichen. Er lebte höchst bescheiden, ich glaube in einer kleinen Wohnung mit seiner sehr alten Mutter, die er betreute; so wie er das dann ebenso hingebungsvoll bei der Jeannie Ebner tat, um die er sich rührend kümmerte.

Bei einem internationalen Poesiefestival in Liège/Belgien hatten wir dann wieder einmal näheren Kontakt. Wir sind durch die Straßen von Liege spaziert, und der Paule hat geredet und geredet; man kam bei ihm kaum zu Wort. Der Grund dafür war, daß er trotz seines Hörgerätes schlecht hörte und ständig zu erraten versuchte, was der andere wohl gesagt haben könnte, anstatt genauer hinzuhorchen. Das war auch typisch für den Paul. Ich erfuhr so nebenbei – ich weiß noch genau, er sagte das, als wir über eine Brücke gingen – von ihm, daß er in der NS-Zeit gegen die Nazis opponiert hatte, was ihm bald einen KZ-Aufenthalt eingetragen hätte. Sprachlos war ich, als der Paul in einem Geschäft plötzlich fließend Flämisch sprach. „Das habe ich nicht wirklich gelernt" sagte er, „ich hab es nur nebenbei mitbekommen". Dann fotografierte ich den Paul, machte ein Porträt vor dem Festivalplakat von ihm; und umgekehrt machte er eines von mir, das wirklich gelungen war, worüber ich mich freute und wunderte, weil der Paul ja alles andere war als ein technisches Genie. Daß er eine Augen- und eine Gehirntumor-Operation gehabt hatte, erfuhr ich auch so nebenbei von ihm. „Aber jetzt geht es mir wieder gut", sagte er.

So ganz glaubte ich ihm das allerdings nicht. Und ich hatte leider recht: Der Paul erkrankte an einem weiteren Gehirntumor, lag dann lange im Spital in Lainz. Ich rief einmal dort die Stationsschwester an und fragte, ob ich ihn besuchen könne. Ja, das schon, meinte sie, aber ob er sie erkennen kann, ist eine andere Frage. Und bevor ich noch zu meinem immer wieder hinausgeschobenen Besuch kam, ist der Paul Wimmer gestorben. Ich erfuhr von seinem Tod leider erst nach seinem Begräbnis. Irgendwelche Verwandte, die sich angeblich Zeit seines Lebens nie um ihn gekümmert haben sollen, haben seine Wohnung noch vor seinem Tod ausgeräumt und dabei fast alles weggeschmissen und als wertloses Zeug entsorgt. Also, was vom Paul letztlich geblieben ist, das ist – wie bei so vielen Dichtern und Schriftstellern – „nur" das geschriebene Wort. Aber das überlebt länger als vieles andere.

Yildiz Serafettin, türkisch-österreichischer Dichter und Schriftsteller, Schulberater für MigrantInnen des Wiener Stadtschulrates. Geboren am 7. Mai 1953 in Trabzon/Türkei. Lebt seit 1978 in Wien; seit 1991 österreichischer Staatsbürger.
Wir standen inmitten der Stadt Istanbul, früher Konstantinopel genannt, und fotografierten uns gegenseitig. Der Yildiz mich vor der Hagia Sophia, früher bedeutendste Kirche, später Moschee, heute Museum der Stadt. Und ich fotografierte ihn vor dem Hintergrund der gegenüberliegenden Blauen Moschee. An den Sträuchern blühte noch der Hibiskus in voller Pracht. Da und dort sah man rote Granatäpfel an den Bäumen oder bereits abgeerntet auf Schubkarren und kleinen Verkaufsständen. Ich nannte den Yildiz immer Yildiz, weil ich lange Zeit glaubte, daß dies sein Vorname sei, und weil es einfacher und kürzer war. Ich war für ihn der Peter Paul. Wir waren auf Lesereise in der Türkei – mit den Stationen Istanbul, Izmir, Mersin. Ich hatte den Yildiz beim Ministerium dafür vorgeschlagen und mitgenommen, weil wir zweisprachige Lesungen machen wollten. Ich hatte ja auch einen vor kurzem erschienenen Gedichtband in Türkisch zu präsentieren, der in der Übersetzung der Germanistikprofes-

sorin an der Universität von Izmir, Frau Professor Dr. Gertrude Durusoy, unter dem Titel „Yasam Belirtisi" (Lebenszeichen) in einem türkischen Verlag erschienen war. Wo und wenn immer es möglich ist, mache ich ja zweisprachige Lesungen. In Istanbul hatten wir diese Lesung im Festsaal der Österreichischen Botschaft, die wunderschön direkt am Bosporus liegt; dies im Rahmen der Eröffnung einer Fotoausstellung von mir, die unter dem Titel „Bildersprache" stand. Alles war sehr gut gestaltet. Wir hatten eine schöne Lesung, sprachen jeder ein paar Worte dazu, meine auch ins Türkische übersetzt. Dem Publikum und den Botschaftsangehörigen vom Österreichischen Kulturinstitut gefiel es. Und so machten wir alle unsere Veranstaltungen auf diese Weise: Der Yildiz las seine Gedichte auf Deutsch und seine sowie meine in Türkisch, ich trug meine im Original auf Deutsch vor. Das war dann an den Universitäten in Istanbul, in Izmir und in Mersin so. Es lief alles ganz gut. Bis zu dem Zeitpunkt, als der Yildiz vor versammeltem Auditorium von etwa zweihundert StudentInnen nach der Lesung auf Österreich zu sprechen kam und unser Land als die Menschenrechte mißachtenden Staat mit ebensolcher Gesellschaft darstellte. Dem widersprach ich heftig. Gerade in der Türkei – „Sie wissen schon, was ich damit meine!" – könne man über unser Land nicht so generalisierend und „es auf den Punkt bringend" sprechen und Österreich als ein Land so hinstellen, wie es im Gesamten nicht ist. Und dann noch deutlicher: „Bei uns werden nicht wie in anderen Staaten der Welt Minoritäten absolut unterdrückt, deren Existenz geleugnet, deren Sprache verboten; bei uns werden nicht Gewerkschafter, Journalisten und Schriftsteller in Gefängnisse gesteckt, unter unmenschlichen Bedingungen, dort gefoltert oder vom Geheimdienst sogar ermordet." Natürlich meinte ich die Türkei, ohne sie zu benennen. Und ich fügte zu Yildiz noch hinzu: „Bei uns wurdest du gastfreundlich aufgenommen, dein Studium wurde bei uns anerkannt, du hast rasch die Österreichische Staatsbürgerschaft bekommen, du hast einen Job bekommen von der Stadt Wien und seiner Verwaltung, du bist frei und unabhängig, bist souverän, kannst so sein wie du bist und sein willst. Das ist die Realität, alles andere ist unrichtig, ist eine grobe Verzerrung der Wirklichkeit, widerspricht den Tatsachen, oder noch schlimmer, erzeugt absichtlich ein falsches Bild. Wenn ich Österreich schon kritisiere, dann tue ich das im Inland und in ganz konkreten Punkten, aber nie im Ausland und wenn ich Gast des Außenministeriums und Repräsentant, also ein Kulturbotschafter meines Landes bin". Das wurde verstanden, von den StudentInnen, den ProfessorInnen, den LektorInnen; und vor allem von Serafettin Yildiz selbst. Er saß dann verlegen, beleidigt und sprachlos neben mir auf dem Podium. So etwas wie einen Eklat hatte es gegeben, ausgelöst durch meinen öffentlichen Widerspruch. Ab dann war das Verhältnis zwischen Yildiz und mir gestört, wir sprachen kaum noch miteinander, absolvierten zusammen nur noch den Flug nach Wien. Seither habe ich keinen Kontakt mehr zu ihm, ich suche ihn auch nicht. Eigentlich schade, daß etwas Gemeinsames so endete! Aber der Schriftsteller ist der Wahrheit verpflichtet und darf einfach nicht opportunistisch sein und wahrheitswidrige Aussagen machen. Das ist mein Grundprinzip und an das halte ich mich.

Zaradachet Hajo, syrisch-kurdischer Exilant in Deutschland, Lyriker, Sprachwissenschaftler, seit 1998 Präsident des Kurdischen Exil-PEN-Zentrums in Deutschland. Geboren 1950 in Syrien.
Wir trafen einander zweimal, aber diese Treffen waren wichtig und sind unvergeßlich. Das war bei den PEN-Weltkongressen in Helsinki und in Warschau. Irgend jemand von den Exilkurden hatte ihn und seine Freunde informiert, daß ich ein möglicher Ansprechpartner für kurdische Fragen sei. Die am Kongreß anwesenden Kurden kontaktierten mich in Helsinki. Wir hatten ein ausführliches Gespräch. Alle bis auf die Freunde aus Paris sprachen perfekt Deutsch. Es ging um einen Antrag an das Plenum, eine Kurdische Friedenskonferenz irgendwo in Europa abzuhalten. Der International PEN sollte die Plattform sein und die Patronanz sowie die Organisation dieser Friedenskonferenz übernehmen. Leider war der Antrag unglücklich formuliert, denn er enthielt den politisch nicht korrekten Begriff „Kurdistan", was man als Anspruch auf einen souveränen kurdischen Staat interpretieren konnte und von türkischer Seite auch tat. Sogleich war ein Riesenwirbel und

die armen Kurden „gingen unter". Der allgemeine Tenor war: Kommt gar nicht in Frage! Wir handeln uns doch damit nur ein politisch brisantes Problem ein. Also Ablehnung des Antrages. Und an vorderster Ablehnungsfront war ausgerechnet ein ehemaliger Juso-Chef aus der BRD – oder war er gar aus der SED, der ehemaligen DDR. Und beim Ablehnungsvotum stimmte ohne vorherige Wortmeldung und differenziertes Eingehen auf das Problem auch die Delegation des Österreichischen P.E.N.-Clubs mit seinem Präsidenten Dr. Wolfgang Fischer mit. Man hätte sich ja bei der Abstimmung auch der Stimme enthalten oder eine Korrektur im Antragstext vorschlagen können. Aber nein, einfach ablehnen; keine Schereien machen! Also fiel der Antrag durch. Die Kurden waren enttäuscht, ja niedergeschlagen. Ich war wütend und empört. Ich war sowieso nur Beobachter, hatte kein Stimmrecht, der Österreichische P.E.N.-Club hatte mich ja nicht delegiert, obwohl ich mich schon vorher drei Wochen in Finnland aufgehalten hatte; ich war nur als Journalist akkreditiert. Draußen vor dem Saal sprach ich dann zuerst mit „meinem" PEN-Präsidenten, Dr. W. Fischer. „Aber so was geht doch nicht", meinte er. „Wir haben ja gar nix gegen eine gewisse kulturelle Autonomie auf dem jeweiligen Staatsgebiet, etwa nach dem Muster der Schweiz". „Wovon redest Du denn?" erwiderte ich wütend, „das ist ja absurd. In der Türkei führt das türkische Militär (NATO-Mitglied) einen Krieg gegen die Kurden, hunderte Dörfer hat sie niedergebrannt, Menschen verfolgt und gequält, die kurdische Sprache ist verboten, die Türkische Regierung leugnet, daß es überhaupt Kurden gibt, das sind nur anatolische Bergtürken, sagen sie." Und dann fügte ich noch hinzu: „Also großartig, wie da die Österreichische P.E.N.-Delegation wieder einmal agiert hat! Du redest von kultureller Autonomie, hier geht es aber um Menschenrechte!" Und dann drehte ich mich um und ging, ließ den Dr. Fischer einfach stehen. Dann kamen die kurdischen Kollegen und baten mich um Rat und Hilfe. Ich sagte ihnen, daß es ein Fehler gewesen sei, das Wort „Kurdistan" in ihrem Resolutionsantrag zu verwenden; und sie begriffen auch sogleich, warum. Ich sagte: „Ihr müßt den Antrag neu formulieren. Gut, machen wir das gemeinsam. Und Ihr müßt Lobby-Arbeit unter den Delegierten betreiben. Und beim nächsten PEN-World-Congress, eben in Warschau, reicht Ihr den Antrag wieder ein."

Genauso machten wir es. Wir trafen uns in der russisch-orthodoxen Kirche oben auf dem Hügel, besprachen dort die näheren Details und formulierten den Antrag neu. Beim PEN-Kongreß in Warschau ging dann die beantragte Resolution mit der Forderung nach Beachtung der Rechte für die kurdische Volksgruppe durch und wurde über die internationale Presse transportiert. Mit Dr. Zaradachet war ich dann noch einige Zeit lang in brieflichem Kontakt; ebenso mit einigen anderen kurdischen Freunden. Emine Erdem übersetzte einen Reisebericht von mir von einer meiner frühen Türkeireisen ins Türkische und der Text wurde in einer türkischen Literaturzeitschrift publiziert. Jahre später erschien auch mein Gedichtband „Yasam Belirtisi" (Lebenszeichen). Die „Kurdische Frage" aber beschäftigt mich noch heute. Und aus dem damaligen Verhalten einiger österreichischer P.E.N.-KollegInnen habe ich meine Lehre gezogen.

Zelman Leon, polnisch-österreichischer Publizist, Gründer (1980) und Leiter des Jewish Welcome Service Vienna, Herausgeber der Jahresschrift „Das jüdische Echo", KZ-Überlebender. Geboren am 12. Juni 1928 in Szczekociny/Polen, gestorben am 11. Juli 2007 in Wien.
Er war kein Berufsschriftsteller, aber er hat gegen Ende seines Lebens seine Autobiographie niedergeschrieben, ein zutiefst ergreifendes Buch. Ich hatte ihm nach Erscheinen meines Fotogedichtbandes „Farbenlehre", das sich in Gedichten und Fotografien mit dem Holocaust befaßt und einen großen KZ-Mauthausen-Teil darin hat, dieses Buch geschickt. Er hat sich dafür bedankt. Und wir kannten und grüßten einander, wenn wir uns begegneten; meist mit einem leichten Kopfnicken. Der Herr Dr. Leon Zelman saß oft und gerne im Café Europa am Graben, im Sommer heraußen; das Lokal befindet sich am Graben gleich nach dem Stock-im-Eisen-Platz neben dem Haas-Hochhaus. Dort war er fast immer in Gesellschaft. Das Lokal war und ist noch immer ein Treffpunkt von jüdischen Kreisen und von Emigranten in Wien. Nur einmal hatten wir ein Gespräch. Das war, als wir beide an einem Sonntag stundenlang in der Ambulanz des Krankenhauses der Barmherzigen Brüder in Wien warten

mußten. Das war knapp nachdem der damalige SPÖ-Vorsitzende und Bundeskanzler Dr. Gusenbauer die Beteiligung des führenden FPÖ-Politikers Strache an sogenannten „Wehrsportübungen" als Jugendtorheit abtat, anstatt sie als das zu benennen, was es wirklich war, als Beteiligung an „Kampfspielen" einer neonazistischen Gruppierung in Österreich. Das kam im Gespräch zwischen Zelman und mir zur Sprache und ich fragte ihn, wie er – als prominentes SPÖ-Mitglied und Gusenbauer-Freund – das einschätze und welche Konsequenzen, etwa den Austritt aus der SPÖ, er zu ziehen gedenke. Der Dr. Zelman hat sich, ebenso wie ich, sehr über Gusenbauers Verhalten, über seine unbegreifliche und unverzeihliche Bagatellisierung aufgeregt; aber mehr noch: er hat darunter sehr gelitten. Er sagte mir, er müsse und werde sich seine Konsequenzen überlegen. Am nächsten oder übernächsten Abend war in den Abendnachrichten des ORF ein Interview mit Zelman, in dem er seinen Parteiaustritt aus der SPÖ als Konsequenz aus dem Vorgefallenen als Möglichkeit andeutete. Das machte sicherlich großes Aufsehen und hat wahrscheinlich Anlaß zu SPÖ-internen Diskussionen gegeben. Jedenfalls mehrten sich die kritischen Stimmen und Gusenbauer stand mit seiner Bagatellisierung und Formulierung ziemlich isoliert und auch als SPÖ-Politiker und Staatsbürger blamiert da. Ich freute mich über Zelmans Haltung und Aussage. Und war ein wenig stolz darauf, daß unser Gespräch mitgewirkt hatte, daß es zu dieser öffentlichen Stellungnahme gekommen war. Bei den Begräbnisfeierlichkeiten zu Zelmans Beerdigung auf dem Zentralfriedhof in Wien stand ich ganz hinten in der Synagogen-ähnlichen Zeremonienhalle, hatte meinen schwarzen Hut auf, und nahm in Erinnerung an unsere Begegnungen meinen persönlichen Abschied von diesem bedeutenden Mann. Von der Ferne sah ich zu, wie der Sarg ins Grab gesenkt wurde. Und aus der Ferne hörte ich die hebräischen Worte des Oberrabbiners Eisenberg, als er das Kaddisch, das jüdische Totengebet sprach. Es war Juli, es war heiß, es war ein guter Abschiedstag.

Zemljar Ante, kroatischer Dichter, 1949-1953 politischer Häftling auf der berüchtigten kommunistischen jugoslawischen Gefängnisinsel Goli Otok. Geboren 1922, gestorben 2004.

Als ich den Hörsaal an der Universität Zagreb betrat, war ich sehr erstaunt und zugleich erfreut, inmitten all der versammelten StudentInnen meine beiden Kollegen und Freunde Mirko Mirkovic und Ante Zemljar anzutreffen, die extra zu meiner Lesung gekommen waren. Den Mirko kannte ich ja schon von Bled her, seit vielen Jahren, den Ante Zemljar seit unserem Zusammentreffen bei der PEN-Alpe-Adria-Konferenz in Split, wo wir einander auf der Überfahrt zur Insel Brac und beim dortigen Aufenthalt kennengelernt hatten. Mirko übersetzte, da Ante zwar Französisch und Italienisch, aber kein Englisch sprach, und ich mit meinen Serbokroatisch-Relikten nicht ausreichend zurechtkam. Ante schenkte mir ein schmales Bändchen, billig aber schön gemacht; und darin seine Zeichnungen und Gedichte von seiner Inhaftierung auf der berüchtigten jugoslawischen Tito-KZ-Insel Goli Otok, wo Systemabweichler und aufrechte Sowjet-anhängige Kommunisten, oft auch Partisanen, so wie Ante Zemljar, natürlich ohne jedes Gerichtsverfahren und ohne ein daraus resultierendes Gerichtsurteil, bei Zwangsarbeit unter unmenschlichen Bedingungen jahrelang und oft bis zum Tod festgehalten wurden. Schon beim Durchblättern des Buches kam mir das Grauen. Ich wußte damals schon, was Goli Otok war und bedeutete. Ante Zemljar war von 1949-1953 als Häftling auf Goli Otok, mein damals auch schon verstorbener Freund Branko Hofmann sogar acht Jahre! Wir haben uns ausführlich über Goli Otok, über die Partisanen, den Tito-Kommunismus, das neue Regime unter Tudjman unterhalten; auch auf die Insel Pag sind wir zu sprechen gekommen, woher Ante stammte und wo er ein Haus besaß, das irgend jemand sehr viel später unter mysteriösen und nie aufgeklärten Umständen gesprengt hatte. Anscheinend wurde es aber wieder aufgebaut, denn Ante starb dort 82-jährig im Jahr 2004. Diese und andere Begegnungen waren für mich Anlaß und Ausgangspunkt, mein Jugoslawien-Bild neu zu überdenken und zu korrigieren, den Partisanenmythos in mir zu hinterfragen und zu zerstören.

Zettl Walter, österreichischer Wissenschaftler, Dichter, Schriftsteller, Diplomat, Kulturattaché an der Österr. Botschaft in Rom, Direktor des Österreichischen Kulturinstituts in Rom. Geboren 1919.

Es muß in den ganz frühen Siebzigerjahren in Wien gewesen sein, als ich zusammen mit meinem Kollegen Georg Butterweck den Max Reinhardt Nachlaß von der Theatersammlung an der Österreichischen Nationalbibliothek am Institut für Theaterwissenschaft zu erfassen, zu bearbeiten und zu katalogisieren versucht habe. Nach einem Läuten an der Tür und nachdem ich diese geöffnet hatte, betrat ein etwas älterer freundlicher Herr den Raum, wandte sich an meinen Chef, Professor Dr. Kindermann, und an die Leiter der Max Reinhardt-Forschungsstelle und nahm nach einem kurzen Gespräch mit diesen am Schreibtisch vis-à-vis von mir Platz. Er las in einem Buch und in verschiedenen Schriften, suchte Material für einen Vortrag über Max Reinhardt in Rom zusammen. Wir kamen ins Gespräch, und ich erfuhr, daß er der Direktor des Österreichischen Kulturinstituts in Rom war. Das interessierte mich. Jahrzehnte später war ich dann einige Male zu längeren Stipendienaufenthalten in Rom, machte ein Buch aus den dort geschriebenen Texten und hatte auch eine zweisprachige Lesung am Österreichischen Kulturinstitut. Ausgangspunkt für all dies war mein damaliges Gespräch mit dem Herrn Dr. Zettl, der mein Interesse für diese Stadt und meine Sehnsucht, diese kennenzulernen, durch seine Erzählungen anregte und intensivierte. Sehr viel später dann ist Rom zu meiner Lieblingsstadt geworden. Der Herr Hofrat Professor Dr. Zettl schrieb auch Gedichte, wie er mir damals sagte, die er publizieren wollte, und fragte mich so nebenbei nach einer eventuellen Möglichkeit dafür. Ich nannte ihm den mir schon damals bekannten „Literaturkreis Podium", der eine Buchreihe „Österreichische Lyrik" herausgab, und die Namen Alfred Gesswein sowie Alois Vogel als Herausgeber, an die er sich wenden sollte. Sein Gedichtband erschien dann auch in dieser Reihe. Der Herr Direktor Dr. Zettl war ein würdiger Herr, eben ein Hofrat, einer von der Alten Schule, mit einem aristokratischen Benehmen. Seither kennen wir einander, also nun schon seit fast 40 Jahren. Und da er so wie ich auch im Dritten Bezirk irgendwo um die Landstraße zu wohnen scheint, treffen wir hin und wieder aufeinander, in der letzten Zeit aber doch seltener; denn der Herr Hofrat Professor Dr. Walter Zettl ist jetzt ja auch schon im 91. Lebensjahr. Da ich nun dies schreibe und vorher kurz im Internet recherchiert habe, erfuhr ich, daß wir noch etwas gemeinsam haben: Sein Vater, ein bekannter Dialektdichter, stammte nämlich auch aus dem Böhmerwaldgebiet, aus einem ehemals deutschsprachigen, dann nach 1945 dem Erdboden gleichgemachten Ort in Südböhmen. Der Herr Kollege Dr. Zettl hat über seinen Herrn Vater selig auch einmal im „Böhmerwaldmuseum", das gleich am Beginn der Ungargasse in einem Privathaus untergebracht ist, einen Vortrag gehalten. Ich will seit langem dieses Museum besuchen. Vielleicht gibt auch dafür der Herr Kollege Dr. Zettl, so wie damals vor 40 Jahren, einen Anstoß dazu.

Ziegler Senta, österreichische Juristin, Schriftstellerin und Journalistin. Geboren in Schlesien während der letzten Kriegsjahre.
Hin und wieder treffe ich sie noch, in der Stadt, bei einem meiner Spaziergänge. Oder sie sitzt im Atelier ihrer Malerfreundin in der Grünangergasse; so wie gestern. Dann klopfe ich ans Fenster, sie winkt mir freundlich zu und deutet mir hereinzukommen, was ich gerne tue. Dann plaudern wir ein wenig. Sie fragt mich immer, wie es mir geht. Ich antworte wahrheitsgemäß mit „gut" oder „schlecht". Das „schlecht" begründe ich ihr gegenüber. Denn ich habe seit Jahrzehnten zu ihr ein Vertrauensverhältnis. Das ist selten und somit etwas Kostbares. So war es auch gestern. Ich sprach über mein Buchprojekt „Schriftstellerbegegnungen" und daß ich sie da auch mit hineinnehmen möchte, allein wegen eines Buches, das sie geschrieben hat. Das Buch trägt den Titel „Sie kamen durch. – Das Schicksal zehn jüdischer Kinder und Jugendlicher, die 1938/39 aus Österreich flüchten mußten". Sofort taucht in mir das Wort „Nazizeit" auf. Sogleich sehe ich die mir bekannten Bilder: die Menschen mit ihren Koffern und ihren Habseligkeiten darin, in einer lange Schlange, alle den gelben Judenstern auf der Brust. Die einen zu den Personenzügen ins Ausland, noch rechtzeitig, die anderen zu den Waggons nach Auschwitz,

in den Tod. Stets hat mich das bis ins Innerste ergriffen. Und so begreife ich auch dieses Buch und die darin geschilderten Personen und Ereignisse. „Für Peter Paul, den Freund, sehr herzlich. Senta. Wien, Juni 1988" steht als Widmung vorne im Buch. Im Klappentext der erste Satz: „Ein Jude war immer ein Außenseiter". Dann folgt eine Einführung zu diesem Buch und seiner Problematik, die alles aussagt und alles miteinschließt. Alles Gesagte ist so wahr wie es nur wahr sein kann, weil alles so war wie es war. Das Buch handelt von der – für diese Emigrantenfamilien möglichen und somit noch rechtzeitigen – Emigration; also von der Rettung vor der drohenden Vernichtung. Kindheit, Kinderleben. „Die zehn Mädchen und Buben stehen für unzählige, denen das gleiche Schicksal widerfahren ist ... Alle haben Wunden davongetragen, die niemals heilen werden." Das Buch hat Senta ihren beiden Kindern Theresa und Felix gewidmet. Nicht nur eine berührende Geste, sondern eine Art Vermächtnis durch Aufklärung. Ja, so sollte es sein, war und ist es aber in Österreich nicht. Nein, reden wir nicht von „Wiedergutmachung"! Die gibt es sowieso nicht. Und die Tätergeneration sowie deren Nachfahren dürfen dieses Wort, auch wenn es keine Kollektivschuld gibt, nicht einmal in den Mund nehmen. Ein Vergeben ist da kaum möglich. Was einzig möglich, absolut notwendig und immer wieder mit allem Nachdruck einzufordern ist, das ist die „Aufarbeitung der Geschichte"; und die Täter und Mitträger des Naziregimes sowie auch die Widerstandskämpfer und die Opfer beim Namen zu nennen. Und auch jene zu benennen, die den von damals noch übriggebliebenen Tätern zu deren Flucht in ein neues Leben (in Südamerika, Syrien oder anderswo, auch in Österreich) verholfen haben. Aber genau das ist bei uns gar nicht oder eben viel zu wenig geschehen, es gab und gibt keine Bereitschaft dazu. Alles wird relativiert, bagatellisiert, vergessen, verdrängt. Österreich war ohnedies das erste Hitler-Nazi-Opfer! Und wir Österreicher waren nie irgendwo mit dabei. Das ist unsere Wahrheit und Wirklichkeit, unsere „Sicht der Dinge". Deshalb ist Sentas Buch – so wie viele andere solche Bücher seither – so wichtig; weil es ein Erinnerungsdokument und eine Mahnung zugleich ist. Ein moralischer Appell! „Wir haben davon nichts gewußt" ist das Nachwort zu diesem

Buch betitelt. Das besagt alles. Daß man auch nachher nichts wußte, nichts wissen wollte, nichts zu wissen bekam, dafür wurde in Österreich gleich nach seiner „Befreiung" eifrig, auch institutionell (Kirchen, Parteien, Politik, Schule, Journalismus), gesorgt. Wir wollten rein(gewaschen) sein und bleiben, ohne Schuld. Diese verdammte Verlogenheit, bis heute! Vor mir aufgeschlagen liegt nun das Buch von der Senta. Ich halte dieses Buch für viel wichtiger als irgendeinen großartigen Roman, als viele literarisch so gut geschriebene und damit wertvolle Bücher. Auch für mich ist dieses Buch sehr wichtig. Am 6.3.1980 haben wir gemeinsam mit anderen Freunden aus dem legendären „Morgen-Kreis", dessen Gründer und Mentor der leider so früh verstorbene Ethnologe, Schriftsteller und PEN-Präsident György Sebestyén gewesen ist, im Presseclub Concordia unter dem Titel „Acht von morgen" miteinander gelesen. Ich habe noch ein Foto davon. Man sieht mich darauf neben der Senta sitzen. Also seit damals, seit 30 Jahren, besteht eine vertrauensvolle Freundschaft zwischen uns; auch wenn wir uns in all den Jahren nur selten begegneten und uns erst seit kurzem wieder gelegentlich sehen; so wie gestern in der Grünangergasse im Maleratelier ihrer Freundin, als sie mich Vorbeigehenden zu sich winkte; und dabei lächelte.

Zielinski Adam, polnisch-österreichischer Schriftsteller, ehemaliger Unternehmer. Geboren am 22. Juni 1929 in Drohobycz/Galizien, gestorben am 26. Juni 2010 in Wien.
Wo soll ich anfangen mit meinem Erzählen? „Die sieben Leben des Adam Zielinski" hieß eine einstündige Radiosendung im ORF auf Ö1, die ich im Auto hörte, als ich durch meine Mühlviertler Heimatlandschaft fuhr. Ein solcher Titel verweist schon auf vieles und auf wesentliches. Also: Magister war er, Doktorat hat er gemacht, Kaufmann war er, als solcher sehr erfolgreich, Weltreisender (über 136 China- Reisen!), Familienvater, Großvater, seit 1953 in Wien, seit 1954 Österreicher, der Staatsbürgerschaft nach, denn sonst war er Kosmopolit im besten Sinn des Wortes, ein Mensch, der Grenzen anerkannte und zugleich Grenzen überschritt,

ein fescher Mann war er, auch jenseits der achtzig, ein Gesamtwerk hat er (Wieser Verlag), viele bedeutende Auszeichnungen und Orden, „hochdekoriert" nannte man das früher, ein liebenswerter Mensch war er, einer der nie bösartig sein konnte, einen als Krebsspezialist berühmten Sohn hatte er, Frühwaise war er, da die Eltern von den Nazis ermordet wurden, jüdisch bzw. jüdischer Herkunft war er, worüber er auch schrieb, also darf und muß man das hier anführen, einer, der gegen das Vergessen anschrieb, einer der mahnte, einer der humorvoll war, einer der, einer der ... usw. usw. Und ich durfte sein Freund sein. Und er war, so glaube ich, auch mein Freund. In Warschau beim PEN-Kongreß 1999 habe ich ein Fotoporträt von ihm gemacht, dabei ein paar Worte mit ihm gewechselt, ihn später in Wien wiedergetroffen, mit ihm im Café Landmann das Manuskript, d.h. die Übersetzungen für meinen deutsch-polnischen Gedichtband „Znaki zycia" (Lebenszeichen) durchgegangen, seither miteinander verbunden, geistig-seelisch, ein Freund, der ein Vorbild ist, den man fast verehrt. Das war der Adam Zielinski, jedenfalls für mich. – Die unerwartete Nachricht von seinem Tod hat mich tief betroffen gemacht. Die Begräbnisfeierlichkeiten, die eingebettet waren in den Respekt und die Liebe, die ihm seine Familie entgegenbrachte, haben mich tief berührt.

Zlobec Ciril, slowenischer Dichter, Schriftsteller, Publizist, Übersetzer, Journalist, ehemaliger Politiker. Geboren am 4. Juli 1925 in Ponikve/Slowenien.
Er war und ist sicherlich auch im hohen Alter ein fescher Mann, eine imposante Erscheinung, vital und agil; immer das damals noch schwarze und dichte Haar im Gesicht und ein strahlendes, offenes Lachen mit blendend weißen Zähnen. Ich kann gar nicht glauben, daß er jetzt schon 85 Jahre alt geworden ist. Ich sehe ihn völlig anders vor mir; aber da liegen eben mehr als 30 Jahre dazwischen. Immer trafen wir bei den internationalen PEN-Konferenzen in Bled aufeinander, manchmal auch anderswo. Er war einer, der sich zu Wort meldete und was zu sagen hatte; soweit

ich das verstand. Aufgewachsen war er als unterdrückter Slowene in der Zone des faschistischen Italien in Triest/Trst. Mit 13 Jahren schrieb er sein erstes Gedicht. Schon früh politisch engagiert und tätig, auch als Partisan. In den Neunzigerjahren war er Mitglied des Staatspräsidiums. Aber das ist ja alles im Internet nachzulesen.

Der erste Zehn-Tage-Jugoslawienkrieg mit dem Überfall der Jugoslawischen Volksarmee auf Slowenien (1991), das sehr schnell reagierte und sich gut verteidigte. Es klingelt bei mir im Atelier. Ich gehe hinaus und öffne die Haustür. Draußen stehen zwei Burschen und ein Mädchen. Ich lasse sie in den Flur herein. Ein Bursche sagt mir auf Englisch, daß man ihm gesagt hätte, er könne mit seinem Freund und dem Mädchen hierher kommen. Er zeigt mir einen Zettel mit meinem Namen und meiner Adresse. Eigenartig, denke ich. Aber als sie mir sagen, daß sie aus Slowenien und vor der Einberufung in die Jugoslawische Armee geflohen seien, ist alles klar, ich vertraue ihnen. Mit meiner Lebensgefährtin Susanne richten wir ihnen im gegenüberliegenden Atelier meines kärntnerslowenischen Freundes, des Malers Valentin Oman, den ich informierte, ein provisorisches Lager zum Schlafen und Wohnen ein. Sie wollen nicht lange bleiben, sagen sie, nur bis der Krieg aus sei. Zum Essen laden wir die jungen Leute zu uns ein. Ich erinnere mich genau: Es gab Pasta asciutta und Rotwein. Wir unterhielten uns recht gut. Dann sagte ich zu dem einen Burschen: „Ich weiß nicht, Sie erinnern mich sehr stark an einen Mann, den ich kenne, er ist Schriftsteller und wir haben einander oft in Bled getroffen, er heißt Ciril Zlobec." Der Bub antwortete mir: „Das ist mein Großvater. Und von ihm habe ich die Adresse und er hat uns geschickt; er sagte, Sie könnten und würden uns sicherlich helfen." Nach zehn Tagen war der Krieg vorbei und die drei Flüchtlinge, die Burschen galten bei der Armee als Deserteure, kehrten in das nun befreite Slowenien zurück. Beim nächsten Treffen mit Ciril Zlobec in Bled bedankte sich dieser überschwenglich bei mir. Und auch jetzt, nach so vielen Jahren, würden wir einander bei einem Zusammentreffen herzlich begrüßen. Vertrauen verbindet eben, manchmal lebenslang.

Zoderer Joseph, südtiroler Schriftsteller, Lyriker. Geboren am 25. November 1935 in Meran/Südtirol.

Wahrscheinlich sind wir uns schon in den ganz frühen Sechzigerjahren über den Weg gelaufen, nämlich an der Universität Wien, wo wir beide zur selben Zeit Theaterwissenschaft und Philosophie studierten. Wir haben uns aber nicht als Autoren wahrgenommen, weil wir beide solche noch gar nicht waren. Irgendwann und irgendwo sind wir einander wiederbegegnet, aber ich weiß nicht mehr wo: es könnte bei der Tagung in Unterkärnten gewesen sein, im Kärntnerslowenischen, wo wir über Minderheiten(sprachen) gesprochen haben. Und Zoderer könnte als Südtiroler, der mit dem Problem der Zweisprachigkeit sein Leben lang konfrontiert war und ist und das sein Werk durchzieht („Die Walsche"), daran teilgenommen haben; aber genau weiß ich das nicht mehr. Wahrscheinlich sind wir uns in Fresach zum erstenmal als Autoren begegnet, weil aus der Zeit das Porträtfoto stammt, das ich von ihm gemacht habe; ein noch junger Bursch. Heute sind wir beide über siebzig! Unglaublich! Jedenfalls haben wir einander einmal auf der Kärntnerstraße getroffen, das muß später gewesen sein, so in den Neunzigerjahren. „Was machst denn du da!" − so die Frage und Gegenfrage. „Hast a bißl Zeit, setz ma uns wo nieda?" Wir hatten. Und gingen in den von mir damals noch geliebten Esterhazykeller bei der Naglergasse. Viele Male war ich früher dort; jetzt ist ein anderer Pächter, das Lokal, im Sommer heraußen im Haarhof, hat seine Identität „verloren", nein: sie wurde vernichtet − wie so vieles Wertvolle in Wien, wo alles der Gleichmacherei geopfert wird. Also saßen wir so gegen 17 Uhr im Esterhazykeller, aßen ein paar Liptauerschnitten und tranken zügig Rotwein, damals noch in ¼ l-Henkelgläsern, dazu. Ich erzählte ihm, daß ich den Film „Die Walsche" gesehen hatte und begeistert davon war. „Ja", sagte er, „da muß ich heute Abend um sieben Uhr noch hin, ein paar Worte sagen, der Film wird im Votivkino gezeigt." − „Na, da haben wir ja noch Zeit", sagte ich. Und so unterhielten wir uns in einem sehr ausführlichen freundschaftlichen Gespräch. Kurzum: Er versäumte die Zeit, wo er hätte dort sein sollen. „Verdammt nochmal", sagte er, „jetzt hab ich das verpaßt!" Also, weil's eh schon wurscht war, tranken und redeten wir weiter. Irgendwann brachen wir auf, jeder dorthin, wohin er gehörte.

Viele Jahre später, vor noch nicht langer Zeit, durfte ich in der Wohnung der Literar Mechana in Venedig – in der ehemaligen Wohnung der so jung verstorbenen Südtiroler Autorin Anita Pichler – zu Gast sein. Dort fand ich die Monographie von Anita Pichler, ein schönes großes Buch. Und darin auch einen berührenden Essay über diese Autorin vom Zoderer. Ich schrieb eine Art Erzählung über dieses Buch und die dadurch erfolgte Begegnung mit Anita Pichler im nachhinein. „Nachträgliche Begegnung" ist der Titel. Ich schickte dem Joseph Zoderer diesen Text mit ein paar Zeilen. Nach einiger Zeit kam ein freundlicher Brief von ihm, in dem er sich dafür bedankte. So schließen sich manchmal die Lebenskreise; oft verläßlicher, als man denkt.

Epilog

Für jede Begegnung und jedes gegenseitige Kennenlernen spielen Begegnungsmöglichkeiten, Begegnungsgelegenheiten, Begegnungsumstände, Begegnungsebenen, Begegnungsmittel u.a. eine in jedem Fall mitbestimmende, ja oft eine entscheidende Rolle. Unabdingbar aber ist die persönliche Bereitschaft, einander, dem anderen überhaupt begegnen zu wollen. Dafür muß man offen sein, auf den anderen und überhaupt auf die Menschen zugehen. Man muß die Menschen mögen, jedenfalls müssen sie einen interessieren und man muß bereit sein, von sich etwas zu geben. Man muß neugierig sein und sich für Menschen und deren Denken und Fühlen interessieren, sich ihnen annähern wollen und das auch lernen und es dann können. Natürlich bestimmt das eigene Wesen, das eigene Verhalten, ob dies überhaupt möglich ist oder nicht. Selbstverständlich gibt es auch uninteressante, ja auch unsympathische Menschen. Denen wird man vielleicht eher ausweichen, als sich auf ein Gespräch mit ihnen einzulassen. Es muß einem klar sein und man muß akzeptieren, daß man selbst auch nicht für alle Menschen immer einer ist, der vom anderen an sein Herz gedrückt wird. Aber Begegnungen müssen einen überhaupt interessieren und erfreuen; ansonsten geht man dem anderen – wenn möglich mit Höflichkeit – aus dem Weg. Mich jedenfalls haben Menschen immer interessiert, schon von Kindheit an; und da vor allem mir fremde Menschen, diese sogar mehr als jene, die ich ohnedies schon kannte, und die mich kannten oder meinten, mich zu kennen. „Anyway!" sagte an einer solchen Stelle immer Frau Dr. Melusine Spiler in Jerusalem, in Prag, in Wien. Und ich borge mir diese Floskel seither von ihr aus. Also das ist es eben auch: Man nimmt vom anderen etwas auf und mit, hinein in eigene Situationen, ins eigene Leben. Begegnungen hinterlassen Spuren, in einem selbst und im anderen. So sollte es jedenfalls sein. Begegnungen können zeitweilige oder länger anhaltende Beziehungen, Freundschaften, ja sogar Lebensfreundschaften begründen. Das macht dann das soziale Umfeld aus. Ich aber bleibe lieber bei meiner Sprache, verwende meine Begriffe. Anyway! Begegnungen und Beziehungen können etwas sehr Schönes, etwas Gutes, etwas Verbindendes, auch etwas Bindendes sein. „In Beziehung treten" ist eine bekannte, etwas altmodische Formulierung, die aber genau das ausdrückt und beschreibt, was bei einer Begegnung geschieht: Es ist, als betrete man einen anderen Raum. Das gilt für beide, für alle an einer Begegnung beteiligten Personen. Man betritt und durchschreitet Räume, Ich-Du-Räume, und hält sich darin auf. Begegnungen brauchen Räume, in denen sie stattfinden können und in denen man sich aufhalten kann. Man selbst muß und auch der andere muß bereit sein, sich zu öffnen. Der Meinungsaustausch gehört zu einer Begegnung genauso dazu wie Gefühle zuzulassen. Alles andere ist ein bloßes Sich-Verhalten, mehr nicht. Oberflächlichkeit ist ein Verhinderer von Begegnungen und von Selbstmitteilung. Aus der Flüchtigkeit einer oft nur zufälligen Begegnung können sich Eindrücke wie Sedimente niedersetzen. Die Erinnerung ist wichtig; später. So wie bei dem, was ich hier festgehalten und niedergeschrieben habe. Ich bin all diesen Menschen dankbar, die mir begegnet sind, die sich auf mich eingelassen haben, die mich in meinem Leben begleitet haben und die sich mir gegenüber nicht verschlossen, sondern geöffnet haben. Ich erinnere mich ihrer in den weitaus meisten Fällen sehr gerne, vor allem auch jener, die nicht mehr leben; es sind deren viele. Jetzt, da ich über sie geschrieben habe, sehe ich, wie reich eigentlich mein bisheriges Leben an Begegnungen war. Und ich habe hier ja nur über Schriftstellerinnen und Schriftsteller, über Berufskollegen geschrieben. Wenn ich so, jetzt zu meinem Siebziger, zurückdenke, sehe ich mich in all den unzähligen Ich-Du-Räumen wie ein Molekül kreisen und herumtanzen. Vielleicht werde ich noch über andere Begegnungen und Beziehungen, die zu meinem Leben gehören, schreiben. Jetzt ist es einstweilen genug. Hier ist ein kaleidoskopartiges, sehr subjektiv gestaltetes, kleines literarisches Lexikon entstanden, das Personen beschreibt, die mir begegnet sind; bei den verschiedensten Anlässen, zu verschiedenen Zeiten und in unterschiedlichster Art und Weise. Aus diesen Schilderungen ist auch mein eigenes Ich herauszulesen. Und damit biete auch ich eine Begegnungsmöglichkeit mit mir. Ich lade dazu ein, diese Begegnungsräume hier zu mir zu betreten. An der Tür befindet sich kein Schild mit der Aufschrift „Eintritt verboten!". Nein, die Türen sind offen, für jede und für jeden, um den Raum der Begegnung betreten zu können.

Wien, 24.3.2009

Danksagung

Die Entstehung dieses Buches verdanke ich eigentlich dem **Ernst Jandl**. Wir sind nach einer Preisverleihung an die Kollegin Elisabeth Reichart, die ich auch schon seit mehr als dreißig Jahren, seit unserer Teilnahme an einem der Rauriser Literaturtage kenne, bei der Feier nachher in einem Gasthaus beim Akademietheater aufeinander getroffen; nicht geplant, sondern absolut zufällig. Denn eigentlich gehörte ich ja gar nicht zu dieser „Partie", wie man in Wien sagt, denn die bei der Preisverteilung und bei der anschließenden Feier Anwesenden waren fast durchwegs alle Mitglieder der GAV, also der „Grazer Autorenversammlung". Ich hingegen – und das wußten alle – war Mitglied des Österreichischen P.E.N.-Clubs, also sozusagen von der „Konkurrenz". Die „Grazer Autorenversammlung" war ja 1973 als Gegenvereinigung zum Österreichischen PEN gegründet worden; zu Recht, wie ich heute meine. Ich war damals sogar noch im Vorstand des Österreichischen P.E.N.-Clubs, dem ich fast zwanzig Jahre angehörte. Der GAV und ihren Leuten aber stand ich gesinnungsmäßig, ich will nicht sagen: ideologisch, aber doch weltanschaulich, vor allem in ihrer gesellschafts- und kulturpolitischen Grundhaltung näher als dem PEN. Die GAV, so konnte man wohl sagen – und das gilt auch heute noch immer -, war eher „links" (was immer das heißen mag) als der doch sehr konservative PEN mit seinen Freimaurern (absolutes Tabu in Österreich!). Viele von der GAV hielten mich also ebenso für einen konservativen P.E.N.-treuen Autor, sicher auch für einen, der noch dazu keine sprachexperimentelle Dichtung schrieb und eine solche auch nicht mochte und bis zum heutigen Tag nicht mag. Trotzdem kam ich mit den KollegInnen der GAV sehr gut aus. Es kann auch sein, daß manche/r schon mein Buch „Farbenlehre", ein Fotogedichtband zum ehemaligen KZ-Mauthausen sowie überhaupt zum Holocaust, der „Nazizeit", wie man das nannte, und zur österreichischen Vergangenheits- und Beteiligungsverdrängung, zu dem Erich Fried ein Vorwort geschrieben hatte, in der Hand gehalten und durchgeblättert oder sogar durchgelesen und mich so literarisch überhaupt erst wahrgenommen und kennengelernt hatte. Jedenfalls fiel mir auf, daß mit der Zeit viele der GAV-Kollegen mir gegenüber offener wurden und waren, mehr sogar als viele meiner PEN-KollegInnen; denn beim PEN sah man in mir sowieso nur den „Unruhestifter".

Jedenfalls kam ich aus irgendeinem Grunde am Tisch des Ernst Jandl zu sitzen. Nach einiger Zeit überwanden wir die unsichtbaren Schranken und Barrieren und das Schweigen zwischen uns und kamen miteinander ins Gespräch, das bald lebhaft wurde. Wir tranken unseren Wein ziemlich zügig und davon reichlich. Also, das hatten wir beide schon einmal gemeinsam, wie wir humorvoll feststellten. Das Gespräch war sehr offen, wir sprachen über alles Mögliche. Plötzlich stand der Ernst Jandl, schon ein wenig betrunken, auf und rief laut in den Saal über die Köpfe der Anwesenden hinweg hinein: „Was habt's denn gegen den Wiplinger; der ist ja gar nicht so, wie Ihr alle glaubt's!" Diesen Satz natürlich in der Jandl'schen Dialektdiktion. Die Botschaft wurde gehört. Manche/r schaute verwundert auf. Aber damit war vom Meister Jandl ein Urteil über mich gesprochen, das fürderhin galt und manches veränderte, vor allem weiterhin das Verhältnis zwischen mir und den KollegInnen aus der GAV. Im Literaturkreis „Podium" und in der IG Autorinnen Autoren waren wir sowieso alle gemischt und da hat es nie eine Rolle gespielt, ob man vom PEN oder von der GAV war. Ich war von den GAV-KollegInnen in den Vorstand hineingewählt worden, zuerst als PEN-Vertreter, dann, nachdem ich mein Mandat aus Protest gegen den Österreichischen PEN zurückgelegt hatte, als autonomes, keinem Verein zugehöriges Vorstandsmitglied, was mir sehr viel bedeutete.

Jandl und ich sprachen weiter miteinander, redeten uns − wie man in Wien sagt − fast „in einen „Wirbel hinein". Ich erzählte von der Literatur- und Alternativszene der Sechzigerjahre aus dem „Café Sport", einer für andere dubiosen Spelunke, in die ein vornehmes PEN-Mitglied nie hineingegangen wäre. Im Sport „herrschten" der Hermann Schürrer, der Joe Berger und andere „Anarchisten". In irgendeiner Ecke saßen manchmal der junge Reinhard Priessnitz, der Walter Buchebner, der Otto Laaber, der kaum mit jemandem

redete. Ich gehörte bald zu dieser Szene, denn ich war fast an jedem Abend bis zur Sperrstunde dort. Der Jean Gábor Kluco grölte dann, wenn die Frau Reichmann rief „Aus, Sperrstund is!" und die Frau Pauli abkassierte, meist stockbesoffen aber lustig: „Hinter unserm Haus steht das Winzerhaus". Gemeint war eine Kaschemme in der Rotenturmstraße, die bis 4 Uhr Früh geöffnet hatte. Dort haben wir oft weiter getrunken und in einer lauten „Unterhaltung" uns gegenseitig besoffen angeschrieen. Wir sprachen über uns und die Welt und „die ganze Scheiße". Ich lernte jedenfalls eine andere Welt kennen als die, aus der ich großbürgerlich familiär herkam. Mir gefiel nicht nur diese Auflehnung gegen alles, diese Radikalität, mit der man alles in Frage stellte oder überhaupt verwarf. Den Begriff und das Wort „Establishment" gab es damals noch gar nicht im Sprachgebrauch. „Diese Scheißer", nannten Schürrer und – nein, eben nicht „Genossen" – die anderen Individualisten und Existentialisten diese „Hosenscheißer", diese „Angepaßten", diese „Arschlöcher", eben die Mitläufer aus der verlogenen spießbürgerlichen Welt. Man verachtete sie. Wir bekannten uns zum Extrem-Individualitäts-Existentialismus, in seiner jeder nur erdenklichen Ausprägung. Hauptsache „anders sein!", das war die Devise. Ein „richtiger Spinner" galt mehr, als irgend so ein „Arschloch" von denen! Das war also mit die Keimzelle zu den späteren 68-er-Ereignissen, die in Wien ohnehin keine solche Ausprägung fanden wie in der BRD. Ich mochte die Ideologen sowieso nicht und nie. Nur den Fritz Teufel (oder war es der Langhans?) versteckte ich einmal zum Übernachten in meiner Wohnung. Und merkte in meiner Naivität noch als Bedingung an: „Aber gekifft wird hier nicht!"
Wir waren auch keine solchen (Pseudo-) Intellektuellen wie z.B. die Gruppe um Ossi Wiener und die anderen „feinen Pinkel". Nein, wir waren der Bodensatz, der „gesellschaftliche Abschaum", wie das manchmal da und dort verächtlich ausgedrückt wurde. Manche waren sogar ganz unten, nicht so sehr die Dichter, mehr die anderen Gestrandeten und Gescheiterten. Stigmatisierte waren wir alle auf jeden Fall. Aber wir brannten, ob in unserer revolutionären Ich-Gesinnung, in unserer Wut, die sich gegen alles und jedes richtete, in unserer verachtenden Ablehnung der „Gesellschaft" überhaupt, in unserer Leidenschaft. Wir hatten keine fixen Positionen,

aber eine Grundhaltung, wir hatten keine Ziele, sondern waren irgendwohin, manchmal orientierungslos, unterwegs. Wir wußten oft selbst nicht, was mit uns los war und wo wir ankommen würden, aber das war uns auch völlig wurscht. Wir lebten! Die Hauptsache für uns war: alles so intensiv wie nur möglich, das Leben(sgefühl) überhaupt; das Scheitern inbegriffen! Buchebner, Laaber und andere haben sich umgebracht.

Von all dem erzählte ich dem Ernst Jandl, der das faszinierend fand. Er hatte sich (als Mittelschullehrer) nie in einer solchen Welt bewegt. Er fragte mich, wie und warum ich gerade dorthin gekommen war und ich antwortete ihm: „Aus Protest gegen meine eigene (großbürgerliche) Familie und ihre streng katholisch geprägte ‚Lebenskultur'; in Ablehnung alles Bisherigen, mir Aufgezwungenen, aus einer Radikalität heraus, wie sie mir entsprach und noch heute meine Grundhaltung ist". Der Ernst Jandl schwieg nachdenklich. Dann sagte er plötzlich zu mir: „Wiplinger, das alles ist ja phantastisch, davon hat niemand eine Ahnung, schreib das alles auf!"

Ja, und das habe ich nun, Jahrzehnte später, gemacht, eben in diesem Buch; und ich habe noch viel anderes hinzugefügt, sodaß ein kaleidoskopartiges Gebilde herauskam, ein Bericht von meinen Begegnungen mit Schriftstellerinnen und Schriftstellern, die auf mich einen Eindruck gemacht haben oder mit denen ich sogar in eine persönliche Beziehung gekommen bin.

Daß ich dieses Buch geschrieben habe, verdanke ich dem Ernst Jandl, unserem damaligen Zusammentreffen und Gespräch. Also: „Danke, lieber Jandl! Denn ohne Dich und Deine Anregung damals hätte ich dieses Buch sicher nicht geschrieben."

Peter Paul Wiplinger
Wien, 20.11.2009

Biographie

Schriftsteller und künstlerischer Fotograf, wurde am 25. Juni 1939 in Haslach im Mühlviertel, Oberösterreich, als zehntes Kind in eine Kaufmannsfamilie hineingeboren. Er lebt seit 1960 in Wien, studierte Theaterwissenschaft, Germanistik und Philosophie als Werkstudent und war mehrere Jahre hindurch als Galerist tätig. Reisen in viele Länder und Städte Europas, der Türkei, Israels und der USA und Aufenthalte dort beeinflußten sein literarisches und fotografisches Werk. Wiplingers Lyrik und kulturpublizistische Schriften sind geprägt von seiner zeit- und gesellschaftskritischen Haltung und von einer tief in ihm verwurzelten Humanität. Bisher vierzig Buchpublikationen. Seine Gedichte wurden in mehr als zwanzig Sprachen übersetzt und publiziert. Wiplinger gehörte von 1980 bis 2010 als engagiertes Mitglied dem Internationalen und dem Österreichischen P.E.N.-Club an und ist langjähriges Vorstandsmitglied der IG Autorinnen Autoren (Berufsverband österreichischer Schriftsteller und Schriftstellerinnen). Er erhielt zahlreiche Stipendien und Preise, u.a. den Förderungspreis des Wiener Kunstfonds (1970), dreimal den Theodor-Körner-Förderungspreis (1976, 1983, 1992), den Luitpold-Stern-Preis des ÖGB (1997) sowie die Buchprämie des Bundeskanzleramtes (1999). Der Berufstitel „Professor" wurde ihm 1991 verliehen. Im Jahr 2003 wurde er mit dem „Österreichischen Ehrenkreuz für Wissenschaft und Kunst 1. Klasse" ausgezeichnet. 2005 wurde ihm mit Beschluß der OÖ Landesregierung die Kulturmedaille des Landes Oberösterreich verliehen. Sekundärliteratur: „Einmischung nach wie vor erwünscht. – Peter Paul Wiplinger als politisch und gesellschaftlich engagierter Schriftsteller", Diplomarbeit, 2005, von Magdalena Pierzchalska und „Erfahrung und Erinnerung in der poetischen Sprache von Peter Paul Wiplinger", Dissertation, 2007, von Arletta Szmorhun; beide Arbeiten am Germanistischen Institut der Philologischen Fakultät der Universität Wroclaw (Breslau) in Polen. Weitere Informationen unter: http//www.wiplinger.at.tf

Buchpublikationen

Hoc est enim (Denn dies ist), Gedichte, München, 1966
Znaki casa (Zeitzeichen), Gedichte (slowenisch), Slovenj Gradec, 1974
Borders/Grenzen, Gedichte (englisch-deutsch), New York, 1977
Gitter, Gedichte, Baden bei Wien, 1981
Abschiede, Fotogedichtband, Linz, 1981
Resetke (Gitter), Gedichte (serbisch), Novi Sad, 1987
Farbenlehre, Fotogedichtband, Klagenfurt, 1987
Bildersprache, Fotogedichtband, Klagenfurt, 1988
Herzschläge, Liebesgedichte, Baden bei Wien, 1989
Oporoka casa (Zeitvermächtnis), Fotogedichtband (slowenisch), Maribor/Klagenfurt, 1989
Prisnak na jivot (Lebenszeichen), Gedichte (bulgarisch), Sofia, 1991
Znaci zivota/Lebenszeichen, Gedichte (kroatisch-deutsch), Zagreb, 1992
Lebenszeichen, Gedichte, Klagenfurt, 1992
Der Trauer Ort zu klagen/Oplakati zalobno mjesto, Gedichte (kroatisch-deutsch), Zagreb, 1992
Znaki zizni (Lebenszeichen), Gedichte (russisch), Moskau, 1993
Znamky zivota (Lebenszeichen), Gedichte (slowakisch), Senica, 1994
Znamky zivota (Lebenszeichen), Gedichte (tschechisch), Senica, 1994
Simane chaim / Lebenszeichen, Gedichte (hebräisch-deutsch), Tel Aviv, 1994
Signes de vie (Lebenszeichen), Gedichte (französisch), Charlieu, 1995
Semn de viata (Lebenszeichen), Gedichte (rumänisch), Bukarest, 1996
Ellonmerkejä (Lebenszeichen), Gedichte (finnisch), Oulu, 1996
Znakovi na zivot / Lebenszeichen, Gedichte (makedonisch-deutsch), Skopje, 1996
Znaki zittja (Lebenszeichen), Gedichte (ukrainisch), Charkow, 1996
Unterwegs, Reise- und Aufenthaltsgedichte, Eisenstadt, 1997
Senales de vida (Lebenszeichen), Gedichte (spanisch), Havanna, 1998

Totschki Peresetschenija (Schnittpunkte), Gedichte, (russisch), Moskau, 1999

Schnittpunkte, Gedichte 1966-1998, Eisenstadt, 1999

Splitter, Gedichte 1966-1998, Eisenstadt, 2000

Yasam Belirtisi (Lebenszeichen), Gedichte (türkisch), Izmir, 2000

Spuren, Gedichte 1966-1998, Eisenstadt, 2001

Niemandsland, Gedichte 1960-2000, Eisenstadt, 2002

Znaki Zycia / Lebenszeichen, Gedichte (polnisch-deutsch), Wroclaw/Breslau, 2003

Lebensbilder − Geschichten aus der Erinnerung, Grünbach, 2003

Peter Paul Wiplinger: Aussagen und Gedichte, Podium-Verlag, Wien, 2004

Ausgestoßen, Erzählung, Arovell Verlag, Gosau-Salzburg-Wien, 2006

Eletjelek (Lebenszeichen), Gedichte 1965-2005 (ungarisch), Budapest, 2006

Obrazy zycia − Historie z pamieci (Lebensbilder − Geschichten), Wroclaw, 2006

Steine im Licht − Römische Etüden, Arovell Verlag, Gosau-Salzburg-Wien, 2007

Shenja Jete / Lebenszeichen, Gedichte (albanisch-deutsch), Prishtine/Hannover, 2008

Segni di vita/Lebenszeichen, Gedichte (italienisch-deutsch), Rom, 2010

Inhaltsverzeichnis

Begegnungsorte	5
Adloff Gerd	12
Aitmatow Tschingis	13
Ajgi Gennadij	14
Albastru Gavril Matej	17
Altmann René	18
Amanshauser Gerhard	19
Amsel Sam	19
Andric Branko	20
Arbes Rotraud	21
Artmann H.C.	21
Bächler Wolfgang	24
Bachmann Ingeborg	26
Bartoszewski Wladyslaw	26
Beetz Dietmar	27
Bekric Ismet	28
Benes Jan	29
Berger Joe	29
Berkensträter Bert	32
Berwanger Nikolaus	34
Bisinger Gerald	34
Blaha Paul	35
Blandiana Ana	36
Blokh Alexandre	37
Bochénski Jacek	39
Brainin Fritz	41
Brandstetter Alois	42
Breuer Heide	43
Britz Helmut	43
Busta Christine	45
Canetti Elias	45
Carlbom Terry	48
Chobot Manfred	49
Coric Simun Sito	51
Cosic Dobrica	49

Day Peter	52
Dericum Christa	53
D'Este Jessica	53
Detela Lev	55
Djuric Rajko	56
Dolar Jaro	58
Domin Hilde	57
Dor Milo	59
Dyczek Ernst	61
Ebner Jeannie	62
Ebner Peter	63
Egan Desmond	63
Eibel Stephan	64
Eisenreich Herbert	67
Elperin Jurij L.	68
Enzinck Willem	68
Erdem Hüseyin	70
Fabrio Nedjeljko .	73
Ferk Janko	73
Filipic France	74
Foresti Traute	75
Franzobel	75
Fried Erich	76
Fritzke Hannelore	79
Fuchs Anton	80
Fussenegger Gertrud	81
Gail Hermann	83
Gerstinger Heinz	83
Gerstl Elfriede	84
Gesswein Alfred	85
Giese Alexander	86
Gilevski Paskal	87
Giordano Ralph	88
Görgey Gábor	89
Gotovac Vlado	89
Gratzer Robert	91
Gruber Karl	92
Guttenbrunner Michael	94
Hackermüller Rotraut	94

Hafner Fabjan	95
Hakobyan Viktoria	95
Harwood Ronald	97
Hashizume Bun	97
Hatala Marián	97
Haugova Mila	98
Haulot Arthur	98
Hauser Carry	100
Havryliv Tymofiy	101
Heer Friedrich	102
Heide Heidi	103
Heinze de Lorenzo Ursula	104
Henisch Peter	105
Hergouth Alois	106
Herzele Margarethe	107
Hruby Josef	108
Hubay Miklós	109
Hudecek Joze	110
Huppert Hugo	111
Ioannidou-Adamidou Irena	115
Isik Haydar	115
Jackson Richard	116
Jancar Drago	117
Jandl Hermann	120
Janetschek Albert	120
Jaschke Gerhard	121
Jávor Ottó	123
Jensen Nils	124
Jong Erica	124
Jonke Gert	125
Jovanovic Ilija	128
Käfer Wolf H.	129
Kafka Frantisek	131
Kamber Emina	133
Kampits Peter	133
Karahasan Dzevad	134
Kebo Alija	136
Kerschbaumer Marie-Thérèse	136
Kiessling Franz	138

Klima Ivan	140
Knebel Peter	141
Kobalek Otto	147
Koch Jurij	149
Kofler Werner	150
Kogler Leopold	150
Kokot Andrej	151
Kosir Niko	152
Kostewicz Danuta	152
Kramer Kurt	154
Kraus Wolfgang	157
Kravos Marco	160
Kronabitter Erika	160
Kühnelt Hans Friedrich	161
Kuhner Harry	161
Kulterer Fabian	163
Kumbatovic Filip Kalan	165
Kuprian Hermann	166
Kuprianow Wjatscheslaw	167
Kurz-Goldenstein Helmut	169
Kytionka Artur	170
Laher Ludwig	171
Laine Jarkko	172
Lankauskas Romualdas	172
Lavant Christine	173
Leser Norbert	175
Lind Jakov	176
Loidl Christian	177
Lombard Jean Charles	179
Lubomirsky Karl	180
Madsen Viggo	180
Maier Gösta	182
Mander Matthias	183
Marginter Peter	184
Martinez Manuel Ramon	187
Matejka Viktor	189
Matevski Mateja	194
Matthieu André	195
Mayer-Limberg Josef	196

Mayröcker Friederike	197
Menasse Robert	197
Merlak-Detela Milena	199
Messner Janko	200
Meyer Conny Hannes	201
Mikeln Milos	201
Minatti Ivan	202
Mirkovic Mirko	204
Morton Frederic	206
Nenning Günther	207
Ngwe Thein	208
Niederle Helmut	209
Nitsche Kurdoglu Gerald	210
Northoff Thomas	211
Novak Boris A.	212
Novak Slobodan Prosperov	213
Olafioye Tayo Peter	214
Osojnik Iztok	217
Osti Josip	218
Paemel Monika van	219
Pakosta Florentina	220
Pataki Heidi	221
Paul Johannes Wolfgang	222
Peball Walter	223
Peschina Helmut	224
Petersons Peteris	224
Petlevski Sibila	225
Petrak Nikica	226
Petrasko Ludovit	227
Podrimja Ali	227
Pogacnik Bogdan	228
Popov Valery	229
Popovic Nenad	231
Pototschnig Heinz	232
Prstojevic Miroslav	233
Radax Ferry	234
Ratz Wolfgang	235
Reden Alexander Sixtus von	235
Reichart Elisabeth	238

Richter Franz	239
Richter Milan	240
Ringel Erwin	240
Rocek Roman	242
Rot Andrej	243
Roy-Seifert Utta	245
Rudnitsky Mikhail	246
Ruiss Gerhard	248
Runtic Ivo	250
Rupel Dimitrij	251
Sarajlic Izet	252
Saric Muhidin	253
Sarkohi Farat	254
Sasse Erich Günther	255
Schanovsky Hugo	256
Schawerda Elisabeth	257
Schönett Simone	257
Schürrer Hermann	258
Schweikhardt Josef	261
Sebestyén György	262
Sheriff Bat-Sheva	265
Simecka Martin M.	266
Singer Christiane	267
Sperber Manès	268
Spiel Hilde	269
Stamac Truda	270
Steen Thorvald	271
Steiner Herbert	272
Stix Gottfried	273
Stoica Petre	274
Stojka Ceija	276
Stojka Karl	278
Stojka Mongo	281
Storch Franz	281
Stránsky Jiri	283
Svetina Tone	286
Taufer Veno	289
Tauschinski Oskar Jan	290
Tielsch Ilse	291

Torberg Friedrich	291
Torkar Igor	293
Tyran Peter/Petar	296
Uhl Josef K.	299
Unger Heinz Richard	299
Valencak Hannelore	300
Vaxberg Arkadij I.	301
Velikic Dragan	303
Vér Zoltan	303
Vilikovsky Pavel	305
Villa Saara Kyllikki	306
Vogel Alois	307
Vogel Herman	311
Waarsenburg van de Hans	312
Wall Richard	313
Wasilewski Antonin	314
West Arthur	315
Wickenburg Erich Graf	316
Widder Bernhard	316
Wimmer Paul	317
Yildiz Serafettin	319
Zaradachet Hajo	321
Zelman Leon	323
Zemljar Ante	325
Zettl Walter	326
Ziegler Senta	327
Zielinski Adam	329
Zlobec Ciril	330
Zoderer Joseph	332
Epilog	334
Danksagung	337
Biographie	341
Buchpublikationen	342